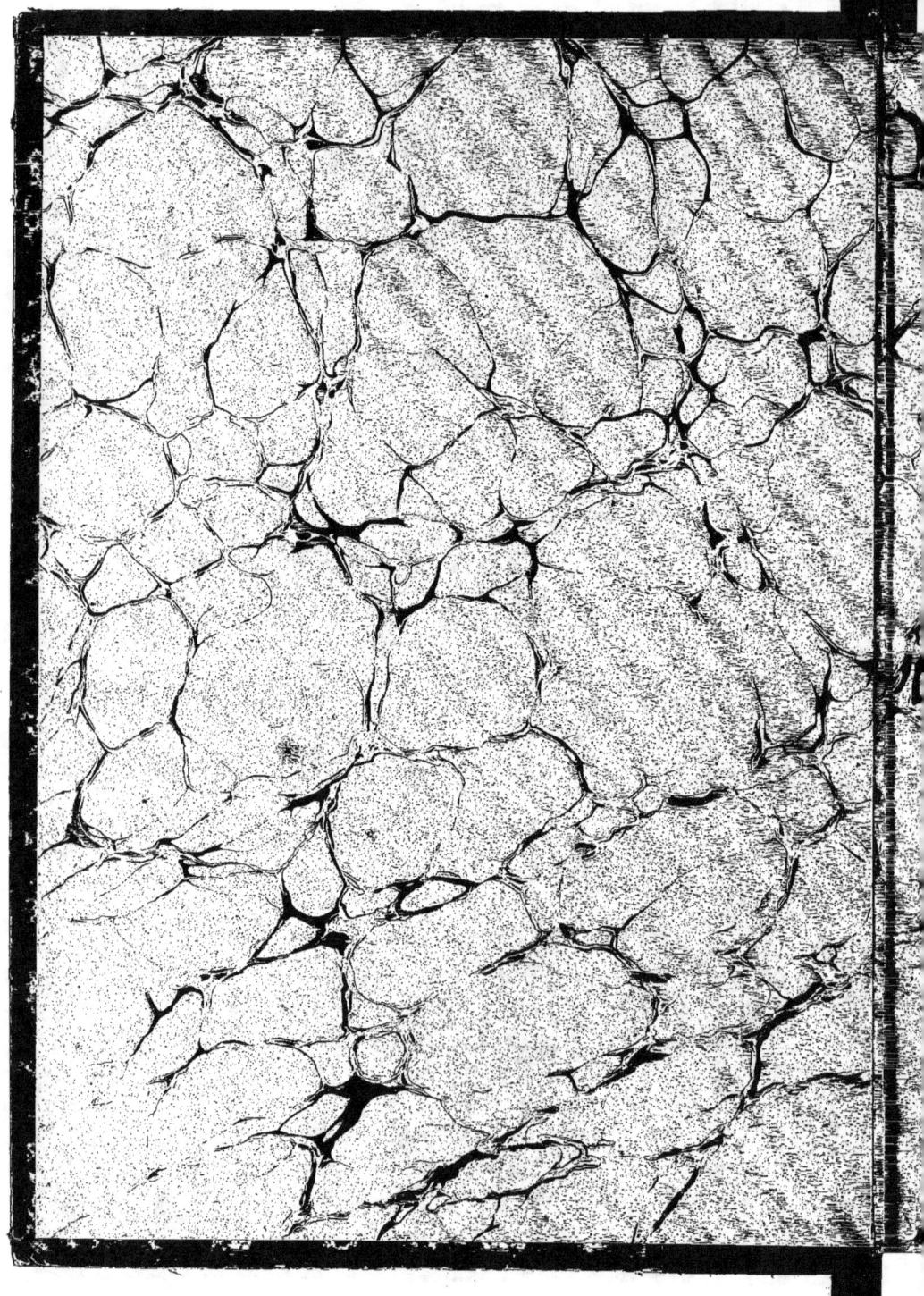

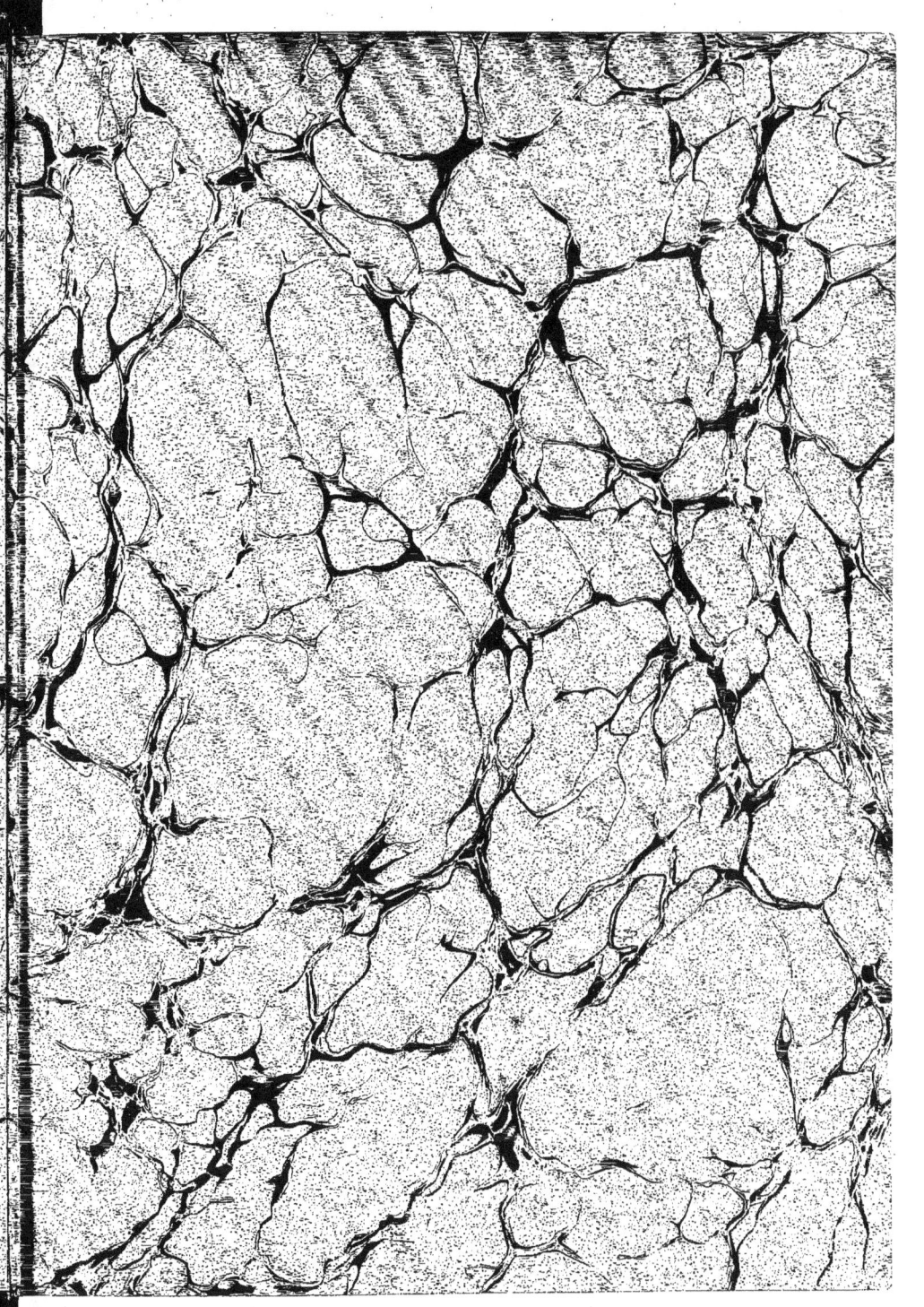

4° V
4333

Conserver la Couverture et Jésus

208

Les Grandes Cathédrales du Monde Catholique.

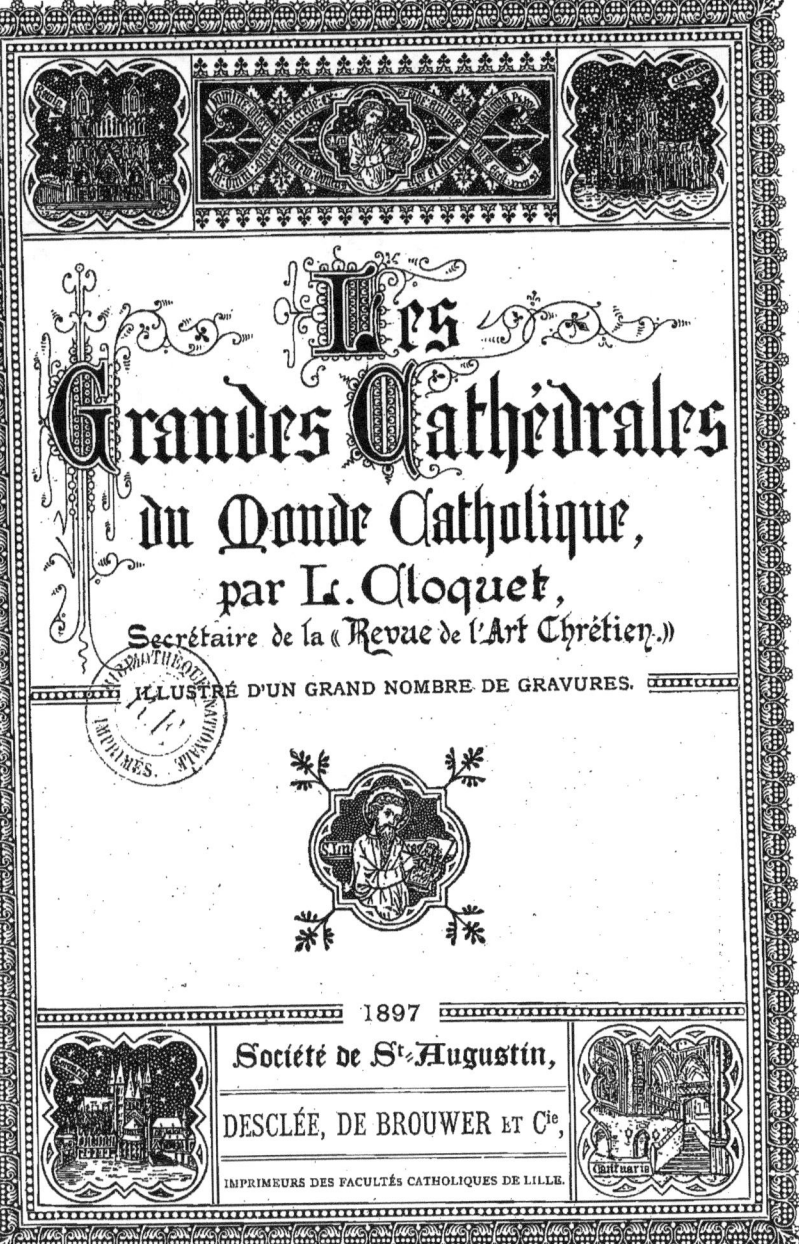

PRÉFACE.

Les églises chrétiennes forment la plus grande et la plus belle collection de monuments que l'art humain ait enfantée ; dans aucune autre série d'édifices on ne peut trouver une si grande somme de beautés réunies.

La foi a transporté des montagnes de pierre, et, les disposant avec un génie incomparable, elle en a fait, selon l'expression de Monseigneur Thomas, archevêque de Rouen (1), un hymne au Dieu de l'Eucharistie. « Les lois rigoureuses de la science s'y confondent avec les élans de la poésie, et les merveilles de l'art avec les plus hautes spéculations métaphysiques. Vivante encyclopédie, la cathédrale est à la civilisation du moyen-âge ce que la Somme de saint Thomas d'Aquin est à la théologie... Il a fallu les actes de la foi, de l'espérance et de l'amour, pour porter la Croix à des hauteurs que n'ont guère connues les monuments antiques de la Grèce et de Rome. »

La cathédrale gothique surtout est le chef-d'œuvre accompli du génie chrétien. Par une admirable évolution poursuivie d'une manière continue durant un millier d'années, le type basilical s'est développé en plan et en élévation de manière à réaliser complètement le programme religieux et à combler les vœux de la liturgie, en même temps que les aspirations du peuple chrétien et l'idéal d'un art inspiré du Ciel. Un système de voûtes génial, conquête merveilleuse due aux religieux de l'Ordre de Saint-Benoît (la science l'a établi depuis peu), a permis d'abriter sous une superstructure aérienne et gracieuse des espaces immenses, librement distribués au gré des besoins du culte.

Une pensée sublime se dégage de ces poèmes de pierre. Voyez toutes les parties de l'édifice, les colonnes, les arcades, les voûtes, les galeries, se fondant en un tout harmonieux ; voyez ces nefs élancées dont la longue et prestigieuse perspective conduit

---

1. Discours à l'assemblée générale des *Antiquaires de Normandie*, en décembre 1886.

le regard ravi tout droit au fond du sanctuaire, au milieu d'un épanouissement d'arceaux et de flots de lumière que jettent sur les murs les vastes fenestrages aux brillantes couleurs. Tout converge vers le chœur, auquel les chapelles absidales forment une couronne royale dont le plus beau fleuron est la chapelle du chevet, dédiée à la Vierge. Ainsi les pierres mêmes semblent formuler des actes d'adoration, car tout leur merveilleux appareil est conçu sous l'inspiration de la croyance en la présence réelle de la Divinité au saint tabernacle : de là un abîme entre l'église catholique et le temple protestant. Le centre, le foyer où tout ramène et d'où tout rayonne, c'est l'autel et le tabernacle. L'abside s'arrondit autour de la table du divin sacrifice, le déambulatoire l'enveloppe avec respect, donnant accès, tout autour de l'autel et des châsses des saints, aux fidèles en prière. La voûte forme au-dessus du Saint des saints comme un baldaquin majestueux; les vitraux du rond-point inondent le sanctuaire des flots convergents de leurs rayons irisés. Les pierres elles-mêmes prient et implorent le Dieu qui s'est fait homme et a voulu habiter parmi nous, ce Dieu qui semble vouloir se pencher vers l'homme avec la tendresse d'un père. Cette pensée, créatrice du temple catholique, était si présente à l'esprit des architectes du moyen-âge, que l'échelle unique des proportions adoptée par le style de cette époque est précisément l'échelle humaine.

La cathédrale réalise la grande synthèse des arts. La sculpture étale sur les parois, en des traits à la fois sublimes et familiers, des cycles de légendes du Catéchisme, de la Bible et de l'Évangile.

Les peintures murales font écho à celles des vitraux, avec leurs pieuses figures d'anges et de saints ; un monde surnaturel habite les hauteurs de l'édifice. Les voûtes à leur tour sont rehaussées d'azur constellé, de guirlandes de fleurs ou de figures symboliques ; les nervures, polychromées et dorées, courent au travers comme des sentiers célestes.

Vu du dehors, le vaisseau n'apparaît pas seulement comme un noble abri pour les foules, mais encore comme l'Arche de l'alliance divine, où l'architecte « a écrit avec la pierre, en un style noble ou fleuri, une parole puissante, qui s'imposera à toutes les générations. »

La structure lisible et transparente du vaisseau révèle aux yeux de tout passant sa *destination sacrée, et le chevet arrondi du chœur apparaît comme un gigantesque tabernacle, comme un ciboire monumental, commandant le respect et l'adoration. Les portails, tout couverts de sculptures historiées, saisissent l'âme et la jettent dans un monde de pieuses pensées ; les tours majestueuses se dressent au-dessus de la cité comme des phares célestes. Les flèches portent dans les nuées le symbole de la Croix, guident les pas des fidèles vers l'enceinte sacrée, et « emportent au-dessus de la terre les yeux et les cœurs ; elles sont les derniers traits de ces édifices qui, élevés sur la terre, doivent nous parler du Ciel. »*

Telle est l'église chrétienne, du moins quand elle est complète et, chose rare de nos jours, entièrement décorée.

Seuls les siècles de foi l'ont connue dans son intégrale splendeur, que nous ne pouvons plus qu'entrevoir par l'effort de l'imagination, par une laborieuse synthèse de fragments altérés. Faisons un effort de plus, pour nous figurer tout le bronze éclatant d'un somptueux luminaire, les gemmes, l'or et l'émail des calices, des croix, des reliquaires et des châsses, les orfrois des vêtements sacerdotaux, les richesses éblouissantes et la majesté d'une pompe liturgique parfaitement développée. Supposons que toutes ces merveilles scintillent maintenant sous le luminaire des cierges, que le temple retentisse des harmonies de ce beau chant grégorien dont les Bénédictins cherchent à retrouver la suavité et l'expression idéale, et que ces pures harmonies prêtent enfin à tous les arts confondus une âme et une voix, en chantant l'hymne de la prière publique à deux chœurs, où la terre commence et où le Ciel répond : n'aurons-nous pas vraiment un avant-goût du Ciel, une image de la Jérusalem céleste ?

Telles étaient autrefois nos églises.

Que reste-t-il de leur splendeur ? Mutilées par le temps, dépouillées par les hommes, méconnues par les fils de ceux qui les ont élevées, Viollet-le-Duc a pu dire, non sans une certaine exagération, il est vrai, qu'elles apparaissent au milieu de nos villes populeuses comme de grands cercueils.

Quelques monuments de premier ordre, sans doute, restent debout ou à peu près entiers dans leur structure architecturale, mais dépourvus de leur mobilier, veufs de leurs vitraux, de leurs peintures, de ce dernier appoint des arts les plus délicats, qui serait nécessaire pour mettre leur prestige en valeur, faire sentir leur harmonie, faire resplendir leur beauté. Beaucoup sont inachevés, remaniés, délabrés, défigurés par l'incurie ou l'ineptie des hommes et par l'outrage des temps et des révolutions. Si nous voulons ressusciter par la pensée le type complet et radieux de l'église chrétienne, il faudra former un tout idéal de parties empruntées aux monuments les plus remarquables des différents siècles. C'est la tâche que nous nous sommes proposée en esquissant à grands traits les grandes églises de la chrétienté.

La basilique antique nous révèle la sévère et solennelle ordonnance des triples nefs spacieuses conduisant au sanctuaire en hémicycle, prototype du temple chrétien, qui perdure à travers bientôt deux mille ans. La hauteur du vaisseau se développe à Byzance, où il s'abrite sous un dôme central majestueux, image réduite de la voûte céleste. Dans les églises romanes, le transept s'étend, le chœur s'allonge et le plan dessine sa forme définitive, où le tau fait place à la croix. L'édifice se développe selon les besoins de la liturgie catholique, dont la cathédrale du XIIIe siècle deviendra bientôt la brillante et intégrale expression, à tel point que M. Anthyme Saint-Paul a proposé d'appeler l'architecture romane la forme catholique de l'architecture romaine. Le chevet se double de bas-côtés et s'entoure d'absidioles. Enfin, l'art gothique multiplie les collatéraux et les chapelles, élance les formes, allège les appuis, exalte les proportions, ajoure les murs, idéalise en quelque sorte la matière. L'église devient, selon l'expression de M. Lecoy de la Marche, comme un marche-pied pour le Ciel, en même temps qu'une épopée et une somme théologique sculptée et peinte. Au point de vue de la structure rationnelle, c'est comme un syllogisme en pierre; au point de vue de la décoration historiée, comme un palais céleste qu'habite un peuple de saints en pierre enfantés par des artistes héroïques.

C'est donc à la cathédrale gothique que nous serons ramenés, comme au couronnement de cette longue série de chefs-d'œuvre. Les églises de la Renaissance n'ont pas à beaucoup près la même valeur esthétique, quoiqu'elles ne manquent pas de majesté; par leurs proportions colossales, elles rendent encore au Créateur l'hommage d'une foi profonde. Nous en décrirons quelques remarquables spécimens.

Mais à tout seigneur tout honneur. Ce sera justice que nous nous arrêtions spécialement aux cathédrales françaises, et c'est ici le lieu de faire ressortir leur haute signification comme expression de la civilisation chrétienne. Or, ces cathédrales furent avant tout l'œuvre des moines d'Occident.

Il est assez de mode aujourd'hui de regarder les moines comme un des facteurs les moins utiles de la civilisation, et même comme un de ses éléments réactionnaires. Leurs œuvres passées protestent hautement contre cet inepte préjugé. Sans eux, la civilisation moderne faisait naufrage : leurs monastères ont été le refuge de la vie intellectuelle, des lettres et des arts, et des centres laborieux, où tous les procédés alors connus de l'agriculture et de l'industrie furent pieusement conservés. Les moines, et les artistes laïcs formés à leurs écoles, furent les vrais auteurs des merveilles qui sont la plus pure gloire de notre civilisation. Leur influence fut prodigieuse : au XIIe siècle on ne comptait pas moins de 2.000 monastères dans l'Europe occidentale. C'est dans ces cloîtres que l'architecture chrétienne est née ; de là rayonnait le flambeau de la science et de l'art alors qu'il semblait éteint ailleurs. De là cette unité des formes au milieu d'un si vigoureux développement architectural : la construction romane et gothique est nationale pour chaque région, mais ces variétés sont des modifications d'un même type, non le résultat de l'évolution de types divers (1).

La popularité et la fécondité de l'institution monastique s'affirment par des constructions magnifiques semées avec profusion à travers toute l'Europe ; les abbatiales, surtout celles des Cisterciens au XIe siècle, dépassent les cathédrales en majesté. Les abbatiales avaient succédé aux basiliques épiscopales ; à leur tour les cathédrales succèdent aux abbatiales ; le XIIe siècle avait vu fonder 700 monastères, le XIIIe siècle n'en connut que 300 nouveaux ; à leur tour les évêques consacrent leur puissance à élever ces édifices splendides.

Les Bénédictins ont tenu dans leurs mains les destinées de l'art romano-gothique, qui est en somme l'art moderne. Sous leur action, il s'est transfiguré et incarné dans l'admirable formule gothique. De saint Benoît à Suger, leur génie développe avec une suite magnifique toutes les conséquences d'un principe fécond. Le style gothique est constitué de toutes pièces quand il sort de leurs mains ; ils en ont créé le type achevé

---

1. Cette remarque est de M. Barr-Ferrée, dans l'*Architectural Record* de Baltimore.

qui s'incarne dans l'abbatiale de Saint-Denis. La formule est parfaite quand ils l'abandonnent aux évêques, qui en tireront de merveilleuses applications.

C'est dans l'Ile de France que l'art gothique prend naissance sous leurs auspices. Il se montre à l'état rudimentaire, d'abord à Morienval, puis à Saint-Etienne de Beauvais, à Cambronne, à Angy, à Thierry-sous-Clermont, à Burg, à Noël Saint-Martin; il apparaît à l'état transitoire dans l'église de Pouing, au chœur de Saint-Martin des Champs à Paris, à Saint-Pierre à Montmartre, aux abbayes de Saint-Germer et de Saint-Martin des Champs à Étampes; enfin il brille dans son intégrité à l'abbatiale de Saint-Denis, et bientôt dans les cathédrales de Sens et de Senlis.

Aux abbés revient la gloire d'avoir conçu l'art nouveau, aux évêques, l'honneur d'en avoir exécuté les plus merveilleuses applications de concert avec le peuple et les princes ; n'en déplaise à Viollet-le-Duc, auteur de la fameuse et anticléricale théorie de l'émancipation laïque, prétendue cause de l'essor de l'art gothique.

Au XIe siècle, les moines avaient atteint l'apogée de leur grandeur : ils dirigeaient les esprits en Europe et comptaient dans leurs rangs l'élite de l'intelligence. Si l'abbaye de Cluny n'avait pas existé, dit avec raison M. Perrault-Dabot, l'histoire générale aurait été complètement changée. Mais le clergé séculier s'efforçait, de son côté, d'augmenter son influence; le rétablissement de la puissance épiscopale coïncide avec le règne fécond de Philippe-Auguste. Il eut pour manifestation la construction des cathédrales.

Cette grande œuvre excita l'enthousiasme du peuple non seulement par la magnificence de l'entreprise, mais encore comme un travail où chacun avait ses intérêts engagés. L'agrandissement du pouvoir royal favorisa cet effort d'un peuple, dont les moines avaient fait l'éducation artistique et dont les évêques stimulaient et fécondaient l'activité.

Comme le remarque M. Barr-Ferrée, les cathédrales anglaises et les cathédrales françaises correspondent à deux civilisations différentes. Les premières sont, plus que les secondes, des constructions monastiques ; les cathédrales françaises, au contraire, sont des monuments séculiers et populaires, et tiennent de ce chef une place unique dans l'histoire de l'humanité, de la religion et de l'architecture. Elles ne sont pas le produit de l'orgueil civique comme celles de Florence, de Sienne, de Venise, entreprises par de puissantes magistratures.

Ce sont les magistrats de Florence qui seuls avaient pris sur eux l'œuvre colossale de Sainte-Marie des Fleurs, quand en 1294 ils avaient voté la résolution dont voici la noble formule : « Attendu que la suprême prudence d'un peuple de haute origine consiste à procéder dans ses affaires de façon à y laisser l'empreinte de la magnanimité, il est ordonné à Arnolfo, maître des œuvres de notre commune, de faire un modèle et un dessin pour la reconstruction de Santa-Reparata avec une telle hauteur et une telle magnificence, qu'on ne puisse rien attendre de plus noble et de plus beau de l'industrie humaine. »

En France au contraire les cathédrales germent en quelque sorte des entrailles mêmes du peuple, comme des plantes se lèvent du sol. Le peuple les élève de ses mains, par corvées volontaires, au chant des hymnes ; dans ce grand œuvre il apporte sa part toute gratuite, en union avec le pouvoir royal et les évêques. C'est par l'élan du cœur de la part des fidèles, par les encouragements de l'Église, qui dispensait les indulgences non seulement aux preux partant pour la Terre Sainte, mais aussi aux fidèles apportant leur pierre et leur corvée à l'édifice du culte, que nos églises gothiques ont pris leur belle envolée vers le ciel.

C'était un beau spectacle que celui de ces nobles et de ces bourgeois s'attachant à un char de pénitence, pour voiturer chaux, bois et pierre, de concert avec les ouvriers et manants. Les prêtres donnaient l'exemple ; on travaillait en chantant des hymnes et des cantiques ; on voyait des malades guéris miraculeusement prêter la main au grand œuvre. Des associations de « logeurs du bon Dieu » comme celle de Strasbourg allaient de ville en ville construire des églises pour la gloire de Dieu ; ce fut l'origine des loges, tant dégénérées, transformées en conciliabules sinistres, ou plutôt diaboliques.

Ainsi furent construites nos cathédrales, encouragées par les Papes qui, au XVe siècle, accordaient la dispense de laitage à l'armée d'ouvriers volontaires qui *éleva à Rouen la fameuse* Tour de Beurre. *A Chartres un écrit contemporain nous montre hommes et femmes, nobles et manants, s'attelant aux chars pour voiturer les matériaux ; et quand les ressources font défaut, on porte les châsses en procession de ville en ville, recueillant partout les aumônes de toutes les classes de la société.*

La cathédrale était intimement liée au sort des habitants ; elle était la chose même du peuple chrétien, qui installait ses confréries dans les chapelles de ses collatéraux, qui s'assemblait pour délibérer à son parvis, qui mariait ses fils et ses filles sous ses portails, qui s'armait au son de ses cloches. Elle était soudée à la cité, dont les maisons s'accolaient à ses murs. Nos ancêtres aimaient à voir l'envolée de ses flèches aériennes, surgissant du milieu des maisons humblement groupées à ses pieds ; ils aimaient à la voir apparaître soudain au détour des ruelles, et à éprouver l'émerveillement du croyant qui trouve son temple et son Dieu, selon la belle expression de M. Augé de Lassus (1) La cathédrale se reliait à la ville par ses dépendances, sacristies, salle capitulaire, galeries bordées de tombes, palais épiscopal, écoles et bibliothèques, comme on le voit encore présentement à Rouen. Aussi doit-on qualifier de vandalisme la méthode absolue de dégagement et d'isolement pratiquée par des restaurateurs modernes, fort bien intentionnés d'ailleurs, des cathédrales françaises. « A Notre-Dame de Paris, dit M. Gonse (2), tout était combiné pour augmenter cette impression : les marches qui formaient comme un piédestal à la tour méridionale et descendaient vers la rivière, l'immense palais de l'évêché construit par Maurice de Sully, mille dépendances pittoresques, un cloître somptueux, une place étroite, des maisons rapprochées qui faisaient paraître plus immense le colosse de pierre, les sculptures du portail s'enlevant sur un fond d'or, que sais-je encore ? Aujourd'hui tout cela a disparu. La grève est remplacée par un quai banal ; la place du Parvis avec sa vieille fontaine et toutes ses maisons à pignons, par une grande place vide, bordée par un hôpital et des casernes ; les portes ont perdu leurs dorures. Progrès des temps ! Je ne saurais, en vérité, protester avec trop d'énergie contre cette manie qu'ont les édiles actuels d'isoler nos vieilles cathédrales et de les priver ainsi des repoussoirs qui en faisaient mieux sentir la grandeur. Les églises gothiques demandent à rester rattachées à leurs annexes naturelles et greffées en quelque sorte sur la cité,

---

1. V. *L'Ami des monuments et des arts*, 1889, p. 202.
2. *L'Art gothique.*

contrairement aux monuments de style classique qui, seuls, par leur caractère solennel, froid et exotique, aiment à se trouver isolés. »

En Angleterre il en est tout autrement. Les cathédrales sont des églises construites par des moines et pour des moines. Elles se dressent isolées, majestueuses et presque farouches, au milieu de vastes espaces ombragés et solitaires, protégées contre les agitations populaires et contre les bruits du dehors par leurs belles et vastes enceintes, faites de demeures canoniales. Aujourd'hui encore le clos de la cathédrale de Cantorbéry forme comme une ville ecclésiastique dans la ville laïque, enfermée dans son enceinte d'allure féodale, dont les portes s'ouvrent et se ferment matin et soir.

Le mouvement de l'art français que nous venons d'esquisser resta d'abord confiné dans le territoire restreint du domaine royal, où se concentra l'enthousiasme artistique, et où l'art gothique atteignit son apogée. Il ne se fit sentir que partiellement et lentement dans d'autres parties de la France, si bien que c'est au XVe siècle plutôt qu'au XIIIe qu'il faut chercher dans les provinces excentriques des églises conformes au type purement français. Ce n'est que peu à peu, on le sait, que se produisit l'absorption des provinces dans le domaine royal.

Aussi l'art du Centre et du Nord de la France est-il en avance considérable sur l'art du Midi, de l'Est et de l'Ouest. Pourquoi voyons-nous les cathédrales romanes beaucoup plus nombreuses et mieux conservées dans le Midi que dans le Nord ? C'est, comme le remarque M. Barr-Ferrée, qu'elles sont restées soustraites à l'activité qui remplissait le cœur et le cerveau des habitants du domaine de la couronne et des parages voisins. Quand les provinces du Midi furent réunies au domaine royal, l'ère héroïque des cathédrales était close. Il n'en était pas ainsi toutefois, sinon dans une faible mesure, pour les régions plus voisines de l'Ile de France ; c'est ce qui a valu à Chartres de posséder une cathédrale toute française avant son annexion ; il en fut de même pour les cathédrales de Lisieux en Normandie, de St-Paul de Léon à Quimper et de Reims en Champagne.

Les régions tardivement incorporées au domaine de la couronne furent dotées de cathédrales du type français, encore à la fin de la période gothique et même dans les siècles suivants ; telles sont les cathédrales d'Alais, Annecy, Arras, Auch, Blois, Belley, Cambrai, Dax, Gap, la Rochelle, Marseille, Montauban, Montpellier, Nancy, Nice, Orléans, Pamiers, Versailles, et, au dehors, Mons, Malines, Anvers en Belgique, Leyden et Bois-le-Duc en Hollande, Sainte-Élisabeth de Cassovie en Hongrie et l'église de Marbourg en Styrie, les cathédrales de Prague, de Bamberg, de Naubourg en Allemagne, celle de Lausanne en Suisse, etc.

Les vrais types de la cathédrale française sont Notre-Dame de Paris, Notre-Dame d'Amiens, la cathédrale de Beauvais, et celles de Chartres et de Reims.

L. C.

Les Grandes Cathédrales du Monde Catholique.

Chapitre Premier.

BASILIQUES LATINES.

VANT d'entreprendre de vous décrire les premières églises de la chrétienté, il est utile, ami lecteur, que j'indique, en quelques mots, quelles furent l'origine et la disposition générale de la basilique primitive dans son type initial, qui fut le point de départ d'une série remarquable de transformations rationnelles, conformes au développement progressif du culte extérieur.

A la suite de la conversion de l'empereur Constantin et de l'édit de Milan (313), qui donnait la paix à l'Église, les temples chrétiens s'élevèrent à l'air libre dans toute l'étendue de l'Empire romain. L'architecture chrétienne inaugura une ère nouvelle et glorieuse.

Partout s'élevèrent de somptueuses basiliques enracinées au sol des catacombes et dressant leur maître-autel sur la tombe vénérée des martyrs. A Rome, le pape Sylvestre III éleva la basilique constantinienne, l'église-mère, la basilique vaticane, où reposent saint Pierre et les Papes des deux premiers siècles, ainsi que la basilique de Saint-Paul, abritant les reliques de l'apôtre des Gentils. Une multitude d'autres églises s'élevèrent dans la chrétienté.

Les chrétiens avaient eu subitement besoin de temples spacieux pour y abriter à la fois la célébration des saints mystères et une assistance nombreuse de fidèles présente dans le temple même. Ceci était une chose nouvelle au monde ; le temple païen n'avait été qu'un lieu mystérieux, réservé aux prêtres et inaccessible au peuple.

Incapables d'improviser une architecture nouvelle pour satisfaire à de nouveaux et vastes programmes, au sortir même des catacombes, ils durent emprunter aux païens les éléments constitutifs des temples nouveaux, dont le prototype existait dans les sanctuaires des catacombes, salles rectangulaires terminées par une abside encadrée de l'arc triomphal ; on en conserve un beau spécimen dans la crypte de St-Hermès (*v. fig. 1*) à Rome, dont la figure ci-dessous indique la disposition en plan.

Aux basiliques civiles, qui étaient à la fois des bourses et des prétoires, ils empruntèrent leur forme oblongue, leurs doubles colonnades intérieures, le mode de couverture en charpente de leur triple nef; des maisons romaines, ils gardèrent l'*atrium*,

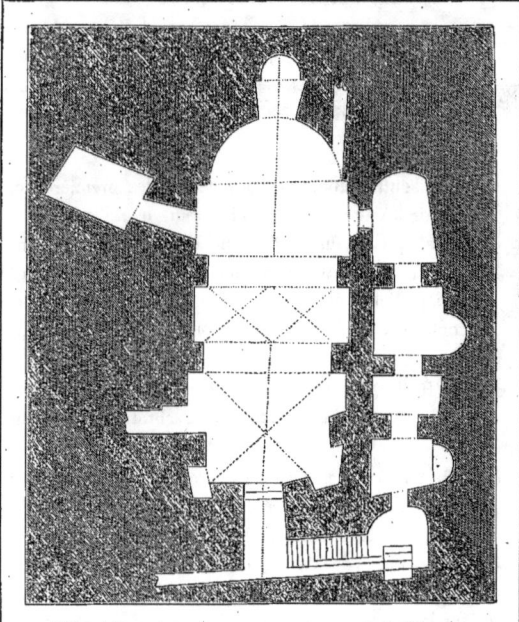

(*Fig. 1.*) Plan par terre de la crypte de Saint-Hermès.

cette cour entourée de portiques, au centre de laquelle était une fontaine ; des oratoires des catacombes, ils reprirent l'abside et l'arc triomphal, la chaire épiscopale et le presbytère entouré de chancels.

Dès le début, ils conçurent le type d'un temple qui est resté l'idéal au point de vue du programme liturgique.

Les trois nefs, bien orientées et séparées par une double colonnade supportant un entablement qui porte le haut mur et une charpente apparente, forment comme trois avenues dont l'ordonnance uniforme conduit le regard et la pensée jusqu'à l'abside et vers l'autel, partie essentielle de l'édifice : heureuse disposition, qui établit une parfaite harmonie entre la forme de l'église et la pensée religieuse qu'elle doit interpréter.

Cette forme d'église possède ainsi une valeur d'expression puissante. « Une secrète pensée, dit Lamennais, vous attire vers le point où convergent les longues nefs ; là où réside le Verbe de Dieu, Rédempteur de l'homme et Réparateur de la création, et d'où émane la vertu plastique qui donne au temple sa forme. »

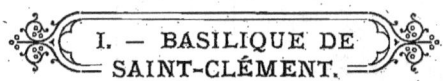

I. — BASILIQUE DE SAINT-CLÉMENT.

CES dispositions typiques de la basilique latine, nous les retrouvons conservées avec une remarquable fidélité dans une des basiliques de Rome, dans une des plus modestes, mais attendrissante pour le visiteur chrétien, à cause de la belle conformité de son ordonnance avec les prescriptions apostoliques. Dédiée au pape-martyr saint Clément, disciple de saint Pierre et son troisième successeur, elle remonte aux siècles primitifs, et donne l'illusion de vivre en ces temps fameux qui ont succédé à l'ère des martyrs. Cette basilique (*fig. 3*), si simple d'architecture, si humble de dimensions, impressionne cependant par la beauté de ses mosaïques, ses vestiges précieux

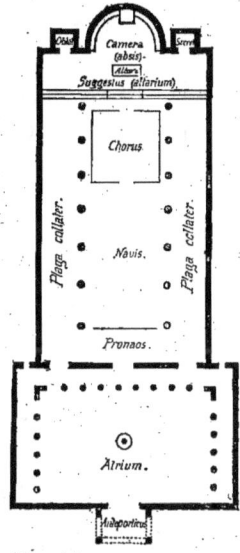

(*Fig. 2.*) PLAN DE LA BASILIQUE PAÏENNE APPROPRIÉE AU CULTE CHRÉTIEN.

d'antiquité, ses imposants souvenirs et ses reliques célèbres. Le pape Clément XI la fit restaurer avec un grand respect pour de si vénérables vestiges. On y retrouve l'abside primitive en hémicycle (*concha*), ornée plus tard d'une superbe mosaïque ; le *presbyterium*, formant le chevet, espace semi-circulaire derrière l'autel, destiné à l'évêque et au clergé. Vous y voyez la chaire du pontife plus élevée que les autres ; les sièges des clercs ; le ciboire (*ciborium, tegmen, tabernaculum*), tabernacle aérien, soutenu par quatre colonnes ; l'*ara* ou table de marbre servant d'autel ; dans cette table, la *confession*, lieu où reposent les reliques des martyrs ; devant, les *transennæ*, balustrades de marbre à jour, servant de grille pour protéger la confession. Dans le chœur, les *ambons*, *bema (ab ambiendo)*, d'où l'on annonçait la parole divine ; les *lectoria*, d'où se faisait la lecture des Livres saints. On en compte trois, tous en marbre ; deux

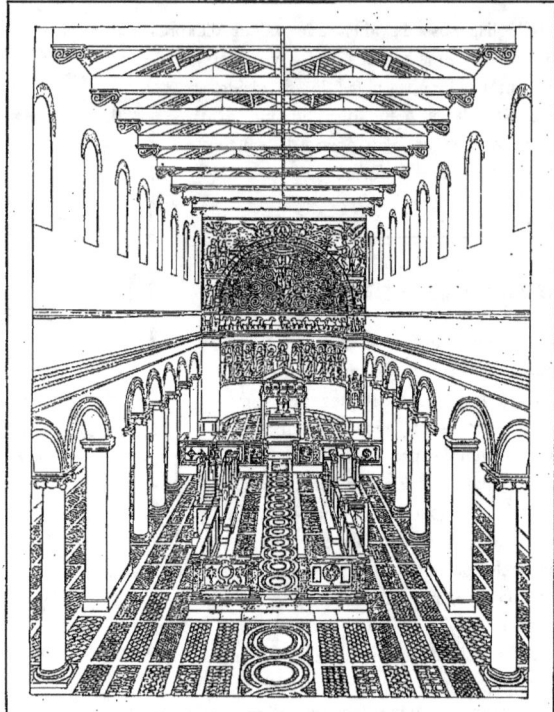

(*Fig. 3*) INTÉRIEUR DE SAINT-CLÉMENT A ROME.

s)nt tournés vers l'autel : le plus petit, destiné à la lecture de l'Épître, le plus élevé, à la lecture de l'Évangile ; près de ce dernier est le candélabre en marbre, rehaussé d'une marqueterie en mosaïques *(lapillatum)* ; le troisième, tourné vers le peuple, servait à lire les prophéties de l'Ancien Testament. Des *ambons*, se prêchaient aussi les homélies et les discours adressés aux fidèles. On remarque encore le *pastophorium*, lieu sacré où l'on conservait la Sainte Eucharistie, comme l'indique saint Paulin ; il est à droite, et sert aujourd'hui de tabernacle pour les Saintes Huiles. A gauche, était une armoire destinée à renfermer les livres canoniques.

Saint Clément présente encore la nef antique, *navis*, et au-devant de l'église, le portail quadrangulaire *(porticus quadripartitus)* entoure l'*atrium*.

II. — BASILIQUE DE SAINT-PAUL.

Parmi les basiliques antiques, celle de Saint-Clément est la mieux caractérisée, la plus fidèlement conforme aux rites primitifs et aux formes du style latin, la plus intéressante au point de vue des archéologues. Par contre, celle de *Saint-Paul-hors-les-murs*, une des cinq églises patriarcales, est la plus opulente et la plus considérable ; c'est un des très augustes sanctuaires de la Ville Éternelle.

Elle fut fondée au IVe siècle par Constantin, près du Tibre, le long de la route d'Ostie, sur une catacombe appartenant à sainte Lucine, où le grand apôtre des Gentils avait été enseveli après son martyre. Commencée en 386, elle fut achevée sous le règne d'Honorius, embellie successivement par tous les Papes, plusieurs fois restaurée, sans toutefois que son caractère en fût altéré.

Contrairement à ce qui s'était produit pour tant d'autres basiliques, elle était parvenue peut-être à son plus haut degré de magnificence ; elle offrait un type aussi fidèle que grandiose de l'architecture chrétienne des temps apostoliques, lorsque, dans la nuit du 15 au 16 juillet 1823, un incendie violent, occasionné, dit-on, par l'imprudence d'un plombier, réduisit en cendres la plus grande partie de cet incomparable édifice.

Sur-le-champ S. S. Léon XII entreprit de la reconstruire, aidé de plusieurs princes dans sa généreuse initiative. Les deux superbes monolithes qui décorent l'entrée de la grande nef ont été envoyés par le roi de Sardaigne, et Méhémet-Ali a fait don de quatre magnifiques colonnes en albâtre de cinquante pieds de hauteur.

Rien ne surpassait la magnificence de la basilique primitive. Constantin l'avait enrichie d'une prodigieuse quantité de vases, de flambeaux, de statues d'or et d'argent. Galla Placidia, fille de Théodose, avait fait faire la superbe mosaïque du chœur qui existe encore. Les peintures, les tabernacles en argent, les pavés en mosaïque, le *matroneum* (enceinte réservée pour les femmes), furent l'ouvrage des papes Symmaque, Grégoire II, Adrien Ier, etc.

La célèbre porte de bronze, une des merveilles de Saint-Paul, fut faite à Constantinople en 1070 aux dépens du consul romain Pantaléon. On y voyait, en relief, les prophètes, les apôtres et les principaux faits de leur vie. De cette porte, fondue par l'incendie, il n'existe plus que des fragments, mais l'ensemble nous est connu par la fidèle reproduction qu'en a faite le graveur Nicolaï.

Cent trente-deux colonnes soutenaient la basilique primitive, la divisaient en cinq nefs, et soutenaient la superstructure par l'intermédiaire d'arcades en plein cintre.

La largeur des nefs était de 65 mètres, la longueur du vaisseau, de 141 ; la nef centrale avait à elle seule 27 mètres d'ouverture. Le transept, extrêmement accentué (il offrait 72 mètres de développement), inaugurait d'une manière remarquable ce mode d'extension du temple chrétien, qui devait avoir une importance si considérable dans l'évolution de l'église en croix latine. Dans l'antiquité, il n'y a pas d'exemple d'autre espace couvert qui atteigne les proportions des nefs de Saint-Paul, pas même la fameuse salle hypostyle du temple égyptien de Karnak.

Cette basilique fut, avec celle de Saint-Pierre, non seulement une des plus vastes, mais encore, nous l'avons dit, une des plus magnifiques du monde ; ajoutons encore quelques traits à la description de son somptueux intérieur. Une forêt de 80 colonnes de marbre, d'ordre corinthien, disposées sur quatre rangées et d'une richesse sans égale, séparaient ses cinq nefs ; les 24 premières de la nef centrale provenaient, prétend-on, des mausolées d'Adrien ou de la basilique émilienne au Forum ; elles étaient faites en marbre phrygien et d'un travail exquis.

Des lambris couverts de dorures, des arceaux revêtus de mosaïques, l'autel abrité sous un ciborium d'argent massif, l'arc triomphal gigantesque porté sur deux colonnes de marbre salin de $13^m 50$ de hauteur, avec ses mosaïques à fond d'or, représentant saint Pierre et saint Paul, et les vingt-quatre vieillards de l'Apocalypse (heureusement conservées), faisaient de cette basilique la merveille de l'antiquité latine. En outre, des peintures murales, antérieures à l'an mille, ornaient les murs. Les recherches de M. E. Muntz lui ont permis tout récemment d'en reconstituer l'ensemble (1).

Les autels étaient ornés de trente colonnes en porphyre ; les murs de la nef du milieu, couverts de peintures du neuvième siècle.

La basilique de Saint-Paul a été reconstruite sur son ancien plan, avec une plus grande magnificence encore ; mais, il faut bien le dire, avec un goût médiocre. Elle n'en est pas moins restée un type prestigieux de l'église primitive, à cause de sa disposition d'ensemble et de son opulente structure.

Quand on a soulevé l'une des lourdes portières de l'entrée, on se trouve ébloui à la vue de l'excessive prodigalité du décor qui rehausse ses murs, son plafond, son

1. V. *Antiquaires de France*, séance du 18 avril 1894.

abside et jusqu'à son pavé. On ne peut s'empêcher d'admirer la perspective de ces cinq nefs, « dont le pavé en marbre, merveilleusement poli, reflète une forêt de colonnes en granit sur lesquelles s'appuie la voûte à caissons dorés ; tout le long de

(Fig. 4.) Abside de Saint-Paul-hors-les-murs.

la frise, une série de médaillons contiennent les portraits en mosaïque des Papes depuis saint Pierre : portraits plus ou moins authentiques, bien entendu, mais dont une quarantaine sont anciens, ayant échappé à l'incendie. La grande nef est séparée du transept par un arc triomphal sous lequel se trouvent l'autel papal et la confession.

La malachite offerte par le czar Nicolas IV, et l'albâtre oriental donné par Méhémet-Ali, se marient agréablement dans la décoration de ce maître-autel d'une richesse extraordinaire. Il est regrettable qu'on ait orné les fenêtres des bas-côtés de vitraux peints, qui ne conviennent nullement au style de l'église (1). » La grande mosaïque d'Honorius III continue à décorer l'abside ; celles du grand arc, dit de Placidie, datent du pontificat de saint Léon-le-Grand (440-461) ; d'habiles restaurations ont pu les faire revivre. Le saint Sauveur en majesté y figure, recevant sur son trône les adorations des habitants des cieux, et entouré de saint Pierre, de saint Paul et des vieillards mystiques. D'autres mosaïques ont été ajoutées dans notre siècle pour faire cortège aux anciennes, mais sans pouvoir égaler la majesté de leur style. Parmi les œuvres d'art sauvées encore de l'incendie, signalons les mosaïques de la façade, ouvrage du treizième siècle ; le portique de l'église, orné de douze colonnes dont quatre en granit ; la fameuse urne du treizième siècle, qui se trouve sous le portique (2).

Mais le plus inappréciable des trésors de Saint-Paul consiste dans ses reliques insignes. A l'autel principal, décrit plus haut, qui s'élève au milieu du transept, repose la moitié des corps de saint Pierre et de saint Paul. Autour de leurs chefs, sont rangés une foule de martyrs et de saints de toutes conditions, en sorte qu'à l'égard des autres basiliques, Saint-Paul-hors-les-murs est « un Ciel sur terre », selon l'expression de Monseigneur Gaume, à qui nous empruntons une partie des détails qui précèdent (3).

III. — BASILIQUE DE Ste-MARIE-MAJEURE.

Au sommet du Mont Esquilin, se dresse la superbe basilique de Sainte-Marie Majeure, la plus riche, après Saint-Pierre, de celles qui sont contenues dans l'enceinte de Rome. Elle est dévolue au patriarcat d'Antioche. Elle fut fondée par le pape Libérius Ier en 354.

En cette année, raconte Vasari, la Vierge Marie apparut au pape Libère, lui ordonnant de bâtir un temple sur la place qu'il verrait, au matin, couverte de neige fraîche-

---

1. Baron Jean de Witte. *Rome et l'Italie sous Léon XIII*. Paris, 1892.
2. Elle est couverte de bas-reliefs d'un médiocre travail, représentant l'infidélité et le supplice de Marcia, l'apothéose d'un poète tragique, et de petits génies montés sur des navires qui entrent dans le port, symbole de l'autre vie.
3. Voyez le beau livre de ce prélat intitulé *Les trois Rome*.

ment tombée. En même temps, un patricien du nom de Jean et son épouse eurent une vision pareille. Au point du jour, on vint annoncer au Pape que la neige couvrait le sommet de la colline de l'Esquilin. On était au mois d'août ; l'événement parut miraculeux. Le patricien Jean se déclara prêt à accomplir l'ordre de la Vierge Marie. Libérius, dit la légende, traça lui-même les contours extérieurs de la basilique, qui prit d'abord le nom de Sainte-Marie des Neiges. On l'appela aussi Sainte-Marie de la Crèche, parce que ce fut dans une de ses chapelles que l'on déposa la crèche dans laquelle naquit le Sauveur. Comme on l'éleva près de la basilique privée de Licinius, elle se nomma aussi basilique licinienne ; enfin, après la mort de son

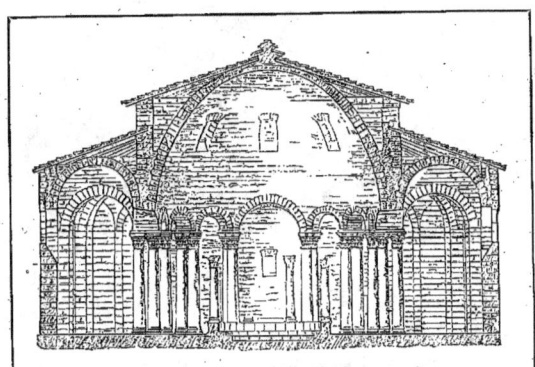

(Fig. 5.) Coupe de Sainte-Marie-Majeure a Rome.

fondateur, elle prit officiellement le titre de libérienne. Ce fut la première église importante dédiée à Marie, dont elle devait finalement adopter le nom comme vocable.

Elle a du reste été remaniée depuis son origine, notamment de 432 à 440, par Sixte III ; depuis sa fondation, des troubles s'étaient produits à Rome, et, dans la lutte entre Damase et Ursin, les partisans de celui-ci, réfugiés dans la basilique, y avaient été attaqués ; on mit le feu aux portes de l'église et l'on se battit en se servant des tuiles des combles comme projectiles Après le concile d'Ephèse, qui proclama la maternité de Marie, Sixte III, restaurant la basilique, en fit le monument commémoratif de cette manifestation. Plus tard, au XIIIe siècle, Nicolas IV refit l'abside et la décora. Selon M. de Rossi, l'abside du Ve siècle offrait déjà un déambulatoire (1). Cette abside eut primitivement des fenêtres gothiques, aujourd'hui masquées par des mosaïques. Parmi les quatre basiliques primitives, celle-ci est la seule qui n'ait que des bas-côtés simples, et, par là, Sixte consacra en quelque sorte la forme typique de l'église chrétienne. Notons que, sauf Saint-Laurent-hors-les murs, les premières basiliques de Rome eurent un transept, mais sans intersection entre ce transept et les nefs; le transept s'arrête à un grand mur de fond, dans lequel ne s'ouvre qu'une simple abside. Ainsi était réalisée la forme du T, non celle de la croix, qui devait s'accuser plus tard.

(*Fig. 6.*) L'Adoration des Mages.
(Fresque de Sainte-Marie-Majeure.)

Le vaisseau mesure 130 m. de long, 80 de large et 46 de haut. Les trois nefs sont portées par des colonnes ioniques, en marbre blanc antique, provenant, dit-on, du temple de Junon Lucine; leurs entablements, interrompus seulement de chaque côté par une arcade moderne, conduisent l'œil jusqu'au grand arc triomphal, orné de mosaïques du Ve siècle. La nef est couverte d'un riche plafond, aux caissons enrichis de dorures renouvelées au XVIe siècle par Alexandre VI. Le pavé, de marbre fort riche, est en *opus alexandrinum*.

Quand Christophe Colomb eut découvert l'Amérique, le premier lingot d'or rapporté

---

1. V. J.-B. de Rossi, *Musaici christiani della Chiese de Roma*, Rome, Spithœver, 1881. *Bull. di archeol. cristiana*, 1883-82.

du Nouveau-Monde fut offert par Ferdinand et Isabelle, et étendu en feuilles précieuses sur le plafond somptueux.

L'édifice est couronné de deux dômes, entre lesquels se dresse une flèche élancée, la plus haute de Rome, construite par Grégoire XI en 1376.

La partie la plus caractéristique du décor de Sainte-Marie-Majeure consiste en mosaïques. Cet art a toujours été en grand honneur à Rome, grandement encouragé par l'Eglise. Après avoir sombré avec les autres arts aux IXe et Xe siècles, il s'est relevé avec eux au XIIe. Nicolas IV signala son règne si court par les mosaïques dont il décora l'abside de Saint-Jean de Latran et celles de la basilique Libérienne, les

(Fig. 7.) La Présentation.
(Sainte-Marie-Majeure, Ve siècle.)

plus belles œuvres du temps. Toutes deux sont signées par le moine franciscain Jacques Toriti. La zone de mosaïques, assez bien respectée par la restauration que fit exécuter Sixte III lui-même, et qui règne, d'un bout à l'autre de la grande nef, entre l'entablement et le clair étage, se raccorde aux grands sujets historiés surmontant l'arc triomphal. Les mosaïques de la nef retracent une série de scènes de l'Ancien Testament ; on y voit figurer les prophètes et les précurseurs du Christ ; celles de l'arc triomphal racontent la naissance et l'enfance du Sauveur ; elles comptent parmi les plus anciennes et les plus remarquables de Rome ; elles rappellent, par les proportions trapues des personnages, les figures des bas-reliefs de la colonne trajane, mais se distinguent par une certaine liberté dans l'invention et le dessin.

On lit au-dessus cette inscription, si grande dans sa simplicité : LIBERIUS,

EPISCOPUS PLEBIS DEI. Les mosaïques de la nef ont comme leur couronnement dans l'abside, où figure la glorification de Marie. Des figures colossales du Christ et de la Vierge trônent dans le grand médaillon du dôme, le Fils couronnant la Mère ; autour d'eux, en adoration, sont des anges auxquels on a mêlé les donateurs de l'œuvre, le pape Nicolas et le cardinal Colonna ; au-dessus, les saints patrons de Rome, saint Jean-Baptiste, saint Jean l'Évangéliste, saint François d'Assise, saint Antoine de Padoue. Cette remarquable mosaïque, point culminant de tout le décor de la basilique, est sans doute la plus ancienne représentation du couronnement de la Vierge.

À l'intérieur, la basilique offre un ensemble imposant et harmonieux ; les tons

(*Fig. 8.*) Intérieur de Sainte-Marie-Majeure.

chauds du marbre des colonnades, la richesse du pavement, le puissant coloris des mosaïques et des peintures, les tons doux des membres de l'architecture relevés par des dorures, la puissante décoration du plafond aux poutres dorées, tout ajoute une sobre splendeur à la dignité de l'aspect.

La chapelle à droite de la nef, connue sous le nom de chapelle Sforza, du nom du cardinal qui la fonda, a été dessinée par Michel-Ange. Parmi les autres chapelles latérales, deux ont une importance spéciale ; elles sont dues à deux Papes, se font face aux deux côtés de la nef et sont grandes comme des églises ordinaires. Leur plan dessine une croix grecque ; elles sont couvertes de dômes et de tambours octogonaux ; c'est pour donner de l'importance à leur entrée que l'on a interrompu l'entablement des grandes colonnades de la nef centrale par deux grandes arcades, véritable injure faite à cette majestueuse ordonnance. Ces chapelles sont d'ailleurs revêtues d'un somptueux habit de marbre multicolore, de dorures, de sculptures et de peintures. L'une fut élevée par Sixte V, pour recevoir la crèche de l'Enfant Jésus, rapportée de Palestine avec les reliques de saint Jérôme par Théodore Ier. Sixte, alors cardinal, y épuisa ses ressources, et l'architecte Fantana, ses propres économies. L'autre fut bâtie vingt-cinq ans plus tard, sur l'ordre de Paul V, par Plominio Ponzio; elle reproduit la précédente avec plus de richesse encore. Le dôme de la chapelle de Paul V diffère de celui de la chapelle Sixtine : le premier est en hémisphère, tandis que l'autre, dû à Fontana, affecte le tracé du cintre surhaussé, à peu près elliptique, qui a été ensuite adopté pour la grande coupole de Saint-Pierre, et qui fait la mystérieuse beauté de celle-ci; nous avons donc ici la première conception de cette forme remarquable. C'est dans cette chapelle que se conserve le fameux portrait de la Vierge Marie que l'on croit peint par saint Luc ; cette précieuse image, qui fut portée en procession par Grégoire-le-Grand pour conjurer les ravages de la peste, est enfermée dans un cadre d'améthystes et gardée par des anges d'or sous un baldaquin de lapis-lazuli et de jaspe. La vérité nous oblige à dire qu'un récent et savant mémoire du R. P. Berthier, professeur à l'Université

— *(Fig. 9.)* La Madone de saint Luc. —

de Fribourg, tend à établir qu'il n'y eut qu'une seule madone de saint Luc, et que ce doit être celle que l'on conserve à l'église des SS. Dominique et Sixte à Rome (1).

Ce n'est malheureusement que la nef centrale qui a conservé le caractère original de l'antique basilique ; les bas-côtés sont voûtés, et les chapelles latérales sont du style de la Renaissance. La grande tribune aux fenêtres ogivales rappelle la courte période où la manière gothique prévalut à Rome. Au VIIe siècle s'éleva un clocher à quatre étages, à la droite de la grande entrée. Plus tard, 700 ans après

---

1. V. *Revue de l'Art chrétien*, nov. 1894.

Sixte III, Eugène III (1145-1153) restaura Sainte-Marie-Majeure et la modifia considérablement ; il bâtit une nouvelle façade avec un portique ouvert supporté par huit couples de colonnes de granit. C'est ce portique que, en 1743, le pape Benoît XIV eut la malheureuse idée de démolir, pour le remplacer par les disgracieuses constructions qui forment aujourd'hui la façade de la basilique.

Notre gravure *(fig. 10)* fait voir cette façade malheureuse bâtie par Benoît XIV au milieu du XVIIIe siècle ; elle éveille l'idée d'un palais, avec de multiples étages de fenêtres ; au milieu s'ouvre un portique tourmenté, surmonté d'une loggia, qui jure

(*Fig. 10.*) Sainte-Marie-Majeure.

avec les arcs latéraux. Derrière se dresse fièrement le vénérable campanile lombard, et s'élèvent les deux coupoles. Enfin, en avant se dresse la grande colonne construite par Paul V, que couronne la statue de la Vierge.

Du même style, et presque de la même époque, sont les mosaïques du fond de la loggia qui s'ouvrent à la face antérieure, œuvre unique, selon Vasari, de Gaddo Gaddi. Elles offrent une théorie de grandes figures de saints, escortant le Christ et la Vierge. On voit aussi quatre tableaux retraçant d'une manière gracieuse la légende de la fondation de la basilique, la vision de Libère et celle de Jean le patricien, la réception de celui-ci par le Pape, leur visite de la colline couverte de neige.

Chapitre Deuxième.

L'ÉGLISE BYZANTINE.

I les premiers chrétiens ont choisi le type de la basilique civile pour en tirer le modèle de leurs églises ; il ne manquait pas chez les Romains d'autres constructions dont l'ordonnance pût intéresser leur attention. Parmi les puissants édifices dus au génie païen, se faisaient remarquer surtout les rotondes à coupole, dont le chef-d'œuvre impérissable est le Panthéon. Mais la coupole romaine, de

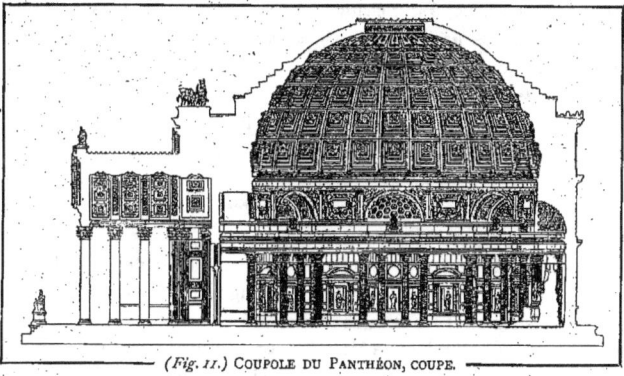

(Fig. 11.) Coupole du Panthéon, coupe.

forme hémisphérique, ne peut être établie que sur un mur circulaire, en rotonde, forme peu appropriée à l'usage d'un temple. Des siècles s'écouleront avant que le génie humain ait conçu le moyen de se dégager de ce cercle étroit, d'ouvrir cette enceinte circulaire, de combiner la majesté du dôme avec les perspectives avantageuses et le tracé commode d'un édifice carré, de concilier la stabilité de la coupole avec des combinaisons d'assiette quadrangulaire, avec des supports isolés, avec des dispositions à plan réalisant la *croix*.

Ce sont les constructeurs byzantins qui trouvèrent le moyen de couvrir d'une coupole un vaisseau en croix grecque, en même temps qu'ils substituèrent leur structure légère et équilibrée à la masse concrète et inerte des puissantes voûtes romaines. Dès lors les chrétiens d'Orient demandèrent la réalisation de leur rêve au type de la rotonde agrandie et développée par des croisillons, couverte en dôme par le moyen nouveau et merveilleux des pendentifs. Ils firent des églises vastes, monumentales, plutôt carrées qu'allongées, qui abritèrent l'autel sous un dôme majestueux semblable à un colossal *ciborium*.

I. — SAINTE-SOPHIE DE CONSTANTINOPLE.

Jusqu'ici, lecteurs, nous ne sommes pas sortis de la Ville Éternelle, dont les monuments vénérables et grandioses pourraient retenir longtemps encore vos âmes chrétiennes sous l'empire de leur prestige fascinateur.

Arrachons-nous cependant à leur charme, et, par un bond prodigieux, transportons-nous dans la capitale de l'Orient, à Byzance, à la suite de Constantin. C'est là que, dans la vingtième année de son règne, l'empereur chrétien fonda une basilique, qu'il dédia à la *Sagesse divine*, c'est-à-dire au Saint-Esprit.

Le mot grec qui signifie *sagesse* est *sophia*; de là le vocable de *sainte Sophie* (*aga Sophia*) donné à la grande église byzantine ; ne pas le confondre avec le nom d'une sainte ; il ne s'agit pas ici d'une créature ayant porté le nom de Sophie, pas plus que l'église-cathédrale de Saint-Sauveur de Bruges n'est dédiée à un personnage canonisé qui se serait appelé Sauveur.

L'église élevée par Constantin, ruinée à deux reprises différentes, fut relevée par l'empereur Justinien, qui voulut en faire « le plus magnifique monument qu'on eût élevé depuis la création ». Il confia ce grand œuvre à un architecte grec, Anthenius de Tralles, auquel succéda Isidore de Milet (1). Cent maîtres maçons avaient sous leurs ordres chacun cent ouvriers. L'empereur suivait les travaux journellement ; une galerie unissait son palais au chantier. La truelle à la main, il jeta les premiers fondements de l'édifice. Il fit confectionner, pour l'exécution de la coupole, des briques faites d'une terre si légère, que douze d'entre elles ne pesaient pas plus qu'une brique ordinaire ; toutes portaient ces mots : « *C'est Dieu qui l'a fondée, Dieu lui portera secours.* » Cette coupole, qui était l'ouvrage le plus hardi, peut-être, qu'on eût encore jusque-là essayé d'élever sur terre, nous fait penser aux somptueux palais de

---

1. V. la notice de M. Ch. Lucas dans le vol. 2 de la *Biographie universelle des architectes célèbres*, reproduite de la *Revue de l'Art chrétien*, année 1872, p. 314. — V. le *Glossaire* de Du Cange. — V. Paul le Silentiaire *Corpus Script. hist. byzant.*, in-8°, Bonne, 1842.

(Fig. 12.) CONSTANTINOPLE. — ÉGLISE SAINTE-SOPHIE.

Les grandes Cathédrales

Babylone, dont les briques portaient toutes le nom et l'éloge de quelqu'orgueilleux Nabuchodonosor, et aux non moins orgueilleuses constructions modernes qui, bien hardies aussi, semblent souvent être un défi au Créateur. Quelle leçon d'humilité! Ici, toutes les pierres parlent, demandent humblement à Dieu qu'il daigne les maintenir en place. De douze en douze assises, on scellait des reliques dans la maçonnerie, et les prêtres disaient des prières pour la bonne structure et la solidité de l'église.

Le temple bâti avec tant de courage, d'entrain et de respectueux amour, fut décoré avec magnificence. Tous ses murs furent couverts d'or et de mosaïques, ou du moins de marbres précieux ; les corniches et les chapiteaux furent dorés, les voûtes des bas-côtés, peintes à l'encaustique sur fond d'or, la coupole, ornée de mosaïques.

Pour parfaire cette merveille, l'empereur dépensa des sommes énormes ; il épuisa le tribut des provinces de l'empire et les dépouilles des barbares ; il frappa des impôts, fondit les tuyaux de plomb des fontaines et les remplaça par des conduits en terre.

Seize années après la pose de la première pierre, la basilique était achevée, et sa consécration eut lieu avec éclat. Pour la célébrer dignement, l'empereur fit tuer mille bœufs, dix mille moutons, six cents cerfs, mille porcs, vingt mille poules, qui, avec trente mille mesures de grains, furent distribués au peuple. Il entra dans le temple avec le patriarche, et du haut de l'ambon il s'écria : « Gloire à Dieu, qui m'a jugé digne d'accomplir cet ouvrage ; je t'ai vaincu, Salomon! » L'église étant bénite, il fit répandre sur le pavé trois quintaux d'or qui furent ramassés par le peuple.

Si je me suis arrêté à ces détails, c'est pour donner au lecteur une plus grande et plus juste idée des puissants efforts que la profonde piété et la vaillante ambition d'un grand empereur et de son peuple ont déployés dans l'exécution de ce temple fameux, et leur faire ainsi mieux saisir tout l'intérêt qui s'y attache.

Cet intérêt offre un côté douloureux, quand on considère ce qu'est devenue la grande basilique chrétienne depuis qu'elle est changée en mosquée. Elle est, hélas! dépouillée de ses riches ornements. De grands tapis turcs cachent son beau pavé de marbre vert de Proconèse, orné de nuances rubannées qui représentent les ondes des quatre fleuves mystiques. Les mosaïques, dit Texier, sont impitoyablement badigeonnées tous les deux ans, et leurs cubes incessamment arrachés par les jeunes softas qui les vendent aux étrangers ; tout ce qui est peinture a été effacé.

On a détruit le somptueux mobilier qui garnissait le plus fameux des temples chrétiens. Ce mobilier comprenait une énorme profusion de vases précieux, de candélabres, de croix et d'autels, le tout en or massif. Dans le sanctuaire *(bema)* se trouvait l'autel majeur, fait, dit-on, avec un mélange d'or et d'argent, de fer et de platine, que l'on

I. — SAINTE-SOPHIE DE CONSTANTINOPLE. 35

fit fondre ensemble; il fut ensuite incrusté des pierres les plus rares, et orné de

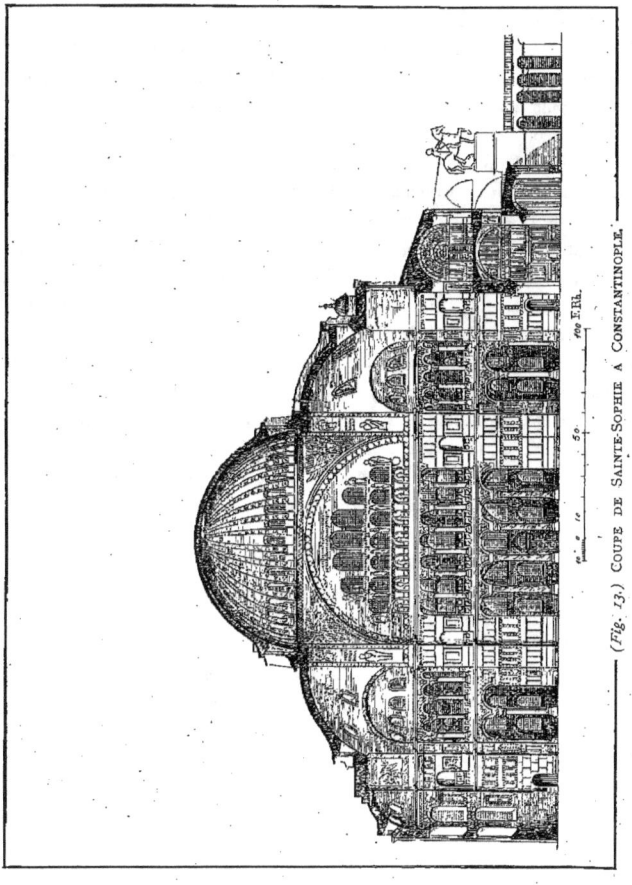

(Fig. 13.) Coupe de Sainte-Sophie a Constantinople.

perles et de diamants. La table d'autel reposait sur quatre colonnes d'or ; au-dessus s'élevait le *ciborium*, sous lequel on conservait la sainte hostie. Il était formé de quatre colonnes et de quatre arcs d'argent, portant une coupole d'or surmontée d'un bloc d'or pesant 118 livres, et d'une croix d'or pesant 80 livres. L'enceinte du sanctuaire, l'ambon du haut duquel on lisait l'Évangile, le trône du patriarche, les sièges des prêtres, ne présentaient pas une moindre magnificence.

Nous ne pouvons nous arrêter cependant à décrire plus longuement toutes ces merveilles, sous peine de sortir de notre sujet et d'abuser de la place qui nous est ici donnée. Depuis, à la place du CHRIST en majesté, représenté dans l'intérieur du dôme, on a tracé un verset du Coran.

M. l'abbé Saint-Paul racontait naguère, dans la *Revue du monde catholique*, qu'il a pu reconnaître les anciennes mosaïques sous le badigeon gris qui déshonore la coupole; il a discerné la Très-Sainte Vierge de l'empereur Constantin. On dirait, ajoutait-il, qu'un nuage obscurcit seulement la face radieuse de la glorieuse Vierge Marie, et que ce voile sera dissipé un jour par le souffle de l'Esprit-Saint, qui renouvellera la terre de l'Orient quand le schisme et l'hérésie y seront vaincus.

Qui sait, en effet, si l'antique basilique ne recouvrera pas un jour sa splendeur passée? Ne nous est-il pas permis d'ajouter foi à la légende turque qui l'annonce? Quand Constantinople tomba aux mains musulmanes, Mahomet II entra à cheval dans Sainte-Sophie, tandis qu'un prêtre y célébrait la messe. Les fidèles se dispersèrent avec terreur; le prêtre abandonna l'autel, et, dit la tradition, quitta l'église par une porte qui se trouva instantanément murée. Lorsque les chrétiens, ajoutent les Turcs, reprendront Constantinople, cette porte s'ouvrira d'elle-même, et le prêtre viendra achever sa messe.

En attendant, sur le sommet de la coupole, à la place de la croix, plane un colossal croissant de bronze placé par les ordres du sultan Amurat III, dont la dorure seule aurait coûté cent cinquante mille ducats (?).

La partie dominante de Sainte-Sophie, celle qui absorbe l'attention, est la grande coupole centrale; l'abside n'est que la principale entre les cinq niches percées dans les hémicycles; vue de l'extérieur, l'église offre l'aspect d'une immense rotonde, terminée en dôme surbaissé et renforcée par des contreforts massifs et disgracieux, entre lesquels se développent des annexes. En réalité, si nous considérons attentivement le plan *(fig. 14)*, nous verrons qu'il se rapproche sensiblement du plan allongé de la basilique. Quatre piliers énormes soutenant la coupole déterminent un espace central carré; mais deux hémicycles s'ajoutant à ce carré vers l'entrée et vers le fond, lesquels sont eux-mêmes percés d'absidioles, étendent ce carré et en font un long rectangle au fond duquel s'élevait l'autel; des bas-côtés règnent au Nord et au Midi; le tout est précédé d'une galerie et d'un vaste *atrium*; neuf portes font

I. — SAINTE-SOPHIE DE CONSTANTINOPLE.

communiquer l'atrium avec le temple. Le chœur est tourné vers Jérusalem et le tombeau de Jésus-Christ, de sorte que le chevet regarde l'Orient et les portes, l'Occident. S'il faut en croire la tradition, les portes auraient été faites des débris de l'arche de Noé ; elles étaient ornées d'ivoire, d'électrum et d'argent.

Pénétrons dans l'église et rendons-nous sous la coupole, pour jouir d'un des plus grands spectacles que l'art ait ménagés aux hommes. Le dôme, éclairé à sa base par 44 fenêtres, est porté par quatre arcs gigantesques en plein cintre ; sa base circulaire se raccorde à l'assiette carrée formée par ces quatre cintres à l'aide de constructions en forme de triangles curvilignes que l'on nomme des *pendentifs*, et qui furent une des merveilleuses découvertes de l'architecture byzantine en même temps qu'une caractéristique de son style. Les deux grands hémicycles qui s'ouvrent à l'avant et à l'arrière de la coupole, et les cinq petits qui font pénétration dans les flancs de ceux-ci, sont couverts de voûtes en quart de sphère ; cette combinaison de demi-coupoles avec la coupole maîtresse, dont les points d'appui sont peu apparents, donne à l'ensemble une légèreté qui déconcerte ; le dôme central semble comme suspendu dans les airs ; et quand le soleil, dans sa course journalière, fait le demi-tour du ciel, il ne cesse pas un instant d'inonder le temple de sa lumière, divisée, par les quarante-quatre fenêtres ménagées à sa base, en faisceaux de rayons dorés. La coupole, qui semble comme portée sur ces rayons de lumière, apparaît alors comme un diadème céleste, comme un dais surnaturel suspendu au-dessus de l'autel du Vrai Dieu.

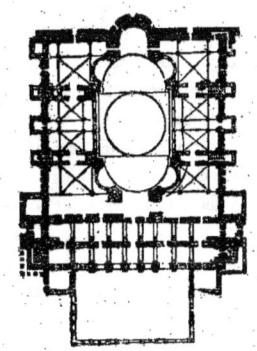

(*Fig. 14.*) Plan de Sainte-Sophie.

Mais de telles choses ne peuvent être bien décrites que par ceux qui les ont vues de leurs yeux. Laissons donc un grand artiste vous faire part lui-même de ce qu'il a ressenti en contemplant cette merveille. Voici comment s'exprime M. J. Helbig, décrivant la merveille byzantine (1).

« La première impression, en entrant dans cette basilique, est celle de la puissance et d'une solennelle grandeur.

» On ne saurait guère la comparer à d'autres grands édifices à coupoles : Saint-Pierre de Rome a des proportions beaucoup plus vastes, mais la grandeur de

---

1. Conférence donnée au Cercle Concordia, à Liège, le 29 mars 1891.

Saint-Pierre ne se manifeste à l'esprit que par le raisonnement et la déduction. Il n'a qu'un étage et toutes ses proportions sont colossales. Sainte-Sophie a deux étages et la proportion des détails répond aux dimensions de l'ensemble. La coupole du Panthéon de Rome aussi est plus grande, mais elle tient à la terre par les murs en forme de tambour qui la soutiennent. Le décor des marbres et du revêtement des murs de Sainte-Sophie est plus riche que celui du Panthéon de Rome, et la splendeur des mosaïques de ses voûtes surpasse notablement celle de Saint-Pierre.

» Dans cette dernière église, il faut, avant de s'apercevoir de la coupole qui en forme le couronnement, avoir fait un long trajet dans la nef.

» Il n'en est pas de même à Sainte-Sophie.

» Le vaste narthex avec ses neuf portes par lesquelles on a accès au temple, a les proportions d'une église dont la nef serait allongée outre mesure. Dès que l'on a dépassé la porte centrale, le vaisseau large et profond du temple lui-même s'ouvre aux yeux éblouis. Cette vaste et aérienne coupole, illuminée de sa couronne de fenêtres et qui semble suspendue dans les airs, se résoudre en quelque sorte dans les deux demi-coupoles de son axe longitudinal ; ces tribunes qui reçoivent la retombée des demi-coupoles ; la lumière à la fois si égale et si douce qui se répand dans toutes les parties de cette nef énorme, et dans les tribunes de l'étage larges comme des nefs ; les marbres aux couleurs ambrées et opalines qui tapissent les parois des régions intérieures en faisant valoir les tons vigoureux des colonnes ; le ciel d'or qui scintille aux voûtes : — tout cela, au premier abord, vous reporte à une grande époque. Le monument raconte le puissant effort d'un grand homme, secondé d'ailleurs par de véritables artistes vivant dans un siècle qui se débattait entre les agonies d'une décadence déjà vaincue et les douleurs d'une laborieuse renaissance !

» Si l'on veut analyser cette impression, si de ce puissant effet d'ensemble on passe à l'examen des détails, l'œil sans doute pourra être choqué par l'imperfection de bien des parties de l'édifice : par la disproportion de cette abside du chœur, si exiguë, avec l'ampleur de la nef centrale ; par l'empâtement considérable et trop peu dissimulé des quatre massifs de maçonnerie qui reçoivent les pendentifs de la coupole centrale ; par ces chapiteaux au feuillage si varié qui ne se placent pas toujours correctement sur le fût des colonnes, et dont l'astragale est remplacé par des anneaux en bronze doré qui ont pour objet de dissimuler le joint. L'archéologue et l'artiste, familiarisés de longue date avec le plan de Sainte-Sophie, n'en restent pas moins surpris que le tracé si compliqué, qu'ils ont étudié dans les traités d'architecture, produise un effet si saisissant, un tout si facile à embrasser et à saisir, un édifice d'une harmonie si grandiose et d'une impression à la fois si douce et si religieuse…

» Mais que de pensées et de souvenirs viennent assaillir l'âme du chrétien sous

I. — SAINTE-SOPHIE DE CONSTANTINOPLE. 39

ce dôme élevé avec tant de sollicitude et de fierté par Justinien ; dans ces nefs inondées des larmes des vaincus de Mahomet, aujourd'hui souillées par le culte de ses adeptes ! Toutes les grandeurs et toutes les hontes des règnes du Bas-Empire semblent défiler en un long et silencieux cortège dans ce temple désormais muet, où la solitude n'est plus troublée que par la mélopée traînante de l'Iman récitant sa prière, ou le chant aérien du Muézin appelant, du haut du minaret voisin, l'infidèle au fidèle accomplissement des actes de son culte !

» Cependant Sainte-Sophie ne raconte pas seulement la longue histoire des luttes sans cesse renaissantes de l'Orient et de l'Occident, du CHRIST et de Mahomet, de la civilisation et de la force ; sa construction marque aussi une grande étape dans l'art,

(*Fig. 15.*) JUSTINIEN PROSTERNÉ AUX PIEDS DE NOTRE-SEIGNEUR.
(Mosaïque du narthex de Sainte-Sophie.)

et sous ce rapport le monument élevé à la Sagesse divine restera une œuvre unique.

» L'édifice, au cours des siècles, a subi de nombreuses modifications. Dans son état actuel, lorsque l'œil s'est fait à cet ensemble, il reconnaît aisément qu'en bien des endroits une très médiocre imitation peinte a remplacé la forte et transparente coloration des mosaïques. Nulle part les figures hagiographiques et historiques du grand style de Justinien ne sont restées visibles. Aux pendentifs de la coupole, de gigantesques Chérubins étalant chacun trois paires d'ailes aux teintes nacrées et chatoyantes, ont été conservés, mais les têtes, dont la vue pouvait blesser les bigots de l'Islam, ont été remplacées par d'ineptes étoiles. D'énormes disques verts sur lesquels sont tracés, en gigantesques méandres, les versets du Coran ; des œufs d'autruche suspendus aux archivoltes ; des lustres du dessin le plus vulgaire et enfin une sorte de galerie en bois, simulant le métal et contournant les tribunes, témoignent de ce que l'art décoratif des Musulmans a fait pour le temple qu'ils ont conquis ! — Le visiteur se consolera en recherchant ce qu'ils ont respecté.

» Au fond de la demi-coupole de l'abside du chœur, on voit transparaître encore, sous une couche de peinture récente, le relief du nimbe du Christ représenté dans sa gloire, et le contour de la figure de l'empereur Justinien agenouillé à ses pieds. *(Fig. 15.)*

» Dans le gynécée — ce sont les galeries de l'étage — sur les dalles de marbre qui servent de clôture vers la grande nef, on voyait autrefois de nombreuses croix grecques appuyées sur des bases ornementées. Elles ne sont plus rappelées aujourd'hui que par les tailles du ciseau qui les a effacées. De toutes parts les colonnes hors plomb et les murs inclinés vers l'extérieur accusent la poussée des voûtes, les tassements des siècles et les secousses des tremblements de terre. Des chapiteaux choisis avec soin, et dont aucun n'appartient aux ordres de l'antiquité classique, bien qu'empruntés à des monuments divers, font connaître, par la variété de leur végétation, les conditions dans lesquelles le monument a été construit. En revanche, sur les parois, les longues litres artistement sculptées et ornées de la feuille de platane — l'arbre par excellence du Bosphore — annoncent l'effort de la renaissance, le travail original d'un art autochtone.

» Dans le gynécée, une clôture en marbre blanc sculpté, imitant des portes de bois avec leur ferronnerie ornée — la porte du *Ciel* et de l'*Enfer*, suivant l'explication fantaisiste du Softa qui nous accompagne — semble aussi empruntée à un monument préexistant.

» Lorsqu'on est resté quelque temps dans Sainte-Sophie, on est presque effrayé par la vacuité de cette immense enceinte. Quelques estrades à peine élevées au-dessus du pavement, une loge ornée de treillis artistement ouvragés destinée au Sultan, une sorte de chaire nommée *Mimber*, de longues files de nattes et de tapis, voilà tout le mobilier de la mosquée.

» Le *Khatib* monte le vendredi au haut de ce *Mimber* pour y faire la lecture du Coran, tenant le sabre nu à la main, afin de rappeler que la mosquée, conquise par les armes, devra être défendue par le glaive. Cette chaire, qui remplace l'autel et vers laquelle sont alignés toutes les nattes et les tapis, n'est pas posée dans l'axe de la nef. Elle indique l'orientation de la Mecque, vers laquelle l'Osmanli se dirige pendant sa prière ; l'axe du monument est orienté sur la région sanctifiée par la vie et la mort du Christ...

» L'œil cherche douloureusement dans le vide l'autel absent du sanctuaire, le jubé de clôture de l'abside, autrefois si somptueux, les ambons, où se faisait le couronnement des empereurs. Il reconnaît encore dans le temple toutes les dispositions commandées par les rites de notre foi, il n'en retrouve plus ni les symboles, ni la vérité, ni la vie. Les émotions et les admirations de l'artiste et de l'antiquaire ont cessé, et le chrétien sort de la mosquée le cœur oppressé pour aller respirer au grand air. »

Tel est, esquissé à grands traits, ce monument qui fut autrefois le plus beau que possédait l'Église, et qui est maintenant perdu pour la chrétienté ! Il fit l'admiration des peuples, et servit de modèle à beaucoup d'autres temples ; à cette heure encore, celui du Vœu national de Montmartre est édifié, dans une certaine mesure, selon les formes dont il a été le type grandiose.

A ce point de vue surtout, Sainte-Sophie présente un intérêt de premier ordre. Il y a de par le monde un petit nombre de ces édifices, qui résument les progrès accomplis jusqu'à nous, et marquent réellement les grandes étapes de la marche de l'art, et les points de départ reconnus de ses évolutions successives. Quand ils ont la valeur de l'église de Justinien, ils sont plus encore, ils en restent un des lumineux sommets. Sainte-Sophie offrit aux yeux émerveillés du monde, dans sa voûte, une construction nouvelle, basée non plus sur l'inertie de la masse, mais sur l'équilibre de matériaux légers ; et dans ses supports, une forme géométrique qui n'avait été appliquée que dans quelques petits édifices, savoir celle des pendentifs, qui permettait désormais d'asseoir une coupole gigantesque sur quatre piles isolées et au-dessus d'espaces carrés.

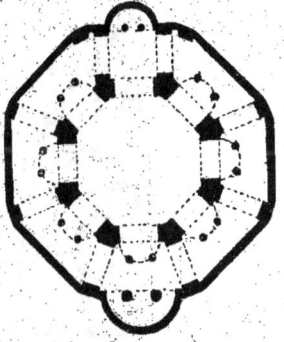

(*Fig. 16.*) Plan de St-Vital, a Ravenne.

II. — SAINT-VITAL A RAVENNE.

Constantin avait fait élever à Antioche une église polygonale nommée le *Temple d'or*, qui paraît avoir été le type d'une série d'églises de même forme construites en Occident. Les plus remarquables sont celles de Saint-Vital, à Ravenne, et le dôme d'Aix-la-Chapelle.

Nous ne dirons que quelques mots de la première, *Saint-Vital de Ravenne*, qui trahit l'influence byzantine et offre des traits de famille avec Sainte-Sophie de Constantinople. Elle se voit encore presque dans son intégrité première. C'est en revenant de cette ville que saint Ecclésius la fonda en l'année 526. Elle fut décorée à l'intérieur de superbes mosaïques. Elle offre le plan très simple indiqué par la figure 16, toutefois agrandi de plusieurs tours rondes ajoutées au dehors.

Fort défigurée à l'intérieur, cette antique église offre à l'extérieur un caractère très remarquable. Chacune des faces de l'octogone central, soutenu par huit piliers robustes qui portent sur leurs reins la grande coupole, est percée d'une grande arcade ; derrière

(*Fig. 17.*) Intérieur de Saint-Vital a Ravenne.

ces arcades, s'ouvrent des niches éclairées par deux étages de fenêtres ; la huitième forme le sanctuaire. Au-dessus s'élève la coupole, reliée à l'octogone par une série de petits pendentifs, et éclairée à sa base par huit fenêtres jumelles. La coupole est construite d'une manière très curieuse à l'aide de poteries ayant la forme d'amphores antiques, emboîtées les unes dans les autres et formant une spirale d'une grande légèreté.

Mais ce qu'il faut admirer à Saint-Vital, c'est la somptueuse décoration et les

(Fig. 18.) Coupe longitudinale de la basilique de Saint-Vital a Ravenne, disposition des mosaïques.

mosaïques dont elle fut revêtue du temps de Justinien. A ce point de vue, l'abside

(Fig. 19.) L'empereur Justinien et l'évêque Maximien.
(D'après une mosaïque de l'église de Saint-Vital à Ravenne.)

est incomparable. « Elle représente, d'un côté, Justinien entouré de dignitaires et de gardes (cette scène est reproduite dans la gravure ci-dessus), et, de l'autre,

Théodora, suivie des femmes de sa cour, offrant des présents à l'église. L'impératrice franchit l'atrium, où se trouve la fontaine sacrée, tandis qu'un serviteur soulève devant elle les voiles suspendus à la porte du temple ; son costume est splendide ; une large broderie, qui représente l'Adoration des Mages, orne le bas de sa robe ; des joyaux couvrent sa poitrine ; de la chevelure pendent sur les épaules des torsades de perles, et un haut diadème couronne la tête ceinte du nimbe. » (1)

A la clef de voûte figure l'Agneau de Dieu. L'arc triomphal est orné de quinze médaillons offrant la figure du Christ, celles des Apôtres et des saints Gervais et Protais. Ailleurs, on voit d'autres mosaïques représentant les Evangélistes et des scènes de l'Ancien Testament. Sur la demi-coupole qui surmonte l'abside, on voit le Christ couronnant saint Vital. Un Christ gigantesque orne la grande coupole ; à ses pieds, on distingue encore plusieurs figures de saints.

III. — DOME D'AIX-LA-CHAPELLE.

Ce n'est pas sans émotion que l'on franchit les antiques portes de bronze qui donnent accès à l'église fameuse où, il y a plus de mille ans, le grand empereur d'Occident accumulait tant de splendeurs, et qui, aujourd'hui, n'offre plus guère que des murs blancs et dénudés et quelques vestiges de son précieux mobilier originel.

On sait que Charlemagne, dans la plénitude d'une puissance qui est restée sans égale, voulut faire d'Aix-la-Chapelle la première capitale chrétienne de l'Occident, et le temple qu'il y éleva à Notre-Dame est demeuré comme le principal témoin de ses pieuses entreprises.

L'ancienne chapelle palatine annexée au palais royal forme aujourd'hui le noyau de cette construction hybride qui constitue la collégiale.

Pour l'élever, Charlemagne obtint du pape Adrien Ier l'abandon des colonnes de marbre et les mosaïques du Palais impérial de Ravenne. On y employa aussi les pierres des murs de Verdun, murs que l'empereur fit raser pour cause de désobéissance. S'il faut en croire Alcuin, le moine de Saint-Gall, Charlemagne lui-même traça le plan du temple. Ce monument fut commencé en 796 ; il fut dédié à Notre-Dame. Il fut élevé sous la direction de saint Vandry, et consacré par le pape Léon III lui-même, accompagné de cardinaux, le jour des Rois 804.

Dans la pragmatique qu'il a donnée à cette occasion, le puissant empereur nous déclare qu'il a donné à son œuvre la plus grande beauté qu'il a pu :

---

1. Ch. Bayet, *L'Art byzantin*.

III. — DOME D'AIX-LA-CHAPELLE.

« J'ai fait bâtir un monastère de marbres précieux avec toute la magnificence dont j'ai été capable ; en sorte que, par l'assistance divine, cet ouvrage est parvenu à un point de perfection que rien ne peut égaler. Après avoir donc fini cette magnifique basilique qui, par la grâce de Dieu, a surpassé mes désirs, j'ai rassemblé des divers pays et Etats, et notamment de la Grèce, les reliques des apôtres, martys, confesseurs et vierges, afin que, par leurs suffrages, cet empire soit de plus en plus affermi, et que nous obtenions le pardon de nos péchés. »

« Aucun des édifices chrétiens élevés depuis l'achèvement de Sainte-Sophie de Constantinople jusqu'au IXe siècle, dit M. de Dartein, ne fut l'objet, de la part de son fondateur, d'autant de sollicitude que Notre-Dame d'Aix-la-Chapelle. Imitant ce qu'avait fait Justinien pour Ste-Sophie, Charlemagne fit venir de Trèves, de Rome, de Ravenne, les matériaux précieux destinés à son palais et à la chapelle attenante. Dans l'église, les portes et les balustrades, encore existantes, sont en bronze ; la coupole était revêtue de mosaïques.»

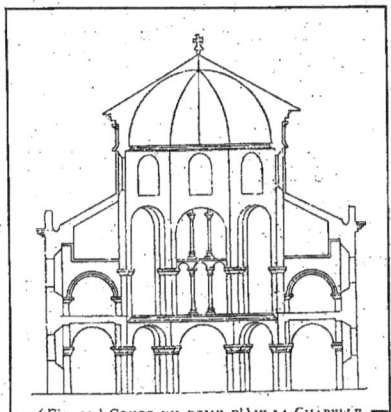

(Fig. 20.) COUPE DU DOME D'AIX-LA-CHAPELLE.

A l'extérieur, elle était couronnée par une boule d'or qui fut brisée par la foudre peu de temps avant la mort de Charlemagne.

Le *Dom* fut dévasté par les Normands, qui en firent une écurie. L'an mille, Othon III fit ouvrir le tombeau de Charlemagne. En 1165, l'empereur Frédéric Ier donna la magnifique couronne de lumières et fit placer les reliques du grand empereur dans un sarcophage de marbre blanc. Frédéric II les déposa en 1215 dans la magnifique châsse qui les contient encore aujourd'hui. Deux incendies, en 1224 et en 1236, endommagèrent l'église et surtout la coupole.

La rotonde de Ravenne a été évidemment imitée par les constructeurs de celle d'Aix-la-Chapelle. Celle-ci est également octogonale, entourée de bas côtés avec galerie.

Mais si, à Ravenne, la coupole est une voûte hémisphérique sur huit pendentifs, ici, elle consiste en une voûte polygonale du genre dit en arc de cloître. Le pourtour de Saint-Vital, de son côté, est octogonal, tandis que celui de la chapelle palatine est enfermé dans une enceinte à seize pans, séparée de la rotonde par huit piliers massifs portant des arcs en plein cintre. Les maîtresses arcades du prototype embrassent le rez-de-chaussée et l'étage, et s'ouvrent dans des hexaèdres qui contribuent à contrebuter le dôme ; ici deux étages à grandes arcades sont superposés et bien séparés par un entablement. Le pourtour est exécuté dans un système de construction remarquablement simplifié. Notons enfin que les claires-voies qui remplissent les grandes arcades et qui sont formées de riches matériaux venus d'Italie, dont nous avons parlé plus haut, offrent la disposition fréquente des monuments byzantins.

Le porche d'Aix reproduit exactement les dispositions de celui de Ravenne.

Vu de l'extérieur, le *Dom* manque d'élégance. On est frappé tout d'abord de l'aspect fâcheux de sa couverture en forme de sphéroïde surhaussé, agrémenté de grosses côtes fortement saillantes et se combinant avec des frontons romans. Une superstructure pyramidale, comme celle du *Dom* d'Essen, serait bien plus élégante en même temps que plus vraie au point de vue archéologique. Les murs de la rotonde sont ornés de pilastres d'ordre corinthien et d'un rudiment d'entablement : exemple curieux de la persistance des formes romaines à travers les siècles.

La coupole a été, dans ces dernières années, l'objet d'une restauration remarquable. On a rétabli les mosaïques qui, au siècle dernier, avaient été remplacées par des ornements de très mauvais goût. Le baron Jean Béthune de Gand fut chargé de les reconstituer. Après avoir étudié de très près les mosaïques de Saint-Pierre de Rome et de Saint-Vital de Ravenne, il se mit à l'œuvre et prépara ses cartons, qui furent exécutés par la maison Salviati de Venise.

La composition de maître Béthune, calquée sur des vestiges anciens, représente le CHRIST trônant, sur fond d'or, entouré des emblèmes évangélistiques et recevant l'hommage des vingt-quatre vieillards de l'Apocalypse, qui tiennent des couronnes dans un pli de leur manteau. Les personnages ont environ trois mètres de hauteur.

Il faut, pour se représenter l'ancienne chapelle carlovingienne, étendre par la pensée cette riche décoration sur tous les murs aujourd'hui nus, austères et presque mornes.

Comme reste de l'ancienne splendeur de la chapelle palatine, nous retrouvons aux tribunes de la rotonde des balustrades de bronze qui attestent l'habileté des ouvriers franconais ; c'est aussi dans la galerie que l'on voit le fauteuil de marbre blanc, autrefois couvert de lames d'or, où fut assis Charlemagne durant deux siècles et demi ; c'est sur ce trône que Charlemagne reposait dans un sépulcre. Ce siège redevint plus tard le trône du couronnement.

Le corps de l'empereur a été retrouvé, selon Adhémar, le contemporain d'Othon,

(Fig. 21.) Mosaïque du dome d'Aix-la-Chapelle.

assis sur ce fauteuil, ceint d'une épée d'or et tenant le livre d'or des Évangiles, la tête

CHAPITRE DEUXIÈME. — L'ÉGLISE BYZANTINE.

haute et fixée au moyen d'une chaîne d'or au diadème, dans lequel était enchâssé du bois de la croix de Jésus-Christ. Le corps était ceint du cilice d'or que l'empereur avait porté secrètement sur lui durant sa vie. Au-dessus des insignes impériaux, était suspendue la panetière d'or qu'il avait l'habitude de porter lorsqu'il se rendait à Rome. Le sceptre d'or et le bouclier d'or que le pape Léon avait bénis, pendaient

(*Fig. 22.*) Buste de Charlemagne.
(Fin du moyen-âge.)

devant lui. Ainsi fut-il déposé dans le tombeau, qui fut fermé et scellé.

Après avoir inspecté comme amateurs d'art monumental les murs austères de l'antique dôme, régalons-nous d'un spectacle plus séduisant et réellement superbe. D'abord, au milieu de la rotonde, dans l'axe de la coupole, pend majestueusement, à une chaîne de 27 mètres de longueur, cette magnifique couronne de lumière qui est

III. — DOME D'AIX-LA-CHAPELLE. 49

connue du monde entier comme le plus beau spécimen de son espèce, comme le roi des anciens luminaires. Cette merveille est un don de Frédéric Ier, couronné en 1152, exécutée en 1168 par Wibert, d'Aix. C'est une rose gigantesque symbolisant la Jérusalem céleste. Les sans-culottes l'ont gâtée en arrachant le réseau d'argent qui courait entre les deux lignes de l'inscription.

Le dôme est souvent nommé le tombeau de Charlemagne, dont il abrite encore le corps contenu dans une châsse merveilleuse ; on conserve en outre à part un bras et le puissant chef du grand empereur dans un reliquaire précieux en forme de tête *(fig. 22)* ; la châsse *(fig. 23)* mesure 80 centimètres de tour. On voit à ses côtés

(Fig. 23.) Châsse de Charlemagne, XIIe siècle.
(Conservée dans le trésor d'Aix-la-Chapelle.)

quantité de précieux reliquaires ; mais nous ne nous y arrêterons pas ; nous reviendrons quelque jour, en esprit ou en personne, à Aix-la-Chapelle, et cette fois en pèlerinage de dévotion pour vénérer les *grandes reliques* qu'on y montre au public tous les sept ans. Contentons-nous de jeter encore un coup d'œil sur les portes d'airain que fit poser Charlemagne, sur ce fauteuil en marbre blanc, autrefois couvert de lames d'or, où fut assis l'empereur durant trois cent cinquante-deux ans, tandis qu'il séjourna dans son sépulcre, sous ses *habits* d'apparat ; puis sur sa croix pectorale, sur son fameux *olifant* ou cor de chasse *(fig. 24)*, fait d'une défense de l'éléphant que lui avait envoyé Haroun-al-Raschid ; enfin sur sa toute vaillante épée.

Un chœur de forme carrée, à deux étages, s'élevait autrefois vers l'Est. Un avant-corps de même forme constitue l'entrée du parvis. Deux tours qui s'élèvent dans les angles de ce parvis et de la rotonde donnent accès à l'étage. Au centre du parvis, jadis entouré de belles arcades, se trouvait une fontaine couronnée d'une pomme de pin dont on voit le fac-simile au musée Surmondt, avec la copie de la fameuse louve romaine qui gardait jadis l'entrée du temple.

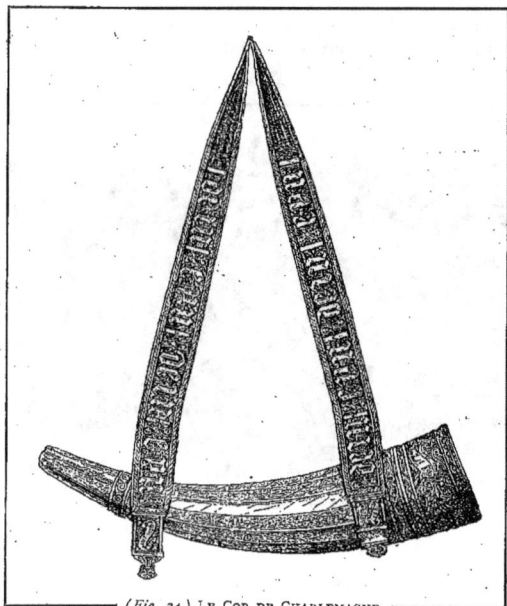

(Fig. 24.) Le Cor de Charlemagne.

Le bourgmestre Chorus fit construire, de 1353 à 1414, le chœur, à abside heptagonale qui, avec sa magnifique envolée de voûtes et ses treize verrières vastes et élancées, est un chef-d'œuvre de l'architecture du XIVe siècle, malheureusement gâté par d'affreux vitraux. Quatorze statues, adossées aux colonnettes de l'abside, datant de 1430 et ornées d'une polychromie moderne, représentent la Sainte Vierge, Charlemagne et les Apôtres.

La chaire à prêcher, donnée par Henri II en 1011, est garnie d'ivoires antiques inestimables. On remarque au chœur la tombe d'Othon III.

Sur l'antique rotonde, sont en outre greffées des chapelles à étages, élevées à des époques récentes. Ces appendices contribuent, avec la disparate de la rotonde et du chœur, à donner à l'intérieur de la fameuse chapelle palatine un aspect très peu harmonieux.

La forme en coupole, adoptée par le plus puissant souverain de la chrétienté, ne pouvait manquer d'être imitée. Aussi la retrouve-t-on dans plusieurs monuments de l'époque carlovingienne, notamment dans l'église d'Ottmarsheim (Haut-Rhin), bâtie, à ce que l'on croit, par le comte Rudolphe, frère du célèbre Wernher. Nous en donnons une esquisse, et le lecteur sera frappée de sa resssemblance avec le *Dom* d'Aix, reproduit plus haut. Une ordonnance analogue se retrouve encore dans l'antique chapelle octogonale dite le *Valkhof* de Nimègue. Le style dont il s'agit avait surtout reçu une application remarquable et complète dans l'abbaye de Saint-Riquier, malheureusement détruite, et qui en était le plus beau spécimen.

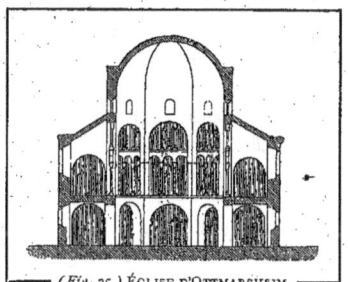

(*Fig. 25.*) ÉGLISE D'OTTMARSHEIM.

IV. — ÉGLISE SAINT-MARC A VENISE.

Pour en finir avec l'architecture byzantine, que nous avons commencé à étudier ensemble à Constantinople et à Ravenne, visitons encore la belle église de Saint-Marc à Venise, qui fut son chef-d'œuvre en pays latin. Elle est en Italie, comme celle de Saint-Front de Périgueux l'est en France, l'exemple le plus remarquable de l'introduction de la coupole en Occident. Ici nous verrons, non plus une grande coupole unique comme Sainte-Sophie de Byzance, à Saint-Vital de Ravenne ou Notre-Dame d'Aix-la-Chapelle, mais un système de coupoles sur pendentifs couvrant tous les grands espaces voûtés.

Saint-Marc, la merveille de Venise, est l'un des plus beaux monuments de toute l'Italie. « Mélange d'architecture grecque, romane, gothique ; musée des dépouilles opimes apportées du Péloponèse, de Constantinople, d'Espagne, de Syrie, de tous les pays enfin où Venise voyait flotter ses pavillons ; galerie magnifique de peintures nationales, l'église de Saint-Marc, écrit Mgr Gaume, redit à sa manière l'histoire de la puissante république. »

Mais, avant de décrire ce monument, qu'a élevé le génie et qu'ont orné les richesses de l'Orient et de l'Occident, je veux intéresser davantage le lecteur en racontant brièvement son origine.

C'était en l'an 816. Six galères de la République vénitienne étaient à l'ancre devant Alexandrie, où reposaient les restes de l'évangéliste saint Marc. Ce dépôt sacré, sur lequel veillaient quelques religieux sans défense, était à la merci des brutalités des Sarrasins. Les marchands de Venise, admis à visiter en pèlerins le corps de saint Marc, parvinrent à le soustraire à la surveillance de ces barbares. Après l'avoir pieusement enveloppé dans un linceul de soie, ils le couvrirent de légumes et de viande de porc, dont les Turcs ont une grande horreur. Leur stratagème réussit, et ne leur coûta que des injures, des apostrophes dont vous devinez les termes. Parvenus non sans peine à leurs bords, ils enveloppèrent les saintes reliques dans des voiles de navire et levèrent l'ancre en toute hâte. C'est dans des transports d'allégresse que le peuple de Venise accourut au port, à la suite du clergé, pour recevoir le corps du glorieux Évangéliste, dont le nom sera désormais mêlé à toute l'histoire de la cité. La légende de la translation du corps de saint Marc, retracée dans les mosaïques de la façade de l'église actuelle, est la première chose qui frappe les regards du visiteur parmi les richesses de son décor.

C'est pour abriter ces restes précieux que le doge Justinien Parteciporio éleva en 829 la première basilique de Saint-Marc. C'était alors un vaisseau à trois nefs, comme les basiliques latines, et terminé par trois absides correspondant aux nefs. Un incendie l'ayant détruit en 976, l'édifice fut reconstruit sur un plan tout nouveau par Pierre Orseolo Ier. En 1043 le doge Dominique Contarini le remania et le convertit en l'église actuelle. Deux transepts ajoutés à ses flancs donnèrent à son plan la forme de la croix grecque. Le centre et les quatre bras de cette croix furent couverts de coupoles sur pendentifs, réductions de la coupole unique et gigantesque qui couvre Sainte-Sophie, et dont nous avons déjà expliqué la forme. La grosse construction fut terminée, dit-on, en 1071, par Dominique Salvo, mais on continua pendant des siècles à l'agrandir et à la décorer. L'édifice put être considéré comme complet au commencement du XIIe siècle. Ses murs en briques reçurent un revêtement de marbres orientaux et une décoration toute byzantine.

Une réaction contre le style oriental ne tarda pas à se produire, comme le remarque

IV. — ÉGLISE SAINT-MARC A VENISE.

feu R. Cattaneo. Des ouvertures gothiques s'ouvrirent dans la façade. Les coupoles

(Fig. 26.) VENISE. — L'ÉGLISE SAINT-MARC ET LE CAMPANILE.

primitives, dont la forme régulière est celle d'une calotte (le couvre-chef ainsi nommé en donne une idée parfaitement exacte), ne parurent plus assez monumentales dans leur forme déprimée ; elles furent surmontées de ces dômes, exhaussés sur des lanternes rondes, qui couronnent aujourd'hui le monument. Plus tard on ajouta des chapelles en style lombard ; la Renaissance, à son tour, apporta son contingent d'annexes et de décors. Tous les styles, jusqu'à celui du XVIIIe siècle, se marient et se fondent à présent d'une manière qui n'est, quoi qu'on en dise, que relativement heureuse, dans l'antique chapelle des Doges, devenue depuis Pie VII une cathédrale et le siège du Patriarche de Saint-Marc.

Comme on en peut juger par ce que nous avons dit plus haut, le plan de Saint-Marc ne s'allonge pas comme celui de Sainte-Sophie pour se rapprocher de celui des basiliques. Il s'étale franchement en croix, comme celui des églises grecques et celui de Saint-Front de Périgueux, qui en est la réplique fidèle, même dans ses dimensions principales. Toutefois le croisillon du fond forme un hémicycle, composé d'une grande abside flanquée de deux plus petites. En avant, un porche couvert de petites coupoles s'étend sur la façade, percée de cinq portes, et se prolonge sur les faces latérales du monument. Cette galerie antérieure est enrichie de portes de bronze et de superbes mosaïques.

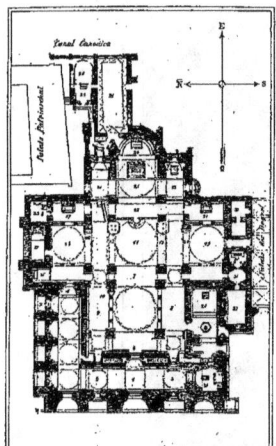

(Fig. 27.) Plan de Saint-Marc.

Lorsqu'on franchit le seuil du temple, dit à son tour Mgr Gaume, on éprouve un sentiment analogue à celui de la reine de Saba, témoin des magnificences de Salomon : « A la vue de ces voûtes d'or, de ce pavé de jaspe et de porphyre, de ces cinq cents colonnes de marbre précieux, de bronze, d'albâtre, de vert antique et de serpentine, de ces bas-reliefs en bronze, chefs-d'œuvre de Sansovino, du Titien, de Minio, de Zaccato, de Pietro Lombardo, on reste ébloui, silencieux, immobile. »

C'est en effet tout un monde que l'église de Saint-Marc avec son vaste vaisseau et ses œuvres d'art innombrables et précieuses, avec ses mosaïques retraçant en couleurs vives et inaltérables, incrustées sur fond d'or vitrifié, toute l'histoire de la religion, de l'Ancien et du Nouveau Testament, avec toutes ses inscriptions. Des neuf mosaïques qui décorent la façade antérieure, la seule qui subsiste depuis l'origine est heureusement la plus précieuse de toutes, car elle nous montre l'aspect primitif de

Saint-Marc au temps des Croisades; une autre, refaite en 1660, rappelle la curieuse histoire de la translation du corps de saint Marc d'Alexandrie à Venise, au IXe siècle (1).»

(Fig. 28.) — FRAGMENT DE LA PALA D'ORO.

Sortis du temple, jetons encore un coup d'œil sur ses murs extérieurs. Comme le portail, les deux façades latérales sont plaquées de marbres, de mosaïques et de

1. Baron de Witte, *Rome et l'Italie sous Léon XIII*.

(Fig. 29.) VENISE. — CATHÉDRALE DE SAINT-MARC.

IV. — ÉGLISE SAINT-MARC A VENISE.

bas-reliefs... Celle qui regarde la Piazzetta est ornée d'une belle Vierge en mosaïques, devant laquelle brûlent chaque soir des cierges allumés au moment de l'*Angelus*, dans des porte-cierges dont voici l'origine, s'il faut en croire la légende. Au temps de la République, un boulanger ramassa sur la Piazzetta le poignard d'un meurtrier ; arrêté, emprisonné, jugé, il fut condamné et exécuté. Plus tard, l'innocence du pauvre boulanger fut découverte, et sa mémoire réhabilitée solennellement ; les biens des juges furent confisqués pour fonder une messe à son intention et entretenir ces deux lumières perpétuelles.

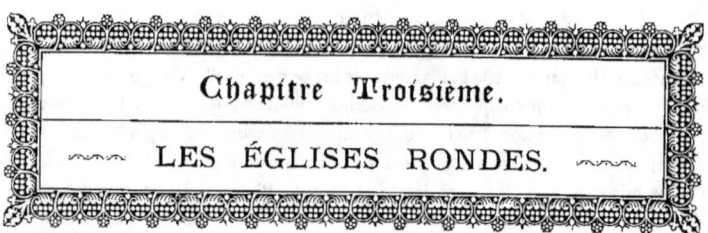

Chapitre Troisième.
LES ÉGLISES RONDES.

A grande coupole de Sainte-Sophie, que nous venons d'étudier, reporte naturellement notre esprit vers les églises rondes et polygonales.

La basilique de Constantinople s'écarte notablement du type normal des églises chrétiennes, qui, huit fois sur dix, offrent cette disposition, si simple et si connue, de trois longues nefs conduisant naturellement le regard vers le sanctuaire situé au fond, ou, comme on dit, au chevet de l'église.

Cependant, on rencontre dans le monde chrétien un certain nombre d'églises rondes. Cette forme a été adoptée avec beaucoup de raison pour les baptistères, qui avaient autrefois une grande importance, et qui formaient des édifices à part, voisins des grandes églises. Tels étaient le fameux baptistère de Florence et l'antique baptistère de Ravenne, lequel est contemporain des monuments qui nous occupent aujourd'hui.

Je veux parler maintenant d'églises proprement dites qui ont également été élevées sur un plan circulaire ou polygonal. La plus célèbre et l'une des plus anciennes des églises rondes est celle du St-Sépulcre à Jérusalem, monument sacré dont la conquête fut le but glorieux de la première Croisade.

I. — ÉGLISE DU St-SÉPULCRE A JÉRUSALEM.

Basilique primitive. — On croit généralement que le Saint-Sépulcre a toujours été une rotonde ouverte au sommet comme le Panthéon. Des découvertes de M. de Vogüé (1), rectifiant la restitution proposée par le professeur Willis (2), permettent au contraire d'avancer que la forme générale de la magnifique basilique qu'à l'inspiration de sainte Hélène Constantin éleva sur la sépulture du Sauveur du monde (3), était celle d'un rectangle terminé par une abside. Seulement

---
1. Melchior de Vogüé, *Les églises de Terre-Sainte*, Paris, Didier.
2. Williams et Willis, *The Holy City*, Londres, Parker, 1849.
3. *Ibid.*

Octogone Carolingien au Valkhof de Nimègue (Vue intérieure).

I. — ÉGLISE DU SAINT-SÉPULCRE A JÉRUSALEM.

cette abside offrait un arrangement tout à fait exceptionnel. Les idées symboliques qui ont toujours interdit de voûter l'église de l'Ascension, et d'intercepter, ainsi que le disait St Jérôme (1), « la voie par laquelle Notre-Seigneur s'était élevé au ciel, » firent aussi placer le saint tombeau à l'air libre, au milieu d'une cour sacrée entourée par un riche portique en hémicycle. Cette partie du monument, nommée *Dominicum*, se trouvait à l'Ouest, adossée à la colline dans laquelle avait été creusée l'excavation du St-Sépulcre. Le reste de l'édifice s'étendait à l'Est en englobant le « Calvaire », la « Pierre de l'Onction » et le souterrain de l'« Invention de la Sainte-Croix ».

(*Fig. 30.*) SAINTE-AGNÈS-HORS-LES-MURS.
RUINES DE L'ANCIEN MONASTÈRE DES FEMMES ; A GAUCHE, LE BAPTISTÈRE DE Ste-CONSTANCE.

Cette nef, indépendamment du Dominicum, avait une abside particulière, probablement une abside intérieure et à jour, formée d'un hémicycle de petites colonnes, qui encadrait l'autel sans masquer le Saint-Sépulcre.

Comme St-Paul-hors-les-murs, l'église était pourvue de bas-côtés doubles, et couverte d'un plafond à caissons dorés. Mais malgré les assurances données par l'empereur Constantin à l'évêque Macaire, dans une curieuse lettre qu'Eusèbe nous a conservée, on n'avait pas envoyé à l'architecte assez de ces grandes colonnes monolithes, très communes à Rome et très rares sans doute en Judée. Il n'y en eut

---

1. ..Propter Domini corporis meatum nullo modo contegi nec concamerari potuit. (*Locis Hebr. Act. Apost.*)

que deux rangs ; de simples piliers carrés en tinrent lieu pour les bas-côtés extrêmes. L'un de ces bas-côtés, vers le Midi, se trouvait obstrué en partie par le rocher du Golgotha, isolé aussi et retaillé sur trois faces, mais montrant toujours, à un niveau supérieur, le trou de la croix et la fente dont parle la Passion. En avant de la nef se développait un « atrium », et en avant de l'atrium un péristyle à colonnade, comme celui de la basilique San-Lorenzo à Milan (1).

De cet ensemble de constructions, qui mesurait cent trente mètres de longueur, il ne subsiste que des vestiges peu considérables.

Église ronde. — Lorsque l'église du St-Sépulcre fut restaurée sous Héraclius, de 614 à 629, après les ravages de Chosroës II, elle prit pour la première fois l'aspect d'une rotonde ; l'abside de Constantin en détermina les dimensions, savoir trente-cinq mètres d'un mur à l'autre. La coupole eut le diamètre de l'ancien chœur.

Le rocher du Calvaire et l'excavation où sainte Hélène découvrit la croix de Notre-Seigneur, restaient en dehors de la rotonde d'Héraclius. On éleva sur ces deux points, au milieu des ruines de la grande basilique de Constantin, deux petites églises, distinctes l'une de l'autre. Un troisième édicule, dédié à la Sainte Vierge, fut bâti au-dessus de la « Pierre de l'Onction ».

Moins d'un siècle après la restauration d'Héraclius, qui fut dirigée par Modeste, supérieur du couvent de Théodose et depuis patriarche de Jérusalem, un prélat anglais, Arculphe, visita les lieux saints, et à son retour en fit une description détaillée (695). Pour « illustrer » cette précieuse relation, l'évêque Adamnan, dessinateur plus zélé qu'habile, traça sous les yeux et sur les explications d'Arculphe un plan du Saint-Sépulcre (2).

« L'église du Saint-Sépulcre, dit saint Arculphe lui-même, est de très grande dimension, entièrement de pierre et parfaitement ronde en tous sens. Trois enceintes concentriques s'élèvent pour former son contour, laissant entr'elles des galeries de circulation ; le mur du milieu est décoré de trois autels placés dans des niches dont l'ornementation a été établie avec beaucoup d'art ; l'un de ces autels se dirige vers le Midi, un autre vers le Nord, le troisième vers l'Occident. Douze colonnes de marbre de dimension remarquable soutiennent l'église à l'intérieur.

» Cet édifice présente huit entrées groupées quatre par quatre ; chaque issue se reproduit dans les trois enceintes et permet de traverser les galeries qui les séparent. Quatre de ces portes regardent le vent du Nord-Est, les quatres autres sont tournées

---
1. Didron, *Annales archéologiques*, t. XX.
2. Voir le *Museum of classical antiquities*, de Falkener.

vers l'Orient. Au milieu de l'espace central de cette église circulaire s'élève un

(*Fig. 31.*) Église du Saint-Sépulcre a Jérusalem.

édicule rond taillé dans une seule pierre, et dans lequel peuvent se tenir neuf personnes en prière. La voûte de cet édicule s'élève à un pied et demi au-dessus de la tête d'un homme de grande stature qui se tiendrait debout.

» L'entrée regarde l'Orient et toute la couverture extérieure est formée d'un toit de marbre dont le sommet est orné de dorures et porte une grande croix d'or. A l'intérieur de ce mausolée, au Nord, est le cercueil de Notre-Seigneur, taillé dans une seule pierre ; mais le sol du mausolée est plus bas, car, depuis son pavé jusqu'au bord supérieur du cercueil, il y a environ une distance de trois palmes (1). »

Cette précieuse description, que nous a léguée le saint évêque, est accompagnée d'un dessin plus précieux encore. Selon M. Ch. Lucas, il est probable que les trois enceintes dont il est question, formant une rotonde entourée en dedans et en dehors d'une double rangée de colonnes, constituaient un portique intérieur et un portique extérieur. L'église actuelle du Saint-Sépulcre, qui est en partie celle de Constantin, présente la même colonnade à l'intérieur. A l'Orient de cette rotonde se voyaient d'autres constructions augustes : une assez vaste nef abritant l'autel d'Abraham, où de nombreuses lampes brûlaient nuit et jour ; une fenêtre contenant le calice du Seigneur ; la chapelle du Golgotha, enveloppant le sommet du rocher sur lequel avait été dressée la croix du Sauveur et dont on montrait la fente aux fidèles ; l'église de la Vierge, marquant l'endroit où Marie se tint debout avec saint Jean ; enfin l'église de Constantin, bâtie sur le lieu où sainte Hélène découvrit la croix de Jésus et celles des deux larrons.

Cette église avait déjà été deux fois détruite, d'abord par les Perses et les Juifs, ensuite par les Arabes, lorsqu'elle reçut au VIIe siècle la forme d'une rotonde entourée d'une galerie à étage, qu'on y voit encore aujourd'hui dans sa partie la plus ancienne. Elle fut couverte d'une toiture conique tronquée, en bois de cèdre, selon la forme usitée pour les grands mausolées antiques.

Charlemagne fit rebâtir en 813 ce tombeau vénérable entre tous. Détruit par les Sarrasins, vers 1010, par suite d'un accès de fanatisme farouche du kalife Hakem, il fut restauré par l'empereur grec Constantin Monomaque en conservant le plan primitif.

A une époque récente, cette couverture en charpente a été remplacée par le dôme que connaissent tous les pèlerins de Palestine. D'autres remaniements y avaient déjà été faits par les Croisés, de sorte qu'extérieurement l'église du Saint-Sépulcre se présente sous l'aspect d'un édifice de style roman avancé, comme le montre notre gravure *(fig. 31)*.

---

1. Nous reproduisons ce texte d'après M. Ch. Lucas (*Les églises circulaires d'Angleterre*), qui l'emprunte lui-même à Falkener (*Museum of classical antiquités*).

I. — ÉGLISE DU SAINT-SÉPULCRE A JÉRUSALEM.

Église actuelle. — L'église actuelle du Saint-Sépulcre se compose encore de trois églises : celle du Sépulcre, celle du Calvaire et celle de l'Invention de la Sainte-Croix.

La première forme une croix ; la rotonde du Sépulcre constitue la nef principale. Seize colonnes de marbre ornent son pourtour et soutiennent, sur des arcades, une galerie assez basse ; au-dessus règne une frise percée de niches, qui reçoit le dôme.

Chose curieuse, la coudée du roi Nimrod et de l'appareil de Tello, qui est de 540 millimètres, est comprise juste 100 fois dans le diamètre du Saint-Sépulcre. On croit que cette mesure, rapportée de Babylone par les Macédoniens, a dû être

(*Fig. 32.*) La chapelle du Saint-Sépulcre.

apportée à Jérusalem par les ouvriers grecs venus d'Alexandrie au VIIe siècle pour construire la rotonde (1).

Vers 1867, la coupole fut reconstruite en tôle et commencée sur les dessins de M. Mauss et de l'architecte russe Eppinger, sous la direction de Constant Dufeux. Elle a plus de vingt mètres de diamètre et douze mètres de hauteur (2).

Le chœur est à l'Orient de la nef du tombeau ; son abside est relevée de deux degrés au-dessus du presbytérium qui le précède ; ses bas-côtés contiennent des chapelles desservies par des prêtres de huit nations différentes.

1. C. Mauss, *L'église de Saint-Jérémie, etc. Mesures théoriques du pilier de Tello.* Paris, Leroux, 1892.
2 Voir *Société centrale des architectes français, Bull.* 1869.

C'est dans l'aile droite, derrière le chœur, que s'ouvrent les deux escaliers qui conduisent, l'un à l'église du Calvaire, l'autre à celle de l'Invention de la Sainte-Croix. Le premier monte à la cime du Calvaire, le second descend sous le Calvaire.

Le monument de marbre qui couvre le Saint-Sépulcre a la forme d'un kiosque d'un luxe à demi barbare élevé sous le dôme, défiguré par une chapelle massive que les Arméniens ont été autorisés à bâtir à une de ses extrémités. A l'intérieur l'on voit un tombeau de marbre blanc, c'est le Sépulcre du Sauveur du monde.

Un cercle de quatorze colonnes supporte actuellement la rotonde couverte d'un dôme et entouré d'une galerie à étage ; cette galerie est limitée extérieurement par une muraille en demi-cercle et donne accès à trois petites absides. Cette partie ancienne est précédée actuellement d'un vaisseau plus récent, qui dessine en plan la forme d'une croix grecque.

A l'extérieur, l'église est défigurée par des couvents de divers âges, accolés aux murs. Pareille à un rocher se dresse la masse effritée de la façade, devant laquelle chacun se découvre en l'abordant ou en passant. Elle a deux énormes portes du XIIe siècle, dont l'une est aujourd'hui murée ; l'autre, ouverte, laisse voir dans l'obscurité intérieure les multiples clartés des cierges, et laisse échapper de lugubres concerts de chants mêlés à des lamentations.

Quel chrétien peut ne pas se figurer avec un vif intérêt la disposition de ce sanctuaire unique, qui abrite le tombeau du CHRIST, pour lequel nos vaillants ancêtres ont donné le plus pur de leur sang, vers lequel enfin le monde chrétien tout entier tourne sans cesse ses pensées ?

 II. — ÉGLISES RONDES D'OCCIDENT.

On conçoit qu'au retour des Croisades les chrétiens de nos pays aient été amenés à bâtir en France des églises qui rappelassent à leurs yeux ce temple si cher à leur foi. Aussi l'église du Saint-Sépulcre a-t-elle donné lieu à plusieurs imitations plus ou moins altérées.

La plus exacte est celle que présente la belle crypte actuelle de Saint-Bénigne de Dijon (qui date du XIe siècle). L'église, aujourd'hui en ruines, de Charvoux, dans la Vienne (XIIe siècle). comprend jusqu'à trois collatéraux circulaires autour de la rotonde. L'église de Newy-Saint-Sépulcre, dans l'Indre (XIe siècle), a beaucoup d'analogies avec le temple de Jérusalem. On peut encore citer les églises de Saint-Bonnet-la-Rivière (Corrèze), de Rieux-Minervois, de Montmorillon (Vienne),

II. — ÉGLISES RONDES D'OCCIDENT.

l'église polygonale de Saint-Michel d'Entraigues (édifice très élégant du XIIe siècle) et la rotonde de Landeff (Côtes-du-Nord, XIe siècle), actuellement en ruines. L'église de Sainte-Croix à Quimperlé, bâtie en 1081, s'écroula en 1862 : elle vient d'être reconstruite. Tout récemment on vient de découvrir à Schlestadt une crypte fondée au XIe siècle, reproduisant les dispositions intérieures et les dimensions du Saint-Sépulcre.

Les Templiers chassés de la Palestine ont été amenés naturellement à imiter dans leurs églises d'Occident la forme du Saint-Sépulcre. Le *Temple* de Paris était une église ronde, assez analogue au *Temple* de Londres, encore si bien conservé. Les *Temples* de Laon, de Metz, de Ségovie, ont la forme polygonale. L'église du Saint-Sépulcre à Cambridge offre le type d'un superbe temple rond, et il en est de même de toute une série d'églises d'Angleterre.

Cette dernière est du style normand primaire et, d'après certains auteurs, remonterait à l'an 1101. La rotonde, couverte d'un toit conique, est éclairée par d'étroites fenêtres dans sa partie supérieure. Les bas-côtés sont dépourvus de tout ornement. Une porte décorée d'archivoltes reposant sur des colonnes en retraite, donne accès dans la chapelle ; l'intérieur est d'un effet saisissant ; au-dessus des arcs de la rotonde s'élève le triforium, et plus haut, le cléristory. A travers les arcatures de la rotonde on aperçoit de grandes statues d'un style très archaïque. Un chœur gothique a été ajouté à l'église normande primitive, comme au Temple de Londres (1).

1. Voir *Revue de l'art chrétien*, 1894.
Voir Melchior de Vogüé, *Les églises de la Terre-Sainte*, Paris, 1860 ; — A. Lenoir, *Revue générale de l'architecture et travaux publics*, 1re série, XI, 1851 ; — Falkener, *Museum of classical antiquity*.

Chapitre Quatrième.
LA BASILIQUE LOMBARDE.

ous avons vu la forme, heureuse et parfaitement appropriée au culte chrétien, de la basilique primitive, profondément modifiée par les Byzantins dans Sainte-Sophie de Constantinople et abandonnée totalement dans les églises en croix grecque et dans les églises rondes ou polygonales, comme celle de Saint-Vital de Ravenne, le dôme d'Aix-la-Chapelle et l'église de Saint-Marc de Venise.

Nous allons maintenant revenir à la forme basilicale pour ne plus guère l'abandonner, et montrer, dans quelques grands monuments, ses perfectionnements

   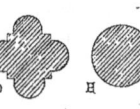 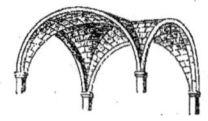

(Fig. 33.) SECTIONS DE PILIERS LATINS, LOMBARDS ET ROMANS.   *(Fig. 34.)* VOÛTES D'ARÊTES.

successifs, qui doivent aboutir aux splendides cathédrales du XIIIe siècle.

C'est dans le Nord de l'Italie que s'est opérée la transformation de la basilique latine couverte en charpente, en église romane *voûtée*; et le style qui s'est formé alors a pris le nom de *style lombard*. Les Lombards, habiles maçons, couvrirent leurs basiliques, non plus par des plafonds de bois, mais à l'aide de voûtes, et ils développèrent l'emploi d'une voûte extrêmement ingénieuse, déjà connue des Romains, et qui s'appelle la *voûte d'arêtes*, qu'ils perfectionnèrent en y ajoutant des nervures. Je n'entreprendrai pas d'en expliquer la construction, je me bornerai à la faire voir dans la vignette en perspective ci-dessus *(fig. 34)*. Ajoutons toutefois que, dans ces constructions, les supports des voûtes sont, non plus des colonnes, mais des piliers cruciformes *(fig. 33, B, C)*; souvent des piliers plus faibles alternent avec des piliers plus forts; cela résulte de la conformation de la superstructure; la grande nef est couverte par de grandes voûtes carrées, et au travers de ces voûtes, correspondent deux travées des petites nefs; entre ces deux dernières, prend place un pilier de second ordre *(fig. 35)*.

Dans la figure ci-contre *(n° 33)*, nous donnons, en A et en E, les sections des piliers carrés et des colonnes de l'époque latine ; en B, C, D, les sections des piliers lombards, cruciformes.

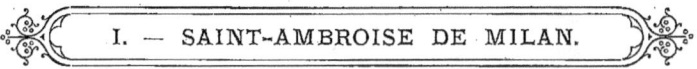

I. — SAINT-AMBROISE DE MILAN.

Nous retrouvons une application très remarquable des voûtes aux nefs de la basilique latine dans l'église de Saint-Ambroise à Milan. Elles

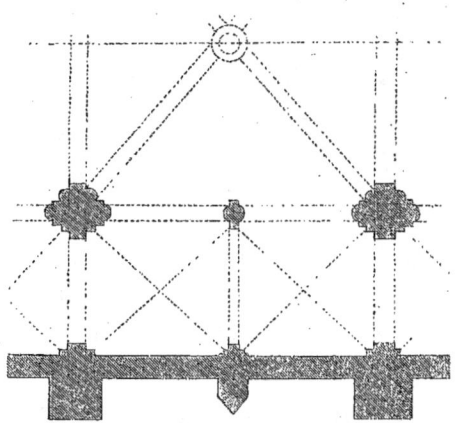

(Fig. 35.) Plan d'une travée de Saint-Ambroise.

gardent ici, à cause de leur forme exhaussée, un air de famille avec les coupoles byzantines. Saint-Ambroise, qui date du IXe siècle, est une église longue, à trois nefs ; celle du milieu est deux fois plus large que les nefs latérales, qui offrent un étage de galerie. On verra par les gravures ci-contre *(fig. 35 et 36)*, la disposition d'une des quatre doubles travées des nefs ; celles-ci sont terminées par une triple abside.

Elles sont précédées de l'antique *atrium* qui isolait l'église du bruit et du tumulte; c'est sur le seuil de cet atrium que saint Ambroise arrêta l'empereur Théodose et lui défendit l'entrée du temple. « Mais David a péché, observa le prince criminel. — Puisque vous l'avez imité dans son péché, lui répondit le pontife imitez-le dans sa pénitence. »

On remarque la disposition de la façade, caractéristique du style lombard, offrant deux rampants qui embrassent les trois nefs, sans ressaut au droit des

— (*Fig. 36.*) Travée de la nef de Saint-Ambroise de Milan. —

collatéraux, et ornés, ainsi que toutes les corniches, des rangées d'arcatures qui ont si souvent été imitées dans la suite. Cette façade est accostée de deux tours carrées qui ont également fait souche en Occident. De la croisée s'élève une lanterne ronde abritant une coupole octogonale visible de l'intérieur.

La basilique ambrosienne n'est pas seulement un des monuments qui marquent dans l'histoire de l'architecture, avec ses nefs à tribunes et ses voûtes fameuses, tant discutées par les savants. On y admire encore l'antique chaire en marbre qui servit de tribune à saint Ambroise, le fameux serpent d'airain élevé au milieu de la nef, la chaire pontificale du saint évêque, et surtout le merveilleux *paliotto*, ou antependium d'or, chef-d'œuvre d'orfèvrerie du Xe siècle ; on y voit saint Gervais et saint Protais aux côtés du CHRIST en majesté, saint Ambroise recevant la révélation du lieu de sépulture des deux martyrs, etc.

(Fig. 37.) SAINT-AMBROISE DE MILAN ; ATRIUM.

Saint-Ambroise constitue le type initial du style lombard. Les beautés de ce style se sont développées dans d'autres églises moins anciennes. Son élégance, sa richesse, éclatent surtout dans les cathédrales de Pise, de Lucques, de Parme, de Plaisance, de Modène et de Vérone.

Ces églises se distinguent par leurs façades couvertes de multiples rangées d'arcades et de colonnettes, par leurs grands pignons embrassant les trois nefs, par leurs hautes tours carrées à nombreuses rangées de baies, par leurs larges nefs surmontées d'une coupole, et leur élégant transept au croisillon parfois en hémicycle.

(Fig. 38.) MILAN. — ÉGLISE SAINT-AMBROISE.

En Italie, c'est la masse même du bâtiment qui attire le regard plutôt que les mouvements de la silhouette; l'ensemble est compact et puissant. Les tours sont isolées et ne contribuent pas à donner au vaisseau un profil élancé.

II. — CATHÉDRALE DE PISE.

Quatre merveilles, réunies sur la même place, font l'orgueil de Pise, l'antique cité déchue. « Côte à côte, resplendissent dans leur blancheur de marbre les murailles de Campo-Santo, le dôme majestueux du baptistère, la superbe façade de la cathédrale et la Tour penchée avec son gracieux revêtement de colonnettes. Les quatre édifices rappellent le temps glorieux où les Pisans, forts de leur puissance militaire et commerciale, s'enrichissaient des dépouilles des barbares et chassaient les Sarrasins de la Corse, de la Sardaigne et des îles Baléares. Le dôme de Pise et ses brillants satellites gardent le reflet de cette grandeur passée » (1).

Les églises toscanes de la période lombarde offrent une physionomie particulière qui s'accuse ici avec beaucoup d'énergie : elles sont ornées avec prodigalité de galeries aveugles, régnant à l'extérieur des façades souvent en plusieurs étages, tandis que la partie inférieure des murs est décorée d'arcades sur colonnes et pilastres ; souvent aussi le parement des murs est orné de marbre blanc et de marbre vert ancien de Prato alternés. Cette puissante décoration remplace les rubans entrelacés, les feuillages et les rinceaux, qui font ailleurs les frais du décor, et donnent aux façades une richesse d'aspect sans égale. On la rencontre à Lucques, à Pistoïa, mais surtout à Pise. Ces portiques ajourés et vastes, largement ouverts au dehors, semblent vouloir exprimer cette belle pensée, que l'Eglise veut abriter ceux-là mêmes qui sont encore en dehors d'elle.

L'ancienne cathédrale de Pise datait de l'entrée triomphale de Charlemagne dans cette ville ; mais l'édifice actuel, un des plus vieux de la Toscane, fut fondé en 1063 sous Alexandre II et consacré en 1118 par le pape Gélase II. La Tour penchée fut élevée en 1123, et le baptistère en 1163. Le dôme de Pise est resté le type le plus parfait du style roman en Italie ; il marque l'apogée de l'art roman dans la péninsule. Son auteur, Buschetto, est un fondateur d'école.

Il ne vécut pas assez longtemps pour mener à fin son chef-d'œuvre ; ce fut Rainaldo, son élève, qui eut l'honneur d'élever le portail, si magistral et si riche. Après lui, Dioti Salvi, auteur de l'église du Saint-Sépulcre, éleva le baptistère, digne de rivaliser avec le dôme, et dont la forme primitive était si svelte et si élégante.

Il a été commencé en 1153, et achevé à la fin du XIIIe siècle seulement. C'est une rotonde en marbre de 30 m. 50 de diamètre, couverte d'une coupole pseudoconique haute de 54 m. 50. A l'intérieur, ses galeries à étage reposent sur un ensemble

---

1. J. de Witte, *ouvr. cité*.

de quatre piliers et de huit colonnes ; au milieu, se trouvent les fonts en marbre, de forme octogonale, richement ornés de sculptures et de mosaïques, et la célèbre chaire de Nicolas Pisano (1266), portée sur sept colonnes et ornée de remarquables bas-reliefs. Les murs extérieurs sont décorés d'une rangée d'arcades aveugles surmontées d'une galerie à jour.

Presqu'en même temps surgissait sur la merveilleuse place de Pise le beau et curieux campanile où l'on retrouve les étages de colonnes et d'arcades qui caractérisent le dôme et le baptistère. En perdant son aplomb, il n'a pas perdu toute son élégance, mais, à cause de son affaissement dans le sol, on n'a pas osé l'élever à la hauteur qu'il devait atteindre. Commencé en 1174 par Bonanno de Pise et Guillaume d'Inspruk, il est haut de cinquante-quatre mètres cinquante, dévié de quatre mètres cinquante de l'aplomb. Galilée, comme on sait, a profité de cette inclinaison pour se livrer du haut du campanile à des expériences sur la loi de la chute des corps. On accède à son sommet par un escalier de 294 degrés.

La cathédrale de Pise est une basilique qui a cinq nefs, de 95 m. de longueur et de 32 m. 50 de largeur, traversée par un transept à trois nefs et surmontée, au-dessus de la croisée, d'une coupole surélevée remarquable, qui fait la transition entre la coupole antique du Panthéon et les coupoles de la Renaissance, dont celle de Brunelleschi, à Florence, est le prototype.

Cet édifice, d'un fini d'exécution admirable, est entièrement construit en marbre blanc avec des incrustations de marbre noir et vert. On peut voir à l'extérieur soixante-huit colonnes antiques, rapportées par les Pisans comme trophées de leurs expéditions guerrières. La nef principale a un plafond à caissons dorés ; les bas-côtés voûtés sont surmontés de tribunes, qui traversent le transept pour aller rejoindre le chœur.

La plus grande magnificence apparaît à la façade, traversée de quatre étages de galeries aux gracieuses arcades portant sur de sveltes colonnettes. Les trois portes s'ouvrent dans les entrecolonnements de sept plus puissantes arcatures aveugles. Ici la forme du vaisseau se dessine en façade, la grande nef émergeant des rampants des bas-côté, et s'accusant par un fronton qui n'est pas dépouvu de quelques réminiscences antiques. La galerie qui couronne le fronton fait retour latéralement, et règne le long de la claire-voie de la haute nef ; les bras du transept, très saillants, répondent à la même donnée architectonique.

Le chœur aussi offre un aspect imposant.

Les vieilles portes de bronze ont été remplacées par d'autres, exécutées d'après les dessins de Jean de Bologne ; une des anciennes, datant du XIIe siècle, est toutefois conservée dans le bas-côté méridional.

On admire dans cette église la chaire de Vérité, dont Jean Pisano a sculpté les lions et les évangélistes; la fameuse lampe en bronze suspendue au milieu du vaisseau,

(Fig. 39.) PISE. — Le Baptistère. La Cathédrale. Le Campanile.

et qui aurait suggéré à Galilée l'idée du pendule ; les mosaïques de l'abside, de Cimabuë (1302), et une multitude d'œuvres d'art dues à des maîtres, fresques, toiles, statues, etc.

III. — CATHÉDRALE DE FERRARE.

Commencée en 1146, l'église Saint-Georges de Ferrare fut consacrée en 1135. Sa majestueuse façade, qu'a respectée la Renaissance, est une des plus originales de l'Italie, traversée par des rangées d'arcades comme ses sœurs toscanes, et

(*Fig. 40.*) Cathédrale de Ferrare.

agrémentée d'une polychromie naturelle produite par un revêtement de marbres blancs, rouges et bleus, harmonisée par la patine du temps. M. G. Gruger (1) compare ses trois pignons accolés à un vaste triptyque, dont les volets, égaux au panneau central, sont séparés par des contreforts à pinacles. Entre ceux-ci se dresse un porche, qui constitue un petit édicule greffé sur la façade, et surmonté lui-même de sa galerie et de son fronton. On chercherait vainement la logique aimable de l'architecture française dans l'ensemble de la façade, qui se dresse comme un

1. V. *Revue de l'Art chrétien*, année 1891, p. 384.

écran devant un vaisseau à trois nefs inégales. Mais il faut admirer l'élégance des galeries, où l'architecture gothico-lombarde a déployé ses plus brillantes ressources, en mêlant ses arceaux gothiques à cintre brisé à des rangées d'arcatures plein-cintre.

Les sculptures latérales du portail, dont les colonnes portent sur des lions, représentent des démons emportant des damnés dans une barque qui rappelle celle de Caron, et Abraham recevant les élus dans son sein. Au linteau de l'entrée figurent des scènes de l'enfance du Christ ; au tympan, saint Georges à cheval tuant le

(*Fig. 41.*) Cathédrale de Ferrare.

dragon ; ces sculptures sont romanes. A la galerie se voit une madone sculptée en 1427 par Christofore de Florence ; plus haut encore, des épisodes du Jugement dernier, du XIVe siècle.

La façade est flanquée de la *loggia des Marchands* (1473), d'où les princes assistaient aux tournois.

Un vaste *atrium* précède l'église, orné d'un médaillon où est peint le Christ bénissant. L'intérieur de la cathédrale offre un intérêt médiocre, quoiqu'il ne manque pas de noblesse ; il a été modernisé au XVIIIe siècle par Francesco Mascarelli. Il comprend trois nefs avec transept. Le chœur, du XVᵉ siècle, est orné d un Jugement dernier peint par le Bastianino (1577-1580), inspiré de celui de Michel-Ange. Une série d'autres peintures qui ornent l'église permettent d'assister au début, à l'éclosion et à l'épanouissement de l'école florentine, dont celle-là marque la décadence. Ce sont notamment de ces grands tableaux de Casimo Tura, figurant saint Georges et l'Annonciation ; une madone de Domenico Panelli ; une *Vierge glorieuse* de Garofalo, et quatre autres tableaux du même maître ; des toiles de Francia et de Guerchin. Les stalles du XVIᵉ siècle, sculptées et enrichies de marqueteries, ont une certaine renommée.

A l'angle Sud de l'église, se dresse un beau campanile à quatre étages en style de la Renaissance.

Chapitre Cinquième.
LES VOUTES ROMANES.

ous devons revenir un instant sur les voûtes romanes, parce qu'elles sont la chose la plus intéressante que nous offre l'architecture du moyen âge, avant la période de passage du roman au gothique.

Oserai-je aborder cette question un peu spéciale avec des lecteurs qui sont loin de me demander des leçons d'architecture,

(*Fig. 42.*) NEFS ROMANES COUVERTES EN VOÛTES D'ARÊTES.

et ne vais-je pas les effrayer rien qu'en leur parlant des voûtes? Et cependant, pourquoi ne s'intéresseraient-ils pas à l'une des choses les plus admirables que le génie de l'homme ait inventées?

Faire tenir en l'air une multitude de pierres qui n'ont d'autres supports qu'elles-mêmes, ça paraît un joli prodige. Il est tout simplement réalisé dans la voûte en *berceau*, qui porte bien son nom; elle ne diffère pas de forme avec la tonnelle de charmille dont on ombrage et recouvre le chemin d'un parc, avec la toile jetée sur des cercles de bois pour abriter l'équipage rustique des paysans allant en partie de plaisir sur la charrette du meunier. Ici, les cercles représentent exactement ce que les architectes appellent prétentieusement des *arcs doubleaux*.

Une voûte pareille est portée par deux longs murs.

Nous montrons, par la gravure ci-derrière *(fig. 42)*, la forme d'une *voûte d'arête*, qui résulte de la rencontre de deux voûtes en berceau. Son invention a été une révolution dans l'art de bâtir, car dès lors on a pu porter une voûte sur quatre piliers en ouvrant des jours latéraux aussi hauts que la clef de voûte.

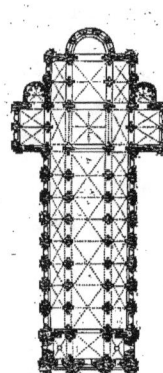

(*Fig. 43.*)
ÉGLISE PRIMITIVE DE
SAINT-ÉTIENNE A CAEN.
(Spécimen du plan roman.)

Les romans ont fait un pas de plus, en établissant une *arête saillante* le long des nervures. On a alors construit les *nervures* à part, et entre elles il a été bien aisé de jeter de petits fragments triangulaires de voûtes. Ce n'est pas plus difficile que cela. Telle est la fameuse voûte dite en *croisée d'ogives*.

Mais avec ces nervures croisées, les architectes du moyen âge ont véritablement jonglé. Par des combinaisons plus ou moins compliquées, ils ont jeté de ces nervures sur des espaces irréguliers, de toutes formes ; ils ont combiné ces nervures entre elles avec une facilité extraordinaire, et se sont fait un jeu de jeter sur de vastes vaisseaux des voûtes légères et élégantes, reportant leurs poussées sur des supports isolés.

J'oserai risquer une comparaison un peu bizarre. Les ombrelles des dames forment, à la promenade, au-dessus de leurs têtes, un dôme soyeux, une sorte de voûte bien légère. Les *baleines* qui en forment l'ossature sont tout à fait comparables, par leur légèreté autant que par leur rôle constructif, aux nervures des voûtes romano-gothiques.

Grâce aux nervures des voûtes, les plus vastes constructions se réduisent à une ossature hardie et svelte, portant des remplissages légers. Cette combinaison a été créée par les architectes romans, et leur développement a engendré plus tard l'art gothique.

Telle est l'évolution qui s'accomplit dans la construction des églises ; une autre, entre temps, se produisait dans leur distribution en plan. Le plan avait toujours gardé en Occident sa forme allongée et les galeries intérieures des premières basiliques. La modification la plus importante fut le prolongement de ces galeries ou nefs latérales autour du chœur, comme on peut le voir dans le plan de Saint-Germain-des-Prés à Paris, dans ceux de l'abbaye aux Hommes de Caen en Normandie et de Saint-Remi à Reims en Champagne. Par suite de cette disposition nouvelle, le fidèle pouvait circuler dans le temple sans troubler les cérémonies du chœur, et accéder aux nombreuses chapelles qui déjà commençaient à se grouper en couronne au dehors de ce promenoir, tout en restant encore isolées entre elles ; plus tard elles devaient se serrer et devenir contiguës.

Nous allons décrire un spécimen remarquable de cette ordonnance et de cette structure nouvelle.

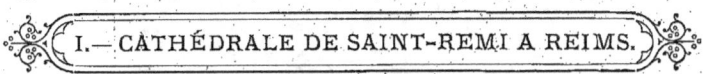

I. — CATHÉDRALE DE SAINT-REMI A REIMS.

Dans la vénérable basilique du Saint-Remi à Reims, nous offrons à nos lecteurs un exemple d'une vaste abbatiale, en même temps qu'un spécimen des divers styles résumant la transition du roman primitif au gothique.

Cette basilique reçut au VIIe siècle les restes du saint Évêque. Rebâtie alors, vers 633, par Sonnace, puis encore en 1005 sous Airard, elle le fut une troisième fois par Thierry (1041-49), telle qu'elle subsiste aujourd'hui en grande partie.

Le portail appartient déjà au gothique primaire, tandis que les clochers sont romans et se ressentent de l'influence rhénane. A l'opposite, le chœur est du gothique de transition, mais la grande nef est du pur roman du XIe siècle ; elle fut commencée en 1041 par l'abbé Thierry, achevée par son successeur Hincmar, consacrée en 1049 par le pape Léon IX. Le chœur, avec les deux dernières travées de la nef ainsi que le grand portail et les voûtes, fut réédifié de 1162 à 1181 par l'abbé Pierre de Celles, et probablement sur les plans du même architecte que celui de Notre-Dame de Châlons (1). Les fenêtres hautes et les faisceaux des colonnettes annelées recevant la retombée des voûtes appartiennent aussi à cette restauration. Le clocher central date de 1338 et le portail Sud, de 1500.

La longueur de l'édifice est de 120 mètres, sa largeur, de 28 et la hauteur de 24. Les arcs-boutants de Saint-Remi seraient, selon Viollet-le-Duc, les plus anciens de France. Le portail Sud, que surmonte une grande verrière à six lumières, est orné de sculptures représentant les scènes de la Passion.

La vaste et majestueuse nef, qui comprend douze travées, offre des tribunes au-dessus des bas-côtés ; elle est actuellement voûtée d'arêtes, mais elle avait

---

1. Gonse, *La France artistique et monumentale*, t. I, p. 26.

primitivement un plafond de bois. Ses collatéraux étaient autrefois couverts de berceaux perpendiculaires à la largeur. Elle est précédée d'un vaste porche,

(*Fig. 44.*) SAINT-REMI DE REIMS.
(Spécimen de la croisée d'ogives et de la colonne du gothique primitif.)

ajouté au XIIe siècle et comprenant deux travées du vaisseau. Ces travées sont soutenues par des colonnes accouplées, dont les larges chapiteaux sont de toute beauté.

Le chœur est entouré d'un déambulatoire et de cinq chapelles absidales ; celles-ci sont complètement circulaires et séparées du collatéral par des colonnes, leurs

(Fig. 45.)

voûtes offrent une disposition originale. Elles sont, chose rare, surmontées d'une galerie ; au-dessus s'étend un triforium, puis le clair-étage ; cette partie de l'église est d'une extrême élégance. Le transept a des chapelles orientées, à deux étages. La façade principale, qui est du XIIe siècle, a été restaurée par Viollet-le-Duc. Le portail Sud est du XVe siècle ; il a été récemment relevé par M. A. Cuvillier, qui a bien voulu nous autoriser à reproduire ici le beau dessin qu'il en a donné dans l'*Architecture (fig. 45)*.

Le tombeau moderne de saint Remi a été exécuté en 1857 par M. Brunette ; il

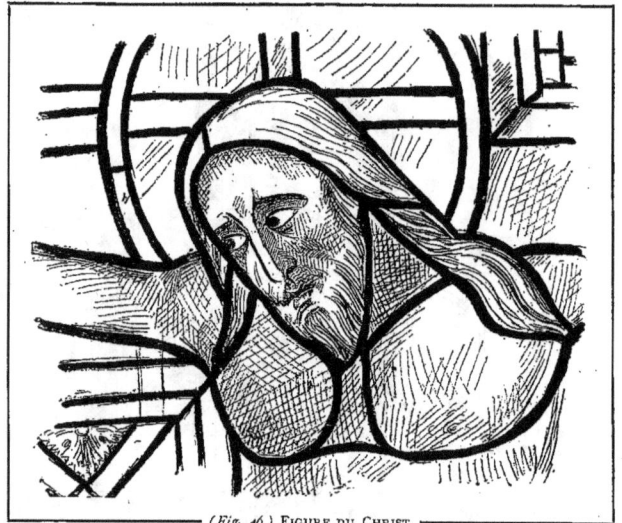

(*Fig. 46.*) FIGURE DU CHRIST.
(D'après un vitrail de Saint-Remi à Reims.)

est placé derrière l'autel, au centre d'une somptueuse clôture des derniers temps de la Renaissance. Il a la forme d'un édicule en marbres précieux, ayant pour façade un portique continu, à colonnes isolées, posant sur un stylobate et portant un entablement qui ressaute et coiffe les colonnes. Dans les entre-colonnements s'ouvrent des niches, à conques ou coquilles, où sont abritées les statues des douze pairs ecclésiastiques, provenant du mausolée élevé par Robert de Lenoncourt, datant du XVIe siècle, et dues au Frère Jacques de Reims. C'est dans le tombeau de saint Remi que l'on conservait jadis la sainte Ampoule.

I. — CATHÉDRALE DE SAINT-REMI A REIMS.

Si l'on veut juger du ravalement où est tombé le grand art religieux depuis le XIIIe siècle, on peut comparer Saint-Remi, ou mieux encore sa voisine, Notre-Dame de Reims, à une de nos meilleures églises modernes, comme la basilique de Montmartre ; on peut comparer surtout le mausolée de Saint-Remi à une des grandes châsses du XIIIe siècle, comme celle de Charlemagne, à Aix-la-Chapelle, reproduite plus haut, par exemple *(v. fig. 23)*. On peut encore se faire une idée, à un autre point de vue, de cette marche en arrière en comparant les inestimables verrières que Saint-Remi conserve depuis le XIIe siècle, aux vitraux qu'ont placés dans leur voisinage des artistes distingués, comme MM. Maréchal, et même éminents, comme Didron et Viollet-le-Duc. Les onze travées du chœur sont garnies de beaux vitraux du XIIIe siècle, représentant, en une rangée inférieure, des archevêques et des rois, et au-dessus, des personnages de l'Ancien Testament.

Dans les galeries pendent, dans des conditions déplorables au point de vue de leur conservation, de remarquables tapisseries de haute lisse, donnés en 1537 par Robert de Lenoncourt ; on y voit dévoilée la vie de saint Remi (1).

Enfin la chapelle de Saint-Eloi est pavée à l'aide du dallage historié de Saint-Nicaise, orné de sujets bibliques, dessinés en traits creux remplis de plomb, spécimen unique d'un art dont les vestiges ont presque tous disparu.

II. — NOTRE-DAME-LA-GRANDE DE POITIERS.

LE style roman, souverainement intéressant à cause des vaillants efforts des constructeurs pour arriver à une structure rationnelle et souple, reste en général impuissant à ajourer de grands espaces superficiels d'une manière légère, et à bien éclairer les nefs des églises ; mais il se dédommage parfois par une plantureuse sculpture et par une décoration merveilleuse.

Sous ce rapport, une des églises les plus célèbres de la France est Notre-Dame-la-Grande de Poitiers (2) ; nous la décrirons, bien qu'elle ne figure pas, en réalité, parmi les cathédrales. Elle se distingue par la magnifique façade que le XIIe siècle a ajoutée au vaisseau construit au XIe, et que l'on a comparée avec raison à l'un de ces beaux triptyques d'ivoire sur lesquels les imagiers du moyen âge sculptaient les scènes principales de l'histoire sacrée.

---

1. V. *Bull. de la Gilde de saint Thomas et saint Luc*, 20e année, 1888, p. 234.
2. Auber, *Histoire de la cathédrale de Poitiers*.

L'architecte de la cathédrale de Poitiers s'appelait Adam. M. Ledain croit reconnaître en lui le personnage dont on a découvert le tombeau, en 1642, au pied de la cathédrale de Reims, avec cette inscription : « Ci-gît Adam, maître de l'œuvre (1). » Nous emprunterons en partie la description qui suit à l'éminent archéologue poitevin M. Jos. Berthelet (2).

La façade est entièrement couverte d'une décoration obtenue autant par l'appareil architectonique que par la sculpture historiée. Elle est flanquée de deux sortes de puissants contreforts, formés chacun d'un faisceau de colonnes qui portent une tourelle ronde, ajourée, garnie de colonnettes et supportant un clocheton en forme de pomme de pin. Entre ces massifs qui l'épaulent, la façade offre quatre zones horizontales superposées. Celle du rez-de-chaussée est percée au centre d'un portail à quatre voussures sculptées, entre deux arcatures aveugles en arcs brisés, subdivisées elles-mêmes en deux arceaux plein-cintre que surmonte un remplage imbriqué.

Les deux zones suivantes montrent deux rangées superposées d'arcatures plein-cintre abritant des statuettes. La plus élevée est percée d'un grand oculus vigoureusement encadré par une arcature plus grande que les autres, et embrassant les deux zones

Le pignon, à rampants brisés, est décoré, au milieu d'un champ d'appareil décoratif, d'une sorte d'amande ovale où l'on a sculpté le CHRIST Docteur au milieu des emblèmes évangélistiques. Le fond sur lequel elle se détache est orné à la partie supérieure de losanges, plus bas, de cercles. « Les losanges, dit M. Berthelet, se retrouvent sur les murs latéraux, au-dessus des fenêtres ; on en voit d'autres à l'église Saint-Hilaire, de la même ville, et dans diverses autres églises romanes du Poitou. Les appareils imitant des cercles se retrouvent au chevet de la curieuse église de style latin de Tourtenay, près Thouars. »

Sous les arcatures des galeries des deux étages, figurent les statues des douze Apôtres et en outre de deux évêques, peut-être saint Hilaire et saint Martin.

Dans la partie immédiatement superposée aux archivoltes du portail, se voient des sculptures, autrefois polychromes, qui sont les plus curieuses de Notre-Dame-la-Grande. Elles figurent Adam et Ève, quatre Prophètes, l'Annonciation, Jessé, la Visitation, la Nativité. « Adam et Ève, dit M. Berthelet, sont debout à droite et à gauche de l'arbre de la science du Bien et du Mal, autour duquel le serpent est encore enroulé. Ils viennent de commettre la faute originelle, et des feuilles

---

1. L'architecte Adam aurait d'abord travaillé à Poitiers, dans la seconde moitié du XIIe siècle ; il serait mort à Reims au début du XIIIe. (V. *Société des antiquaires de l'Ouest*, séance du 7 mars 1894.)
2. *Paysages et monuments du Poitou*. — V. aussi Lecointre-Dupont, dans le *Guide du voyageur à Poitiers* chez P. Delbavre, Poitiers, 1882.

de figuier couvrent leur nudité (1). Cette sculpture représente le deuil entrant dans le monde par la faute de nos premiers parents. Nabuchodonosor est représenté de face, assis, couronné. Des quatre Prophètes, deux sont debout et tiennent des rouleaux ou phylactères ; deux sont assis et portent des livres ouverts. Sur les phylactères et sur les livres, sont des inscriptions. L'Annonciation est sans inscription. La main droite de l'ange, qui est brisée, portait sans doute soit un

(*Fig. 47.*) Notre-Dame-la-Grande, à Poitiers.

livre, soit un rouleau sur lequel étaient écrits les premiers mots de la Salutation. La Vierge, debout, est chaussée de souliers pointus et vêtue d'une longue robe dont le bas est orné d'une riche broderie (2). Jessé est debout à mi-corps ; des racines sortent de son corps et se joignent au-dessus de sa tête. De ces racines sort une fleur (symbole de Jésus-Christ), sur laquelle repose une colombe (symbole du Saint-Esprit).

---

1. L'inscription accompagnant cette scène a été lue par M. Lecointre-Dupont : *Da : c....t homini primordia luc.* M. Lecointre-Dupont en a proposé cette restitution : *Ada : Eve crimen fert homini primordia luctus.*
2. L'Annonciation et la Visitation se retrouvent sculptées à plus grande échelle, mais de la même époque, au portail de l'église d'Ardin (Deux-Sèvres).

» Interrompue par le cintre de la porte principale, la décoration historiée se continue d'abord par la Visitation. Dans le fond, la ville de Jérusalem, figurée avec ses murailles, ses tours, ses portes et son temple, qui domine les remparts et porte la croix à son fronton. Marie et Elisabeth, accompagnées chacune d'une suivante, se rencontrent et s'embrassent. La Vierge et sa cousine sont vêtues de ces robes serrées et étroites, que le statuaire du XIIe siècle leur a immuablement affectées. Les vêtements des suivantes sont tout autrement étoffés. Dans la représentation de la Nativité, apparaissent les têtes de l'âne et du bœuf. La Vierge est couchée dans un lit amplement drapé et étend la main vers son Fils. Vient ensuite la scène des deux sages-femmes lavant l'Enfant. Le vase dans lequel elles plongent le nouveau-né ressemble aux calices du XIIe siècle ; un homme assis (saint Joseph?) semble présider à l'opération.

» On a reconnu que l'ensemble de cette composition sculptée, où se déroule l'histoire de la religion depuis le péché originel jusqu'à la Rédemption, dérive d'une leçon, tirée d'un sermon apocryphe de saint Augustin, que l'on récitait généralement aux XIIe et XIIIe siècles, aux matines de la fête de Noël, et dont M. Marius Sepet a mis en lumière l'influence sur notre ancienne littérature dramatique dans ses *Prophètes du Christ* (1). »

Selon notre auteur, l'architecte qui a dessiné la belle façade, et sans doute aussi le clocher couronné en forme de pin de Notre-Dame-la-Grande, ainsi que le clocher de l'église de Montierneuf, ou n'était pas Poitevin, ou avait cherché ses modèles en dehors du Poitou. Cette façade est en effet une exception dans cette province. Les arcatures multiples qu'elle présente au premier étage, et le clocher piriforme, sont étrangers aux traditions de l'école romane-poitevine. Les façades du Poitou offrent d'ordinaire trois arcatures au rez-de-chaussée et trois autres au premier étage. C'est à l'Angoumois et à la Basse-Saintonge que Notre-Dame-la-Grande a emprunté le dessin de sa façade. Les clochers en pomme de pin sont spéciaux à l'Angoumois et au Périgord.

L'intérieur offre une nef flanquée d'étroits bas-côtés qui pourtournent l'abside, et de chapelles des XVe et XVIe siècles. Une fresque du XIIIe siècle décore la voûte de l'abside.

Il n'y a de vraiment poitevin à Notre-Dame-la-Grande que la partie du XIe siècle.

« Cette partie du XIe siècle présente essentiellement les mêmes caractères de plan et le même système de voûtes que toutes celles des églises romanes poitevines à trois nefs, que des influences étrangères sont venues modifier. La nef centrale est

---

1. M. Sepet, *Études sur les origines du théâtre au moyen âge.*

II. — NOTRE-DAME LA GRANDE DE POITIERS.

contrebutée par deux bas-côtés s'élevant presque à la même hauteur. Le sanctuaire est pourvu d'un déambulatoire sur lequel se détachent des chapelles absidales en nombre impair. L'édifice n'est éclairé que par les larges fenêtres en plein-cintre des bas-côtés. La voûte de la grande nef est en berceau plein-cintre ; les bas-côtés sont voûtés d'arêtes. Les piliers sont en plan des massifs carrés, flanqués de quatre colonnes (1). »

L'intérieur de la basilique se compose d'une nef principale et de collatéraux étroits ; le bas-côté gauche est entr'ouvert par des chapelles en saillie sur l'extérieur, et qui datent respectivement des XIIIe, XIVe, XVe et XVIe siècles. Ce sont des chapelles funéraires, et elles portent encore à leurs clefs de voûte les armes des familles auxquelles elles étaient consacrées.

Une fresque antique, découverte en 1852, orne la voûte qui abrite le maître-autel; elle représente le Collège apostolique précédé de la Vierge-Mère. Elle paraît dater de la dédicace de l'église sous le vocable de Notre-Dame.

---

1. *Paysages et monuments du Poitou*, 141e livraison. — Paris, Impr. réunies, 1889.

Chapitre Sixième.
QUELQUES CATHÉDRALES ROMANES SECONDAIRES.

'ÉPOQUE romane est une période de labeurs, d'efforts, d'incertitudes et de tâtonnements. Aussi ne faut-il pas s'étonner de voir les constructeurs varier d'une manière singulière dans leurs moyens et dans leurs dispositions. Nous rencontrerons des preuves de cette anxieuse hésitation dans une série d'édifices, qui n'ont pas le prestige des grands monuments qui précèdent, mais qui n'en sont pas moins intéressants et instructifs.

Ici l'on renonce à la division en trois nefs, et l'on entreprend de voûter un vaisseau, long et unique, à l'aide de voûtes analogues aux coupoles byzantines, comme à Cahors, à Angers, à Angoulême. Là, c'est le plan qui perd sa simplicité et sa netteté, et qui présente, comme en quelques églises de l'Est (Verdun, Nevers), double abside et quelquefois double transept. Plus rarement, on retrouve en tête des nefs un vaste narthex comme dans les églises rhénanes.

La primatiale de *Saint-Jean à Lyon* (1) ne brille pas par l'unité qui caractérise les chefs-d'œuvre ; elle est au contraire remarquable par la façon particulière dont le gothique s'y mêle au roman ; on y remarque le mélange du plein-cintre et du tiers-point dans les parties les plus anciennes.

Vu du bas de la nef, le vaisseau est admirable. Les nefs sont partagées en trois par des piliers en faisceaux de colonnettes et ornées d'un triforium qui fait le tour de l'église. L'ensemble rappelle les églises rhénanes. Trois frises en marbre, incrustées de ciment rouge, ceignent le chœur à diverses hauteurs.

Le transept se dissimule sous la forme de deux tours carrées. Celle du Nord renferme une grosse cloche fondue en 1662.

La façade, avec ses trois portails inégaux et surmontés de gables aigus, sa rose gothique et son pignon émergeant entre deux tours trop courtes et comme avortées, forme comme un écran anachronique devant les nefs.

On remarque dans cette église, aux côtés de l'autel, deux croix conservées depuis

---

1. V. Bégule, *Monographie de la cathédrale de Lyon*. Lyon, 1880. — Ménestrier, *Histoire consulaire de la ville de Lyon*.

la tenue du Concile général de 1174, en signe de l'union de l'Eglise latine et de l'Église grecque, convenue entre les Pères du concile et les envoyés de l'Orient, union que S. S. Léon XIII a entrepris de nos jours de reconstituer. Les fenêtres sont ornées de remarquables vitraux des XIIIe et XIVe siècles, qui ont été restaurés. La

(Fig. 48.) LYON. — CATHÉDRALE DE SAINT-JEAN.

fameuse horloge mécanique construite par Nicolas Lippius de Bâle (1598), récemment restaurée (1), est une des précieuses curiosités de Lyon et une des horloges les plus remarquables qui soient en Europe, surtout depuis que la célèbre horloge de la cathédrale de Strasbourg a cessé de compter parmi les richesses artistiques de la

1. V. *Notes d'art et d'archéologie*, août 1894, p. 59.

France. On peut constater, en comparant l'ouvrage actuel à une gravure contemporaine de son auteur, quels fâcheux remaniements elle a subis au cours des siècles (1). Hors d'usage depuis longtemps, elle vient d'être mise en état et elle fonctionne parfaitement à l'heure qu'il est.

Une légende ancienne explique ainsi les fonctions du mécanisme :

« Le coq qui chante. — La cloche qui sonne l'heure. — Les petites cloches qui sonnent le *Sancte Spiritus*. — L'ange qui ouvre la porte pour saluer la Vierge Marie. — Deux testes de lyons qui remuent les yeux et la langue. — L'astrolabe montrant les heures, le soleil en son degré et le mouvement de la lune. — L'almanach perpétuel qui montre, tous les jours de l'an, les festes et l'an bissextil. »

La voix du coq est bien un peu enrouée, mais on a tenu à lui conserver l'anche métallique, qui a trois siècles et peut-être plus. Il serait facile d'y substituer, si l'on voulait, une voix plus naturelle et plus jeune ; mais ce ne serait plus la voix du coq historique de l'horloge de la cathédrale de Saint-Jean.

Saint-Etienne de Cahors est un des témoins de l'influence byzantine en France ; ses deux voûtes à coupoles, de 19 mètres de diamètre, qui abritent la nef, sont des ouvrages du plus haut intérêt. La voûte gothique qui recouvre l'abside fut élevée en 1293. Cahors possède une tour curieuse et un narthex qui l'est davantage, à cause de la rareté, dans le pays, de cette disposition, spéciale également aux pays rhénans. Les deux tours de ce narthex et la voûte du chœur sont du XIIe siècle. Une des absides a été remplacée au XVe siècle par une chapelle. Le portail Nord est un beau spécimen du style de transition ; il est orné de sculptures remarquables. Vers le Sud règne un cloître du XIVe siècle.

Saint-Maurice d'Angers (2) nous offre un vaisseau d'une seule nef, aux murs massifs, d'aspect militaire. Les curieuses voûtes domicales, appuyées sur une ossature compliquée, représentent le mariage des nervures de l'Ile de France avec les pendentifs périgourdins. Cette construction savante, qui doit compter parmi les œuvres les plus remarquables de l'architecture catholique, caractérise le *style Plantagenet*.

Le vaisseau, d'une seule envergure, qui dessine une croix latine longue de 90 m 50 et large de 16 m 40, est un des plus vastes qu'il y ait en France. La grande nef, percée de belles fenêtres géminées en plein-cintre, date de la fin du XIe siècle ; ses trois

---

1. *L'Ami des monuments*, 1894, p. 138.
2. E. Sailland, *La cathédrale d'Angers*, 1869. — J. Grandet, *Notre-Dame angevine*, 1884. — E. d'Espinay, *Notice archéologique, Monuments d'Angers*, 1876.

voûtes bombées n'ont été bandées qu'un siècle plus tard ; les bras du transept ne remontent qu'au XIIIe siècle.

Signalons encore le beau portail de la façade principale, élevé au XIVe siècle. Il est orné de l'image du CHRIST Docteur, entouré des animaux évangélistiques et des Prophètes. A ses côtés, se dressent leurs statues ; au-dessus, s'ouvre une baie romane entre dix arcades aveugles, gothiques. Plus haut naissent deux belles tours avec deux étages romans, aux jolies flèches gothiques. Les trois flèches ont été restaurées de nos jours ; la tour carrée du milieu, assez disparate, ornée de huit statues, fut élevée à la Renaissance par Jean de Lépine (1540). On admire à l'intérieur de magnifiques vitraux des XIIIe, XIVe et XVe siècles, la rose du transept, une série de curieuses et riches tapisseries qu'a fait connaître M. de Farcy dans de belles publications, et quantité d'intéressants objets mobiliers.

La cathédrale d'Angoulême (1), reconstruite en 1120 « *a primo lepide* » (2), appartient à la même famille. Elle n'est pas, comme on l'a prétendu, un débris du temple de Jupiter. Sa riche façade, empreinte de curieuses réminiscences de l'art gallo-romain, est tout particulièrement curieuse ; sa tour aux étages amputés, son extérieur pittoresque, l'emportent de beaucoup en intérêt sur l'intérieur des nefs.

Notons surtout le rond-point du chevet, et la belle tour carrée à étages surplombant et pyramidant, qui domine toute la contrée de sa belle silhouette.

Saint-Pierre a été restaurée et reconstruite par Abadie. La façade, richement décorée d'arcatures, de statues et de sculptures, est relativement bien conservée, mais surmontée de deux tours modernes. La croisée du transept est éclairée par une lanterne percée de douze fenêtres. On contemple à l'intérieur l'antique tombeau de l'évêque Guillaume (1001) et les tombeaux romans, retrouvés naguère, de trois autres évêques.

Notre-Dame du Puy (3). — Du milieu des vieilles maisons pittoresques et gracieusement étagées, s'élève le rocher granitique sur lequel est bâtie la vieille et majestueuse église du Puy, à la masse imposante, magistral spécimen de l'art roman, remarquable surtout par la hardiesse et la bizarrerie de sa construction aux proportions colossales. Sa triple nef est terminée par deux absides carrées ; une troisième, plus récente (XVe siècle), est polygonale.

Un perron de 103 marches mène le visiteur à la porte principale ; de là d'autres

1. V. *Revue de l'Architecture*, 1893, p. 176.
2. V. T. Lièvre, *Angoulême, histoire, institutions, monuments*, 1885.
3. Michel, Dogniol, Duriffe, Naudet, *L'ancienne Auvergne et le Velay*.

degrés, qui contournent l'édifice, conduisent à la nef latérale Sud. Le principal escalier est abrité par une voûte hardie sur laquelle est assise la moitié de l'église.

Sa décoration extérieure, obtenue avec des matériaux de couleurs différentes, est des plus remarquables. Son clocher isolé, aux étages en retraite, est particulièrement original. A ses pieds s'étend un beau cloître roman adossé à une forteresse du XIIe siècle. Ses portes aux ais vénérables couverts de sculptures méplates et d'inscriptions antiques, sont singulièrement intéressantes. La fameuse Vierge colossale en bronze, nommée Notre-Dame de France, fondue en 1857, d'après le modèle de Bonnassieux (1860), avec les 213 canons conquis en Crimée, se dresse sur le pic voisin et semble prendre sous sa protection son temple et toute la contrée.

(Fig. 49) FAÇADE DE N.-D. DU PUY.

Saint-Apollinaire de Valence porte dans toute leur pureté les caractères romans de la seconde période. Il existe peu d'églises où le style soit exprimé avec plus de majesté, plus d'harmonie et plus d'unité.

On entre à *Notre Dame de Verdun* (1) par le milieu du flanc Nord à cause de la présence, dans cette antique basilique, d'une contre-abside à l'Occident. Cette particularité des églises romanes, fréquente surtout en Allemagne, reste imparfaitement expliquée. Elle est toute naturelle dans les basiliques latines antérieures au retournement de l'orientation des églises, lequel était accompli dans les Gaules au VIIIe siècle ; mais, dans les églises postérieures au millénaire, on se demande si c'est l'effet d'une tradition persistante de cette forme accidentelle, ou une réminiscence des basiliques romaines profanes à deux absides, ou le résultat d'une sorte de dédoublement du plan, de manière à offrir en quelque sorte deux églises, l'une collégiale, l'autre paroissiale, comme le ferait croire l'existence d'un second transept

---

1. V. Roussel, *Histoire ecclésiastique et civile de Verdun*, 1863.

qui accompagne parfois la seconde abside. C'est le cas de Verdun ; chacun des deux chœurs, flanqué de deux tours comme aux églises rhénanes, a son transept, ce qui fait que le plan dessine assez bien une croix de Lorraine. Du moins telle était l'ordonnance remarquable de ce vénérable monument avant l'incendie de 1765 et avant les maudits embellissements qui ont sacrifié, peu de temps après le vieux chœur, les cryptes, les fenestrages gothiques, les vitraux, les quatre tours primitives et une multitude de tombes et d'ornements précieux.

Saint-Lazare d'Autun (1), d'aspect un peu incohérent, principalement au dehors, est intéressant surtout dans ses détails. On y trouve à la fois du roman du XIIe siècle et du gothique décadent du XVe. On y distingue surtout des traits caractéristiques de l'art bourguignon, savoir ces piles formées de pilastres cannelés aux chapiteaux historiés, si manifestement inspirés des vestiges des monuments romains. Le chœur, de longueur démesurée, passe pour un des plus beaux de France à cause de ses dimensions imposantes. Les flèches pyramidales en pierre, que le cardinal Rollin a élevées en 1465 sur le transept, ornées de crosses végétales, sont dignes d'être signalées.

M. Thiollier a essayé une restitution du tombeau de saint Lazare, dont les débris sont dispersés dans la ville d'Autun, ou en grande partie enfouis dans le revêtement Louis XV du pourtour de l'abside de la cathédrale, et qui devait constituer un des plus beaux spécimens de l'art roman. On conserve le crucifix, dont les bras ont disparu, dont le buste est beau, le bas du corps bien drapé, et dont la tête, fort belle, est d'une expression intense ; une remarquable statue de sainte Marthe, une statue intacte de sainte Marie-Madeleine et une de saint André, très belle aussi, plus des fragments d'architecture aux décors historiés (2).

Saint-Cyr de Nevers (3) est un monument hybride, rebâti aux XIIIe et XIVe siècles sur les fondements d'une église romane, son immense vaisseau offre deux absides opposées (4) comme on en voit à Verdun, à Worms et à Spire, avec transept à la base de l'édifice comme aux Saints-Apôtres de Cologne. Vue de l'extérieur, la cathédrale, avec sa haute tour, domine superbement la ville. Cette église possède trois nefs qui se trouvent rapprochées de l'abside occidentale. Sur l'abside de l'Orient s'étend une crypte à deux ailes, où sont conservés un *Sépulcre* du XVIe siècle et un Christ Docteur.

1. H. de Fontenay et A. de Charmasse, *Autun et ses monuments*, 1889.
2. V. *Bulletin du Comité des Travaux historiques*, 1894, 2e Année.
3. V. *Bulletin archéologique du Comité des Monuments historiques*, n° 1, 1893.
4. Mgr Crosnier, *Monographie de la Cathédrale de Nevers*, 1854.

La cathédrale manque d'unité ; il n'en est pas de même de *Saint-Etienne* de Nevers. Ce monument, achevé par le comte de Nevers, Guillaume, en 1097, est l'un des plus beaux types du roman dans le centre de la France. Il est parfaitement homogène et a été réparé, vers 1855, dans toutes ses parties, à l'exception de la façade, veuve des deux clochers qui couronnaient l'édifice. Le sol de la place, exhaussé d'un mètre depuis, masquait les bases d'un beau portail roman, qu'on a découvert en baissant le sol. D'autre part, on possède un dessin de 1609, grossièrement exécuté mais très sincère, dont tous les points concordent avec les substructions existantes. Il faut espérer que l'édifice sera rétabli bientôt par les soins de la Commission des monuments historiques.

Cathédrale de Châlons-sur-Marne (1). — Les architectes du moyen-âge n'avaient jamais, comme les nôtres, à choisir un style ; ils n'en connaissaient qu'un, celui de leur époque. Aussi les édifices bâtis par parties au cours des siècles présentent-ils des parties d'aspects divers, accolées comme des portions de constructions différentes qu'on aurait apportées l'une contre l'autre. Ce procédé, entièrement défectueux au point de vue de l'unité du monument, a souffert de louables exceptions, témoin Saint-Etienne de Châlons, qui fut l'œuvre de cinq siècles, et où tous les continuateurs du premier architecte se sont efforcés, avec un zèle louable, d'imiter le caractère général du premier édifice, tout en trahissant leur époque respective par la manière d'exécuter le détail ; c'est au point que des parties du XVIIe siècle imitent l'œuvre du XIIIe. Nous connaissons d'ailleurs plusieurs exemples analogues.

Comme influences, la rhénane s'accuse dans les dispositions générales, dans la forme primitive de l'abside, dans les chapelles orientales carrées du transept, dans les deux tours qui flanquent les pignons du croisillon ; la rémoise se manifeste dans l'ornementation et surtout dans la sculpture.

Mais commençons *ab ovo*. Saint-Etienne existait dès le VIIe siècle. Détruite plusieurs fois par l'incendie, l'église fut reconstruite après le désastre de 1137 et consacrée en 1147, et l'œuvre, sans doute incomplète, fut reprise après un nouvel incendie qui éclata en 1230. Le chœur, le transept et une partie de la nef ont dû être élevés à cette époque (2). L'édifice, qui a été gâté par des additions faites sous Louis XIV, reste une des plus belles églises du style gothique primaire, avec chapelles latérales, un chœur et des nefs en style secondaire. Elle possède deux

---

1. Grignon, *Eglise cathédrale de Châlons*, Châlons, 1885. — Estrayes, *Notice hist. sur l'église-cathédrale de Châlons*, Châlons, 1842. — Lucot, *Les verrières de la cathédrale de Châlons*, Châlons, 1884. — Boitel, *Etude sur la cathédrale de Châlons*. (*Congrès arch. de France*, t. XXII, p. 160, 1855.) — E. de Barthélemy, *Diocèse ancien de Châlons-sur-Marne, histoire et monuments*, 1861.

2. B. de V. *Gilde de Saint-Thomas et Saint-Luc*, 20e réunion, 1888, *Bull.* p. 305.

clochers ; l'un, roman, est du commencement du XIIIe siècle, l'autre, gothique, fut couronné en 1520, par Gilles de Luxembourg, d'une flèche en bois couverte de plomb, qui atteignait 95 mètres de hauteur, et qu'on reconstruisit en pierre après l'incendie de 1668. Le portail principal est un portique comme on en a élevé au XVIIe siècle à l'instar de celui de Metz. Celui du Sud est moderne (1850).

Saint-Etienne offre une nef majestueuse ; c'est un vaisseau en croix latine, avec bas-côtés et chapelles rayonnantes ; des tours se dressent, à la façon rhénane, dans les angles de la croix. L'église mesure 96 mètres de longueur, 29 de largeur, 27 de hauteur.

Les trois nefs sont séparées par des piliers cylindriques, aux bases pattées, aux chapiteaux feuillagés, portant la triple colonnette qui va recevoir les retombées des voûtes. Un clair-étage tient lieu de triforium ; il est surmonté de grandes fenêtres à quatre jours à l'étage supérieur. Les bras du transept appartiennent au XIIIe siècle et sont la partie la plus ancienne ; à leur pignon, s'ouvrent de belles roses d'un style bien français. Sous le chœur, règne une crypte romane. Les vastes fenêtres des nefs sont garnies de remarquables vitraux.

Le pavé est presque entièrement composé de dalles tumulaires, à effigies gravées, de toute beauté.

Chapitre Septième.

CATHÉDRALES ROMANES (SUITE).

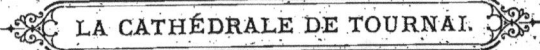
LA CATHÉDRALE DE TOURNAI.

ES origines de l'église de Notre-Dame remontent au berceau de la monarchie française et à l'établissement du christianisme dans la contrée. Nulle autre église de la Belgique n'égale celle-ci par ses souvenirs : saint Piat, Irénée, saint Eleuthère, Clovis, Chilpéric, sont ses ancêtres légitimes.

L'existence de cette église au cinquième siècle est établie par l'histoire. Saint Eleuthère y célébra la Sainte Messe devant Clovis, et arracha au roi l'aveu d'un péché caché dont il fut absous; il rendit la vue à Mantilius devant le portail du Nord, qui garde le nom de *Porte Mantile*, et reçut du roi de magnifiques dotations; peut-être Clovis contribua-t-il lui-même à la construction de l'église.

Chilpéric donna tout le domaine de Tournai à l'évêque Chrasmer, qui avait épuisé son influence en sa faveur dans la lutte de ce prince contre Sigebert. Telle est l'origine des richesses et du pouvoir dont l'Eglise de Tournai jouissait autrefois.

En 882, prévenant l'invasion des Normands, à l'instigation de leur évêque Hédilon, les habitants de la ville émigrèrent à Noyon, emportant avec eux les corps de saint Eleuthère et de saint Eloi, et tout le trésor de leur église. De nouvelles invasions fondirent sur eux : Genric le Sor (1020) et Henri III (1056) ravagèrent leur ville.

Le onzième siècle ramena la paix, et la protection des comtes de Flandre rendit la prospérité à Tournai. C'est à cette époque que s'élevèrent les nefs romanes qui furent achevées vers 1070. Le transept fut construit dans le même temps, mais considérablement remanié au douzième siècle, par l'adjonction des voûtes et des cinq

LA CATHÉDRALE DE TOURNAI. 97

tours et la construction des hémicycles. Le transept ne fut probablement terminé qu'à la fin du douzième siècle, par l'évêque Etienne, qui donna en

(FIG. 50.) VUE A VOL D'OISEAU DE LA VILLE DE TOURNAI.

1198 des ressources pour les *travaux de voûtement* et *de sculpture*.
Les cinq clochers fameux furent élevés successivement; celui du centre est le

Les grandes Cathédrales. 7

plus ancien ; celui de la paroisse, le plus récent, paraît dater du commencement du treizième siècle.

Le chœur général fut commencé en 1242 par l'évêque Walter de Marvis. Il ne fut terminé qu'en 1325, sous l'évêque Guy de Boulogne, et consacré seulement en 1338.

Les vieux murs de la cathédrale, témoins de tant d'événements, abritèrent les plus grands monarques de l'Europe. La plupart des rois de France foulèrent le sol de Notre-Dame, depuis le vainqueur de Tolbiac, qui vint s'y faire absoudre par saint Eleuthère, et Chilpéric, qui récompensa par une dotation vraiment royale l'assistance que lui avait prêtée l'évêque Chrasmer.

La procession de l'*Exaltation de la Sainte Croix* y attirait souvent les comtes de Flandre. On vit Louis de Maele agenouillé aux pieds de la Vierge à côté de ses sujets révoltés ; les Flamands et le comte oubliaient un instant leurs discordes civiles sous l'empire de la religion. Philippe le Bon visita la cathédrale avec son fils le comte de Charolais. Henri VIII y eut quelque temps sa stalle, et pendant sa courte domination le monarque anglais, qui devait bientôt devenir le chef de l'hérésie, fit élever la *Chapelle-Paroisse*, presque en face de l'autel érigé autrefois en l'honneur du saint roi de France Louis IX.

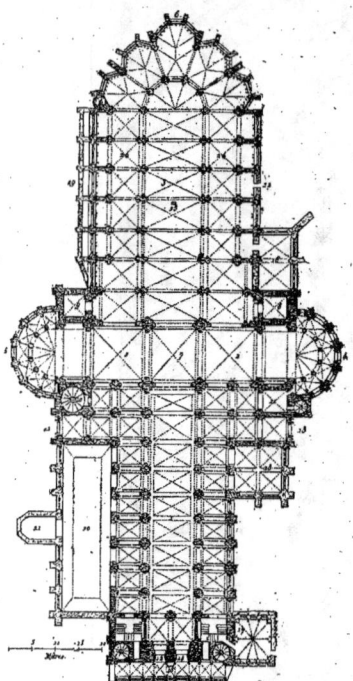

(*Fig. 51.*) Plan actuel de N.-D. de Tournai.

Notre-Dame de Tournai est la plus remarquable des églises belges, la seule qui ait été construite dans ce pays pour servir de cathédrale.

LA CATHÉDRALE DE TOURNAI.

Fondée sur le flanc de la colline, elle n'a pu être orientée. La longueur des nefs jusqu'à l'entrée du chœur est de 70 mètres; l'ancien chœur avait 38 mètres de longueur, le nouveau en a 59. Sa largeur est de 27 mètres aux nefs, de 69 au transept, de 35 au chœur. La clef de voûte de la croisée plane à 48 mètres au-dessus du sol.

Elle offre en plan la disposition de la croix latine (*fig. 51*); les bras du transept se terminent en hémicycle; le chevet du chœur, qui est gothique, est polygonal, entouré de collatéraux et de treize chapelles, une seule au chevet et six autres de chaque côté du déambulatoire, en deçà du rond-point (1).

Les petites nefs mesurent en largeur la moitié de la grande; elles sont voûtées d'arêtes et surmontées de tribunes voûtées de même; la grande nef, voûtée au siècle dernier, était primitivement couverte d'un plafond en bois (2).

La grande nef est accostée sur ses flancs de bas-côtés faisant retour sur le transept, et la bordant d'un double collatéral.

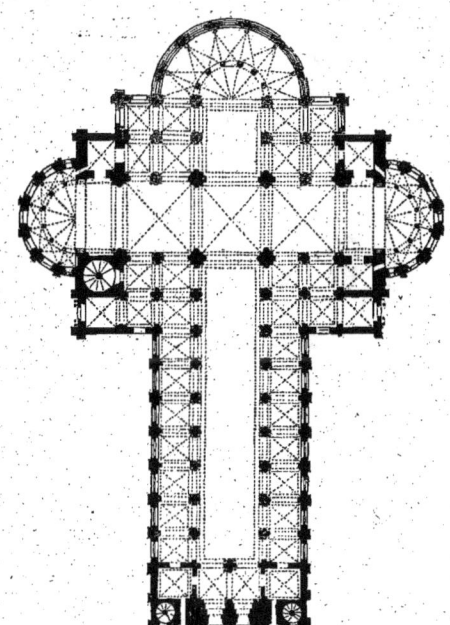

(*Fig. 52.*) PLAN PRIMITIF DE NOTRE-DAME DE TOURNAI.

Dans l'église romane primitive, les deux groupes de quatre travées collatérales se reproduisaient aux deux angles opposés de la croix, avec deux tours orientales, qui

---

1. Le chevet offre quatre autres pseudo-absidioles qui n'ont pas, comme la centrale, la profondeur voulue pour former des chapelles.

2. Les bas-côtés font retour sur la façade occidentale, où ils constituent comme un narthex de quatre travées, avec étage; seulement les deux travées centrales de l'étage ont disparu.

font pendant aux deux tours occidentales. Le chevet de l'église était fermé par une abside en hémicycle avec déambulatoire (*fig. 52*).

Enfin, particularité des plus remarquables, le transept est terminé lui-même par des hémicycles bordés de galeries étagées, qui, avec l'abside maîtresse, réalisaient un plan en trèfle, analogue à celui qui distingue les absides rhénanes et qui se rencontrait aussi dans une série d'églises dans le Nord de la France. Le chœur primitif a fait place au XIIIe siècle à un chœur gothique, offrant sept travées de profondeur entre le transept et l'abside.

Mais revenons aux nefs romanes et considérons-les en élévation, à l'intérieur. Vues du narthex, elles offrent un ensemble des plus imposants, un des coups d'œil les plus grandioses que puissent produire les grandes cathédrales d'Europe. Elles sont séparées par vingt beaux piliers cruciformes renforcés sur leurs faces de demi-colonnes engagées, et sur les angles de colonnettes isolées ; tous ces membres ont leur base, dont les plus grandes sont pattées, et leurs chapiteaux, de forme lombardo-byzantine, ornés de magnifiques fleurages en relief méplat, d'une grande variété ; l'abaque, vigoureux, est orné de moulures pseudo-classiques ; les piliers portent des arches plein-cintre dont plusieurs, outrepassés, formées de triples voussures à vives arêtes.

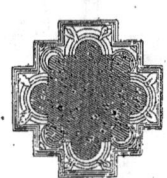

(*Fig. 53*.) COUPE D'UN PILIER DES NEFS.

A l'étage, les piles sont d'une forme différente et très heureuse au point de vue de l'effet monumental ; elles offrent un noyau octogonal découvert sur les faces obliques, et flanqué sur les quatre autres de colonnettes monolithes ; les pans coupés du noyau se prolongent, sous les arches cintrées que portent les piliers, en larges champs ébrasés courant entre deux voussures à vives arêtes, qui produisent un grand effet.

Les tribunes qui sont superposées aux collatéraux sont couvertes de voûtes d'arêtes

La grande nef était primitivement couverte d'une charpente apparente ; elle eut, dès l'époque romane, un plafond plat lambrissé, « peint en forme de lambris à baston », comme dit un vieil auteur (1).

Le haut mur offre une disposition très riche. Devant les fenêtres hautes, court un couloir de circulation, abrité par une galerie ; son plafond est alternativement

---

1. Cousin, *Histoire de Tournai*, t. III, p. 171. V. aussi Renard, *Monographie de Notre-Dame de Tournai*, p. 13.

supporté par l'arcade formant voussure à chaque baie de fenêtre et par une plate-bande que soutient un *groupe* de six gracieuses colonnettes, renforcées au milieu du

(Fig. 54). TOURNAI. — Intérieur de la Cathédrale.

trumeau par un léger contrefort auquel se greffent deux d'entr'elles. Cette galerie a fait souche ; portée ailleurs sur une série continue de lancettes, elle est un des traits saillants des églises tournaisiennes du commencement du XIIIe siècle.

Chapitre Huitième.
ÉGLISES ANGLO-NORMANDES.

N sait que le style normand fut introduit en Angleterre, dès 1060, par Edouard le Confesseur, à Westminster. Les Normands apportèrent, ou plutôt transportèrent dans l'île une architecture toute formée et des formules acquises. Mais l'inaptitude des ouvriers saxons à la maçonnerie, obligea le conquérant à faire usage de plafonds en bois au lieu de voûtes. Le style anglo-saxon est le roman français en plein-cintre, à part cette particularité des charpentes apparentes, et cette autre, que les arches sont posées sur des piliers ronds et trappus. Un élément d'origine normande prédominant en Angleterre, est le créneau. On dirait que le vainqueur a voulu saisir la population anglo-saxonne, autant par l'appareil militaire du détail, que par la majesté de l'ensemble de ses constructions.

L'emploi général et exclusif de la charpente apparente eut une grande influence sur le plan des églises ; il fit abandonner la forme demi-circulaire des absides normandes ; les chœurs ont désormais un chevet plat, éclairé par de vastes verrières qui sont devenues un élément caractéristique de l'architecture anglaise.

L'art du conquérant finit par s'imprégner petit à petit de l'art du vaincu. Dès le milieu du XIIe siècle, s'accentue l'influence saxonne, et il en résulte un art original. A mesure que la France augmente l'acuité de ses combles, l'Anglo-Saxon abaisse les siens. Il en résulte la prédominance des corniches crénelées dessinant sur le ciel leur silhouette monotone. L'usage systématique des lignes et des divisions horizontales produit un effet lourd, mais imposant. Les façades occidentales normandes sont ornées de deux tours couronnées de flèches ; en Angleterre, au contraire, comme à Ely, une tour unique et massive se termine en terrasse crénelée. Les églises de style normand sont nombreuses dans ce pays ; sur vingt-deux cathédrales, quinze conservent des parties considérables de ce style. Les plus beaux spécimens se rencontrent à Péterboroug, à Ely, à Norwick et à Durham.

I. — CATHÉDRALE DE PÉTERBOROUG (1).

Au centre d'une ville animée et bien bâtie, s'élève le majestueux édifice, entouré lui-même d'une vaste esplanade plantée et servant à usage de cimetière.

Le plan est remarquable, très allongé ; il dessine une croix ordinaire, le collatéral de l'abside se terminant carrément comme les bras du transept, lesquels ont un bas-côté unique, du côté du chœur ; le pied de la croix a son empatement formé par un transept contigu à la façade Ouest.

Celle-ci se dresse fière et majestueuse entre deux clochers crénelés placés en avant et à côté des collatéraux ; le côté Nord offre une plus belle vue encore, et développe, dans un site des plus pittoresques, la longue façade latérale du monument. Du côté Sud, la partie la plus intéressante est le transept, aux extrémités duquel s'élèvent d'élégantes tourelles octogonales crénelées. L'introduction de meneaux du style perpendiculaire dans un grand nombre de fenêtres normandes défigure malheureusement ce noble édifice.

C'était dans le principe une église abbatiale bénédictine, une des plus célèbres de l'Angleterre, fondée par le roi Peado en 655, et qui ne devint cathédrale qu'à l'époque de la Réforme (1541). Son dernier abbé en fut le premier évêque.

La partie la plus ancienne de l'édifice actuel est le chœur avec les bas-côtés Est du transept, qui sont du style normand (1118-1133); le transept Est, normand comme la nef, date de 1155 à 1177 ; la nef fut bâtie de 1177 à 1193 ; le transept Ouest date de la transition (1193 à 1200). La façade Ouest, néo-gothique primaire, a été modifiée profondément de 1265 à 1270 et postérieurement ; enfin, l'arrière-chœur, commencé en 1438 et achevé seulement en 1528, appartient au gothique perpendiculaire.

La façade Ouest, ou plutôt le porche qui la masque, est aussi étrange que grandiose; bien qu'il rappelle un peu celui de Saint-Germain-l'Auxerrois, il n'a son pareil dans aucun monument de l'Europe, mais il faut avouer que sa disposition est plus bizarre que belle.

Trois énormes arcades à voussures qui symbolisent, dit-on, la Sainte-Trinité, occupent toute la largeur et toute la hauteur du monument. Elles sont surmontées de gables et leur ensemble est flanqué de deux tours carrées. Chacun des gables est décoré d'une rose et de niches garnies de statuettes. Abrité sous la colossale

---

1. Nous ferons des emprunts à la description de cette cathédrale, donnée par M. E. Soil dans la *Revue de l'Art chrétien*, année 1894.

arcade centrale et paraissant tout petit, bien qu'en réalité de grandeur respectable, s'élève le véritable porche surmonté d'une salle servant de bibliothèque. Cette ajoute du XIVe siècle rompt l'unité de la façade, mais elle en fait ressortir en même temps les dimensions et l'étrange disposition. La façade Ouest ne s'aperçoit guère derrière le porche, et c'est à peine si l'on soupçonne les deux tours normandes qui la décorent.

Les chevets du transept principal sont plats ; celui du chœur était primitivement arrondi ; son pourtour, à chevet plat, est une ajoute plus récente, à voûtes en parasol.

Péterborough forme avec Ely et Norwich le groupe des trois cathédrales normandes les plus curieuses de l'Angleterre, et l'emporte sur Ely, parce qu'elle a conservé son chœur normand et qu'elle est un peu plus grande. La longueur de la nef est de 211 pieds, sans le transept ; sa largeur, de 33 pieds ; sa hauteur, de 81 pieds, soit respectivement 70 mètres, 11 et 27 mètres.

Cet édifice présente une ressemblance singulière avec l'église française de Cerisy-la-Forêt.

La nef est entièrement normande. Ses dix arcs plein-cintre reposent au rez-de-chaussée sur des colonnes massives, à la galerie d'étage sur des faisceaux de colonnes groupées ; au-dessus des bas-côtés règne une tribune presqu'aussi haute que ceux-ci et dont les baies géminées sont subdivisées par une colonne médiane ; les chapiteaux sont sphérico-cubiques comme en Normandie ; au-dessus de la galerie s'élève le *cléristory*, dont chaque travée comprend trois arceaux. Une étroite galerie, ménagée dans l'épaisseur des murs de la nef (comme à Cerisy-la-Forêt), établit une circulation autour de la nef à la hauteur de la façade haute. Un plafond plat, à trois pans, couvre la nef ; il date du XIIe siècle et est décoré de peintures datant de 1438.

A travers les ouvertures des galeries, on voit la toiture des bas-côtés, qui n'est pas lambrissée à l'intérieur. Les basses-nefs sont couvertes de voûtes domicales sur croisées d'ogives, suivant le système lombard ; leurs murs sont garnis d'arcatures normandes entre-croisées.

Viollet-le-Duc cite le transept de Péterborough comme un des plus beaux spécimens d'architecture normande de l'Angleterre. « Précision dans l'appareil, exécution soignée, mais absence de sculpture ; sentiment fin des proportions, profils peu variés mais bien tracés pour la place qu'ils occupent, recherche des grands effets décoratifs (1). »

Les murs sont pleins dans la partie inférieure, décorés à l'intérieur d'arcatures qui

1. *Entretiens*, p. 280.

ne sont qu'un plaquage. Dans le second étage des fenêtres, l'architecte a réservé dans l'épaisseur de ce mur le passage dont nous avons parlé plus haut, et qui permet de surveiller les verrières et de les entretenir facilement. A la hauteur du troisième étage des fenêtres, les constructions s'allègent encore ; là, le passage, plus large, forme un portique ouvert sur le transept. A l'intérieur, l'effet de cette ordonnance est puissant et établit une liaison harmonieuse avec les nefs et le chœur; mais, au dehors, il en résulte un effet étrange et peu satisfaisant au point de vue logique ; ces étages de fenêtres ne correspondent à aucune division réelle de ce vaisseau interne. On ne verrait rien de pareil en France. Il est regrettable, au surplus, qu'au XIVe siècle, on ait remplacé d'anciennes fenêtres romanes par des fenêtres gothiques.

Le transept, comme la nef, est couvert d'un plafond à pans coupés. Au centre s'élève la voûte de la tour centrale, en forme de lanterne portée sur quatre puissants piliers, selon la manière normande. Les arcades sont vigoureusement décorées de tours brisées. Elle est lambrissée en bois et date du XIVe siècle.

Le chœur, la partie la plus ancienne de l'édifice, est tout entier normand et couvert d'un plafond plat. Il était primitivement terminé par une abside et deux absidioles ; elles ont été démolies lors de la construction des nouveaux bas-côtés et du prolongement du chœur, formant à l'extrémité Est comme un troisième transept, et rappellent, par leur plan, l'extrémité du chœur de Fountains. Cette annexe, avec ses voûtes en pavillon de trompette, rappellent le Kings college de Cambridge, dont il est contemporain.

Le jubé du chœur, massif, entièrement fermé et décoré d'arcatures formant niche, est de même style que ceux d'York, de Ripon, de Lincoln, et supporte comme eux le buffet d'orgues.

La cathédrale a été restaurée par M. Pearson. Ses pierres, grattées à vif, ont un aspect tout battant neuf, qui fait regretter la patine des siècles.

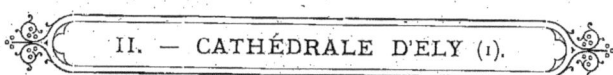

II. — CATHÉDRALE D'ELY (1).

ANCIENNE abbatiale bénédictine, la cathédrale d'Ely est un monument grandiose, dont la vue remue le visiteur et s'imprime profondément dans la mémoire. Isolée, comme celle de Cantorbéry et beaucoup d'autres cathédrales anglaises, au milieu de vastes pelouses, elle apparaît, surtout vue de l'Ouest, comme une masse imposante, comme une forteresse aux tours crénelées.

---

1. R. Garland, ouvr. cité.

C'est une des églises les plus remarquables de la chrétienté. Une nef centrale de 560 pieds de long, deux nefs latérales, le transept, la plus grande partie du chœur, les tours en style normand de la plus grande beauté, un porche du XIIIe siècle, l'un des plus beaux morceaux d'architecture religieuse de toute l'Angleterre, voilà ses grands traits ; ajoutons-y, à la croisée, une lanterne curieuse de style perpendiculaire, toute polychromée, d'anciens tombeaux, un superbe cuivre funéraire, un cloître et d'intéressants restes de l'abbaye.

Au centre de la façade Ouest, s'élève une haute tour crénelée, flanquée de quatre tourelles ajourées. Une tour normande octogone, aussi crénelée et décorée du haut en bas d'arcatures très fines, occupe l'angle Sud de la façade. L'aile Nord et sa tour ont disparu. Devant la façade règne un porche ou mieux le « Galilée » ; — on appelle ainsi certains porches qui servaient à des usages profanes, comme à Lincoln, ou dans lesquels seuls étaient admises les femmes, au temps où l'église était monacale, comme à Fountains.

La longueur totale de la cathédrale est à l'intérieur de 185 mètres environ. C'est la plus longue église gothique de l'Angleterre.

Deux portes normandes attirent l'attention au côté Sud. La plus remarquable est *la porte du Prieur*, toute garnie d'une sculpture fine comme de la ciselure. Au centre du tympan figure le Christ en majesté dans une auréole elliptique supportée par des anges.

Le chevet plat du chœur est, comme le Galilée, un spécimen remarquable du gothique primaire. Trois rangs superposés de fenêtres, surmontées d'un gable percé de trois roses polylobées, occupent toute sa surface.

Au centre de la croisée s'élève une lanterne, au lieu de la tour à flèche élancée qui, autrefois, occupait cette place.

Si la cathédrale d'Ely ne se présente pas à l'extérieur comme un monument de premier ordre, l'intérieur est, par contre, un superbe morceau d'architecture sobre, rationnelle, pondérée. « Tout se tient », dit M. P. Sautenoy (1), et se « lit » bien. De la base à la charpente, tout est logique et l'élément parasite s'abstient. Ce n'est qu'au plafond actuel de la nef et du transept que l'esprit s'étonne et s'afflige. La charpente basilicale est cachée par un plafond à trois faces et à compartiments, d'un effet disgracieux. Œuvre moderne, ce plafond fait regretter la vue des entraits, des poinçons et des arbalétriers de la charpente primitive, et la polychromie n'a rien ajouté à cet ensemble raté.

Trois parties de l'édifice se distinguent particulièrement : la nef romane, la lanterne du transept, dite l'*octogone*, et le chœur, ces deux derniers, gothiques.

---

1. V. l'*Emulat.*, 1893, p. 49.

De l'Ouest, l'effet général est saisissant. La nef étant seule fortement éclairée, tandis que le chœur reste dans l'ombre, le temple paraît tout entier de style normand, et par ses vastes proportions, la hauteur de ses trois étages et nonobstant son plafond, il produit une impression profonde.

La nef était terminée en 1174. Elle compte douze travées dont les arcs, à plein-cintre légèrement outrepassé (comme ceux de la cathédrale de Tournai), reposent sur des piliers de deux sortes, composés alternativement d'une forte colonne circulaire cantonnée de deux légères colonnes et d'un faisceau de colonnettes. Leurs chapiteaux sont cubiques et les archivoltes sont lisses. Les baies sont hautes et étroites.

Une grande galerie règne au premier étage. Le cléristory, très simple, se compose de trois baies séparées par deux colonnettes.

Les bas-côtés sont voûtés d'arêtes. Leurs fenêtres sont encadrées par un arc reposant sur des colonnettes.

Le transept, aux chevets plats, la partie la plus ancienne de l'édifice, fut élevé par Simon, à la fin du XIe siècle.

Le pignon Nord a trois étages de fenêtres ; les plus hautes sont malheureusement gothiques, et rompent l'harmonie de cette partie de l'édifice. On a appliqué après coup contre le chevet une galerie, reliant la tribune du chœur à celle de la nef.

Le chevet Sud possède une semblable galerie, mais dont le dessin diffère. Il est percé de baies romanes et surmonté d'une fenêtre gothique à sept lumières.

Le plafond en bois polychrome, dont est également recouvert le transept, est à deux versants.

Au centre du transept, s'élèvent l'«octogone» et la *lanterne* d'Alain de Walsingham, œuvres de mérite, mais qui déparent la cathédrale par leur décandentisme. La tour centrale s'étant écroulée en 1322, on répara aussitôt le désastre, mais en apportant, dans la reconstruction, une modification importante. Sa croisée, de rectangulaire qu'elle était en plan, fut rendue octogone.

La lanterne, dont il n'existe pas d'autres exemples en Angleterre, est d'ailleurs d'un effet saisissant. Conçue de fond en comble dans le style ogival décoré, elle offre au centre de l'église un dégagement inaccoutumé, et constitue une particularité tout à fait remarquable, mais par trop originale.

Le chœur, qui est gothique, et rappelle dans son ensemble celui de Lincoln, comprend cependant deux parties bien distinctes. La plus ancienne est celle qui touche au chevet, le *presbyterium* ; elle est, de loin aussi, la plus remarquable ; c'est une œuvre de haute valeur, du style gothique primaire (1254) ; l'autre, reconstruite en 1349, à la suite de l'écroulement de la tour centrale en 1322, appartient au style gothique décoré. C'est dans cette dernière que se trouvent les stalles en bois sculpté de la dernière époque gothique, récemment restaurées et agrandies par le sculpteur Abbeloos de Louvain.

Le chevet du chœur ne présente, à l'intérieur, que deux rangs de fenêtres (le troisième étant au-dessus du plafond). Il est peint et décoré de vitraux modernes.

III. — CATHÉDRALE DE CANTORBÉRY.

BATI à l'emplacement d'une basilique érigée par saint Augustin, suivant le plan même de la primitive église de Saint-Pierre de Rome, ce fameux monument fut fondé au lendemain de la conquête normande (1).

De l'édifice commencé par l'évêque Lanfranc (1070-1089), il reste encore l'abside avec son pourtour et sa crypte ; il fut achevé en 1130, et alors eut lieu cette dédicace solennelle qui, dit Gervase, « fut la plus fameuse dont on eût jamais entendu parler dans le monde depuis celle du Temple de Salomon. » Ce fut dans cette église que saint Thomas Becket fut assassiné en 1170, et dans « le glorieux chœur de Conrad » que les moines firent la veillée de son corps, la nuit qui suivit le martyre.

Le chœur ayant été détruit par l'incendie de 1174, sa réfection fut confiée à un maître d'œuvres français, Guillaume de Sens, qui, blessé en 1199 à la suite d'une chute qu'il fit dans les travaux, laissa le soin d'achever son œuvre à un moine, nommé William, « Anglais de nation, petit de corps, mais probe et habile dans toutes sortes d'arts. »

L'analogie des ronds-points de Cantorbéry et de Sens est manifeste ; elle apparaît évidente à la seule inspection du plan à terre (2) ; mais là se borne l'influence française directe.

De 1378 à 1410, la nef romane de Lanfranc fit place à une nef de neufs travées en style perpendiculaire ; vers 1495, fut élevée la tour centrale par le prieur Goldstone. Jusqu'à la Réforme, ce magnifique édifice fut à la fois église conventuelle et cathédrale ; elle occupait le centre d'un monastère habité par plus de deux mille moines bénédictins.

Telle est, en quelques mots, l'histoire de cette cathédrale, qui résume quatre siècles de l'histoire de l'architecture anglaise. Elle unit une vaste nef du XIVᵉ siècle

---

1. R. Garland, ouv. cité.
2. V. P. Planat, *Encyclopédie d'architecture*, t. V, p. 36.

III. — CATHÉDRALE DE CANTORBÉRY.

à un superbe chœur roman, rempli de tombes remarquables et terminé par une belle abside de style français.

Le domaine de la cathédrale est enfermé dans un enclos qui forme, dans la ville moderne de Cantorbéry (les Anglais disent Canterbury), comme une ville antique ecclésiastique, protégée par une enceinte crénelée, munie de portes monumentales comme des entrées de ville, et de poternes se fermant à heures fixes. Les constructions de l'église, partie en ruine, partie restaurées, ou renouvelées, sont entourées des demeures de dignitaires de l'Église réformée.

Un spectacle grandiose saisit le visiteur au moment où il franchit l'élégant guichet du *Christ-church gate*, et que, du milieu de pelouses verdoyantes, il voit surgir, assise à l'ombre d'arbres séculaires à la gigantesque ramure, tapissée de lierre comme un rocher au milieu de la plaine, l'immense cathédrale qu'on a comparée à un colossal reliquaire, et qui renferme les souvenirs les plus intéressants de tous les règnes des rois d'Angleterre.

La main glacée du protestantisme, dit un visiteur (1), a passé par là ; l'Église catholique a été proscrite de ces cloîtres et de ces nefs merveilleuses que le génie de ses moines avait créées ; malgré tout cela, il est demeuré dans cette oasis un cachet indescriptible de poésie monacale et de sentiment catholique. L'hérésie a eu beau dénuder les vastes nefs, supprimer les châsses, détruire les autels, béatifier, en plaçant leurs statues dans les niches du porche, à côté de celles de saint Augustin et de saint Guillaume, l'adultère Henri VIII et la cruelle Elisabeth : elle n'a pas réussi, elle ne réussira jamais à faire du monument bâti par Guillaume de Sens un temple anglican !

La façade principale est flanquée de deux grosses tours reconstruites, qui s'harmonisent à merveille avec celle du transept, plus grandiose. Les nefs, reconstruites en 1378, sont pareilles à celles de Winchester, quoique moins hardies. Des bas-côtés, relativement élancés, bordent la nef centrale couverte de voûtes à liernes. Le triforium est produit par le prolongement des fenêtres du clair-étage. La grande verrière occidentale est composée de fragments des anciens vitraux peints de la nef. De la croisée, couverte par une tour-lanterne superbe, quinze degrés, coupés par deux paliers, conduisent au chœur, fermé par l'*écran* occidental, qui est du XVe siècle et d'une grande beauté.

En entrant dans le chœur, on est frappé par la profondeur de ce vaisseau (180 pieds) relativement bas, par la présence d'un second et vaste transept, flanqué de deux tours dans les angles, et par la courbure étrange suivant laquelle les murs se rapprochent pour se raccorder à une abside plus étroite, qui va à son tour en

---

1. Excursion de la *Gilde de saint Thomas et de saint Luc*.

s'élargissant. On remarque aussi le contraste des pierres diversement colorées, aujourd'hui mises à nu, de Purbeck et de Caen, et en même temps le mélange de deux styles, le normand et l'anglais.

L'étrangeté de la construction du chœur provient de la volonté de l'architecte de réunir son œuvre aux tours de Saint-Anselme et de Saint-André, qui s'élèvent encore vers le chevet, et de raccorder le chevet avec la chapelle de Saint-Thomas, érigée à cheval sur les fondements de celle de la Trinité. Le second transept primitif fut

(*Fig. 57.*) Chapelle du Martyre de la Cathédrale de Cantorbéry.

conservé par Guillaume de Sens. L'écran qui entoure le chœur fut construit en 1305.

Les pèlerins se rendent d'ordinaire du chœur dans le transept Nord, souvent nommé le transept du Martyr, où nous avons, avec émotion, baisé la dalle encore marquée à l'endroit où saint Thomas fut assassiné, et où fut commis le plus grand sacrilège qui ait jamais ensanglanté un temple chrétien. La gravure ci-dessus (*fig. 57*) fait voir précisément le lieu du martyre.

Des escaliers latéraux nous élèvent du chœur inférieur à l'ancien chœur, qui règne au-dessus de la crypte ; les degrés, que les pèlerins ont montés à genoux durant de

III. — CATHÉDRALE DE CANTORBÉRY.

longs siècles, sont profondément usés. Une plus grande légèreté de style distingue seule, du chœur élevé par Guillaume de Sens, cette partie orientale, et surtout la *Corona*, œuvre de l'Anglais William. La place où saint Thomas a chanté sa première messe comme archevêque est encore marquée dans le pavement par un *Opus Alexandrinum*.

Que dire, au surplus, des détails du superbe monument ? Nefs, transepts, chœur, chapelles, tours, cloître, salle de Chapitre, crypte, tout est beau, grand, remarquablement conservé ; des tombeaux en pierre, en bois de chêne d'Irlande, en albâtre, en bronze, avec leur polychromie ancienne, leurs dais ou baldaquins gracieusement sculptés en bois ; des fragments de carrelage ancien, des vitraux intacts du XIIIe siècle, de toute beauté, des restes fort curieux de peintures décoratives, voilà l'inventaire sommaire des trésors qui y sont accumulés.

Quant aux vitraux, les vingt et une fenêtres qui éclairaient les croisillons, le déambulatoire, le chœur du sanctuaire et cette chapelle circulaire que nous venons de citer, appelée « la Couronne de saint Thomas », peuvent compter parmi les plus belles qui existent (1).

1. H. Gérault, *Annales archéologiques*, 1846, t. V.

Les grandes Cathédrales.

Chapitre Neuvième.

ÉCOLE ALLEMANDE (1).

USQU'AU Xe siècle, les basiliques allemandes copient la basilique romaine. Le Dom de Trèves, avec son plan carré de 40 mètres de côté et ses trois nefs, autrefois couvertes d'une charpente apparente, est une imitation presque grossière de la forme romaine, remontant au VIe siècle.

Plus tard, au VIIIe siècle, le Dom d'Aix-la-Chapelle, polygonal, trahit une influence byzantine; il est le seul vestige en Allemagne des palais de Charlemagne; mais il existe encore quelques basiliques de l'époque carlovingienne. L'église d'Ottmarsheim est une copie assez fidèle de la chapelle palatine.

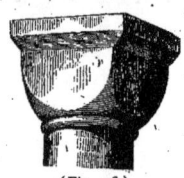

(Fig. 58.)
CHAPITEAU CUBIQUE.

Au IXe siècle, apparaît la basilique à double chœur, l'un à l'Est, l'autre à l'Ouest, l'un superposé parfois à une crypte.

A partir du XIe siècle, l'art germanique se dégage de la tradition latine, le chœur et le transept de la basilique se développent, la crypte devient générale; le chapiteau cubique, dont nous avons indiqué ailleurs l'origine scandinave, remplace le chapiteau antique, encore conservé çà et là. Citons des exemples. Le *chapiteau cubique* apparaît dans les pays rhénans, à Gladbach, à Neus, à Saint-Jacques de Cologne, à la crypte de Saint-Géréon de Cologne, à celles de l'abbaye de Laach, de Brauwieler. Deux tours s'élèvent souvent à l'Ouest, les nefs restent couvertes d'une charpente apparente. Ces deux tours encadrent la façade, marquent les nefs et abritent une sorte de narthex. Cette imposante ordonnance se remarque à Notre-Dame de Coblentz, à Andernacht, au dôme de Limbourg, au Munster de Ruremonde, à l'église de Wiener-Neustadt.

A la fin du XIe siècle, la basilique voûtée apparaît dans le pays rhénan, les piliers dès lors remplacent les colonnes latines ou alternent avec elles (Andernacht).

Au XIIe siècle, le style roman atteint sa maturité.

---

1. V. Notice du *Deutschen Architectur* de Lambert et Stahl. Engelbon, Stuttgart.
V. article sur l'architecture allemande par le même dans l'*Encyclopédie d'Architecture* de Planat ; vol. 5, p. 1.

Au XIIIe siècle, l'architecture allemande en est encore à sa transition romano-ogivale. Cette période se distingue par la richesse du plan, le groupement pittoresque des différentes parties des églises, les tours multipliées autour du *dôme* de la croisée. Le nombre de ces tours s'élève jusqu'à sept, comme à la cathédrale de Limbourg ; souvent il y en a six (Laach), ou cinq (Ruremonde), au moins quatre, comme à Andernacht, à Saint-Castor de Coblentz, etc. Des arcatures, interrompues par des bandes murales verticales, courent sous les corniches.

Cette architecture abonde sur les rives du Rhin ; elle a encore pour caractéristique la tribune élevée sur les petites nefs (Andernacht, Saint-Pierre de Bacharach, Notre-Dame de Coblentz, Limbourg, Ruremonde, etc.); des absides demi-rondes décorées sous la corniche de galeries extérieures (Andernacht, Saint-Pierre de Bacharach, Saint-Géréon de Cologne, Saint-Castor de Coblentz, la cathédrale de Bonn, celle de Limbourg, Saint-André, Saint-Martin de Cologne, Neus, etc) ; à Schwarendorf, la galerie extérieure fait le tour presque complet de l'église.

Les clochers rhénans se distinguent par les frontons qui se dressent à la naissance de la flèche, dont les arêtes aboutissent à leur sommet.

Enfin de nombreuses églises offrent une disposition de chevet comportant une triple abside, qui dessine en plan un trèfle (Sainte-Marie du Capitole, Saint-André, Saint-Martin à Cologne, Neus, Rolduc, etc.).

I. — CATHÉDRALE DE WORMS.

COMMENCÉE en 996 par l'évêque Bouchard et inaugurée en 1016 en présence de l'empereur Henri II, cette cathédrale, avec ses quatre belles tours et ses deux dômes, est un des grands monuments de la chrétienté. C'est le seul édifice de Worms resté debout après le terrible siège du Maréchal Créqui, en 1689. Le *Dom* de Worms offre la curieuse particularité de quelques églises romanes, telles que Spire, Mayence et Bonn, qui présentent une double abside ; nous avons ici une abside orientale, demi-ronde à l'intérieur, inscrite à l'extérieur dans un carré, et une abside occidentale ou contre-abside, polygonale ; il en résulte doubles portails latéraux. Ces absides sont très intéressantes.

L'abside proprement dite, ornée sous la corniche d'une galerie extérieure ajourée, caractéristique des absides rhénanes, est flanquée de deux tours rondes, ornées de rangées d'arcatures et de bandes verticales, particularité fréquente du même style ; des arcatures semblables règnent sous les corniches des nefs. La coupole qui couronne la croisée est byzantine, et offre de très anciennes trompes dans les angles.

Les nefs sont couvertes de voûtes d'arêtes romaines, couvrant des compartiments carrés ; à une travée de la grande nef correspondent deux travées des collatéraux. Des piliers carrés, renforcés de deux en deux d'un dosseret, déterminent une ordonnance sévère ; les piliers intermédiaires se prolongent jusqu'à la claire-voie par une saillie, multipliant les lignes verticales de manière à accentuer la grandeur du vaisseau.

Les portails latéraux sont intéressants, avec leurs profondes voussures. Le grand portail du Sud est décoré d'une manière remarquable. Le chœur oriental n'a été achevé qu'au siècle dernier.

L'intérieur est orné de fresques byzantines, de peintures flamandes, de remarquables bas-reliefs du XIIIe siècle, de nombreuses statuettes, de riches tombeaux de la Renaissance, de chapelles où flamboie le gothique fleuri, et de tout un ensemble extraordinaire d'œuvres d'art où sont représentées toutes les époques depuis le XIe siècle.

Dans une grande chapelle basse, servant de chapelle des fonts *(Tauf-Capelle)*, on admire une piscine, urne immense ayant servi autrefois au baptême par immersion, sur laquelle figure le Christ entouré de ses apôtres. Une autre chapelle renferme, outre le tombeau de sainte Embède, de sainte Barbède et de sainte Wellebède, un magnifique bas-relief figurant Daniel dans la fosse aux lions.

C'est dans la cathédrale de Worms que se tint la diète fameuse de 1321, où Charles-Quint déclara Luther hérétique et le mit au ban de l'empire.

II. — CATHÉDRALE DE SPIRE.

SPIRE est une ville antique et illustre. César y a campé, dit V. Hugo, Drusus l'a fortifiée, Tacite en a parlé, les Huns l'ont brûlée, Constantin l'a rebâtie, Julien l'a agrandie, Dagobert y a fait d'un temple de Mercure un couvent dédié à saint Germain, Othon y a donné à la chrétienté le premier tournoi, Conrad le Salien en a fait la capitale de l'empire, Conrad II en a fait la sépulture des empereurs.

Le Dom de Spire (1), un des monuments les plus remarquables et la plus vaste église de l'Allemagne, est contemporain de celui de Worms ; il fut commencé par Conrad Ier, le Salique, vers 916, continué par Conrad II et Henri III, terminé enfin en 1097 par Henri IV. Tous ces souverains y furent ensevelis, mais le corps de Henri IV, excommunié par Grégoire VII, resta cinq ans sans sépulture dans la chapelle voisine de la cathédrale. Après lui, ce fut Henri V, le dernier

---

1. V. Gelnhause, *Etudes pratiques tirées de l'Architecture du moyen âge en Europe.*

empereur de la maison de Franconie, qui emporta dans la tombe la malédiction de son père, puis prit place dans la nécropole royale.

Un grand incendie survenu au monument en 1450 fut bientôt réparé.

La cathédrale fut incendiée de nouveau en 1689 et en 1693 par les Français, qui détruisirent le tombeau impérial et mirent le feu à toute la ville. Dévastée de nouveau en 1794 par les Français, elle faillit être démolie ; elle servait de magasin à fourrages, lorsque Napoléon ordonna de la rendre au culte en 1806. Le roi Maximilien inaugura sa restauration en 1822. Des fresques y furent exécutées de 1854 à 1858. La tour et le porche ont été reconstruits en 1858 sous la direction de Hübsch, qui construisit le dôme et la salle des empereurs.

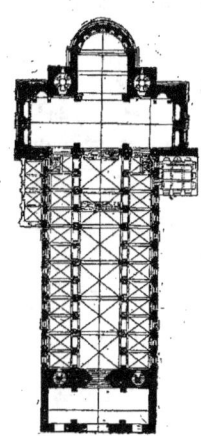

(*Fig. 59.*) Plan de la cathédrale de Spire.

Dans sa magnifique unité, cette église est un des spécimens les plus remarquables du style roman primaire, en même temps qu'une des plus grandes églises de la chrétienté. Elle mesure 147 mètres de longueur, 42 de largeur dans les nefs et 39 de hauteur ; elle a deux hectares et un tiers de superficie. La tour occidentale a 78 mètres de hauteur.

Comme dispositions générales, elle rappelle les églises lombardes et normandes. Elle a deux dômes et quatre tours ; les deux tours de l'Est, qui datent du XIe siècle, ont 83 mètres de hauteur.

C'est une longue basilique à trois nefs, accolées à une abside en conque, avec large transept surmonté d'une coupole octogonale. Les nefs sont voûtées d'arêtes ; les voûtes de la grande nef, très bombées, de forme domicale ou lombarde, déterminent de grandes travées qui correspondent à deux travées des collatéraux.

La façade occidentale est percée de trois portails, d'une belle rose et d'une galerie. On pénètre de ce vaste porche dans le narthex, nommé la galerie des empereurs, dont on y voit les statues, à savoir, à droite, celles de Conrad II, de Rodolphe de Habsbourg, d'Adolphe de Nassau et d'Albert d'Autriche ; à gauche, celles d'Henri III, d'Henri IV, d'Henri V et de Philippe de Souabe. Des bas-reliefs représentent des épisodes de la vie de Conrad II et de Rodolphe.

L'intérieur des nefs est d'un aspect sévère. Douze puissants piliers carrés les séparent, auxquels se greffent des colonnes, montant du fond à travers les étages pour recevoir les voûtes. Au milieu de la grande nef, des roses de pierre marquent dans le pavement la place où saint Bernard prêcha la croisade en 1146 et entraîna par son éloquence l'empereur Conrad III.

Un escalier de dix degrés sépare les nefs du *chœur des rois*, qui précède le transept, et où se trouve le caveau impérial où reposent Conrad II, Henri III, Henri IV, Henri V, Conrad III, Philippe de Souabe, Rodolphe de Habsbourg, Adolphe de Nassau et Albert d'Autriche. C'est là que se voient les statues colossales de Rodolphe, par Schwanthater (1843), et de l'empereur Adolphe de Nassau, par Ohmacht (1824.) Neuf autres degrés montent au *grand chœur*, c'est-à-dire au transept, qui est orné de 32 tableaux et fresques peints par Schraudolph et ses élèves. De là on accède au *chœur collégial*, qui n'est autre que l'abside.

Sous le chœur, règne la curieuse crypte de l'église primaire, soutenue par 28 piliers trappus. On y voit des fonts romans et une statue couchée de Rodolphe de Habsbourg.

L'ancien cimetière a été transformé en promenade publique. Au Sud on remarque un bassin en grès, dit le *Dompnaf*, qui marquait autrefois la limite entre les territoires municipal et épiscopal; autrefois chaque évêque nouveau le faisait remplir de vin le jour de son avènement.

III. — CATHÉDRALE DE BONN.

La tradition attribue la première fondation de la cathédrale de Bonn à sainte Hélène, et rapporte que la mère de l'empereur Constantin la consacra en 319 aux saints Casius et Florentin, deux martyrs de la Légion thébaine. L'abside orientale de la construction actuelle, avec ses deux tours élevées, paraît appartenir à la fin du XIe siècle, ainsi que les deux absides polygonales du transept et toute la nef du milieu jusqu'à la seconde galerie ; plus haut, apparaît un étage de style plus récent, qui a probablement été élevé, avec le beau clocher central, au commencement du XIIIe siècle, après une destruction qu'aura subie la basilique.

La cathédrale de Bonn peut être considérée comme un type du style roman rhénan, avec ses absides du transept, ses nombreuses tours et leurs flèches aiguës. Elle a été restaurée en 1847.

« Peu de monuments, dit Gailhabaud, se développent à l'extérieur d'une manière plus imposante et plus sévère que le *munster* de Bonn ; aussi conçoit-on l'enthousiasme incessant des voyageurs à son aspect. Ces lignes si pures, la combinaison variée de ses arcades, cette réunion de tours qui projettent dans l'air leurs flèches

III. — CATHÉDRALE DE BONN.

élancées et semblent porter l'humble prière des chrétiens jusqu'au trône de l'Éternel, ce clocher hardi qui couronne et domine si majestueusement l'édifice, tout concourt à faire de l'église des saints Casius et Florentin un monument à part, bien digne de l'admiration générale. »

Il faut signaler, à la face orientale, sous la corniche de l'abside, une des élégantes galeries extérieures continues et à jours, caractéristiques des églises rhénanes, que l'on

(*Fig. 60.*) Cathédrale de Bonn (Allemagne).

voit également à Worms et à Spire. Ces galeries servaient sans doute à l'ostension des reliques. Les angles de l'abside sont remplis par deux tours carrées, sveltes et décorées d'un élégant système d'arcades. Non moins jolies sont les petites tours cylindriques qui épaulent la façade principale.

La grand nef est éclairée par des groupes de cinq lumières inégales s'incrivant dans les formerets des voûtes ; au dehors cette inégalité de leurs jours est dissimulée par une série de cinq gracieuses arcades d'égale hauteur.

Les absides du transept, polygonales, sont non moins gracieusement ajourées que celles de l'Est. Les fenêtres des nefs latérales ont une forme singulière, à cinq côtés curvilignes, particularité qui n'est pas rare au pays rhénan. La tour centrale enfin, octogonale, profile avec une véritable majesté sa lanterne à deux étages et sa flèche à frontons bordant la corniche.

Cette église, d'une si belle unité d'ensemble, malgré quelques variantes dans les détails, n'est pas moins remarquable quant à l'aspect intérieur. On ne trouve ici aucun luxe d'ornementation, mais une grandeur, une sévérité de lignes, des formes graves et majestueuses, qui impressionnent vivement. Trois nefs, d'égale largeur, sont réunies par des arcades portées sur des piliers cruciformes, à colonnes engagées ; au-dessus, reposent deux étages d'élégantes galeries, la première, romane et aveugle, la seconde, à claire-voie et déjà gothique d'allure.

Cette église diffère des autres églises rhénanes à triple abside par l'allongement du chœur, formant une branche rectiligne dans la partie supérieure de la croix que dessine le plan. Un jubé à deux ambons ferme l'entrée du chœur.

Chapitre Dixième.

STYLE MAURESQUE.

 CATHÉDRALE DE CORDOUE (1).

u huitième siècle, le roi Abd-el-Rhaman, ou Abdérame, conçut le projet d'élever sur les rives du Guadalquivir une grande mosquée, qui fût pour les Maures d'Occident ce qu'était la mosquée de La Mecque pour les Musulmans d'Orient. Il employa à sa magnifique construction les débris d'une basilique chrétienne et d'un temple de Janus. Toutefois il n'acheva pas la construction commencée en 780 ; son fils El-Haschem la reprit en 976, et elle fut encore agrandie par Almanzor en 1012.

Après la conquête de Cordoue en 1236, le roi saint Ferdinand se borna à faire purifier la mosquée et à l'adapter telle quelle au culte catholique. Mais en 1523 le Chapitre de la cathédrale obtint de Charles-Quint, en dépit de l'Ayuntamiento, l'autorisation d'élever au centre un sanctuaire mieux approprié aux besoins liturgiques. Le roi regretta plus tard sa condescendance, et les artistes la déplorent aujourd'hui.

La mosquée, ou *djamé*, le plus ancien monument arabe de l'Espagne, isolée entre quatre grandes rues, s'élève sur un terrain en pente, de sorte qu'on y monte du côté Sud par trente marches, tandis qu'on y descend de l'autre par treize degrés. La façade du Nord est ornée d'une délicate ornementation en stuc, et s'ouvre par une porte ornée de colonnes d'un si beau jaspe, que les Espagnols prétendent qu'elles sont de fine turquoise. Une cour ou *patio* de 58 mètres, prise sur la longueur de l'édifice, précède l'entrée du temple ; un bassin aux ablutions s'y élève au milieu de plantations d'orangers, de citronniers, de cyprès et de palmiers, et un portique,

---

1. V. *Itinéraire descriptif de l'Espagne*, par le Comte de Laborde. — *Descripcion de la Catédrale de Cordola* par O. Luis Ramisez y de la Casas Deza. Cordoue, 1853.

soutenu par 72 colonnes, règne autour de ce jardin suspendu, qui est établi sur une citerne et porté par des colonnes.

La mosquée a en plan la forme consacrée d'un vaste quadrilatère de 173 mètres de longueur et de 125 de largeur. C'est une improvisation féerique ; c'est moins un édifice qu'une forêt de colonnes, au nombre de 850 (de 1018 avec celles des portiques et de la tour), inégales entre elles, surmontées de chapiteaux pseudo-corinthiens à abaques byzantins, et faites de marbres précieux venus de Séville, de Nîmes, de Narbonne et de l'Orient. Elles partagent entre elles 19 nefs de 36 travées, soutenant deux séries d'arceaux superposés, les uns en fer à cheval, les autres en plein-cintre. L'ensemble de ces fûts multicolores et précieux a été comparé par un poète « à une oasis d'arbres aux troncs de jaspe et de porphyre. » Jadis ces nefs, resplendissant des plus vives couleurs, étaient éclairées par cent treize candélabres, dont les plus grands portaient mille lampes, les plus petits douze seulement. Dès qu'on est entré dans ce labyrinthe, on y est comme perdu ; on a devant soi, en quelque sorte, l'infini en étendue. Ces arcades à deux étages superposés, aux cintres alternativement découpés de lobes ou outrepassés (en fer à cheval) constituent un artifice d'une suprême habileté ; elles font illusion et l'on croit également en quelque sorte à l'infini en hauteur. A la faveur d'un certain demi-jour mystérieux et de cette habile disposition, le plafond, relativement si bas, qui couvre cette vaste superficie, est en quelque sorte oublié. De l'entrée surtout on est ébloui par l'étendue qui se révèle en profondeur, et qui est simulée en hauteur.

Des plafonds en cèdre, jadis posés à 10 mètres de hauteur, ont été remplacés au XVIIe siècle par de petites coupoles « en demi-oranges » *(medias raranjas)*. De la couverture, en dos d'âne sur chaque nef et couverte de tuiles, descendent des tuyaux de plomb assez grands pour contenir deux hommes.

Une allée plus large et plus ornée que les autres partage le monument en deux parties, et aboutit d'une part à la porte principale, d'autre part au Mihrâb.

Le lieu dans lequel les Maures conservaient les livres de la loi est aujourd'hui la chapelle de Saint-Pierre. Elle est séparée du reste de l'édifice par ce *Mihrâb* dont nous venons de parler, pièce carrée surmontée d'une coupole de marbre creusée dans un bloc de marbre de cinq mètres de diamètre, précédée d'arcatures entrecroisées d'une superbe élégance et toutes couvertes de merveilleuses arabesques. Une autre pièce carrée à coupole conduit à ce superbe octogone par un arc couvert de mosaïques, et porté par des colonnes de marbres blanc, rouge et vert. Une charpente en bois résineux, savamment assemblée et rehaussée d'or et de couleurs vives comme toutes les autres parties de l'édifice, complète cet admirable ensemble.

CATHÉDRALE DE CORDOUE.

A l'extérieur, rien de remarquable, qu'un long mur crénelé et une grande et belle tour carrée de 17 mètres de côté, parée d'une centaine de colonnettes de marbre

(Fig. 61.) Intérieur de la Cathédrale de Cordoue

ornant les 14 fenêtres et soutenant des arcs festonnés. Il ne reste qu'une des 19 portes d'entrée, les autres sont murées.

Comme nous l'avons dit, au XVIᵉ siècle le Chapitre de la cathédrale voulut établir une nouvelle cathédrale au centre même du célèbre sanctuaire, et éleva une église tout étincelante de richesses, toute ciselée par un artiste renommé, le sculpteur Conejo. Isolée, on pourrait l'admirer ; ici, c'est « une verrue artistique », selon l'expression de Théophile Gauhier. Malgré sa splendeur, malgré ses voûtes superbes qui semblent écraser la mosquée mutilée, celle-ci semble grandir et protester (1).

1. V. L. Batissier, *Histoire de l'Art monumental.*

Chapitre Onzième.

LA VOUTE GOTHIQUE.

Tous les efforts des architectes du moyen âge, dit M. Gonse (1), convergent vers la réalisation du principe d'équilibre résultant de l'emploi de la voûte et des arcs. Ce principe représente, vis-à-vis de la stabilité inerte, un immense, un définitif progrès ; il est la base scientifique de la construction moderne et le point de départ de toutes les évolutions futures : on peut affirmer, sans exagération, qu'il est une des plus importantes conquêtes du génie humain.

Jusqu'à la fin des Carlovingiens, les principes et les modes de construction des églises restent à peu près les mêmes ; on en est encore à la basilique romaine couverte en charpente et en lambris. Cependant, les architectes byzantins avaient déjà cherché, sous Charlemagne, notamment à Aix-la-Chapelle, la solution de l'important problème que devaient résoudre les maîtres d'œuvres du XIIe siècle.

(Fig. 62.)
PLAN D'UN PILIER GOTHIQUE.

« L'*organe fondamental* de la structure gothique, le *principe générateur* absolu du système ogival, c'est la voûte d'arêtes appareillée sur une membrure indépendante, ou pour parler plus clairement, la voûte sur nervures entrecroisées, celle que le moyen âge appelait voûte sur *croisées d'ogives*. »

Selon M. Gonse, le centre d'origine de la croisée d'ogives, délimité par Viollet-le-Duc, Quicherat et F. de Verneilh entre Saint-Denis, Poissy et Beauvais, doit être reporté vers le Nord-Est, dans la partie du bassin de l'Oise et du bas cours de l'Aisne qui comprend l'ancien évêché de Senlis, la région Ouest du diocèse de Soissons, le Sud du Noyonnais et l'Est du Beauvaisis, y compris Beauvais.

« La croisée d'ogives, écrit cet auteur, était connue dans l'Ile de France dès la fin du XIe siècle. On en constate l'apparition dans quelques bases de clochers, mais à l'état informe et si primitif, que c'est à peine si on peut en tenir compte. Le premier

---

1. *L'Art gothique.*

exemple indiscutable se montre dans le chœur de la grande église abbatiale de Morienval, bourgade de 900 habitants perdue dans le fond d'un ravin qui aboutit à la vallée de l'Authonne, au-dessus de la cité romaine de Champlieu... Aucun archéologue, jusqu'à présent, n'avait osé faire remonter jusqu'au XIe siècle les voûtes à nervures de l'abside de Morienval... Je suis disposé à accorder au chœur de

(*Fig. 63.*) Coupe de l'église gothique, voûtée d'arêtes.

Morienval une importance de premier ordre, unique même dans l'histoire des origines de la croisée d'ogives. »

A côté de Morienval, notre auteur cite les églises de Béthisy Saint-Pierre et de Saint-Etienne de Beauvais comme monuments des premières origines de l'art gothique rudimentaire ; puis viennent les églises de Tracy-le-Val, de Bury, de Saint-Leu d'Esserent, etc...

« Pendant le second quart du XIIe siècle, l'architecture de l'Ile de France achève son mouvement transitionnel... Le premier monument qui s'offre à l'examen est l'église collégiale de Saint-Louis de Poissy. Il est, avec le chœur de Saint-Martin-des-Champs et l'église de Cormeilles en Parisis, l'édifice le plus ancien de la région parisienne où se manifeste l'influence du nouveau style.

» Les deux édifices les plus importants de la période de transition et pouvant être considérés comme les premiers édifices vraiment gothiques, sont Notre-Dame de Senlis et l'église abbatiale de Saint-Denis ; et cette dernière passe particulièrement pour être l'œuvre la plus célèbre de cette époque. Viollet-le-Duc et tous ceux qui, entraînés par le prestige du talent, se sont enrôlés sous sa bannière, l'ont non seulement proclamée le premier des monuments gothiques, mais ils y ont vu le point de départ, le type créateur du système entier ; on a même

(*Fig. 64.*) Clef de voûte.
(Sainte-Chapelle de Paris.)

été jusqu'à vouloir faire de Suger le *premier des architectes gothiques*... Une telle opinion n'est plus en rapport avec les progrès de l'archéologie... Lorsque Suger jeta les fondements de sa basilique, la croisée d'ogives était inventée et pratiquée depuis plus de cinquante ans par les constructeurs de l'Ile-de-France.

» Une première floraison architecturale, et non la moins vivace, se produit de 1150 à 1180, sous le règne de Louis-le-Jeune, dans le domaine royal et dans quelques régions immédiatement contiguës. Les vastes églises commencent à sortir de terre. De puissants évêques, soutenus par l'enthousiasme des communes, jettent les fondements des cathédrales de Noyon, de Laon, de Paris, de Soissons, d'Arras, de Cambrai. Notre-Dame de Noyon et le transept arrondi de Soissons sont les exemples les plus typiques du style ogival primaire.

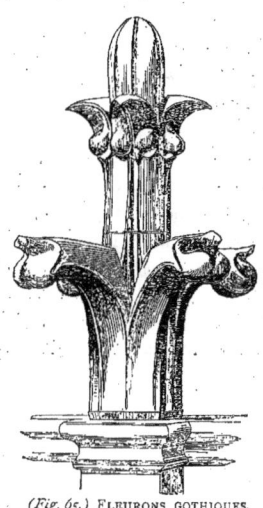

(*Fig. 65.*) Fleurons gothiques.
(Saint-Urbain de Troyes.)

» La grande poussée de sève de l'architecture gothique se trouve circonscrite entre les quatre règnes de Louis-le-Gros, de Louis-le-Jeune, de Philippe-Auguste et de saint Louis ;

un siècle et demi de pure lumière, de gloire et de fortune. Ces quatre règnes jettent les fondements de l'unité française.

Le style gothique ainsi formé dans le Domaine de la Couronne et dans son proche voisinage, se répandit de proche en proche en propre et donna bientôt naissance aux grandes cathédrales de Chartres, d'Amiens, de Reims, de Bourges, qui sont les chefs-d'œuvre de l'architecture française.

 I. — CATHÉDRALE DE CHARTRES.

Nous sommes arrivés à la plus belle étape de notre course. Comme des touristes gravissant une montagne, nous nous sommes élevés graduellement vers le sommet de l'art, nous retournant de temps en temps pour contempler un horizon qui devenait de plus en plus vaste et plus impressionnant. Mais nous voici parvenus au point culminant, à ce XIIIe siècle qui est l'âge d'or de l'art chrétien, qui a multiplié les merveilles sur le sol de la chrétienté, qui a couvert la France surtout de cathédrales splendides ; où les maîtres-maçons furent plus habiles et plus hardis que nos ingénieurs modernes, où les tailleurs de pierre furent des sculpteurs ravissants ; où tous les arts, inspirés de la théologie et des sentiments mystiques, chantaient les louanges de Dieu dans un concert intime ; où l'architecture, la sculpture, la peinture, la verrerie se tenaient par la main et unissaient leurs efforts ; où l'iconographie symbolique était familière au commun du peuple, où l'orfèvrerie étincelait de splendeurs divines. Qu'il faisait bon de vivre en ces temps chevaleresques, héroïques et chrétiens ! Sera-t-il donné à nos arrière-petits-enfants de voir un monde aussi beau ? Pour nous, qui ne pouvons qu'espérer et entrevoir, dans un avenir lointain, un art comparable à celui du XIIIe siècle, donnons-nous du moins la consolation de le faire revivre dans notre imagination en complétant, à l'aide de la savante archéologie moderne, les vestiges, défigurés par des profanations trois fois séculaires, de ces merveilles.

Connaissez-vous ce proverbe :

> Clocher de Chartres, nef d'Amiens,
> Chœur de Beauvais, portail de Reims ?

Il nous servira d'épigraphe et de résumé dans l'étude que nous allons faire bien rapidement des monuments qui sont à peu près les quatre plus beaux de France.

I. — CATHÉDRALE DE CHARTRES. 129

Nous y voyons s'épanouir toute la sève géniale d'un art à son apogée. Les maîtres-maçons d'alors sont parvenus à posséder leur art avec une telle perfection, que la construction est devenue par eux un triomphe sans exemple. Ils vont arriver à la solution complète du *problème fondamental*, qui est celui de la structure des voûtes.

Arrivons donc enfin à l'examen des grandes cathédrales. L'art ogival a laissé des œuvres plus remarquables par l'unité, plus brillantes par la richesse de la sculpture ; il n'a rien produit de plus grandiose, de plus fier, de plus impressionnant que Notre-Dame de Chartres. Elle peut être considérée comme une des conceptions architectoniques les plus surprenantes du monde entier (1).

Cinq cathédrales ont successivement occupé l'emplacement de Notre-Dame de Chartres. Dans des fouilles importantes pratiquées en 1894, on a retrouvé des vestiges de leurs cinq sols superposés. La tradition dit que déjà les Druides avaient érigé à son emplacement un autel à la « *Vierge qui devait enfanter* »; cette Vierge Noire, mystérieuse et étonnante en son attitude solennelle de *Sedes sapientiæ*, que reproduit notre gravure *(fig. 77)*, et qui est certainement de l'époque romane, est souvent citée comme un souvenir de cette tradition.

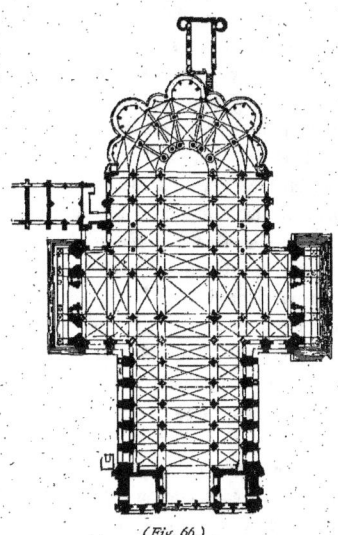

(*Fig. 66.*)
PLAN DE LA CATHÉDRALE DE CHARTRES.

Les trois premiers édifices, appartenant encore à des époques presque légendaires, ont disparu, et du quatrième, fondé par le grand évêque Fulbert en 1020, il ne subsiste plus que quelques portions de la crypte et de la tour du Nord, ainsi que la

---

1. V. Abbé Bulteau, *Description de la cathédrale de Chartres*. Chartres, Garnier, 1850. — Lassus, J. B. A., et A. Duval, *Monographie de la cathédrale de Chartres*, publ. par les soins du Ministre de l'Instruction. Atlas de 72 planches color. et noires, gr. in-fol. avec un texte explicat. par P. Durand, in-4. Paris, imp. impér., 1867. (1881.) — Le Secq, *Fragments d'architecture et de sculpture de la cathédrale de Chartres*. 25 planches photholitogr. in-fol. Bruxelles (ca. 1880.) — V. F. d'Ayzac, *Les statues du porche septentrional de Chartres*, 1849. — V. Sablon, *Histoire de l'auguste et vénérable église de Chartres*, 1865. — V. R. Merlet, *Date de la construction des cryptes de la cathédrale de Chartres*. — V. de Mély, *Le tour du chœur de Chartres*. — Le même, *Le trésor de la cathédrale de Chartres*. — *Magas. pitt.* 1857, p. 359 ; 1836, p. 217 ; 1867, p. 359 ; 1839, p. 397.

tour du Sud, qui fut achevée en 1170. Quand on en parle à Chartres, on l'appelle le *monument perdu*. C'était un des édifices les plus considérables du Nord.

En 1144, la cathédrale fut détruite par le feu ; cette catastrophe se produisit au moment propice : la ferveur des constructeurs pieux était en ce moment à son comble; et l'enthousiasme du peuple pour la réédification de la cathédrale fut tel que, dès 1198, le chœur était probablement déjà livré au culte. C'est le premier monument chrétien auquel la population tout entière ait travaillé en corvées volontaires : « C'est un prodige inouï, dit un document de l'époque (1), que de voir des hommes puissants, fiers de leur naissance et de leurs richesses, accoutumés à une vie voluptueuse, s'attacher à un char avec des traits, et voiturer les pierres, la chaux, le bois, tous les matériaux nécessaires pour la construction de cet édifice sacré… » Nous avons peine, dans notre tiédeur égoïste, à nous imaginer avec quelle ferveur et quelle persévérance les fidèles se livraient à ces grandes entreprises. Des habitants de Rouen, munis de la bénédiction de leur archevêque, accouraient à Chartres augmenter le nombre des travailleurs, et leur exemple fut suivi par les fidèles de différents diocèses de la Normandie. Ces voyages et ces travaux ne s'entreprenaient que dans de saintes dispositions. On ne partait jamais sans s'être confessé et réconcilié, et maints procès se trouvaient ainsi dénoués. Les pèlerins se nommaient un chef qui distribuait les emplois à chacun. On travaillait dans le recueillement et la prière. Pendant la nuit, on plaçait des cierges sur les chariots disposés autour de l'église, et l'on veillait en chantant des hymnes et des cantiques. Ainsi s'exécutaient ces merveilleuses constructions du moyen-âge, que l'on peut qualifier d'héroïques à l'égal des croisades.

Commencée en 1134, la nef fut achevée à la fin du règne de Philippe-Auguste (1302). La consécration eut lieu en présence de saint Louis et de sa famille, au milieu d'un grand concours de prêtres et de fidèles, en 1260.

Au XIVe siècle, l'église Notre-Dame était à peu près complète. Seuls les grands pignons des trois façades, les statues du porche méridional et la chapelle de Saint-Piat datent de cette époque.

Le XVe siècle a laissé peu de trace. Au XVIe, la partie Nord fut brûlée durant un siège que Chartres eut à soutenir contre les protestants. Le chœur ne fut achevé qu'au XVIIIe siècle.

En 1753 commencèrent les ravages causés à l'intérieur par les prétendues décorations modernes, qui ont tant défiguré ce noble vaisseau. La cathédrale souffrit beaucoup aussi sous la Révolution. Elle fut encore endommagée par le feu en 1825

---

1. Lettre adressée aux religieux de Tutteborg (Angleterre) en 1145. — V. Bournand, *Histoire de l'Art chrétien* t. I, p. 234.

et en 1836. Sa restauration a été conduite avec soin par feu Boeswilwald et se continue encore.

(Fig. 67.) Vue à vol d'oiseau de la Cathédrale de Chartres.

La longueur totale du vaisseau est de 134 mètres; les grandes voûtes ont 36 mètres de hauteur, et la nef centrale, 16 mètres 40 d'axe à axe des piliers.

CHAPITRE ONZIÈME. — LA VOUTE GOTHIQUE.

Outre sa superbe statuaire, Chartres offre bien des particularités remarquables, comme la belle rose du transept Nord aux curieux tracés rectilignes à séries de losanges, comme aussi ses arcs boutants dont nous reparlerons.

Le *clocher vieux* de Chartres, qui date de 1165, seul reste de la cathédrale romane qu'un incendie a détruite, qui appartient donc encore à la période romane, est un des chefs-d'œuvre de l'art français. Sa flèche, qui atteint 107 mètres, est la plus imposante qui existe. Par ses masses simples, d'une élégance suprême, il contraste avec son compagnon, le *clocher neuf* (plus jeune de trois siècles), aux allures compliquées et savantes. Entre les deux s'épanouit une vaste rose, admirable dans sa simplicité : une roue dans un chapelet.

Quand l'évêque Régnault de Mouçon entreprit si vaillamment de réparer la catastrophe, de 1195 à 1220, son ambition fut d'élever un colosse couronné de huit tours gigantesques. La plus grande partie des tours reste encore (et restera) à faire, mais elles ont été avantageusement remplacées par deux porches latéraux, où s'épanouit, selon l'expression de M. Anthyme Saint-Paul, la sculpture la plus savante et la plus somptueuse du XIIIe siècle. Son ensemble, qui ne comprend, paraît-il, pas moins de six mille statues, forme, dit Didron (1), « un poème dont chaque statue équivaut à un vers ou à une strophe, un poème dont la conception est plus vaste que celle de l'*Enéide* ou de l'*Iliade*, que celle même de la *Divine Comédie*, puisqu'elle comprend l'histoire religieuse de l'Univers, depuis sa naissance jusqu'à sa mort, de la Genèse à l'Apocalypse. »

Ce poème de Chartres est en quatre chants.

Le premier représente la cosmogonie, la Genèse des êtres bruts, organisés, vivants et raisonnables.

Le second est une encyclopédie de toutes les sciences et de leur application à l'industrie et au commerce.

Le troisième est un traité de morale, des Vices et des Vertus.

Le quatrième enfin est un manuel complet d'histoire religieuse, de l'histoire du peuple de Dieu avant Jésus-Christ, et de l'histoire moderne jusqu'à la fin du monde.

A gauche, au Nord, sont sculptés tous les personnages de l'Ancien Testament ; à droite, au Sud, tous ceux du Nouveau (2).

Voilà ce que l'on a appelé avec raison un catéchisme en pierre à l'usage de ceux qui ne savent pas lire.

Mais combien suaves sont les pages de ce catéchisme ! combien sont charmantes

---
1. Didron, *Histoire de Dieu.*
2. V. Didron, *Histoire de Dieu.*

ces figures archaïques et naïves! combien elles sont expressives dans leur sérénité!

(*Fig. 63.*) Façade de la cathédrale de Chartres.

M. le chanoine Didiot a écrit à propos d'une sculpture gauchement sculptée, mais pleine de sentiment, ces paroles bien jolies : « Qu'elle est naïve dans ses formes maladroites! pieuse dans sa laideur matérielle! lumineuse et savante en son humilité! » Les statues de Chartres ont toutes cette saveur, mais, de plus, une correction remarquable, et quand l'esprit se reporte à l'époque où s'est exécuté cet ensemble émouvant, on se figure un peuple vivant d'artistes héroïques donnant le jour à un peuple de pierre conçu à son image.

Nous venons de nous arrêter devant deux des plus beaux porches du monde, les plus beaux avec ceux de Reims. On sait que les portails acquirent partout une

(Fig. 69.) PORTAIL MÉRIDIONAL DE LA CATHÉDRALE DE CHARTRES.

grande importance à l'époque gothique. Ils formaient parfois un vestibule ouvert, comme à Saint-Germain-l'Auxerrois, qui servait de théâtre à certaines cérémonies, par exemple les mariages. Les fiancés, dit M. Lecoy de la Marche (1), échangeaient là leur serment solennel avant d'entrer à l'église pour entendre la messe. Même il arriva, un jour, qu'un usurier se mariait sous le porche de Notre-Dame de Dijon, qu'un autre usurier en pierre, qui figurait parmi les statues, se détacha et tua le premier en tombant. Il paraît que, dans leur terreur, les autres usuriers de la ville obtinrent que toutes les autres statues du porche fussent enlevées.

1. *Le XIIIe Siècle artistique*, p. 40.

les trois roses superbes, les bas-reliefs de la clôture du chœur, les portails splendides, l'incomparable clocher vieux, sont autant de morceaux de tout premier ordre.

Avant d'abandonner l'extérieur de Notre-Dame, jetons encore un coup d'œil sur son chevet. « Parmi les absides les plus remarquables et les plus complètes, a dit

(Fig. 71.) Chevet du chœur de Chartres.
(Vue inédite.)

Viollet-le-Duc, on peut citer celle de la cathédrale de Chartres (1). » Or, ni Lassus dans son magnifique *Atlas*, ni Bulteau dans sa *Monographie*, ne lui ont accordé le le moindre dessin. Jusqu'à cette année-ci d'ailleurs, et depuis vingt-cinq ans, ce chevet resta caché derrière les échafaudages, et M⁰ Ch⁰ᵉ Métais vient le premier

---

1. *Dictionnaire raisonné de l'Architecture.*

CATHÉDRALE DE CHARTRES. 137

dans prendre de belles photographies, que nous avons l'avantage de pouvoir reproduire et qui sont des gravures inédites.

ARCS BOUTANTS DES NEFS DE CHARTRES.

Les arcs boutants offrent d'ailleurs deux cintres superposés réunis suivant les rayons par des colonnettes surmontées d'arcatures ; ici, les rayons sont plus simples, mais les arcs-boutants sont à double volée et à trois étages. La trop grande largeur des deux nefs du déambulatoire nécessitait ce dédoublement, qui, à la force, ajoute la grâce et l'élégance. Ils offrent une disposition des plus curieuses, qu'explique M. Métais dans une notice que nous résumons en note, afin d'épargner les détails purement techniques à ceux de nos lecteurs qui ne désirent pas approfondir ces questions intéressantes, mais spéciales (1).

Lorsqu'on entre dans la cathédrale, on est tout d'abord saisi par l'effet majestueux du vaisseau qu'éclaire un jour modéré, tamisé par des vitraux anciens, dont la lumière irisée vient se jouer sur les parois de pierre grise et y peindre des décors mouvants. « Puis, dit un voyageur artiste (2), la première impression passée, on décompose ce brillant décor et on se prend d'une admiration plus vive pour ce superbe spécimen du vieil art français. On s'enthousiasme en contemplant cette construction d'un aspect si calme, d'une austérité si sévère, et lorsqu'on arrive à l'abside, on est bien près de maudire le XVIIIe siècle qui est venu déshonorer ce bel ensemble avec sa décoration rococo... Elle a coûté fort cher cependant, — 400.000 livres, — et l'effet est désolant à proportion. »

« Certes, ajoute le même auteur, la chapelle Saint-Piat qui produit, d'après Didron, « l'effet d'une grosse loupe sur la tête d'un homme », ou bien encore qui est une

---

1. La première rangée de contreforts s'appuie sur les puissantes colonnes de l'intérieur, la seconde sur les murs d'angles des chapelles rayonnantes. Ces murs, s'arc-boutant eux-mêmes, ont permis à l'architecte de supprimer le développement excessif de la base de ces contreforts, et de ne pas aveugler ainsi par leur masse les fenêtres de la crypte. Chose digne de remarque, les contreforts mêmes des chapelles ne descendent pas jusqu'à terre, mais s'appuient sur un large vêtement en pierres taillées, qui cache les murs de la crypte du XIIe siècle, trop faibles pour supporter la charge des constructions gigantesques du XIIIe. Ce mur nouveau, large souvent de deux mètres, s'entrouvre par de larges baies pour éclairer les petites fenêtres romanes de la cathédrale de Fulbert, et supporte sans fléchir les contreforts qui souvent tombent à faux sur la pointe même de l'ogive, comme on peut le voir dans la partie inférieure de notre gravure.

Viollet-le-Duc a expliqué la théorie de cette double volée des contreforts.

La seconde volée, extérieure, est simple et ne se compose que d'un seul arc-boutant qui retombe sur un large pilastre terminé par une sorte de niche.

Les arcs de la deuxième volée, comme à Beauvais et à Bourges, sont à triple étage, espacés également dans la hauteur. Ils développent un peu plus du quart de cercle. L'arc inférieur, à son point d'appui au mur de la cathédrale, est soutenu par une forte colonne en éperon. Ces éperons étaient nécessités par le passage circulaire ménagé tout autour de la cathédrale sur la corniche établie à la base des vitraux ou du clérestory.

Le second arc, le plus puissant, est aussi le plus orné. Une moulure profonde, à talon, amène la transition entre la voussure de l'arc et son affleurement aux ogives aiguës d'un rayonnement inférieur. C'est là une des particularités les plus ingénieuses de cette abside.

On la remarque également le long de la nef, et Viollet-le-Duc en donne un spécimen. Les colonnes sont plus courtes, plus massives, les chapiteaux ornés de feuillages, et les arcs en plein-cintre. Ici elles sont plus frêles, plus élancées, sans chapiteaux, et se terminent en une ogive lancéolée. Les arcades sont séparées par une petite rose, et un joli trèfle, trilobé, vient ajouter l'espace libre entre le dernier rayon et le contrefort.

Il y a ainsi quatre baies formant la roue et tendant à un centre commun.

Ces deux arcs ainsi reliés et rendus solidaires ont une puissance extraordinaire de résistance que les architectes auraient dû partout imiter. Aussi la voûte est-elle restée intacte, sans la plus petite lézarde, sans le moindre écartement. (V. Ch. MÉTAIS, *Revue de l'Art chrétien*, Sept. 1896).

2. Saintenoy, *Notes de voyage*, Bruxelles, 1888.

petite église que la grande traîne derrière elle comme un navire une chaloupe », et

(Fig. 73.) Détails des arcs-boutants du chevet de Chartres.
(Reproduction inédite.)

la chapelle de Vendôme font aussi disparate et forment « des excroissances sur le plan ancien, des poches au dedans, des tumeurs au dehors » ; mais au moins elles se rattachent par une certaine similitude à l'édifice principal. »

Après avoir donné libre cours à notre admiration par instants contrariée, raisonnons un peu cet édifice qu'un abîme sépare des églises romanes précédemment étudiées.

Remarquons tout d'abord qu'il n'y a plus de galeries d'étage au-dessus des petites nefs, et que celles-ci prennent une élévation que jamais on n'avait atteinte avant l'invention de l'art gothique. La grande nef offre la largeur énorme de seize mètres, rendue possible par le merveilleux système de voûtes en arcs d'ogives que j'ai expliqué. Ces voûtes sont les premières de l'espèce qu'on ait osé jeter à trente-huit mètres de hauteur. Le transept, bien développé, a ses collatéraux particuliers, et le déambulatoire du chœur est double. Les nefs sont relativement courtes, mais le vaisseau se prolonge d'une venue, avec des voûtes d'égale hauteur jusqu'au fond de l'abside.

Si nous voulons nous rendre bien compte des progrès accomplis dans la construction par les principes gothiques, considérons un instant l'un des piliers de la nef. On remarquera qu'il est formé d'un faisceau de quatre colonnes soudées à un noyau central. Dans les dernières églises romanes, au contraire, nous rencontrions d'ordinaire une grosse colonne cylindrique supportant sur son chapiteau unique toutes les charges supérieures. Ici chaque colonne a son emploi ; il y en a deux pour recevoir les arches ; une, vers la petite nef, qui supporte la retombée de sa voûte ; enfin, remarquons-le bien, une quatrième vers la grande nef. Que supporte celle-ci ? Trois minces colonnettes groupées, rattachées au mur par des annelets, qui montent jusque bien haut sous la voûte, et vont recevoir les trois nervures de sa retombée. Voilà le système ingénieux des voûtes gothiques développant ses effets dans les murs, dans les piliers et jusque sur le sol, se répercutant jusque dans le tracé des fondations. C'est là un des grands traits du style gothique, qui ne réside pas du tout, comme on l'a si longtemps cru, dans la forme pointue des fenêtres.

Remarquons encore, entre les grandes arches et les fenêtres, cette gracieuse galerie, purement décorative, qui allège le mur plein et court jusqu'au chœur, dont elle fait le tour. Des anciennes galeries en tribunes il ne restera plus désormais que le souvenir, à savoir un ensemble d'arcatures qu'on appelle le *triforium*.

Les fenêtres, largement ouvertes, occupent presque toute la largeur qui reste entre les contreforts, et sont divisées par des montants légers en pierre, qu'on nomme des *meneaux*, en deux arceaux surmontés d'une rose. Encore un trait du style nouveau que ces meneaux, dont le tracé bientôt se compliquera à l'excès.

Le chœur est entouré d'une clôture de pierre, nommée vulgairement le tour du chœur, qui est un chef-d'œuvre ; la statuaire et ses bas-reliefs résument la vie du CHRIST et celle de la Vierge.

Le chêne domine sur les piliers de Chartres, comme si l'on avait voulu y perpétuer la tradition druidique.

(Fig. 74.) CLÔTURE DE PIERRE ENTOURANT LE CHŒUR DE CHARTRES.

Le pavé de Chartres offre cette particularité, qu'aucune sépulture n'y a jamais été déposée. Les gens de Chartres aimaient à voir dans le sol de leur église l'image du *lit de la Vierge. « La dicte église ha celle prééminence que d'estre la couche ou le lict de la Vierge. Pour marque de ce, la terre d'icelle église ha esté jusqu'à huì conservée pure, nette et entière, sans avoir jamais esté fossoyée ou ouverte pour aucune sépulture. »* Que de poésie dans cette gracieuse fiction, scrupuleusement respectée !

Au milieu de la nef on voit sur le sol un *labyrinthe* que les Chartrains nomment la *lieue*, parce qu'il a, disent-ils, une lieue de développement (1), et qui est composé de bandes alternatives de pierre blanche et noire. Son diamètre est de 12 mètres. C'est en vain qu'on a cherché, en 1849, le corps de l'architecte sous la pierre centrale.

(*Fig. 75.*) IMAGIERS DU XIIIᵉ SIÈCLE.
(D'après un vitrail de la cathédrale de Chartres.)

Les labyrinthes, autrefois très communs, rappelaient le pèlerinage de Jérusalem, et des indulgences étaient accordées à ceux qui parcouraient dévotement ces dédales.

Une des inestimables richesses de Chartres consiste dans ses vitraux, presque tous conservés, chose singulièrement rare, et formant la plus ample collection qui existe de vitraux du XIIIᵉ siècle. Voici d'abord, dans la rose occidentale, un *Jugement dernier* du XIIIᵉ siècle, et au-dessous quelques-unes des plus antiques verrières à sujets qui soient parvenues jusqu'à nous, plus importantes que leurs contemporaines de Saint-Denis et d'Angers ; on les date de 1145. Dans la première, à droite, se développe l'*Arbre de Jessé* ; dans celle du milieu, la vie du Sauveur, de la *Nativité* à l'*Entrée à Jérusalem* ; et dans la troisième, l'histoire de la *Passion* et de la

---

1. En réalité, il n'a que 168 pieds.

CATHÉDRALE DE LAON.

On aura une idée de cette église souterraine en songeant, qu'elle est composée de deux longues nefs pratiquées sous chacun des bas-côtés de l'église supérieure, et que, dans toute la partie située sous le pourtour du chœur, il existe treize chapelles, parmi lesquelles se distingue celle de la Vierge (1).

II. — NOTRE-DAME DE LAON (2).

NOTRE-DAME de Laon, par l'exquise élégance de sa forme, peut être classée au rang des monuments les plus admirables de l'architecture française. Elle se dis tingue par une sereine beauté, une élégante simplicité, une harmonie de proportions peu commune, et une allure des plus originales. Son plan allongé, coupé, au milieu, d'une courte traverse, l'ordonnance des bas-côtés surmontés de tribunes, le fond plat du chevet, l'agencement remarquable des piliers contournés de colonettes, le cintre austère des arceaux, la sveltesse des tours, l'ampleur des deux roses qui se regardent du pignon occidental à celui du chevet, tout lui imprime un caractère rare et admirable. Six campaniles groupés autour de la tour lanterne centrale devaient compléter d'une manière grandiose ce chef-d'œuvre, avant d'avoir perdu leurs sveltes couronnements ; deux sont aujourd'hui tombées, deux autres ont perdu leurs gracieuses flèches. Et cependant, « lorsqu'on contemple à distance cette masse colossale assise sur la crête du rocher de Bitracte et couronnant la cité d'une vraie forêt de clochers admirablement ajourés, » on se sent pris d'enthousiasme (3) pour l'art qui a enfanté cette merveille.

M. Gonse estime que « la grande façade de la cathédrale de Laon, admirablement restaurée par M. Boeswilwald, est, après celle de Paris, dont elle rappelle le grand portique monumental, la plus remarquable des façades gothiques »

---

1. Un grand nombre d'ouvrages ont été écrits sur la cathédrale de Chartres. Voici quelques titres : *Chroniques de Chartres: Poème des miracles de la Vierge*, écrit vers 1020 ou 1030 et traduit en vers français en 1262, par Me Jehan le marchand. — *Histoire Chartraine, concernant les antiquités de Chartres, ensemble les antiquités de l'ancien temple et superbe édifice de l'église Notre-Dame en cette ville*, etc., par Duparc seizième siècle, mss.— *Histoire de l'auguste et vénérable église de Chartres*, par Vincent Sablon, Chartrain, 1671. — *Relation de l'accident arrivé à Chartres par le feu du ciel qui devait embraser toute l'église sans la protection toute visible de la Sainte Vierge*, par Me Robert, archi-diacre, 1675. — *Histoire sur l'origine et la description de l'église de Chartres*, par Me Chevrard, 1802. — *Description historique de l'église de Notre-Dame de Chartres*, par Gilbert, 1824. — *Magasin pittoresque*, année 1836, page 218. — *Description de la cathédrale de Chartres*, par l'abbé Bulteau. Chartres, Garnier, 1850.

2. V. Ed. Fleury, *Antiquités et monuments du département de l'Aisne*, t. III. — Boeswilwald, *Archives de la commission des travaux historiques*, t. I. — L'abbé A. Bousin, *La cathédrale de Notre-Dame de Laon*, in 8°, Laon, Corbillot, 1891.

3. M. le baron B. de V., *Bulletin de la Gilde de Saint-Thomas et Saint-Luc*, 1886. — J. Marion, *Essai historique et archéologique sur l'église cathédrale de Notre Dame de Laon*, 1843. — Ed. Fleury, *Antiquités et Monuments du département de l'Aisne*, t. III.

Les grandes Cathédrales.

Saint Remi établit au Ve siècle le siège épiscopal de Laon, et la primitive basilique de Notre-Dame fit place à une basilique carolingienne plus vaste, détruite en 1112 par le feu. La quête organisée dans tout le Nord de la France pour réparer le désastre, fut le point de départ d'un grandiose projet de reconstruction.

On sait que l'église actuelle a été consacrée entre 1236 et 1237, et qu'elle en a remplacé une autre de style roman, restaurée et consacrée en 1114, par Barthélemy de Vire. Quand fut-elle édifiée ? Quicherat déclare qu'elle le fut aux environs de l'année 1170. Il s'appuie pour cela sur un bref pontifical dont un mot important était en partie effacé et qu'il a, paraît-il, incorrectement restitué. M. l'abbé Bousin a récemment établi que Quicherat a lu *constructe* au lieu de *consentiente*, ce qui ôte sa force probante au document ; il a en outre découvert dans le martyrologe de la cathédrale un passage où il est dit, que l'évêque Gauthier de Mortagne a fait divers dons et présidé au début de la construction entre 1150 et 1174 ; enfin il a prouvé qu'en 1205 on tirait pour la cathédrale, des carrières de Chermizy, des pierres qu'on retrouve employées au chœur. Bref il est prouvé désormais que ce bel édifice, qui restait un mystère pour de Caumont, fut commencé vers le milieu du XIIe siècle et terminé, parachevé et décoré dans le premier tiers du XIIIe siècle.

L'illustre de Caumont écrivait en 1851 : « Il faut bien le dire, la cathédrale de Laon est encore un mystère en pierre, dont on ignore l'auteur. Personne jusqu'ici n'a percé sa mystérieuse origine ni décrit ses innombrables merveilles. C'est une œuvre de génie, qui attend son historien et son architecte. » Ce dernier vœu, nous venons de le voir, s'est en grande partie réalisé.

C'est à l'occasion de la cathédrale de Laon, que Viollet-le-Duc a émis sa célèbre théorie de l'alliance des évêques et des bourgeois s'unissant pour élever des cathédrales gothiques, qui auraient été des édifices à la fois religieux et civils, en rivalité et en hostilité avec les abbés, qui donnaient la main à la puissance féodale et persistaient à ériger des églises romanes. Dans son ardeur à faire prévaloir ses idées préconçues et sa théorie anticléricale de l'émancipation laïque et communaliste, cet éminent écrivain va jusqu'à voir dans la forme insolite de la cathédrale de Laon, celle d'une pseudo-halle, accessible à des réunions populaires.

Quicherat, Vitet, M. Anthyme Saint-Paul, le baron Béthune de Villers (1) et Mgr Dehaisnes repoussent cette opinion ; ce dernier écrivain en a tout récemment fait justice de la manière la plus complète (2).

---

1. *Bull. de la Gilde de St-Thomas et St-Luc*, 1888.
2. *La France artistique et monumentale*, t. IV, p. 91.

Il démontre qu'au contraire les évêques de Laon de l'époque entretenaient les rapports les plus pacifiques avec les abbés, et qu'ils ne pouvaient pas être en lutte avec le pouvoir féodal, attendu qu'à Laon, le pouvoir était exercé par l'épiscopat lui-même. Aux grands savants les grosses erreurs !... L'érection de cet admirable monument ne fut donc pas le produit « d'un sentiment instinctif poussant le peuple vers la construction d'un monument où il pouvait se réunir et jouir d'un spectacle plus ou moins profane ». Le sentiment instinctif qui a poussé les évêques, les chapitres, le clergé et les fidèles tous ensemble à construire les cathédrales, a été, comme le dit Mgr Dehaisnes, une foi puissante et un profond enthousiasme religieux. M. Anthyme Saint-Paul a de son côté démontré l'inanité du terme d'*architecture laïque*, qui récemment encore obtenait tant de vogue parmi les archéologues.

La cathédrale de Laon fut primitivement terminée par une abside circulaire, qui fut abattue depuis et remplacée par un chevet plat au début du XIIIe siècle ; cette modification, qui la distingue des autres cathédrales gothiques françaises, mais dont les églises romanes cisterciennes offrent des exemples tout voisins, aurait eu pour but de donner meilleure place à l'autel, reporté à cette époque vers le

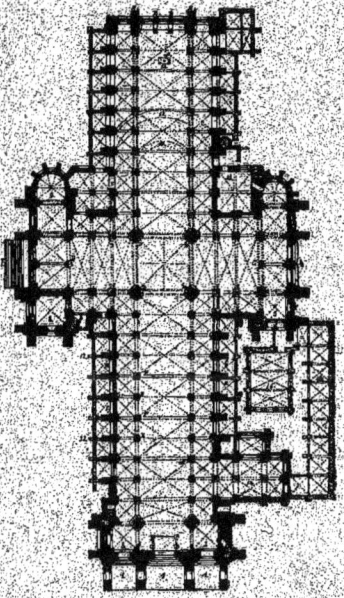

(Fig. 78.) PLAN DE LA CATHÉDRALE DE LAON.

fond du chœur, et sans doute aussi d'utiliser plus complètement le terrain, restreint de ce côté, obligé qu'on était de ne pas empiéter sur le terrain de l'évêché. L'église de Gauthier de Mortagne avait deux travées de chœur et un chevet demi-rond comme Notre-Dame de Paris. M. Boeswilwald y a trouvé le vestige de l'hémicycle (1).

Ce superbe vaisseau, qui procède de celui de Noyon et du transept de Soissons, se compose d'une triple nef prolongeant ses longues rangées régulières de piliers à

1. IV. *Bibliothèque de l'École des Chartes*, 1878, p. 253. — L'hémicycle est figuré en traits pointillés dans notre figure 78.

colonnades engagées et ses élégantes galeries, depuis le porche jusqu'au chevet plat du chœur, et latéralement sur les deux bras du transept ; ce dernier, avec ses collatéraux doubles, coupe en deux vers le milieu ce vaste vaisseau. Les petites nefs sont surmontées de tribunes voûtées sur croisées d'ogives, selon la formule normande, et celles-ci, d'un faux triforium et d'une claire-voie. Les voûtes de la grande nef, embrassant deux travées des collatéraux, offrent un remarquable système de structure, dit à *doubles formerets* et à *doubleaux de recoupement*, qui constitue une sorte de compromis entre la voûte domicale (1) de l'Aquitaine et la voûte d'arête simple de l'Ile de France. En dépit de cette division de la grande nef, il y a ici, comme à Soissons, autant d'arcs-boutants tous pareils que de travées à la petite nef. Tout cet ensemble présente, nous le répétons, dans son plan comme dans ses masses, une harmonieuse beauté, non dénuée d'élégance. Cet édifice crucifère, magistral en ses lignes simples et pures, imposant par ses nefs à étages et sa longue série de piliers, est un des plus admirables monuments de l'architecture française du XIIe siècle. La longueur du vaisseau est de 110 mètres ; sa largeur, de 24 mètres à la nef, de 30 au transept ; sa hauteur, de 40 à la lanterne (2).

Dans la construction primitive une haute tour s'élevait à la croisée, couronnant la lanterne, et aux flancs de chacun des trois portails, se dressaient deux tours puissantes mais ajourées ; ces six tours altières, groupées autour de la lanterne de la croisée, devaient offrir un spectacle grandiose, alors surtout qu'elles n'avaient pas perdu leurs flèches aiguës. Il ne reste plus que quatre tours découronnées mais encore admirables d'élégance.

Chacun des bras du transept compte quatre travées pourvues de collatéraux, d'une ordonnance semblable à celle de la nef. A l'Orient des travées extrêmes, une abside polygonale est taillée en ressaut, et les galeries d'étage la contournent.

Nous ne décrirons pas la triple et profonde voussure du portail occidental, chargée de sculptures en grande partie refaites, et que surmontent trois puissantes baies encadrant une rose et deux verrières, couronnées à leur tour d'une gracieuse galerie continue ; et nous renonçons à dépeindre l'élégance des deux tours principales qui flanquent cette belle façade, et dont l'une est ici reproduite en gravure *(fig. 79)*.

L'entrée principale est formée d'un triple portail aux gables flanqués de grands pinacles. Leurs voussures abritent toute une population de figures bibliques taillées dans la pierre, refaites et restaurées sous la direction de M. Gaulier. La Vierge Marie y figure, escortée d'Abraham, de Moïse, de Samuel, de David, de saint Jean-Baptiste, de saint Joseph, de Jérémie et d'Isaïe, tous portés sur des socles historiés. Au tympan

---

1. V. *Annales* du Congrès de la Sorbonne, 1894.
2. On vient de découvrir que la chaire de vérité est l'œuvre de Ducastel.

central on voit la Mort de la Vierge, son Assomption et son Couronnement (1). Autour de ces grands sujets des anges balancent des ostensoirs ou portent des emblèmes de triomphe ; là aussi trônent les rois de Juda et les prophètes.

L'arcade latérale de droite est dédiée à saint Michel, présidant à la grande scène du Jugement suprême. Abraham y reçoit une âme dans un linceul déployé ; des martyrs portent des palmes ; un ange distribue des couronnes du haut de la clef de l'arceau. Dix rois sont rangés au pourtour. Les Vierges sages et les Vierges folles tiennent leurs lampes allumées ou renversées.

Au-dessus du troisième portail, dont le fronton est occupé par la moderne statue de sainte Proba, on voit se dérouler l'Annonciation, la Nativité, l'Adoration des bergers et des mages, la Visitation et la Présentation. Dans les voussures sont figurés les Vices et les Vertus.

La grande arcade centrale encadre une magnifique rose à trois rangs de douze pétales. Les fenêtres lancéolées s'ouvrent dans les baies latérales ; on y voit figurer les Arts libéraux.

La partie supérieure de la façade ne répond pas à l'élégance du portail, et la galerie supérieure dont on l'a récemment couronnée, et que domine la Vierge debout entre deux anges agenouillés, n'est pas du tout en harmonie avec le reste de l'édifice.

(Fig. 79.) TOUR DE LA CATHÉDRALE

1. Il paraît que, primitivement, on voyait à cette place la Très-Sainte Trinité.

La restauration sculpturale de la cathédrale de Laon est néanmoins de tous points admirable. Bien des visiteurs seront impuissants à distinguer certaines statues modernes de celles du XIIe siècle. M. Blanchard, l'éminent sculpteur gantois, nous a toutefois signalé ce détail : les yeux des modernes sont moins ouverts que dans les primitives.

Le visiteur ne manque pas d'être quelque peu mystifié par les images colossales de bœufs, en haut relief, placées sur la plate-forme des niches ajourées qui amortissent d'une manière remarquable le passage de la tour carrée à son couronnement octogonal. Leur présence s'explique par une gracieuse légende rapportée dans la chronique de Guilbert de Nogent.

« Un clerc, dit-il, chargé d'amener les matériaux pour la réparation des toitures, gravissait la montagne avec son chariot, lorsqu'un des bœufs vint à tomber de lassitude ; tout-à coup il en accourut un autre qui, comme s'il était poussé par un mouvement réfléchi, se présenta pour prêter son secours à l'ouvrage commencé. Après qu'il eut, d'un pas agile, aidé à conduire le char jusqu'à l'église, et tandis que le pauvre clerc se préoccupait de savoir à qui il devait restituer l'animal, celui-ci, à peine détaché du joug, s'en retourna promptement, sans attendre ni conducteur, ni menaces, à l'endroit d'où il était venu. » Des barbares du siècle dernier ont démoli les flèches de ces tours, qui forçaient l'admiration à bon droit. Villars d'Honnecourt, qui les a recueillies dans son *Album*, a consigné cette note bien significative : « J'ai esté en mult de tieres, en aucun liu onques tel tore ne vi come est cele de Laon. »

La cathédrale de Laon n'a pas été épargnée par le vandalisme révolutionnaire, que l'a dépouillée de ses autels, de ses joyaux, de son mobilier ; elle est maintenant vide, froide, désolée. Le talent distingué et consciencieux de M. Boeswilwald, généreusement secondé par les subsides de l'Etat montant environ à trois millions de francs, a bien pu lui rendre la correction de ses lignes, mais non pas les trésors de son mobilier et les splendeurs de son décor. Durant trente-cinq ans, cet éminent architecte, que la France vient de perdre, s'est attaché à la relever de ses ruines. Elle ne garde de ses richesses évanouies que de magnifiques restes de vitraux de couleurs, qui décorent le mur absidal et la rose du grand portail. Telle une grande dame déchue, ruinée, conserve quelques joyaux dont elle pare encore les vêtements de sa pauvreté, comme d'un signe et d'un souvenir de son ancienne opulence. Comme les églises visitées par le vandalisme révolutionnaire, la cathédrale de Laon, dépouillée de son riche mobilier, apparaît vide, froide et désolée. Seuls les vitraux des portails et de la magnifique rose du chevet font entrevoir l'idée de son ancienne parure (1) ; encore ont-ils été détériorés lors de la guerre franco-allemande et fortement remaniés.

---

1. V. de Florival et Midoux, *Les Vitraux de la cathédrale de Laon*, Paris, 1882.

La rose orientale, très lumineuse, est une immense roue à 12 raies. Au centre trône la Mère de Dieu entre Isaïe et le Précurseur. Autour d'elle se rangent en cercle les apôtres, et, dans la couronne extérieure, les vingt-quatre vieillards de l'Apocalypse. C'est encore la gloire de Marie, en des médaillons légendaires, que chantent les vitraux du triplex reposant au-dessous de cette rose.

La rose du portail Nord représente les arts libéraux.

La roseorientale est garnie de vitraux modernes.

III. — CATHÉDRALE DE PARIS.

Si les piliers de Notre-Dame de Paris avaient une voix, dit Viollet-le-Duc, ils raconteraient toute l'histoire nationale depuis Philippe-Auguste jusqu'à nos jours. Saint Dominique y prêcha la Croisade, Raymond IV de Toulouse y abjura l'hérésie, Henri IV d'Angleterre y fut couronné roi de France, le *Te Deum* y fut chanté lors de la reprise de Paris par Charles VII, on y prononça l'éloge funèbre des rois, la déesse Raison y eut son culte (1), et l'empereur de Russie vient d'y faire une visite sensationnelle.

La cathédrale de Paris, la plus célèbre des cathédrales, ce type merveilleux d'église gothique, encore un peu romane par son chœur et ses tribunes d'étage si curieusement voûtées, a été fondée, en présence du pape Alexandre III (2), dès 1162 par un grand évêque, Maurice de Sully, de qui l'on raconte un joli trait.

Issu d'humble origine, il était déjà archidiacre renommé, lorsque sa mère, une bonne villageoise, arrivée de loin pour le voir, se présenta à lui dans une toilette d'apparat que de nobles dames, croyant bien faire, l'avaient engagée à revêtir. Or, sous ces beaux habits le prélat ne voulut pas la reconnaître : « Ma mère ? Ce n'est pas elle ! Ma mère est une pauvre femme qui ne porte qu'une robe de bure. »

Cet humble grand homme éleva le chœur du plus beau monument de Paris, de l'un des plus beaux du monde, intimement lié à l'histoire de la France. La construction des nefs fut reprise en 1217 par Maître Jean de Chelles, la façade fut terminée en 1223. Le portail méridional est daté de 1257 (3), le portail Nord remonte au règne de Philippe-le-Bel.

---

1. *Paris-Guide.*
2. C'est du moins ce qu'affirme un chroniqueur du XIVe siècle.
3. Jehan de Chelles y est mentionné comme auteur de l'œuvre dans la grande inscription sculptée en relief sur le soubassement du portail Sud. Elle atteste qu'il construisit les deux pignons du transept. (Viollet-le-Duc, *Dict. d'architecture*, t. I, p. 116.)

A Notre-Dame de Paris, nous voguons donc encore en plein XIIIe siècle et dans le beau style primaire. Mais nous y trouvons toutefois des spécimens de l'art gothique rayonnant dans les nombreuses chapelles accolées aux petites nefs, dans le portail du Midi, construit en 1257 par Jean de Chelles, dans le portail du Nord, qui

(*Fig. 80.*) Notre-Dame de Paris.

est de 1313, et dans les chapelles absidales, qui sont du plein XIVe siècle. La rose du transept Nord est peut-être le spécimen le plus remarquable qu'on puisse citer de l'ornementation typique du style rayonnant.

Mais décrivons d'abord l'ensemble du monument.

Le vaste transept ne fait saillie qu'au-dessus des bas-côtés, surmontés de tribunes,

III. — CATHÉDRALE DE PARIS.

dont les voûtes d'arêtes offrent, du côté des fenêtres, des voussures plongeantes, expédient admirable, adopté pour favoriser l'entrée du jour.

Ses trois grandes roses sont des chefs-d'œuvre. Les arcs-boutants s'élancent d'un jet sur deux nefs avec une fière audace. Sa façade est d'une majesté incomparable, avec ses lignes sévères, ses grosses tours massives et sans flèches, ses royales galeries et ses trois portails ravissants. Cette sublime ordonnance forme ce qu'on a appelé poétiquement des escaliers vers le ciel. La sculpture y offre un développement harmonique conforme avec l'architecture et une grâce incomparable.

La simplicité du plan de Notre-Dame de Paris est égale à sa magnificence; elle est peut-être celle qui offre, à cet égard, le plus d'unité et de perfection. Cette montagne de pierre, a dit un écrivain, semble un marchepied vers le ciel. Elle a cinq nefs, portées par cent et vingt piliers, un transept saillant et un chœur superbe. Trente-sept chapelles (autrefois quarante-cinq) s'abritent à l'ombre des nefs et du sanctuaire. Elle mesure 127 mètres de longueur, 48 de largeur, 35 de hauteur sous les voûtes. Elle a été restaurée par Viollet-le-Duc.

Un tableau qui pendait dans l'église exprimait en vers les dimensions de Notre-Dame (1) :

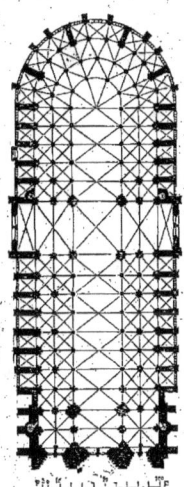

(Fig. 81.) Plan de Notre-Dame de Paris. (Spécimen de plan gothique.)

> « Si tu veux sçavoir comme est ample
> De Notre-Dame le grand temple :
> Il a dans son œuvre, pour seür,
> Dix et sept toises de haulteur
> Sur la largeur de vingt et quatre,
> Et soixante-cinq, sans rabattre,
> A de long. Aux tours hault moulées,
> Trente-quatre sont bien couplées,
> Le tout fondé sur pilotis ;
> Aussi vray que je te le dis. »

Le plan dérive de celui de Saint-Denis, mais majestueusement amplifié d'un double collatéral faisant le tour des nefs et du chœur. La saillie du transept n'est pas visible en plan, non plus que celle des chapelles du chevet, dont l'ensemble dessine un hémicycle.

« La façade, dit M. Gonse, en est le morceau le plus célèbre ; elle mérite son universelle renommée. On peut la proclamer sans hésitation la reine des façades gothiques. Il n'en est pas de plus monumentale ni de plus majestueuse ; il n'en est

---

1. *Antiquités de Paris*, par Du Breul.

pas qui présente une si complète harmonie. Elle est belle sous tous les angles ; de face, ses étagements ont une noblesse saisissante ; ses lignes ont une vigueur, une richesse, une carrure qui émeut les rebelles : *Mole suá terrorem incutit spectantibus,* dit le chroniqueur. De profil, ses lignes montent en s'appuyant sur les emmarchements successifs d'immenses contreforts. Vue du parvis, elle semble affronter les regards comme une proue de navire. Son grand parti architectural accuse un génie de premier ordre... ; tout est à l'unisson dans ce morceau conçu d'un seul jet : la grandeur et la simplicité de l'idée, l'originalité de la composition, le style et l'échelle de la décoration, la puissance et le fini de la statuaire, la logique et la perfection technique de la structure. » Régulière et imposante, richement décorée de sculptures, elle vit dans la mémoire de quiconque a vu Paris ou feuilleté quelques ouvrages illustrés. Encore bien plus imposante était-elle au temps où l'on montait à Notre-Dame en gravissant treize degrés. Malheureusement les marches du parvis, a dit Victor Hugo, ont été dévorées une à une par la marée montante du pavé de Paris.

Ici l'on a évité une imperfection de la façade de Reims, où les grandes verticales se perdent on ne sait trop comment dans les entre-deux des portails. Par contre, on a peut-être abusé des lignes horizontales et verticales découpant la façade en compartiments rectangulaires, qui font regretter l'aisance plus fière de Notre-Dame de Reims (1).

Depuis la démolition de l'archevêché, rien ne voile ou ne dépare, du côté soit de l'Est, soit du Nord-Est et du Sud-Est, la magnificence extérieure de Notre-Dame. Peu de monuments gothiques, dans toute l'Europe, s'offrent à l'admiration dans un isolement plus favorable. L'histoire est malheureusement muette sur le nom de son architecte.

L'étage inférieur se compose de portails à voussures profondes : la porte du Jugement au centre, celle de sainte Anne à droite, et celle de la Vierge à gauche. Au-dessus se déploie une galerie décorée des images colossales des rois de l'Ancien Testament. Plus haut s'ouvre une rose magnifique. Elle mesure 13 mètres de diamètre, de même que celle du transept. A l'étage supérieur règne une galerie légère entre les deux belles tours carrées, percées sur leurs différentes faces de hautes fenêtres géminées et lancéolées. Adam et Ève, et, entr'eux, la Vierge portant l'Enfant-Jésus, figurent à la galerie supérieure, résumant toute l'histoire de la Rédemption. La galerie enveloppe la base des tours d'une brillante dentelle, et les relie à la solide assiette du soubassement, réalisant une admirable progression du

---

1. Réflexion de M. H. Chabeuf.

plein vers le vide. Les tours devaient recevoir des flèches élancées. On s'est demandé si, arrivée à ce point, l'œuvre n'aurait point paru si parfaite, qu'on ait craint d'y rien

(Fig. 82.) Portail de Notre-Dame de Paris.

changer et d'y ajouter quelque chose. Leurs faces sont parées de longues baies accouplées, qui n'ont pas moins de 25 mètres de hauteur.

Tout ce qui est statuaire ou décoration dans cette façade devrait, dit M. Gonse, être éternellement proposé à ceux qui veulent pratiquer l'art difficile de l'architecture.

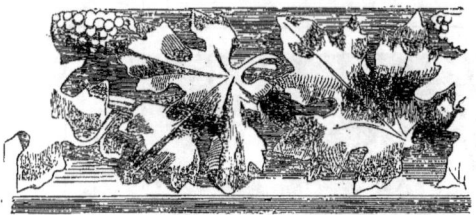

En ce qui concerne l'ornement végétal, Notre-Dame de Paris est, selon la remarque de M. Lambin, la cathédrale de la fougère, de la vigne *(fig. 83)* et de la chélidoine.

(Fig. 83.) ENTABLEMENT A FEUILLES DE VIGNES.

Trois cent quatre-vingts degrés conduisent au sommet des tours, à travers un escalier à jour, à vis, qui est une merveille de construction. L'une d'elles contient toujours son gros bourdon cher aux Parisiens.

Du faîte de la toiture, là où la grande nef et le transept se croisent, s'élance une flèche gracieuse rétablie par Viollet-le-Duc et Lassus.

Les combles sont bordés, à leurs bases, de galeries ajourées, qu'habite une population d'images sculptées angéliques, humaines ou bestiales *(fig. 84)*. Des gargouilles, en forme de bêtes grimaçantes, sont chargées de déverser au loin les eaux de pluie par leurs mufles béants; elles figurent les monstres infernaux, asservis par la religion et contraints, malgré eux, à ces fonctions serviles.

La couverture de plomb abrite une charpente énorme en chêne, qu'on appelle la Forêt, construction admirable du XIIIe siècle.

La façade principale (1) et les portails latéraux contiennent la généalogie divine et la biographie de la Sainte Vierge commentées par l'Histoire Sainte, depuis Adam et le Paradis terrestre. Le portail du côté Nord passe pour un des principaux chefs-d'œuvre de l'art français. Les sculptures des églises gothiques étaient comme de

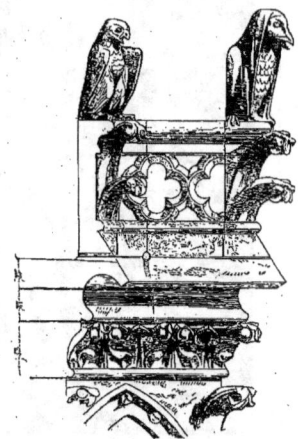

(Fig. 84.) CORNICHE DE N.-D. DE PARIS.

1. V. F. Baunard, *Histoire de l'Art chrétien*, t. I, p. 270.

III. — CATHÉDRALE DE PARIS.

beaux livres illustrés, mis sous les yeux des illettrés. Bien avant que nos maîtres d'école n'eussent inventé les « leçons de choses », nouveauté moderne dont on est assez fier, l'Eglise donnait des *leçons de prière*, bien autrement jolies.

Pour pénétrer à l'intérieur de l'église nous choisirons, entre les six portes qui ont chacune leur nom (1), la porte Sainte-Anne ou la porte de la Vierge ; nous franchirons des huis ornés de ferrures, qui tiennent la première place parmi les merveilles de l'art de forger le fer. Le peuple, ravi de leur beauté, ne voulut pas croire qu'elles eussent été façonnées par le marteau d'un forgeron ; il prétendit que leur auteur, surnommé Biscornette, s'était fait aider par le diable en personne ; on en vit bien la preuve : c'est en vain que Biscornette tenta de ferrer la porte centrale, par où sortait le Saint-Sacrement dans les grands jours. Il paraît que les architectes modernes sont plus

(*Fig.* 85.) Ferrures de la porte de la Vierge.

1. Ce sont la grande porte ou porte du *Jugement*, la porte de la *Vierge*, la porte *Rouge*, la porte *Sainte-Anne*, la porte du *Cloître* et la porte *Saint-*

grands sorciers, car ils ont fait pour la grand'porte des *pentures* superbes, presque dignes des ancêtres. Il est vrai que ce fut un prodigieux travail.

La nef, avec ses piles cylindriques et son étage de tribunes, rappelle encore un peu la basilique antique. Comme la cathédrale de Laon et plusieurs églises normandes, elle garde cet étage de collatéraux qui caractérise la transition du style roman au style gothique. Les voûtes d'arêtes qui couvrent ces galeries d'étage sont fort remarquables, en ce que le voûtain contigu au mur extérieur se relève, comme nous l'avons dit, fortement vers le formeret, de manière à introduire dans le vaisseau, sous une direction plongeante, une abondante lumière. Deux travées de la grande nef, plus anciennes que les autres, restent comme un spécimen du vaisseau romano-gothique. Soixante-quinze piles, la plupart monocylindriques encore, supportent les voûtes, dont les clefs planent à 35 mètres de hauteur. Ces piles sont encore romanes ; bientôt la logique ogivale va les transformer en groupes de colonnes, comme nous allons le voir, à Amiens et à Reims plus tard, en faisceaux de colonnettes.

(*Fig. 86.*) Fleurons a N.-D. de Paris.

Cette nef est un chef-d'œuvre : on ne peut guère lui reprocher qu'un certain écrasement des nefs latérales. Elle allie dans une harmonie parfaite la fière grandeur du XIIe siècle et les sévérités d'un art primitif avec les grâces naissantes de l'art nouveau. « Elle appartient, dit l'auteur que nous citions tantôt, à ce moment unique, fugitif, du passage de l'adolescence à la maturité qui est, pour les arts comme pour les individus, l'heure des ardeurs généreuses et des témérités inconscientes. »

(*Fig. 87.*) Jésus apparaissant aux deux Marie.
(Demi-relief du chancel de N.-D. de Paris.)

Les quatre maîtres-piliers de la croisée sont relativement pauvres comme tracé et profil, comparés à ceux de Reims et d'Amiens.

Le chœur, élevé plus tard par le successeur de Maurice de Sully, maintient une harmonie parfaite, tout en ayant son caractère à lui. D'un bout à l'autre s'étendent cinq nefs portées par 120 piliers puissants qui semblent supporter un monde sur leurs épaules : ils forment une double enceinte autour des nefs et du chœur, dans un pourtour en demi-cercle, gâté par Louis XIV.

Placée au centre des révolutions de la mode, Notre-Dame de Paris a eu, hélas! cruellement à souffrir des caprices de cette grande inconstante. Il serait trop long de faire ici l'histoire de ses malheurs.

IV. — CATHÉDRALE D'AMIENS (1).

CLOCHER de Chartres, nef d'Amiens, avons-nous dit plus haut avec le proverbe. L'intérieur de ce monument gigantesque (il mesure 143 m. de long sur 65 de large au transept) est digne des splendeurs du dehors ; le vaisseau est un chef-d'œuvre en ordonnance, en plan et en élévation. Les trois nefs avec leurs chapelles latérales, le transept flanqué de collatéraux, le chœur séparé par un beau déambulatoire de sept chapelles absidales, forment un ensemble parfaitement harmonieux. Les 126 piliers qui soutiennent les voûtes, hautes de plus de 43 mètres, sont étonnants de sveltesse et d'élégance, et le triforium qui règne sous les fenêtres est d'une beauté hors ligne.

N.-D. d'Amiens marque, en effet, la dernière limite des efforts opérés à l'apogée du style gothique. C'est la merveille du génie chrétien et français et la reine des cathédrales, dans sa merveilleuse harmonie, sa perfection sans rivale ; rien ne manque à la splendeur de l'architecture de la basilique de Philippe-Auguste, qui date de l'âge d'or (1220), qu'a conçue l'Ictinus chrétien, Robert de Luzarches, qu'a élevée après lui Thomas de Courmond, et que son fils Renaud eut le bonheur de terminer en 1288, avant la fin du beau siècle. L'intérieur de ce vaisseau, par l'heureuse distribution de son plan, la sveltesse de ses voûtes, l'étendue de ses verrières, la pureté des lignes, la justesse des proportions et l'harmonie des détails, est le chef-d'œuvre de l'art chrétien. Elle est plus haute que la cathédrale de Paris, les voûtes s'élancent sur une portée de 15 mètres à une hauteur de 43 mètres, effort d'autant plus prodigieux que les murs sont extrêmement légers.

1. A. P. M. Gilbert, *Description hist. de l'église cathédrale de Notre-Dame d'Amiens*, 1833. — A. Goze, *Nouvelle description de la cathédrale d'Amiens*, 1847. — Daire, *Hist. de la ville d'Amiens*, 1847. — J. Pagès, *Description de la cathédrale d'Amiens*, 1862. — *Mag. Pitt.*, 1833, p. 369.

C'est d'ailleurs non seulement la plus élégante, mais encore la plus vaste des

(Fig. 88.) AMIENS. — LA CATHÉDRALE.

cathédrales françaises ; son plan recouvre une superficie de 8000 mètres carrés, sa longueur est de 425 pieds, et la façade en mesure 150.

IV. — CATHÉDRALE D'AMIENS. 161

Comme à Chartres ce fut un double incendie qui détermina la reconstruction

(*Fig. 89.*) INTÉRIEUR DE LA CATHÉDRALE D'AMIENS.

de la cathédrale d'Amiens. L'évêque Evrard de Fouilloy en inaugura les travaux en 1220. Ainsi que le remarque un auteur (1), l'évêque eut l'heureuse inspiration de

1. Anthyme SAINT-PAUL, *Histoire monumentale de la France*.

commencer la construction par la nef, se disant avec raison que le chœur, indispensable, ne pourrait être longtemps inachevé. C'est grâce à cette habileté du prélat, probablement, que cette église fut achevée endéans le beau siècle. En 1288 le chœur et le transept possédaient leurs voûtes, leurs combles et leurs vitraux. Seules les tours ne reçurent leur couronnement que bien tard, et leur aspect s'en ressent fort.

L'œuvre de Luzarches fut continuée, nous l'avons dit, par Thomas de Courmond, puis par son fils Renaud, ainsi que le constatait une inscription incrustée en lettres de cuivre dans le labyrinthe placé au milieu de la nef et qui malheureusement a été détruit de nos jours après avoir été respecté par toutes les révolutions.

Ces jeux de pavement qu'on nommait labyrinthe se rencontraient dans beaucoup d'églises anciennes. Les plus célèbres sont ceux de Saint-Bertin à Saint-Omer, de Saint-Quentin en Vermandois, des cathédrales de Chartres, de Sens, de Reims et d'Amiens. On peut y voir une réminiscence du fabuleux édifice construit par Dédale pour le Minotaure, mais on leur avait donné une destination pieuse, en en faisant comme un abrégé de pèlerinage, analogue à notre Chemin de Croix ; aussi les a-t-on souvent nommés *Chemins de Jérusalem*. La longueur des lignes qu'il s'agissait de suivre et que l'on parcourait parfois à genoux, les a fait aussi désigner parfois, nous l'avons vu, sous l'appellation de *la lieue*, comme à Chartres.

Le labyrinthe d'Amiens était octogone et occupait deux travées de la grande nef. Au centre, un monolithe en marbre portait une croix en métal fleurdelysée, les croisillons dirigés vers les points cardinaux ; on dit que la branche supérieure indiquait le point exact du lever du soleil le 15 août, jour de l'Assomption, fête patronale de la cathédrale. Quatre personnages, gravés dans du marbre blanc et incrustés sur la dalle bleue, figuraient entre les branches de la croix, réunis par des figures d'angelots : c'étaient l'évêque Évrard de Fouilloy, titulaire du siège épiscopal au moment de la fondation de l'édifice, et les trois maîtres de l'œuvre : Robert de Luzarches, Thomas de Courmont et son fils Renaud (1). Des bandes de métal scellées dans la pierre portaient une inscription, dont le texte est connu, relatant les noms qui précèdent et la date de 1220, à laquelle la cathédrale fut commencée (2).

Le pavement de la cathédrale a été tout récemment rétabli en partie, en reproduisant les jeux fort curieux de l'ouvrage ancien, qui était formé d'un damier, dont chaque compartiment comprenait soixante-quatre carreaux mi-partie blancs, mi-partie noirs. Tous les compartiments étaient différents et offraient des combinaisons choisies parmi les 12.870 qui sont géométriquement possibles. C'est ce qu'on pourrait appeler

---

1. A leurs noms il faudra ajouter celui d'un autre maître Renaud, mort avant 1260, retrouvé récemment par M. G. Durand.
2. Voir *Les Labyrinthes d'églises*, par L. Soyez, Reims, 1896.

un carrelage *mathématique* ; il fait honneur à l'ingéniosité des Picards du temps passé.

L'édifice n'était pas achevé au XIVe siècle ; les deux tours furent plaquées après coup devant la façade ; on peut constater qu'elles sont moins épaisses que larges. L'évêque Jean de Cherchemont les fit achever vers 1366 par Pierre Largent. Le monument a été restauré sous la direction de Viollet-le-Duc (1).

(*Fig. 90.*) ARC-BOUTANT A DOUBLE VOLÉE,
A L'ABSIDE DE LA CATHÉDRALE D'AMIENS.

La cathédrale d'Amiens, comme plan et comme structure, est, dit Viollet-le-Duc, l'église ogivale par excellence. On n'y trouve nulle part d'excès de force ; les piliers des bas-côtés sont plus légers qu'à Reims ; le triforium est élevé ; les arcs-boutants sont admirables. Dans ce vaisseau, on respire à l'aise ; c'est à peine si l'on songe aux piles. C'est un grand réservoir d'air et de lumière. Le chœur est plus hardi encore. Il est surtout remarquable par son beau *déambulatoire*.

C'est au cours du XIIIe siècle que les chapelles absidales, rayonnant autour du chœur, prennent tout leur développement et font au sanctuaire comme une couronne de chapelles, dont les vitraux coloriés entourent l'autel principal d'une lumineuse enceinte si magique d'aspect. Le chevet d'Amiens offre un des plus beaux

1. V. *Dict. raisonné d'architecture*, t. II, p. 323.

CHAPITRE ONZIÈME. — LA VOUTE GOTHIQUE.

exemples de cette disposition ; ses chapelles y sont exceptionnellement hautes, aussi élevées que les bas-côtés ; celle du chevet, dédiée à la Vierge, n'est plus, comme à Chartres, une excroissance, mais au contraire le plus beau fleuron de cette couronne ; elle est plus saillante et deux fois plus étendue que ses six sœurs.

Signalons la légèreté des arcs-boutants supérieurs, formant comme un support à claire-voie, admirablement léger, pour recevoir cet aqueduc incliné, qui mène les eaux des combles dans les canaux que contiennent les piles extérieures.

On reconnaît dans le plan du chœur de Notre-Dame d'Amiens la main savante de Renaud de Courmont. Les hommes de l'art s'émerveillent à la vue de son tracé, devant l'art ingénieux qui a présidé à la plantation des piliers relativement légers qui portent ce hardi vaisseau. La grande nef, haute de 42 m. 50, large de 14 m. 60, portée sur 26 piliers en faisceaux de colonnettes, et de proportions singulièrement hardies, a subi l'assaut des siècles sans altération sensible, et elle est faite, assure Viollet-le-Duc, pour des siècles encore, pour peu que les moyens d'écoulement des eaux soient maintenus en bon état. Pourtant, sa légèreté est telle, que tous les murs sont réduits à des cloisons ajourées comme des dentelles de pierre ; il ne reste de mur plein qu'aux tympans des arcades ou des fenêtres, et sous les seuils.

Nous donnons ici *(fig. 91)* une esquisse d'une moitié de vaisseau, supposé coupé et vu en perspective, de manière à en faire voir la structure intime. Nos lecteurs n'auront pas de peine à se rendre compte du rôle important de ces hardis et légers arcs-boutants, qui s'élancent au plus haut des murs pour supporter la poussée des voûtes. Ils remarqueront aussi la belle galerie du *triforium*, qui court à mi-hauteur de la grande nef, et permet d'avoir accès sans échafaudage aux parties hautes du monument.

Les chapelles latérales des nefs ont été ajoutées après coup, au XIVe siècle, en 1375. La jolie flèche qui s'élance à 109 mètres comme une aiguille à la croisée date de l'année 1529.

Ne manquons pas d'admirer dans le chœur les 116 stalles (il y en avait d'abord 120) sculptées vers 1520 par Al. Huet, Arm. Bouillon et Ant. Tavernier, sous la direction de J. Turpin. C'est un chef-d'œuvre de riche sculpture historiée qui ne contient pas moins de 365 figures. Il paraît qu'il en coûterait plus d'un demi-million pour les refaire aujourd'hui (1).

Le grand portail est littéralement couvert de statues, qui sont toutes d'un grand

---

1. Elles ont été conservées, raconte un touriste, (Félix de Breux, reporter de la Gilde de St Thomas et de St Luc, 1895,) en grande partie grâce à la roublardise du Maire à l'époque des Sans-culottes. Il parlait comme eux « en politique », mais quand il s'agissait de la cathédrale et de son mobilier à détruire, il trouvait toutes sortes de prétextes pour arrêter la pioche ou le marteau des démolisseurs.

caractère. Comme dans la plupart des grandes cathédrales de France, ce triple portail, abritant sous des gables élégants ses multiples voussures chargées de sculptures, occupe la largeur de la façade du couchant. Son soubassement est décoré de 118 médaillons garnis de bas-reliefs ; chacune des colonnes qui, dressées sur ce stylobate, s'alignent dans les ébrasements, porte en avant une haute statue ; des anges et des saints habitent les niches des voussures concentriques. De grands tableaux sculptés occupent les tympans. C'est la disposition typique des grands portails français ; nous la retrouverons à Reims, comme nous l'avons déjà rencontrée à Paris et à Chartres. Ces trois portails, qui ont été polychromés, s'appellent respectivement la *Porte du Sauveur*, la *Porte de la Vierge* et la *Porte de saint Firmin*.

On sait que la cathédrale d'Amiens est une de celles où la sculpture s'est le plus merveilleusement épanouie ; disons

(Fig. 91.) CATHÉDRALE D'AMIENS,
COUPE TRANSVERSALE : ARCADES, TRIFORIUM, CLAIRE-VOIE.

quelques mots de ses sculptures extérieures. Nous y distinguerons quelques morceaux de choix : deux figures de Christ et deux figures de Vierge. A l'époque où nous sommes, le Christ préside le *Jugement dernier* dans l'attitude de la Passion, la poitrine découverte, montrant la plaie faite avec la lance de Longin ainsi que les stigmates des mains et des pieds. Tel il figure au portail occidental. Nous le retrouvons plus loin représenté en Docteur, tenant le livre d'or d'une main et bénissant de l'autre. De toutes les statues du CHRIST du monde celle-ci passe pour être la plus belle ; nous en donnons un croquis *(fig. 92)* à titre de renseignement, mais en disant bien haut que nous ne prétendons aucunement donner ici une idée quelconque de l'aspect de majesté et de noblesse de cette statue admirable. La tête de ce fameux *beau Dieu d'Amiens* est la merveille de la statuaire du moyen âge. La Vierge Marie y a aussi une statue admirable au portail occidental. Cette Vierge, sculptée au commencement du XIIIe siècle, est grave et vraiment royale dans son attitude toute symbolique. Tandis qu'elle soutient de son bras gauche l'Enfant-DIEU qui bénit, elle tend la droite en signe d'octroi de grâces ; ses pieds terrassent l'image du démon. Ces deux types accomplis sont le chef-d'œuvre de la décoration sculpturale qui forme le noble et riche vêtement de ce beau monument, comme des autres cathédrales de la même époque.

(Fig. 92.)
LE BEAU DIEU D'AMIENS.

Une autre belle et gracieuse image de Marie, qui a été trouvée à Amiens et qu'on nomme la *Vierge dorée*, est d'une tout autre conception. Datant de la fin du XIIIe siècle, elle offre un type plus familier. C'est une mère qui est tout occupée de son enfant bien-aimé, et lui sourit avec tendresse sans s'occuper des hommages des fidèles. Toutes deux sont debout, tandis que les plus anciennes madones, jusqu'à la fin du XIIe siècle, sont assises, et figurent des *Sedes sapientiæ*.

Sans nous arrêter aux nombreuses sculptures de portail, mentionnons toutefois la belle *Galerie des Rois (fig. 93)*, qui, à la façade principale, règne au-dessus du triple et riche portail, tout comme à Notre-Dame de Paris. Ses entrecolonnements sont décorés de vingt-deux statues colossales ; elles représentent, selon quelques-uns, les monarques français bienfaiteurs de l'église, depuis Childéric II jusqu'à Philippe-Auguste ; selon beaucoup d'autres, *les rois de Juda*. Enfin, plus bas, au porche central, à droite en entrant, admirons un bel *Arbre de Jessé*, qui est peut-être le meilleur spécimen existant de ce joli thème biblique.

Au-dessous de la *Galerie des Rois* s'ouvre une vaste rose de 35 mètres de circonférence, aux merveilleux ajours, sur rose de légèreté, de grâce et de puissance éclatantes. La construction s'arrêta longtemps à ce niveau. La balustrade qui surmonte cette partie centrale, et les deux tours, n'ont été élevées qu'un siècle après

Galerie des Rois
(Cathédrale d'Amiens.)

l'achèvement du vaisseau, et elles restent malheureusement inachevées. Celle du Nord monte à 110 mètres, celle du Midi à 190 mètres; on s'élève au sommet de la première par un colimaçon de 300 degrés d'une construction vraiment aérienne.

La meilleure gravure donne une mince idée de l'effet imposant qu'offre la façade méridionale avec son vaste développement, ses puissantes proportions, ses combles aigus et sa jolie flèche, son beau pignon de transept percé d'une rose et ses sveltes arcs-boutants, dont chacun des pinacles porte un ange colossal. Cette façade a aussi sa triple entrée, savoir : le portail de l'*Horloge* ou de *Saint-Christophe*, celui de *Saint-Honoré* ou de la *Vierge dorée*, et celui du

(*Fig. 94.*) Façade de la cathédrale d'Amiens.

Puits de l'œuvre. Le portail est surmonté d'une rose figurant la *roue de la Fortune.*

La façade opposée, qui se soude aux batiments du palais épiscopal, est restée inachevée jusqu'à nos jours.

Dans la grande nef on voit deux tombes en cuivre du XIIIe siècle. Contre le chœur, deux tombeaux sculptés et polychromés dus à la générosité du chanoine d'Henancourt, au XVe siècle.

V. — CATHÉDRALE DE REIMS (1).

Après avoir admiré Notre-Dame de Chartres, dont le sol intact était primitivement appelé le *lit de la Vierge*, et Notre-Dame d'Amiens, où Marie a sa chapelle au chevet même de splendides caroles, nous allons visiter Notre-Dame de Reims, la plus considérable des cathédrales de France ; déjà nous avons contemplé Notre-Dame de Paris. Toujours Notre-Dame !

C'est qu'ils l'aimaient bien, leur Bonne Dame, les braves chrétiens du moyen-âge ! Les cathédrales de France, qui sont les plus beaux produits du génie humain, ont été élevées en l'honneur de la Vierge Marie.

Notre-Dame de Reims est la première cathédrale de France comme importance historique ; c'est par excellence la cathédrale nationale. Les rois y ont été sacrés, et le souvenir de Clovis, baptisé dans la basilique voisine, se reflète sur ce noble monument lui-même. « Reims fut la ville sainte de la France, comme Moscou, celle de la Russie, » remarque M. Gosset.

---

1. Alph. Gosset, *Histoire et monographie de la cathédrale de Reims, précédée d'un aperçu sur la formation et le développement du style ogival, sa sculpture, ses vitraux.* — In-folio, 36 planches, 19 vignettes. Paris, May et Motteroz, 1894.
Comte E. de Barthélemy, *Notre-Dame de Reims*, dans la *Revue de l'Art chrétien*, t. II (1858), p. 266.
V. Bourassé, *Les plus belles cathédrales de France* — abbé Bulteau, *Étude iconographique ;* — Cahier et Martin, *Monographie de la cathédrale de Bourges.*
Demaison, *Les architectes de la cathédrale de Reims*, dans le *Bulletin archéologique du Comité des travaux historiques*, 1893 ; — Didron aîné, *Travaux de l'Académie de Reims ;* — Gailhabaud, *L'architecture* du XV° au XVII° siècle, t. I, t. II, IV ; — Lassus, *Album de Villard d'Honnecourt*, etc.
C. Cerf, *Histoire et description de Notre-Dame de Reims*, 2 vol. in-8°, Reims, Dubois, 1861, et divers opuscules.
A. P. H. Gilbert, *Description historique de l'église Notre-Dame de Reims*, in-8°, Paris et Reims, 1825.
Pavillon-Piérard, *Description historique de l'église métropolitaine Notre-Dame de Reims*, in-8°, Reims, 1893.
P. Tarbé, *Notre-Dame de Reims*, in-8°, Reims, 1852.
Abbé Tourneur, *Les premières cathédrales de Reims*, de 250 à 1211. *Académie de Reims*, t. XXIX, p. 53 ; — *La cathédrale de Reims*, dans le *Bulletin monumental*, 1863, t. XIX, p. 449 ; — *Description historique et archéologique de Notre-Dame de Reims*, 6° édition, Reims, 1889.
L. Courajod, *Bulletin des Antiq. de France*, 1888, pp. 176-177.
L. Gonse, *Notre-Dame de Reims*, dans l'*Art gothique*, in-folio, 1891, pp. 182, 106 ; — *Notice sur la cathédrale de Reims*, dans la *France monumentale et artistique*, par H. Havard, in-4°, t. I, 1892.
Ruprich-Robert, *Lettres sur la restauration de la cathédrale de Reims* dans le *Courrier de la Champagne*, des 13, 19 et 26 février 1884.
Anthyme St-Paul, *Le cas de la cathédrale de Reims*. Tours, 1881, *Extrait du Bulletin monumental.*
V. *Bulletin des Gildes de S. Thomas et S. Luc*, t. X.
V. *Annales archéologiques* de Didron (articles du baron Taylor, de Tarbé et de Didron).
V. *Bulletin monumental*, 1881, p. 609 ; 1883, pp. 505, 615 ; 1884, pp. 136, 215, 319 ; — *Congrès archéologique de Reims*, dans la collection de la Société française d'archéologie.
Voir E. de Barthélemy, *Revue de l'Art chrétien*, 1858, p. 266.

CHAPITRE ONZIÈME. — LA VOUTE GOTHIQUE.

« C'est à Reims qu'il faut aller, lorsqu'on veut se faire une idée de ce que devait être une cathédrale conçue par un architecte du treizième siècle, de la plus belle époque de l'art ogival (1). »

La façade de Reims est une des plus splendides conceptions du treizième siècle. Elle a, d'ailleurs, l'avantage d'être la seule complète. Notre-Dame de Paris est encore une façade de l'époque de transition. Il en est de même à Laon ; Amiens n'a qu'une façade tronquée, non terminée ; Chartres n'est qu'une réunion de fragments ; Bourges et Rouen sont des mélanges de styles de trois ou quatre siècles ; les façades de Bayeux, de Coutances, de Soissons, de Noyon, de Sens, de Séez sont restées inachevées, ont été dénaturées ou présentent des amas de constructions sans ensemble, élevées successivement sans projet arrêté (2).

La cathédrale d'Hincmar, le chef-d'œuvre de l'époque, au dire du moine Flodoard, avait été richement ornée. Au moment du grand incendie de 1211, ce devait être, dit M. L. Gonse (3), un somptueux édifice, à en juger par la superbe porte romane peinte, sculptée et dorée, qu'on voit encore, englobée dans les constructions du transept Nord.

Un an après l'incendie, jour pour jour, l'évêque Albéric de Humbert posait la première pierre de la nouvelle cathédrale. Une première dédicace eut lieu dès 1215 ; une grande partie du vaisseau était debout en 1241 ; les chanoines prirent possession du chœur à la Noël de cette année. On peut croire que vers la fin du XIIIe siècle, la membrure du grand portail, sinon sa merveilleuse imagerie, était terminée. Le transept ne fut achevé qu'en 1295, les nefs, qu'à la fin du XIVe siècle, et la façade principale, avec ses belles tours, qu'en 1427. Un incendie terrible détruisit en 1481 les toitures et les cinq belles flèches du transept, qui ne furent pas reconstruites ; elles donnaient à la silhouette extérieure sa plus puissante expression, comme le montre la vignette qui suit *(fig. 95)*. Cette dernière nous fait voir quelles devaient être ces flèches occidentales qui, sans doute, n'ont jamais existé.

Les nefs offrent un allongement extraordinaire. On sait que le Roi, reconnaissant au XIVe siècle qu'elles étaient trop courtes pour contenir la foule au jour du sacre, ordonna de les allonger de trois travées ; la suture est encore visible. Les portails, qui avaient été commencés au siècle précédent, furent remaniés ; aussi remarque-t-on que les sculptures de la face intérieure sont en avance d'un siècle sur celles des chapiteaux des trois travées en question.

---

1. *Dictionnaire* de Viollet-le-Duc, art. *Cathédrale*.
2. A. Gosset, *Cathédrale de Reims*, 1894.
3. *La France artistique et monumentale*, t. I, p. 3.

L'imprudence de deux couvreurs alluma, l'an 1481, le feu dans les combles couverts

(*Fig. 95.*) La cathédrale de Reims avant l'incendie de 1481.
(Vue d'ensemble restituée par M. Gosset.)

de plomb. Frappée par ce désastre, Notre-Dame ne se releva guère que sous Charles VIII et Louis XII. Plus tard survint le délabrement où l'incurie de nos ancêtres laissa tant d'édifices admirables. Viollet-le-Duc, Millet, Ruprich-Robert, M. Darcy ont successivement travaillé, depuis, à sa restauration, mais pas toujours avec une suite parfaite. Chacun des trois premiers de ces éminents architectes lui a infligé, notamment, une portion de galerie différente.

Ajoutons que le monument est resté au-dessous du rêve de ceux qui l'ont conçu. Viollet-le-Duc a montré que l'étage ne répond pas à la puissance du soubassement ; des retraits sont visibles au-dessus des bas-côtés ; les nefs n'atteignent pas la hauteur du projet primitif.

Haut de 38 mètres, le vaisseau en mesure 140 en longueur intérieure. Sa largeur est de 60 m. au transept et de 50 aux nefs.

La cathédrale de Reims brille par les beautés de son architecture autant que par le prestige de ses grands souvenirs historiques. Ses murs, tout ciselés, étaient bien faits pour soutenir dignement l'éclat des pompes royales. On est surtout frappé de la perfection exquise des sculptures et de leur richesse déconcertante. Les nombreux vitraux anciens sont d'une beauté suave. Le chœur, exigu, a été augmenté aux dépens de la croisée et même de la nef, mais le portail, avec ses ravissantes sculptures historiées reproduisant un thème complet, une vraie *somme* iconographique, est le plus somptueux de tous ceux qui existent.

« La basilique de Reims, dit M. Gonse (1), a été le type idéal d'une grande cathédrale gothique. Tout y avait été accumulé pour enchanter le regard et émouvoir l'esprit.

» A l'extérieur, avec ses huit flèches et les innombrables dentelles de ses clochetons et de ses galeries montant vers le ciel, avec la hardiesse, l'immensité de ses distributions, le développement splendide de son plan cruciforme, avec ses deux cloîtres et ses magnifiques dépendances, elle apparaissait comme l'expression sublime du génie septentrional et le point culminant de l'idée chrétienne.

» A l'intérieur, c'était un éblouissement. Toutes les ressources de la décoration y avaient été prodiguées. Les yeux, véritablement, ne savaient à quelle merveille se prendre, et si un miracle nous eût conservé ce merveilleux ensemble, rien au monde ne s'y pourrait comparer. »

« Dans l'écrin monumental de la France, dit ailleurs le même auteur (2), l'illustre et gigantesque cathédrale de Reims tient une des premières places. A l'égal de Notre-Dame de Paris elle éveille un monde de sensations, de pensées, de souvenirs. Il serait oiseux de rechercher si la basilique rémoise l'emporte sur la basilique parisienne. Entre les grandes cathédrales françaises : Chartres, Paris, Reims et

1. *Ouvrage cité*, p. 8.
2. *L'Art gothique*.

Amiens, qui sont les quatre merveilles de l'art gothique, le choix semble bien difficile. Chacune d'elles a ses beautés originales, son individualité, chacune d'elles

(*Fig. 96.*) Façade de la cathédrale de Reims.

forme un *cosmos*, un tout complet dont les multiples expressions se fondent dans une unité harmonieuse. De chacune d'elles, cependant, émerge une dominante : à Chartres, c'est le clocher ; à Paris, c'est la façade ; à Reims, c'est la statuaire ; à Amiens,

174   CHAPITRE ONZIÈME. — LA VOUTE GOTHIQUE.

c'est la nef. Ceux qui aiment la sévérité et les viriles énergies du XIIe siècle, préféreront Chartres et Paris ; ceux qui inclinent vers les élégances, les audacieuses envolées et le rationalisme du XIIIe siècle, préféreront Amiens ; ceux enfin que passionnent les créations parlantes de la sculpture, mettront Reims au-dessus de tout. »

Les maîtres de cette œuvre magnifique furent successivement Jean d'Orbais (1211-1231), à qui revient l'honneur insigne d'avoir conçu le plan général et qui a dû commencer le chœur ; puis Jean Leloup (1231-1247), qui posa la première pierre du portail, et Gaucher de Reims, son successeur (1247-1255) ; enfin, Bernard de Soissons (1255-1290), qui travailla à édifier la merveilleuse nef. Selon l'intéressante coutume d'autrefois, les noms de ces artisans d'élite furent inscrits dans le labyrinthe du pavement, dont Jacques du Cellier a tracé au XIVe siècle un dessin parvenu jusqu'à nous, tandis que le chanoine Couquault a relevé ces noms dans ses précieuses notes manuscrites que conservait la bibliothèque de Reims, et qui n'ont été que tardivement consultées (1). Disons quelques mots du labyrinthe, qui paraît avoir servi spécialement d'instrument de dévotion. Au siècle dernier, on vendait chez les libraires de la ville un petit livre intitulé : *Station au chemin de Jérusalem qui se voit en l'église Notre-Dame*, c'était notre labyrinthe. Il était octogonal, et flanqué, aux angles, de quatre compartiments également octogonaux où l'on avait figuré quatre maîtres de l'œuvre. Au centre était tracée une figure de plus grande proportion, représentant probablement l'archevêque Albéric de Humbert, qui fit commencer la construction de la cathédrale en 1212. Deux

(*Fig. 97.*) PLAN DE LA CATHÉDRALE DE REIMS.

1. V. L. Demaison, *Communication au Congrès des Sociétés savantes de 1893*.

petites figures furent ajoutées vers le bas à une époque plus récente, sans doute celles de Robert de Coucy et de son neveu, qui travaillèrent à l'achèvement de l'œuvre (1).

Le plan de Reims est très simple, fort harmonieux et assez particulier. Jusque-là, l'on avait vu la basilique chrétienne se développer par la saillie des transepts qui précèdent le chœur, par le déambulatoire entourant le sanctuaire et par des chapelles

(*Fig. 98.*) Vue du portail de la cathédrale de Reims.

se groupant autour du chœur. Ce qu'il y a de spécial à Reims, c'est que le transept, au lieu de précéder immédiatement le chœur, empiète sur celui-ci d'une travée. Les chapelles rayonnantes, au nombre de sept, sont larges et profondes ; la nef, très longue, est dépourvue de chapelles latérales et de galeries supérieures ; l'éclairage en est grandement amélioré. Les chapelles absidales sont plus profondes, plus franchement dégagées que dans les cathédrales précédentes.

1. V. *Les Labyrinthes d'églises*, p. G. Soyez, 1896.

Les chapiteaux des nefs montrent un progrès définitif dans l'union des corbeilles des colonnes principales avec celles des colonnes engagées (1).

« A l'extérieur, il faut admirer la proportion des arcs-boutants à double étage, la puissance des piles et le décor de ces merveilleux contreforts, chefs-d'œuvre du genre, qui enveloppent l'édifice de leurs pinacles fleuris, le grand caractère des fenêtres supérieures profondément encadrées. Cet édifice, dit Viollet-le-Duc, a toute la force de la cathédrale de Chartres sans en avoir la lourdeur ; il réunit les véritables conditions de la beauté dans les arts, la force et la grâce. »

Ce qui domine et impressionne au-dessus de tout, c'est la richesse suprême de la décoration sculpturale, qui comprend 2500 statues.

Le portail principal surtout, orné à lui seul de 600 figures, est une page sans rivale, le chef-d'œuvre de l'iconographie catholique. Il n'est pour ainsi dire pas une pierre de ce colossal ensemble, à laquelle le ciseau de l'imagier n'ait donné la vie et en quelque sorte le mouvement. La sculpture historiée est répandue sur les saillies comme sur les creux, sur les plats des murs, sur les contreforts et dans les voussures multiples. L'ensemble est éblouissant, et en face de cette exubérante richesse, si l'on est tenté de blâmer l'abus du décor développé aux dépens des lignes architectoniques, on est désarmé par la splendeur de la sculpture.

Les portes profondes s'abritent sous des frontons aigus. Celui du centre est prédominant, tous trois sont aussi somptueusement décorés. Trente-cinq grandes statues ornent leurs ébrasements, les pieds sur des monstres symboliques. Une draperie aux petits plis orne tout le soubassement. Dans les voussures se détachent en saillie des chapelets de statuettes. Des groupes de statues occupent le centre des frontons, dont les rampants sont hérissés de baldaquins rangés en gradins.

Le thème général de cette sculpture superbe est la glorification de la Sainte Vierge et des rois sacrés dans son sanctuaire. La porte centrale tout entière est consacrée à la vie de la Vierge. Son image est adossée au trumeau qui divise la baie du portail central ; elle est superposée à la scène de la chute originelle. Des anges font cortège à la Reine du ciel, et sur les faces extérieures figurent les Mois, les Saisons, les Vierges sages et les Vierges folles. La légende de la Vierge qui décorait le tympan central a été mutilée à la Révolution, pour faire place à cette stupide inscription : *Temple de la Raison*, remplacée plus tard par cette païenne dédicace : *Deo optimo maximo*. Des rois, les ancêtres de Marie, des personnages bibliques, occupent les voussures et entourent la Vierge comme d'une auréole vivante. Au centre du fronton le Couronnement de la Vierge termine dignement cette merveilleuse imagerie. Il est

---

1. Viollet-le-Duc, *Dictionnaire raisonné d'architecture*, art. *chapiteaux* (voir notre gravure.)

V. — CATHÉDRALE DE REIMS. 177

reproduit dans la gravure ci-après que nous devons, ainsi que les deux précé-

(*Fig. 99.*) GABLE CENTRAL DU PORTAIL PRINCIPAL

dentes, à l'obligeance de MM. May et Motteroz.
Parmi les plus beaux morceaux de cette belle page d'iconographie, on cite les

figures qui, dans la paroi de droite, représentent la *Visitation* (fig. 200). Ce sont les

(fig. 200.) STATUES DU PORTAIL DE LA CATHÉDRALE DE SENS.

tête de la statue représentant la Vierge Marie, on a trouvé une date ainsi : « 1625 ». Il est probable que cette inscription est contemporaine de la statue et qu'elle a été gravée

V. — CATHÉDRALE DE REIMS. 179

postérieurement. On en peut dégager une donnée importante : la date à laquelle fut

(Fig. 101.) Statues du portail de la cathédrale de Reims.

sculptée l'une des plus belles statues de la cathédrale, 1394. Cette date correspond bien avec celles que l'on connaît relativement à la construction du portail : en 1381, il arrivait au premier étage, et en 1391, à la galerie des rois. Pendant qu'on poursuivait le gros œuvre de cette magnifique entrée, les imagiers et les sculpteurs en préparaient les ornements. Les lettres O C qui suivent la date gravée sur notre statue ne seraient-elles pas les initiales du nom de l'imagier, de l'artiste de génie qui a fait ce beau groupe de la *Visitation (fig. 100)*. (1) ?

(*Fig. 102.*) STATUES DU PORTAIL CENTRAL DE LA CATHÉDRALE DE REIMS.

Au portail de gauche se déroulent des scènes de la vie du Christ et des statues colossales figurent des saints rémois ; un beau Crucifiement garnit le tympan du gable.

Celui de droite montre un ensemble complexe de sujets comprenant des personnages des deux Testaments, des scènes de l'Apocalypse, complétées par un Jugement dernier qui garnit le gable ; au centre trône le CHRIST en majesté.

Au deuxième étage une grande rose entr'ouvre la façade, abritée sous un arc de décharge ; elle offre deux rangées de rais, soutenant des roses tréflées, qui lui font une couronne. Au-dessus se déroule l'histoire de David ; la statue même de David et celle de Salomon se dressent aux côtés de la rose. Cette rose était garnie de vitraux anciens de toute beauté, que naguère une tempête a maltraités affreusement.

Le troisième étage, qui ne remonte qu'au XVe siècle, est décoré d'une galerie continue ; vingt-et-une niches y abritent autant de rois ; dans les sept qui surmontent la rose est figuré le baptême de Clovis. La série des rois se prolonge au pourtour ; ils

---

1. Une seconde donnée qui, peut-être, ressort de l'inscription découverte récemment, c'est qu'à la fin du XIVe siècle les chiffres arabes étaient déjà en usage dans la sculpture archéologique. Cette question est controversée ; les chiffres gravés sur la statue de notre portail apporteront une nouvelle pièce au débat.

Il y a quelque temps, un architecte belge avait vu cette inscription et avait été ravi de sa trouvaille. On avait cherché depuis les chiffres qu'il avait signalés, mais en vain. Maintenant, ils sont moulés ; une empreinte a été déposée à la bibliothèque de l'Archevêché. Si l'on poursuit de semblables travaux à la cathédrale, que de surprises encore sont certainement réservées aux archéologues] (*Bulletin du diocèse de Reims*, 1893.)

sont au nombre de cinquante, qui, selon l'expression de l'abbé Tourneur, « ceignent

(Fig. 103). Statues du portail de la cathédrale de Reims.

d'un diadème qui n'appartient qu'à elle, la cathédrale des sacres. »
Plus haut s'élancent les bases des deux tours, chefs-d'œuvre de construction

182 CHAPITRE ONZIÈME. — LA VOUTE GOTHIQUE.

légère et solide, avec leurs colimaçons aériens ; elles s'arrêtent à 83 mètres d'altitude, et n'ont jamais reçu leur couronnement, qui devait les élever à 124 mètres dans les airs. Elles sont soutenues par de puissants et riches contreforts, percées de baies géminées et couronnées de pinacles, qui composent comme une couronne à leur sommet inachevé.

Les façades latérales sont relativement sobres de décorations. Quatre puissants arcs-boutants soutiennent la nef, huit contrebutent le chœur.

Après son grand portail, l'édifice est surtout remarquable par sa forêt de piliers butants, qui s'amortissent par des niches abritant des statues. Leurs belles niches unifient l'extérieur de la cathédrale et constituent, selon l'expression de M. Gonse, le *leit motive* de l'œuvre. « Les anges qui habitent leurs dais semblent envelopper la basilique d'une gracieuse garde d'honneur. » Les niches s'agrémentent au bas d'une fantastique gargouille, et au-dessus, d'un svelte pinacle. Au pourtour une galerie ajourée d'arcades trilobées court au bas du comble, entrecoupée par des pinacles. Le vaisseau est recouvert d'un vaste comble ; la charpente en chêne, qui est fort belle, date de la fin du XIVe siècle ; elle a 15 m. 50 de hauteur sur 14 m. 40 d'ouverture.

(*Fig. 104.*) PINACLE DE LA CATHÉDRALE.

Le transept Nord a aussi un portail magnifique. Il est surmonté d'une rose encadrée de l'histoire primitive du genre humain et de la venue du CHRIST, figurée par dix-huit figures ; cette rose est flanquée de deux statues colossales ; au-dessous s'étend la galerie des sept Sages. Au fronton figure l'Annonciation ; sous les arches s'abritent des saints de la région et divers sujets, notamment un superbe Jugement dernier. C'est à gauche de ce portail que l'on voit l'admirable statue connue sous le nom de *Beau-Dieu* de Reims. Elle fut payée, dit la légende, par un marchand drapier condamné pour avoir vendu à fausse mesure. A côté de ce chef-d'œuvre figurent des statues de prélats rémois ; celle de saint Sixte occupe l'autre meneau ; quarante-deux figures d'évêques et d'abbés décorent les voussures. Le tympan représente le martyre de saint Nicaise et la légende de saint Remi.

Avant la Révolution, le cloître des chanoines communiquait directement avec la cathédrale par l'un des porches du portail Nord, celui de droite, faisant pendant à la voussure où se trouve le *Beau-Dieu*. En 1795, on abattit une partie du cloître pour y faire passer une rue (aujourd'hui rue Robert-de-Coucy), et on mura l'arcade qui donnait entrée dans la cathédrale; l'espace formé par l'épaisseur de la voussure servit de sacristie.

Depuis longtemps, les architectes songeaient à remettre à jour cette porte fort remarquable. Le travail vient d'être exécuté : le mur élevé après la Révolution, avec les débris du cloître probablement, est enlevé ; on y a retrouvé des chapiteaux très bien travaillés, des bases de colonnes, des sculptures sciées par le milieu. Maintenant on peut voir la belle porte romane, et le portail tout entier, avec ses trois ouvertures,

(P. 105.) LE BEAU-DIEU DE REIMS.

prend une nouvelle physionomie. La porte qui vient d'être ainsi dégagée est encadrée dans une arcade ogivale élancée, au-dessous de laquelle se trouve une arcade en plein-cintre ; entre les deux, « la sommité de l'ogive, dit M. Tarbé, présente une peinture à fresque : on y voit le Christ assis ; il tient un sceptre. De chaque côté se trouve un ange à genoux et portant un flambeau. » L'arcade en plein-cintre mérite d'être étudiée ; dans les contours, huit anges semblent offrir leurs hommages au groupe qui remplit le tympan et représente la Sainte Vierge et l'Enfant Jésus. « Cette figure, dit M. Cerf, admirablement sculptée, a été peinte ainsi que tout l'ensemble de ce portail. La Mère de Dieu, couronnée, est vêtue d'une robe d'or et d'un manteau bleu à fleurs d'or. Elle porte son Fils sur son bras droit. L'Enfant Jésus est aussi vêtu d'une robe d'or, son manteau est rouge. La Vierge est assise sur un banc de pierre. Le groupe est abrité par un riche dais formé d'une arcade en trilobe portée par deux colonnes. » Au sommet des jambages de la porte, de charmants groupes de figurines représentent la bénédiction et l'aspersion de l'eau.

Cet ensemble de sculptures appartient au XIIe siècle. Comment se trouve-t-il dans un monument commencé au XIIIe siècle ? Le côté du cloître qui nous occupe, et qui est remplacé aujourd'hui par le *Salon de Lecture*, se composait de la salle capitulaire ; elle communiquait avec l'anti-chapitre, salle du *Pretiosa*, où s'ouvrait la porte donnant accès dans la cathédrale. Dans l'anti-chapitre, les chanoines se réunissaient à l'office de prime pour lire le martyrologe avec le verset *Pretiosa in conspectu Domini mors sanctorum ejus*. De là le nom donné à la salle ; c'est là aussi que se faisait la bénédiction de l'eau représentée dans les sculptures. Le dégagement de la porte offre maintenant à tous les yeux l'une des richesses de la cathédrale.

Au transept Sud, donnant vers l'Evêché et dénué de portail, s'ouvre une rose gigantesque entourée des statues de l'Eglise, de la Synagogue, des Apôtres et des Prophètes. Sur le gable est sculptée l'Assomption de la Sainte Vierge. Cette partie a été refaite après l'incendie de 1381 et porte les armes de l'évêque Pierre de Laval (1474-1494).

Pénétrons maintenant à l'intérieur de la cathédrale, qu'éclairent quatre-vingts grandes fenêtres et dix roses.

Les nefs sont dénuées de triforium ; un faux triforium aveugle court entre les arches et la claire-voie ; un couloir habitable court sous les fenêtres. Les chapiteaux et les cordons sont décorés d'une luxuriante décoration végétale, empruntée à la flore locale, où domine la vigne.

Sept chapelles rayonnent autour du chœur. Imitées de celles de Saint-Remi, elles ont été commencées avec le plan roman circulaire ; elles ne deviennent polygonales qu'à partir du seuil des fenêtres. Nous saisissons ici la transition sur le vif. Leurs proportions sont des plus heureuses, et leurs sculptures sont traitées avec une rare perfection (1).

Nous remarquons que, comme à Chartres, les piliers de la grande nef sont composés d'une pile centrale cantonnée de quatre colonnettes, qui supportent les arches et les voûtes, groupe encore relativement simple, qui bientôt, dans des monuments presque contemporains, se compliquera et offrira un faisceau de huit ou de douze colonnettes. Les chapiteaux sont garnis d'une riche végétation qui tapisse

(Fig. 106.) CHAPITEAUX FLEURIS DE LA CATHÉDRALE DE REIMS.

la corbeille (fig. 106); ils accusent faiblement l'expression de leur fonction et ne constituent guère qu'un arrêt très décoratif pour l'œil. Au-dessus des arches s'élancent les fenêtres hautes, divisées en deux lumières surmontées d'une rosace. Elles sont garnies de vitraux qui représentent des rois dans la zone supérieure, des évêques dans le bas, tous assis sur des trônes. Là figurent les trente-six premiers rois de France et les trente-six archevêques qui les consacrèrent. Les vitraux du chœur, datant du XIIIe siècle, sont au nombre des plus remarquables que l'on conserve en France.

---

1. V. Viollet-le-Duc, Dict. rais. d'arch., II, 169.

186　　CHAPITRE ONZIÈME. — LA VOUTE GOTHIQUE.

La façade intérieure adossée au grand portail n'est guère moins ornée que la

(*Fig. 107.*) VUE INTÉRIEURE DE LA CATHÉDRALE DE REIMS.

façade extérieure, mais elle l'est aussi avec une logique parfaite et une exquise convenance. Aux vives saillies du dehors parmi lesquelles se joue la vive lumière du plein air, succède une sculpture relativement plate, presque une tapisserie, aussi calme que l'autre est brillante. Jamais on n'a mieux compris les principes de la

(Fig. 108.) Vue intérieure des piliers de la cathédrale de Reims.

décoration intérieure : ce sont, dans des niches et des panneaux qui découpent le nu d'un mur plat, des statuettes exquises et de fins feuillages enlevés délicatement.

On ne peut visiter Reims sans admirer la belle collection de tapisseries de haute-lisse du XVe siècle qui atténue la crudité présente des murs nus des petites nefs. Elles représentent l'histoire de la reine de ces lieux. Elles ont été récemment réparées par les Sœurs Carmélites de Reims.

Quand on contemple ce vaisseau, jadis si richement décoré et si somptueusement meublé, on reporte avec amertume sa pensée sur tout ce qui a disparu sous l'action du vandalisme. Un jour vint, au milieu du siècle dernier, où l'on crut embellir la cathédrale en lui enlevant son jubé, sa chaire, son ciborium, ses stalles, la clôture du chœur et une partie de ses anciens vitraux. Bien plus, au beau temps de l'humanisme triomphant, on remplaça le linteau sculpté du grand portail par une architrave dorique avec une inscription à la romaine !

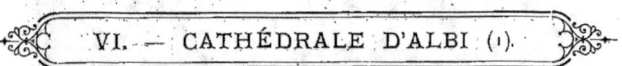

VI. — CATHÉDRALE D'ALBI (1).

Quelle différence entre ces basiliques de pierre que nous venons de décrire, aux formes légères, aiguës et dentelées, aux nefs multiples portées par une forêt de colonnes, et Sainte-Cécile d'Albi (contemporaine de Beauvais, l'audacieuse), avec ses murs en briques unis, graves et tristes, avec ses contreforts en tourelles, avec sa grosse tour carrée à allure féodale, avec son massif vaisseau couvert d'une terrasse ! Mais, semblable à cette femme symbolique dont parle l'Écriture, toute sa beauté est à l'intérieur. Sa nef unique, coupée en deux par un jubé merveilleusement ouvragé et bordé de deux rangs de chapelles, lutte avec les plus beaux sanctuaires gothiques par l'élégance de ses lignes, par la magnificence de ses fresques toutes fraîches et restaurées (2), et par la beauté de tout son décor.

La cathédrale d'Albi est le type des grandes églises en briques et à une seule nef ; en outre, son immense vaisseau de près de 20 mètres d'envergure, épaulé par les refends de chapelles latérales comme par des contreforts intérieurs, est un des plus fameux édifices élevés dans le Midi suivant les principes traditionnels de l'antiquité romaine. Enfin, elle fut une église-forteresse durant la terrible guerre des Albigeois.

Le cardinal Bernard de Cortanet posa la première pierre de Sainte-Cécile en

---

1. V. d'Aurica, *Recherches sur l'ancienne cathédrale d'Alby*, 1851. — *Histoire de l'ancienne cathédrale et des évêques d'Albi*, 1858. — Same, *Monographie de la cathédrale de Sainte-Cécile d'Albi*, 1863. — H. Croze, *Répertoire archéologique du département du Tarn*, 1865. — *Albia christiana*.

2. V. *Revue de l'Art chrétien*, année 1894, p. 87, fresques de la Passion restaurées par M. Gaïda dans une chapelle absidale.

1282, et il fallut un siècle pour exécuter le plan du fondateur ; en 1383, le gros œuvre était terminé. Il était dû entièrement au travail volontaire et aux dons

(*Fig. 109.*) Chapelle a la cathédrale d'Albi.

généreux de ferventes populations. Selon une vieille légende (1), dans l'espoir de

1. *Revue de l'Art chrétien*, année 1883, p. 399.

donner aux matériaux une solidité éternelle, on décida de faire les mortiers avec du vin au lieu d'eau, et il se trouva que la récolte du raisin fut excessivement abondante pendant toute la durée des travaux. C'est pourquoi, ajoute-t-on, le mortier fait littéralement corps avec la brique.

La longueur du vaisseau est de 97 mètres, sa largeur de 19 mètres 50, sa hauteur, uniforme de la tour au chevet, de 30 mètres.

Le vaisseau unique, sans supports intermédiaires, est terminé par un chœur accosté de chapelles de flanc carrées et de chapelles à chevet polygonal. Les chapelles, ouvertes sur le chœur du sol et la voûte, sont coupées par une galerie et communiquent entr'elles par des portes. Les fenêtres, pareilles à des fentes dans les murs intérieurs, éclairent suffisamment ce vaste édifice, grâce à l'éclat du soleil de Midi. Le sol du sanctuaire a été récemment abaissé à son niveau primitif.

L'intérieur, tout *ecclésiastique*, est remarquable par ses grandioses dimensions, la perfection de sa structure et la splendeur de sa décoration, ses peintures murales, son jubé qui est une merveille, la clôture du chœur et ses stalles en bois sculpté. Les fresques, encore si fraîches d'aspect, qui décorent les nefs et la chapelle absidale, sont, en petite partie, de la fin du XVe siècle, mais pour la plupart, du XVIe. Leur restauration a été confiée à M. Gaïda, un artiste profondément pénétré de la connaissance intime et du religieux amour de l'art chrétien, et qui, auparavant, a si bien restauré les peintures de la coupole de Cahors. Ces peintures sont, dans leur ensemble, contemporaines de celles de la voûte, terminée en 1512.

Le monument est des plus instructifs pour l'histoire de l'art, avec ses transformations successives, qui sont marquées par des ouvrages de premier ordre empreints d'influences variées. Comme gros œuvre, c'est le type de l'architecture française méridionale du XIIIe siècle. Le splendide porche, dit *baldaquin*, le jubé et la clotûre du chœur sont des spécimens de l'art français septentrional de la dernière époque gothique. Le statuaire et la sculpture sont flamands, et les célèbres peintures des nefs, attribuées à des artistes italiens.

L'extérieur est tout *militaire*, par la forme des contreforts, se dressant comme des tours de défense au flanc d'une enceinte, par les travées, semblables à des courtines couronnées de machicoulis, et par la tour occidentale, qui est un véritable donjon.

Malheureusement, des restaurations précoces ont gravement altéré jadis le caractère de ce monument précieux, qui était le mieux conservé des églises fortifiées de France. Son aspect puissant a été détruit surtout par l'abus des clochetons dont il a été agrémenté par les restaurateurs modernes (1). Depuis lors, l'art de la restauration a fait des progrès, et des architectes habiles, instruits, consciencieux, sont préparés, en général, aux travaux de ce genre. Tel fut feu Hardy, qui a fait les derniers travaux de réparation et de restauration, notamment l'abaissement du sol du chœur.

Le repavage, exécuté en 1895, a supprimé les nombreuses et dangereuses marches séparant le chœur du sanctuaire. Dans un mémoire présenté à la *Société des Arts et Belles-Lettres du Tarn*, M. Jules Roland a soutenu que le sol du sanctuaire du chœur avait été, dès l'origine, à la hauteur qu'il affectait ci-devant (2). Mais M. Gaïda conteste cette assertion (3).

---

1. *Revue de l'Art chrétien*, année 1893, p. 399.

2. « Il est indéniable, dit M. Roland, que le niveau actuel du chœur est le niveau primitif et qu'il n'a jamais changé. Les premiers travaux de sondage établirent péremptoirement ce fait en découvrant les bases des piliers, dont les sculptures cessaient presque au ras du sol. Il en était de même pour tout le pourtour intérieur du chœur. Passé un certain niveau, toute trace d'art cessait ; on ne trouvait plus que la pierre brute. Devant ces constatations, les auteurs du projet suspendirent les fouilles et demandèrent de nouvelles instructions. C'est que tout dans l'examen des lieux s'élevait contre leur idée, tout attestait que la plate-forme du sanctuaire n'avait pas varié de hauteur. Il n'est pas jusqu'à la découverte du tombeau épiscopal dans lequel furent trouvés le bel anneau de saphir et la crosse émaillée du quatorzième siècle, qui ne pût servir à établir ce point s'il était contesté. Mais il ne l'est plus, et tout le monde reconnaît aujourd'hui que le niveau actuel du chœur est le niveau primitif, D'où il suit, qu'en proposant de le baisser, on va contre les précédents les plus reculés, contre les faits eux-mêmes, et cette seule constatation devrait suffire, ce nous semble, à condamner le projet. » *Croix du Tarn*, du 17 décembre 1895. »

3. « En effet, dit-il, il est évident que le projet primitif de l'auteur du chœur de la cathédrale d'Albi ne comprenait pas la surélévation du sanctuaire à la hauteur de cinq marches.

» Pour s'en convaincre, il suffit d'examiner, non pas seulement l'ensemble du sanctuaire, si insolitement disproportionné par cet exhaussement, ni sa décoration terminale au chevet, dont l'effet voulu est annihilé par cet anormal niveau, mais encore les bases des piles, dont le moulurage en continuation des nervures est brutalement coupé par le sol, fait sans précédent pour l'époque et allant à l'encontre d'un principe décoratif dont on ne s'est jamais départi pendant tout le moyen âge...

» La mort de l'architecte primitif, le discrédit dans lequel tombait l'architecture gothique, le merveilleux maître-autel qu'on voulait faire valoir, sont autant de motifs plausibles pour expliquer le changement adopté aux dépens du chœur que nous admirons.

» Depuis cette époque, le fameux maître-autel a disparu complètement, il n'en reste plus trace ; le dallage a été refait plusieurs fois, la dernière fois en 1831, si je ne me trompe ; il se trouvait en fort mauvais état, il était à refaire ; fallait-il le reproduire dans son exhaussement ?... Il est incontestable qu'en cet état il est nuisible au chœur ; pour s'en convaincre, il suffit de regarder un instant, car le cas relève plutôt de ce qu'on pourrait nommer le bon sens en art, cause de sa simplicité, que de l'esthétique proprement dite.

» Rééditer à grands frais le dallage de 1831, perpétuer une injure faite à l'art gothique... au profit de quoi ?... Du souvenir de l'ancien autel, que personne n'a vu et que personne ne songe à rééditer ? *C'est inadmissible* ; ce serait plutôt pour favoriser la vue des cérémonies religieuses aux douze ou seize personnes qui peuvent trouver place derrière les claires-voies latérales ; on ne peut raisonnablement faire tant pour si peu.

» M. Rolland nous a dit qu'on s'était contenté de cet état de choses pendant trois cents ans ; ce n'est pas là une raison suffisante, et la question se résout à prendre parti entre une surface horizontale, qui par elle-même est une expression esthétique de valeur négative, n'ayant de raison d'être qu'à préexistence, d'une part, et, de l'autre, le chef-d'œuvre qui est le chœur de Sainte-Cécile d'Albi. »

VII. — NOTRE-DAME DE NOYON (1).

L'ÉGLISE actuelle de Notre-Dame de Noyon a été bâtie de 1115 à 1170 ; deux autres cathédrales l'ont précédée ; dans la première, Chilpéric II, roi de Soissons, vint dormir son dernier sommeil en 720, et Charlemagne y fut reconnu roi ; dans la seconde, Hugues Capet reçut l'onction royale ; enfin, douloureux contraste, à l'ombre des voûtes de la troisième a grandi Jean Calvin.

S'il fallait en croire le bon chanoine Levasseur, chroniqueur du XVIIe siècle, le nom de la ville de Noyon serait dû au patriarche Noé lui-même, qui descendit, dit-il, en personne dans notre Gaule. Saint Médard aurait élevé le chœur ; la nef ne remonterait qu'à Charlemagne. La science moderne a jeté quelques doutes sur les opinions de l'historien noyonnais, mais elle n'a pu faire la lumière complète. L'histoire de Notre-Dame ne commence qu'au XIIe siècle. On sait seulement que l'édifice fut terminé au cours de ce siècle ; ses tours furent achevées au XIIIe ainsi que les voûtes et les portails latéraux.

Le plan dessine la croix latine ; un déambulatoire et neuf chapelles absidales rayonnent autour du chœur, dont l'axe s'incline légèrement vers le Sud. La longueur du vaisseau est d'une centaine de mètres, sa largeur, d'une trentaine, sa hauteur la plus grande, de 33 mètres. Les dix travées de la nef sont accompagnées de bas-côtés à étages et de chapelles latérales datant de diverses époques ; ces travées géminées n'en formaient que cinq, dédoublées, primitivement. Les bras du transept se terminent en hémicycles.

Notre-Dame de Noyon est une des plus belles cathédrales de France, mais surtout une des plus intéressantes, en ce qu'elle est un des premiers édifices qui résument, vers le dernier quart du XIIIe siècle, les progrès réalisés par les architectes de l'Ile de France. On trouve en effet réunies dans cette curieuse église les traditions antiques suivies par les Normands pour le triforium (2), la méthode mixte de voûtement où la croisée d'ogives semble s'allier aux voûtes domicales angevines, l'arc brisé mêlé

---

1. L. Vitet. — *Monographie de l'église de N.-D. de Noyon*, 1845.
A. Dantier. — *Description monumentale de l'histoire de l'église de N.-D. de Noyon*, 1845.
Ramée. — *Monographie de N.-D. de Noyon*. Paris, imp. Royale, 1845, gr. in-f°.
Laffineur. — *Une visite à N.-D. de Noyon*, 1858.
V. *Les gravures de Lassus à la Chalcographie du Louvre*.
V. *Bull. de la Gilde de St-Thomas et de St-Luc*, t. X.
V. A. Bechet. — *Notes d'art et d'archéologie*, dès 1892.

2 Corroyer. — *L'Architecture gothique*, p. 44.

au plein cintre, l'embryon de l'arc-boutant sous forme d'un arc de soutènement caché sous le comble de l'appentis. Noyon semble procéder de Tournai, on l'a dit déjà. M. Planat rappelle, dans l'*Encyclopédie d'architecture*, que l'évêque et les chanoines exigèrent la conservation de certaines formes de la cathédrale sœur de Tournai, notamment les extrémités arrondies du transept. M. Corroyer (1) le nie toutefois, en tirant argument de la différence de structure de la voûte du rond-point ; mais la parenté est, non pas dans le détail du voûtement, mais dans son ordonnance générale, et surtout dans ce dispositif si original et si remarquable d'absides hémisphériques terminant les croisillons du transept. A bien des titres, cette belle église devrait être entretenue avec une pieuse sollicitude, au lieu d'être laissée dans un lamentable abandon (2).

(*Fig. 110.*) ABSIDE DE N.-D. DE NOYON.
(D'après M. le profess. J. Lange.)

La façade offre un aspect peu satisfaisant ; elle est moins ornée que soutenue par un vaste porche logé entre de puissants contreforts par lesquels on a dû, au XIVe siècle, prévenir son affaissement vers l'Ouest. La Révolution, de son côté, n'a pas manqué de saccager les sculptures qui ornaient les trois baies du portail.

A l'intérieur le vaisseau est d'une grande beauté. Chaque travée, soutenue par de robustes faisceaux de colonnettes, se subdivise en deux arcades portées par une colonne cylindrique simple au rez-de-chaussée, doublée à la tribune de l'étage, et embrasse plus haut un grand compartiment couvert par une voûte d'arêtes à double formeret. L'œil est ainsi conduit par espaces rythmés jusqu'au transept et au chœur. Comme le croisillon méridional de la cathédrale de Soissons, celui de Noyon a ses deux transepts terminés en hémicycle, ainsi que nous le disions plus haut.

Non moins remarquable, et plus richement décoré, est le chœur élevé au

1. L'*Architecture gothique*, p. 45.
2. V. *L'Ami du monument*, 1894, p. 189.

XIIe siècle par l'évêque Hardouin de Croy. On l'a légèrement incliné vers le Sud, peut-être parce qu'on a voulu, après l'incendie de 1131, donner à l'église une orientation plus exacte. Ici, flore et faune exotiques, figures humaines, créatures fantastiques, s'entremêlent dans les chapiteaux ; la polychromie et l'or rehaussaient ces sculptures.

Le chœur a généralement été attribué au XIe siècle. M. Anthyme Saint-Paul défend énergiquement l'évêque Simon de Vermandois (1) d'avoir négligé la reconstruction de la cathédrale de Noyon après l'incendie qui la détruisit en 1131. « On n'a jamais, au moyen d'âge, laissé vingt ans une cathédrale par terre, et ce n'est pas après 1148, comme le pense M. Gonse, ou en 1152, comme l'admet M. Lefèvre-Pontalis, que l'on a ouvert les chantiers de la basilique noyonnaise. » M. Saint-Paul croit que le chœur fut réellement construit de 1135 à 1140 environ, que l'édifice fut continué ensuite, mais que pendant les travaux les projets prirent une ampleur qui nécessita la réfection de toute l'abside (2). C'est sans doute de 1150 à 1155 environ qu'eut lieu cette amplification, et dès lors Noyon marcha de pair avec Senlis.

Dans les neuf chapelles du chevet, on voit de petites mais belles verrières du XIIe siècle représentant le martyre de saint Pantaléon. Sous le chœur on a retrouvé un caveau phonocampique, c'est-à-dire, un système de voûtes propre à améliorer l'acoustique du monument. Signalons dans l'église la châsse de saint Eloy, la riche chapelle du *Trépas* de Notre-Dame, où la Renaissance se livre à ses gracieuses fantaisies. La salle capitulaire est un joyau. La sacristie renferme une célèbre armoire du XIIIe siècle.

Le pittoresque bâtiment en pan de bois qui s'élève à côté du trésor est l'ancienne *librairie*. Les chanoines y avaient amassé une riche collection de manuscrits et de livres. Il reste une des ailes du beau cloître du XIIIe siècle.

VIII. — ÉGLISE NOTRE-DAME DE SENLIS.

L'ÉGLISE de Notre-Dame, ancienne cathédrale de Senlis, la plus petite des anciennes cathédrales de France, est une copie, une des toutes premières, de l'abbatiale de Saint-Denis, prototype du style gothique.

Il y a un siècle, les évêchés de France étaient bien plus nombreux qu'aujourd'hui. A la suite de la Révolution, on remania la division territoriale du pays ; plusieurs

---
1. V. *Revue de l'Art chrétien*, I, 1895
2. V. G. Bouet, *Bull. monumental*, t. XXXIV, 1868, p. 431

évêchés célèbres furent supprimés. C'est ainsi que Senlis vit disparaître son siège épiscopal et se rompre la chaîne glorieuse dont le premier anneau remontait à saint Rieul, l'illustre compagnon de saint Denis.

Nous savons, par la *Gallia Christiana* (1), que l'église Notre-Dame a été commencée par l'évêque Thibaut entre 1151 et 1157, bâtie en trente ans, terminée en 1184 et consacrée en 1191. D'importantes portions remontant au XIIe siècle sont encore conservées, notamment la façade et l'étage inférieur de la nef principale et du chœur, les bas-côtés et les chapelles de l'abside. La flèche du clocher, une des plus élégantes de France, est du XIIIe siècle ; d'autres parties sont plus récentes. La gracieuse cathédrale demeura intacte jusqu'au XVe siècle, qui fut pour l'église de Senlis une époque de désolation ; en 1407 et en 1417, elle fut ravagée par la foudre ; à peine était-elle réparée, qu'en 1504 un orage terrible éclate, et l'incendie en fait presque une ruine. On recourut pour la réparer à des moyens qui seraient bien stériles aujourd'hui, mais que la foi de ces temps rendait productifs : des dispenses pour le carême et les cotisations de la confrérie de Notre-Dame suppléèrent au produit des droits de gabelle concédé par Louis XII. Le transept, les galeries, les fenêtres hautes et une partie des voûtes furent alors reconstruits. Le chanoine Muller a récemment extrait des archives locales des renseignements pleins d'intérêt sur ces travaux de restauration.

A ce qu'il nous apprend, en 1514 le Chapitre décide « que des ouvertures convenables seront faites aux nouvelles voûtes de l'église, suivant le conseil de Jean Lescot, de la manière que l'on avait coutume de faire. » En 1516 Gilles Hazard est chargé de réunir les maîtres maçons des alentours pour examiner les ouvrages faits à Notre-Dame. Jean Dizieult, dit de Chelles, lieutenant des maîtres-maçons du roi, est une des gloires de Senlis. C'est à lui que l'on doit l'agrandissement de la cathédrale ; il construisit le transept et le mur extérieur, s'étendant du transept au clocher et enfermant l'ancienne porte romane de la chapelle de la Madeleine, l'aile gauche et le portail du Nord (1532-1556). François de Fescamps exécute en 1534 la menuiserie des portes et des stalles de la collégiale de Notre-Dame. En 1521, Michel de Peray, architecte, avait édifié le beau portail du Midi. Jean Sculdier place les vitraux en 1532.

Pendant le XVIIe et le XVIIIe siècle, le mauvais goût, faisant le tour de la France, passa par Senlis, et la cathédrale fut envahie par les frontons grecs, les colonnes toscanes, ioniques et corinthiennes.

A l'Ouest se dressent deux sveltes tours, dont une seule a reçu son fier couron-

---

1. *Gallia Christiana*, t. X, col. 1401 à 1416.

nement, en forme de flèche octogonale de pierre. Au triple portail, la baie centrale l'emporte sur les autres ; elle a des voussures peuplées de statuettes, elle est garnie de statues romanes et ornée d'un zodiaque. La façade est percée d'une grande verrière à meneaux du XVIe siècle, et de trois roses ; celle du centre, étoilée de douze raies, est surmontée d'une aérienne balustrade à jours, qu'habitent des anges, et qui offre un des beaux spécimens de l'art français. L'ensemble de cette façade, un peu étroite de perspective, offre un caractère d'élancement extraordinaire. La tour du Sud rappelle celle de Chartres, qui lui a sans doute servi de modèle ; elle a 78 mètres de hauteur et s'aperçoit d'une lieue à la ronde.

On admire au portail septentrional une rose flamboyante. Les portails latéraux contrastent avec la noble simplicité du portail oriental par la multiplicité des ornements dont ils sont surchargés ; les statues y abondent. La salamandre de François Ier court dans les ajours des balustrades. Le chevet se distingue par ses absides romanes en cul-de-four.

On pénètre dans l'intérieur de l'édifice en descendant plusieurs marches. L'impression est médiocre, le vaisseau est peu élevé, surtout les bas-côtés, surmontés de tribunes ; la nef est trop courte, inégale dans ses travées et ses détails ; on a tout sacrifié au chœur. Les collatéraux étroits se resserrent à mesure qu'on approche du portail. Les chapiteaux se distinguent par des sujets symboliques, d'élégantes sculptures.

La cathédrale de Senlis a 98 mètres de longueur, 23 de largeur, 35 au transept. La voûte de la grande nef ne s'élève qu'à 30 mètres de hauteur.

Cette église, qui offre presque les prémices du style ogival, en laisse voir aussi les derniers abus ; les clefs pendantes des voûtes du transept contrastent par leur téméraire allure avec l'admirable sévérité et la sage logique des débuts de la construction.

Dans la chapelle Saint-Rieul repose Mgr de Roquelaure, le dernier évêque de Senlis (1).

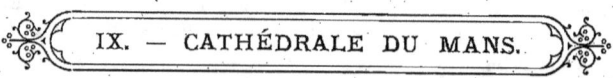

IX. — CATHÉDRALE DU MANS.

SUR une éminence dont la Sarthe arrose le pied, à l'extrémité de l'ancienne cité, se dresse la tour de Saint-Julien du Mans et le chevet de son chœur gothique, qu'une double rangée d'arcs-boutants enserre dans un vaste réseau de pierres d'un saisissant effet.

---

1. Abbé Balthazar, *Cathédrale de Senlis* (*Revue de l'Art chrétien*, année 1863).

IX. — CATHÉDRALE DU MANS.

C'est une belle église de la transition romano-gothique, à l'allure imposante et sévère, qui tient tête parmi les monuments de second ordre et mérite presque d'être classée au premier rang. Elle abrite 5000 mètres carrés sous ses voûtes remarquables.

Elle se compose de deux parties bien distinctes : une ample et belle nef romane, un transept et un chœur vertigineux du XIIIe siècle. Comme à Bourges, le premier déambulatoire est si élevé, que le second est surmonté d'un triforium. Si l'église entière était de ce style, aucune église française ou étrangère ne la dépasserait en beauté.

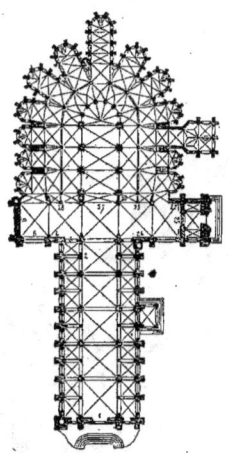
(Fig. 111.) PLAN DE
LA CATHÉDRALE DU MANS.

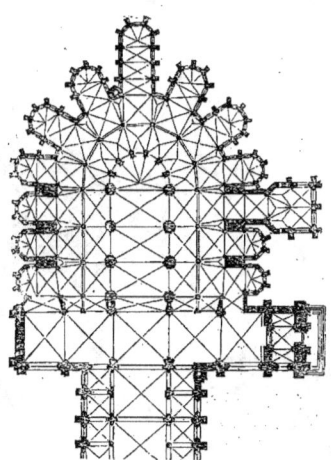
(Fig. 112.) CATHÉDRALE DU MANS.
Abside entourée de chapelles et de bas-côtés doubles.

Sa façade occidentale, au vaste pignon réticulé, pareil à un colossal damier posé sur la diagonale, aux puissantes baies romanes, aux vigoureuses voussures, est d'une majestueuse simplicité. Les trois portes à plein-cintre sont encadrées de zigzags et de billettes. Deux contreforts, puissants et rudes portent deux étranges et mystérieuses bêtes, placées en sentinelles à la porte du saint lieu. Par contre, le portail méridional déploie les élégances du style de transition avec ses archaïques statues. A son linteau figure le CHRIST-DOCTEUR, entouré des bêtes apocalyptiques, qui sont les figures des évangélistes, ainsi que des apôtres.

Le chœur, dont nous reproduisons le plan à part, est un des plus magnifiquement développés, avec son double collatéral, ses arcs-boutants bifurqués et ses sept belles et profondes absidioles du chevet, espacées comme des dents d'engrenages, la centrale prédominant, comme il convient, pour faire honneur à la Vierge à laquelle elle est dédiée. Les absidioles, le déambulatoire et le rond-point s'enveloppent et s'étagent harmonieusement, reliés par une forêt de piliers, d'arcs-boutants dont les lignes hardies et l'ensemble pittoresque produisent un spectacle émouvant, L'austère

(Fig. 113.) La cathédrale du Mans.

élégance des baies des fenêtres et le vigoureux décor des corniches surmontées de balustrades, complètent l'effet et avivent l'impression.

En somme, cet édifice, que rehaussent des sculptures dignes de l'architecture, empruntées à une faune fantastique et historiant les chapiteaux, offre dans sa nef un des chefs-d'œuvre de l'art roman, et dans son chevet une des merveilles de l'art ogival, à laquelle ne manque pas le prestige de la vitrerie polychrome.

En effet la cathédrale du Mans a la fortune de posséder des vitraux de l'époque romane justement renommés. Ils ont été placés probablement en 1158, par les soins de l'évêque Guillaume Passavant. Au bas de la nef, à droite, quatre panneaux d'une

Ascension se distinguent par leur ancienneté. La verrière de Saint-Germain du Protais est d'une harmonie riche et vibrante, avec ses fonds rouges exceptionnels. A la même époque reculée appartiennent le panneau des *Rois mages endormis*, de la chapelle de la Vierge, ceux de *Jésus devant Pilate* et du *Christ aux limbes*; au bas de la nef, les cinq panneaux de l'*Histoire de saint Étienne* et dix des vingt-neuf panneaux du vitrail *Saint-Julien*. Dans le chœur surtout, et dans la grande chapelle

——— (*Fig. 114.*) Costumes de changeurs. ———
(D'après un vitrail de la cathédrale du Mans, XIIIe siècle.)

absidale, c'est un véritable éblouissement de vitraux du XIIIe siècle, époque de toutes les splendeurs des arts. Dans les fenêtres des bas-côtés, on a représenté l'*Arbre de Jessé*, la *légende de Notre-Dame*, celle du *Sauveur*, celle des *saints Eustache, Evron, Calais*. Au-dessus, d'autres vitraux légendaires d'une charmante coloration. Les verrières de la nef sont occupées par d'importantes figures d'apôtres et de prélats. La grande baie du transept Nord est percée de roses, dont les vitraux représentent le *Couronnement de la Vierge* et le *Jugement dernier*. Enfin, dans les jours qui surmontent cette rose, sont des figures d'apôtres et de saints patrons accompagnées d'effigies de nobles donateurs.

On voit dans l'église le tombeau remarquable et la statue de la reine Bérangère, dont on montre en ville la modeste mais jolie habitation, devenue depuis peu le musée d'archéologie, ainsi que le mausolée, plus remarquable dans un style moins heureux, de Langey du Bellay (1).

X. — CATHÉDRALE DE COLOGNE (2).

Du centre de la France les Ordres religieux et les corporations de francs-maçons transportèrent le style gothique dans les pays voisins, notamment en Allemagne. Magdebourg, Halberstadt, Cologne, sont des produits considérables de cette exportation artistique.

La fameuse et grandiose église rhénane est une fille des cathédrales françaises ; le chœur est une imitation de celui d'Amiens ; le plan, à part la plus grande saillie du transept, la plus grande largeur de l'ensemble et l'ajoute d'une travée au chœur, reproduit identiquement le plan primitif de Beauvais. Un écrivain allemand lui-même en convient aujourd'hui : « La fameuse cathédrale de Cologne, dit Lübke (3), ce chef-d'œuvre des écoles allemandes, procède directement de la tradition française. Son chœur n'est qu'une répétition de celui de la cathédrale d'Amiens ; il fut dédié en 1322. Dès lors on travailla sans relâche à l'achèvement du transept et de la nef ; celle-ci mesure 13 mètres de largeur et 42 de hauteur ; la longueur totale atteint 151 mètres. Ajoutons que le transept à 78 mètres, et que l'aiguille de la croix monte à 50 mètres. Les deux tours de la façade ont été achevées de nos jours d'après les dessins originaux de l'époque, dit-on. L'effet général, soit à l'intérieur, soit à l'extérieur, n'est certes pas comparable à celui des belles cathédrales françaises ; mais le style est riche et pur et touche à la perfection dans l'exécution des détails. »

Depuis longtemps l'archevêque Engelbert de Berg, dit le Saint, caressait le rêve de remplacer l'ancienne métropole par une cathédrale digne de rivaliser avec les principales églises du monde. La réalisation de ce projet s'imposa après qu'en 1248 l'incendie eut détruit l'église métropolitaine. Sur l'entrefaite Engelbert avait été

---

1. Voir Richelet, *Le Mans ancien et moderne.* — A. Voisin, *Notre-Dame du Mans ou Cathédrale de Saint-Julien*, 1866. — Persignon, *Recherches sur la Cathédrale du Mans*, 1872. — H. Hublin, *La Cathédrale du Mans*, 1888. — *Bulletin monumental*, 1883, p. 381 ; 1884, p. 185-191. — *Magasin pittoresque*, 1838, p. 359.

2. Boisserée, *Histoire et description de la cathédrale de Cologne*. augm. de recherches sur l'architecture des anciennes cathédrales. Gr. in-fol. texte et explication des planches. Stuttgart et Paris, 1835.

3. *Essai de l'histoire de l'art*, t. II, p. 34.

assassiné, l'exécution de son projet ne fut commencée que par son deuxième successeur, Conrad Von Hochstaden, dont la statue d'airain est conservée dans le temple, couchée sur son cénotaphe. La pose solennelle de la première pierre du chœur eut lieu en 1248 ; les plans étaient selon toute probabilité dus à maître Gérard, qui y travailla en 1257.

On a discuté à perte de vue sur l'identité de ce dernier, longtemps confondu avec plusieurs de ses homonymes. Il est aujourd'hui prouvé que ce puissant constructeur n'avait rien de commun, ni avec Gérard de Saint-Trond, lequel était étranger à la corporation des bâtisseurs, ni avec Gérard, fils de Godescalk de Rile, qui était un prêtre peu vertueux, ni avec Gérard de Ketwich, ni avec Gérard de Rile le tailleur de pierres, lequel ne fut qu'un modeste collaborateur du vrai maître de l'œuvre (1) ; celui-ci eut pour successeur maître Arnold. On n'en sait encore guère plus long de ce grand artiste, que n'en savaient nos ancêtres ; que dis-je, eux n'étaient point comme nous embarrassés pour si peu. A défaut de l'histoire, ils acceptaient volontiers la légende ; son charme poétique valait à leurs yeux bien plus que l'authenticité d'un texte.

Ils racontaient que le maître, chargé de dresser les plans de ce chef-d'œuvre, chercha longtemps, en vain, sa géniale inspiration. Il errait découragé sur les rives du Rhin, les yeux baissés vers le sol, quand il aperçut, dessinés sur le sable, les contours précis du monument dont il rêvait vaguement la forme. Frappé de la beauté du plan superbe qui s'offrait à ses regards, il en avait à peine considéré les grandes lignes, quand un nain difforme et repoussant, qu'il n'avait pas remarqué d'abord, en effaça rapidement la trace. A l'architecte stupéfait et indigné, il répondit qu'il était libre d'anéantir son œuvre, comme de la céder pour un prix convenable ; et maître Gérard de le supplier, et de lui offrir tout ce dont il disposait pour acquérir ce projet merveilleux. « Tout l'or de la terre, répondit son interlocuteur avec un sourire dédaigneux, serait trop peu pour payer mon œuvre. Mais toi, si pauvre que tu sois, elle est à toi à une condition : signe de ton sang le parchemin que voici ! » Satan lui demandait son âme pour prix de la gloire humaine et de richesses immenses. Rendez-vous fut donné pour conclure ce marché, le lendemain, au même lieu, à pareille heure ; la légende ne nous dit pas par quelle heureuse supercherie Gérard parvint à ravir au malin son plan merveilleux sans souscrire aux conditions imposées. Furieux d'être joué, le diable déclara que du moins le nom de l'achitecte serait voué à l'oubli. En vain celui-ci voulut-il faire mentir le maudit ; en vain prit-il soin de graver son nom complet sur une lame d'airain scellée à l'édifice,

---

1. V. Ed. F. Richartz et H. Kaussen, *Les artistes de Cologne dans les temps anciens et modernes*. Schwam Dusseldorf, 1892.

il n'est parvenu à la postérité qu'incomplet et douteux, et nous savons maintenant comment peut s'expliquer l'impuissance des archéologues à l'identifier.

D'ailleurs la cathédrale fut l'œuvre des siècles successifs, souvent interrompue par les dissensions entre les archevêques et les citoyens de Cologne. On commença par le chœur, les pierres furent tirées du Drachenfels. Ce ne fut qu'en 1322 que le nouveau chœur fut consacré et que les reliques des trois Mages y furent déposées ; les nefs furent livrées au culte en 1388. Les tours ne furent commencées qu'après la mort de Conrad ; en 1437 on put suspendre les cloches dans celle du Midi. Mais dès lors elle cessa de s'élever, et jusqu'à notre époque elle est restée coiffée de la grue qui avait servi à monter les pierres. On la vit durant quatre siècles couronnée de cette machine élévatoire bardée de feuilles de plomb, qui semblait à Victor Hugo une gigantesque plume noire penchée sur le cimier du sombre monument. Jusqu'alors la cathédrale de Cologne n'offrait encore qu'un tronçon de clocher et un tronçon d'église (le chœur), séparés par une immense lacune, qui n'a été comblée qu'au milieu du siècle présent. La Révolution en fit un magasin à fourrage en 1796.

Les travaux d'achèvement commencèrent en 1823. C'est en 1868 que la grue fut enlevée, après 400 ans, et que l'*œuvre du Dome* fut inaugurée. Les travaux s'exécutèrent sous la direction d'Alhert, puis de Zwirner et de Voigtel. En 1880 on débarrassa les deux tours de leurs échafaudages ; on y mit trois cloches, dont l'une a été fondue en 1874 avec des canons français.

Cette œuvre, digne de l'admiration de la postérité, fut celle du roi Frédéric-Guillaume III, sur l'initiative de S. Boisserée, celle de la commission célèbre du *Domverein*, celle surtout d'Auguste Reinscherperger, mort en 1895, quelques semaines après qu'en reconnaissance pour ce service et d'autres, rendus à la cité de Cologne, il venait d'en être proclamé citoyen d'honneur. Il fut l'âme et la cheville ouvrière de cette entreprise mémorable.

Par un zèle de feu, par une éloquence pénétrante, par une propagande infatigable, il gagna le peuple allemand et ses princes à cette grande idée, d'achever la plus belle cathédrale des pays allemands. Il en pénétra l'idée, il en retrouva les lois et le canon oublié, il prépara par des études remarquables et fit prévaloir avec une rare énergie la solution de problèmes nombreux et épineux, il résolut les questions les plus ardues, objets d'un véritable combat, que soulevaient la réfection du portail Nord, la construction de la tour centrale, la suppression de la vis de la tour du Nord, le maintien et la disposition originelle des arcs-boutants, et l'établissement du réseau de la grande fenêtre de l'Ouest ; et il a donné l'exemple de ce que peut pour l'honneur d'une ville et d'un pays le dévouement d'un citoyen d'élite.

La grande façade a été achevée en suivant un plan du XIVe siècle, heureusement conservé.

On ne peut, à distance, se faire une idée de l'effet magique produit par ces masses énormes, toutes hérissées de pinacles, de clochetons, de gables fleuronnés, de flèches dentelées de crochets, garnies d'arcs-boutants, repercées de fenestrages, bordées de contreforts, tapissées d'arcatures, couronnées de crétages, de pignons ajourés, d'un gracieux campanile, et de tours jumelles colossales, sans rivales au monde, avec leurs 139 mètres d'altitude.

Les façades des transepts furent élevées sur les plans de Zwirner.

A l'intérieur une forêt de piliers élancés, de sveltes colonnes, de colonnettes accouplées, se perd à leur sommet dans des voûtes vraiment aériennes. De vastes verrières éclatantes descendent de ces voûtes jusqu'au pavé de pierres, pareilles, dit Victor Hugo, à de larges nappes de topazes, d'émeraudes et de rubis (1). Toutefois cette riche expression n'est qu'imparfaitement juste. Ces verrières, qui sont du temps de Maximilien, sont peintes avec la robuste exagération de la Renaissance allemande. « Là abondent ces rois et ces chevaliers aux visages sévères, aux tournures superbes, aux panaches somptueux, aux lambrequins farouches, aux mordons exubérants, aux épées énormes, armés comme des bourreaux, cambrés comme des archers, coiffés comme des chevaux de bataille. » Cette

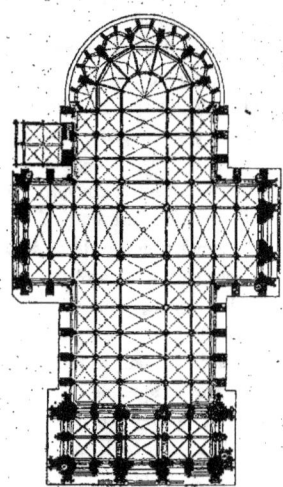

(Fig. 115.)
PLAN DE LA CATHÉDRALE DE COLOGNE.

description pittoresque du grand poète fait bien ressortir le caractère théâtral et singulièrement fâcheux de ces tableaux transparents, à la place desquels on voudrait voir les sereines figures des saints et les médaillons légendaires des siècles contemporains de l'ancienne architecture.

On a parfois voulu faire de la cathédrale de Cologne le Parthénon de l'architecture chrétienne. Ce monument, qui est à certains égards la synthèse de l'art gothique, a été fort discuté. Certes ses proportions sont à la fois grandioses et

---

1. *Le Rhin.*

harmonieuses ; mais il y a d'autre part de la monotonie et de la sécheresse dans les lignes, où le tracé géométrique abonde et d'où la statuaire ancienne est absente. On voit bien ici que l'art ogival est une conception essentiellement française. Le génie allemand manifeste sa puissance dans la série admirable des églises romanes du Rhin ; quand il veut imiter ses voisins de l'Ouest, dit feu Charles de Linas, il ne prend pas leurs qualités, il exagère leurs défauts ; « sous sa main l'effilement passe à la croquante. »

Quoi qu'il en soit, le grandiose édifice est le plus complet, le plus empreint d'unité, le plus parfaitement développé parmi les grands monuments gothiques. Il a cinq nefs précédées d'un vaste vestibule régnant sous les tours ; un des bas-côtés fait retour aux deux côtés du transept ; tous deux se prolongent aux flancs du chœur ; un seul enfin se prolonge autour de l'abside en forme de déambulatoire, entouré à son tour de sept chapelles absidales toutes pareilles.

Tout le vaisseau est couvert de voûtes d'arêtes nervées à simples diagonaux, telles que les a conçues l'art gothique après tous ses tatonnements, dans sa perfection, avant le commencement de sa décadence.

Donnons encore la parole à l'auteur des *Lettres sur le Rhin*, pour nous dépeindre, tel qu'il le vit jadis, le mobilier du chœur. « Dans ce chœur les richesses abondent. « Ce sont des chapelles pleines de sculptures sévères, des tableaux de toutes les époques, des tombeaux de toutes les formes, des évêques de granit couchés dans une forteresse, des évêques de pierre de touche couchés sur un lit porté par une procession de figurines éplorées, des évêques de marbre couchés sous un treillis de fer, des évêques de bronze couchés à terre, des évêques de bois agenouillés devant des autels, des lieutenants-généraux du temps de Louis XIV accoudés sur leurs sépulcres, des chevaliers du temps des Croisades gisant avec leur chien qui se frotte amoureusement contre leurs pieds d'acier, des statues d'apôtres vêtus de robes d'or, des confessionnaux de chêne à colonnes torses, de nobles stalles canonicales, des retables d'autels chargés de statuettes, de beaux fragments de vitraux, des tapisseries peintes sur des dessins de Rubens, des grilles de fer qu'on croirait de Quentin *(sic)*, des armoires à volets peints et dorés qu'on croirait de Franc-Floris *(sic)*. Les tombeaux dont il vient d'être parlé sont, entr'autres, l'effigie en cuivre de l'archevêque Conrad de Hochstaden, fondateur de la cathédrale, et les tombes de l'archevêque Engelbert, de l'archevêque Philippe de Heinsberg, etc. »

La somptueuse châsse des trois Rois fut l'objet de la dévotion de tout l'Occident au moyen-âge ; devant elle brûlaient les trois lampes de cuivre portant les noms de

Gaspard, *Melchior* et *Balthazar* ; de toutes les villes on allait en pèlerinage aux trois Rois de Cologne ; on y était souvent envoyé par condamnation de justice. Ce reliquaire éblouissant abrite les trois crânes surmontés de trois couronnes.

Il rappelle bien le souvenir de ces trois éblouissants monarques d'Orient. Saint

(*Fig. 116.*) L'ADORATION DES MAGES.
(D'après le retable de la cathédrale de Cologne.)

Ephrem raconte qu'à la vue des magnificences des Rois Mages, la Vierge Marie voulut en pénétrer le mystère et les interrogea. Lorsqu'elle connut de quelle manière le Sauveur s'était manifesté aux Mages, elle leur dit : « Que la Perse et l'Assyrie se réjouissent en apprenant ces merveilles ! Quand le règne de mon Fils s'étendra sur le monde, un de ses envoyés ira planter chez vous son étendard. » Quarante ans plus tard, saint Thomas, réalisant la prédiction de Marie, parvint jusqu'à ces régions lointaines. Les Mages vivaient encore, il versa l'eau du baptême sur leurs têtes blanchies ; eux l'aidèrent ensuite à propager la foi.

Parmi les pièces hors ligne du mobilier actuel, notons l'orgue, dont le noyau fut construit en 1572 par Nicolas Niédof. On remarque encore le reliquaire de saint Engelbert, exécuté par Conrad Duisbergh par ordre du successeur de l'archevêque Engelbert, Ferdinand ; enfin de nombreux et riches mausolées d'archevêques, notamment celui de Conrad Von Hochstaden, avec statue d'airain coulée au XVe siècle ; enfin le retable triptyque dit *Domblist*, de Maître Etienne Lochver, chef-d'œuvre de l'école de peinture de Cologne, représentant l'adoration des Mages que nous reproduisons ici.

Le pavement moderne, orné de riches mosaïques, a été dessiné par le Dr Essenwein.

 ## XI. — SAINT-BÉNIGNE DE DIJON (1).

SAINT-BÉNIGNE, comme le dit un des meilleurs archéologues de la Bourgogne (2), plonge ses racines au plus profond du sol mérovingien ; et cependant, le siège épiscopal n'y est établi que depuis le XVIIIe siècle (1731).

Nous sommes ici en présence d'un type d'église abbatiale tardivement transformée en cathédrale, tandis que l'ancienne cathédrale (Saint-Etienne) est devenue une halle aux grains : exemple frappant des vicissitudes des choses d'ici-bas. Nous nous arrêterons un peu à l'histoire de cette église, qui nous fournit un curieux exemple d'un monument dû aux laborieux efforts superposés des âges successifs.

Le Saint-Bénigne actuel n'est que la dernière des trois églises qui se sont succédé sur le même sol. La première remontait au VIe siècle et à saint Grégoire, évêque de Langres, le fondateur de l'abbaye devenue promptement une des plus illustres de la Bourgogne et de la France. De cette église primitive, il subsiste quelques portions de la crypte, dont le corps principal, le Tau, ainsi nommé de sa forme en T, a été comblé au XIIIe siècle. Cette crypte était la plus vaste de toutes celles que l'on connaît (3). Bâtie au VIe siècle par l'évêque de Langres, Grégoire, restaurée au IXe (871), agrandie au XIe, on y a retrouvé en 1858 les vestiges du *martyrium* renfermant les restes de saint Bénigne.

---

1. V. A. Perrault-Dabot, *L'art en Bourgogne*, p. 88.
2. Cet archéologue signe du pseudonyme A. Arnoult, dans le *Journal des Arts*, n° 3, 1893. — V. H. Chabeuf, *Dijon, monuments et souvenirs*. — V. *Saint-Bénigne de Dijon*, par le même dans la *Revue de l'Art chrétien*, septembre 1895.
3. Perrault-Dabot, p. 28.

C'est le B. Guillaume qui rebâtit au XIe siècle le vieux Saint-Bénigne. En même

(Fig. 117.) Vue a vol d'oiseau de Saint-Bénigne de Dijon.

temps le vénérable abbé élevait derrière l'abside ce mystérieux temple circulaire à trois étages, la rotonde, monument unique, dont il ne subsiste plus, et encore très restaurée, que la partie souterraine, dont nous avons parlé dans le chapitre relatif au Temple de Jérusalem.

« A la porte occidentale de son église, dit l'auteur auquel nous venons de faire allusion, Guillaume prodigua une imagerie barbare et grandiose, qui a été impitoyablement martelée à la Révolution ; nous connaissons seulement par une gravure imparfaite du dernier siècle cette page si expressive du livre de pierre. Toutefois la partie inférieure des colonnes d'ébrasement et les rinceaux en interlignes verticaux subsistent encore, et sont d'une beauté de ciseau achevée. Peut-être y eut-il là une influence italienne ; on sait, en effet, que l'abbé Guillaume avait ramené d'Italie toute une légion de moines instruits dans les arts du temps ; mais il en était venu d'autre part, des bords du Rhin notamment, et on peut croire que dans la basilique dijonnaise du XIe siècle se fondaient en une unité puissante les caractères du Nord et du Midi. Les anciennes descriptions, quelques fragments épargnés par le marteau révolutionnaire ou exhumés du sol, permettent de penser que le Saint-Bénigne de l'abbé Guillaume unissait à la robustesse de l'ensemble la délicatesse des détails ; c'était vraiment une œuvre rare et dont, par les formes et le style comme par les dimensions, aucun monument contemporain ne peut nous donner l'idée. Ajoutons qu'on y voyait le plus ancien vitrail peint dont il soit fait mention en Occident, le martyre de sainte Paschasie.

» Au-dessus de la croisée s'élevait une haute tour de pierre élevée sans doute en porte à faux, qui s'écroula dans la nuit du 21 au 22 février 1271-72, ruinant toute la grande église à l'exception du portail et de la rotonde. Mais le tombeau du saint avait aussi été préservé, et on disait même que les lampes qui brûlaient à perpétuité au-dessus ne s'étaient pas éteintes ; aussi l'enthousiasme fut-il grand pour rétablir la basilique nationale de la Bourgogne. Toutefois l'abbé Hugues d'Arc ne crut pas possible de rétablir le Tau, dont les voûtes étaient défoncées ; il se résigna donc à le combler, et la première pierre du nouvel édifice fut posée le 7 février 1281. Le chœur était achevé en 1288 et la nef en 1300, néanmoins les deux tours ne furent complétées qu'au commencement du XIVe siècle ; comme il arrive souvent, la partie la plus ancienne et de beaucoup la meilleure, le chœur de Saint-Bénigne, est d'une envolée superbe ; la nef vaut moins et la façade, y compris les tours, est d'un pauvre style. L'ensemble n'en est pas moins d'une belle masse, et, vu de loin, Saint-Bénigne émerge presque tout entier du fouillis des maisons, écrasées à ses pieds.

» Le plan est fort simple : triple nef sans chapelles latérales, transept ne débordant pas sur les bas-côtés, sanctuaire polygonal accosté de deux absides secondaires, mais dépourvu de déambulatoire. Il en résulte une impression rigide, austère ; point de ces percées variées qu'offrent les églises dont le plan est plus compliqué, et l'effet est accru encore par l'élancement des piliers, qui reçoivent la naissance de la voûte à un niveau beaucoup plus élevé que dans la plupart des églises du XIIIe siècle ; il suffit d'aller étudier à quelques centaines de mètres de Saint-Bénigne l'exquise Notre-Dame, pour comprendre ce que la profonde courbure de la voûte donne de grâce aisée et sereine à ce Parthénon de l'école bourguignonne ; c'est la grandeur qui domine à Saint-Bénigne. »

L'extérieur du vaisseau n'a de remarquable que l'uniformité, qui le distingue tout spécialement. Malheureusement l'intérieur a été abominablement détérioré au siècle dernier. Le mauvais goût a été ici plus impitoyable que les pires révolutionnaires. Tout le décor sculptural a été détruit par les moines eux-mêmes, obéissant à la mode du temps ; de là résulte la froideur et la sécheresse qu'offre aujourd'hui ce vaisseau jadis très gracieux. Au surplus, les matériaux sont médiocres, l'exécution a été inférieure à la conception, et enfin, la restauration désastreuse entreprise en 1830 n'a fait qu'empirer l'état du vieil édifice. On pouvait redouter une catastrophe, avant la restauration récente et judicieusement conduite par M. Ch. Suisse, qui a été achevée en 1892. On a ouvert au rond-point le premier rang de fenêtres bouchées ; les stalles rococo ont été divisées et dissimulées dans

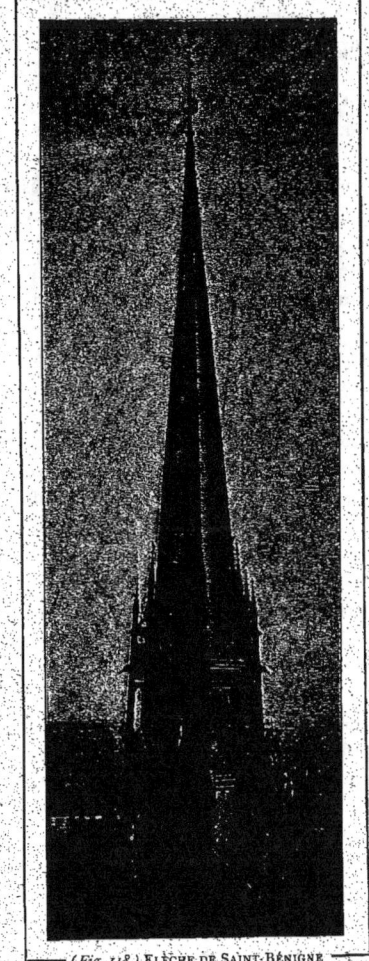

(Fig. 118.) FLÈCHE DE SAINT-BÉNIGNE

les entrecolonnements. Il restait à rétablir à la croisée cette haute aiguille, qui naguère pointait dans le ciel et était vue de plusieurs lieues ; non pas la gauche charpente ardoisée du dernier siècle remaniée au commencement de celui-ci, mais celle que l'abbé Philibert de Charmes éleva pour remplacer l'aiguille que la foudre avait détruite le 22 juin 1506. Elle était fort haute et toute ornée de plombs dorés.

M. Suisse, après avoir démoli la flèche du siècle dernier, a remis en 1894, au front de la vieille capitale bourguignonne, la belle aigrette, ouvragée de plomb et dorée détruite par la foudre en 1506 ; au-dessus, rajeuni et doré à neuf, a repris place le coq dont en 1870 un projectile badois avait enlevé la queue. La nouvelle flèche *(fig. 118)* est l'œuvre la plus importante de ce genre, par les dimensions et la beauté, qui ait été élevée en France de nos jours. Elle est ornée de huit statues en cuivre couronnant les contreforts de la base (1).

L'église a conservé quelques-unes de ses pierres tombales accumulées par les générations, notamment les tombes du chevalier d'Esguilly (1363) ; de Wladislas le Blanc, roi de Pologne, mort sous l'habit de Saint-Bénigne en 1388 ; de Sacquenier, abbé de Baure (1517) ; du premier président Lefebvre (1566), qu'on se plaît à attribuer à Sambin, et qui est d'un réalisme remarquable ; enfin, celle de cet Etienne Tabourot des Accords, mort en 1590, qu'on a appelé le Rabelais de la Bourgogne.

Les orgues, qui avaient beaucoup souffert pendant la Révolution, furent refaites par François Callinet en 1812 ; restaurées par Merklin en 1859, elles comptent parmi les plus grandes et les meilleures de France.

L'autel a été reporté à la première travée du sanctuaire ; à l'abside on a rouvert les fenêtres de l'étage inférieur. Les stalles, réduites en nombre, n'enveloppent plus l'architecture, mais s'ordonnent bien sagement deux par deux entre les piliers. Avec l'excédant des stalles, a été composé le trône épiscopal.

A l'entrée, les statues agenouillées, dos à dos, du premier président Legoux de la Berchère, mort en 1631, et de Marguerite Brulart, sa femme, apportées des Cordeliers, sont de beaux marbres du XVIIe siècle. Le mausolée du président de Berbisey, sculpté vers 1720 par le sculpteur Martin dans le style souple et agréable de Coustou, vient des Carmes. En face est le cénotaphe théâtral du président Claude Frémyot, le neveu de sainte Chantal, mort en 1670 ; il était autrefois à Notre-Dame.

Dans la nef, quatre statues des Bouchardon et de Masson, auxquelles on a ajouté le *Saint André* et le *Saint Jean l'Evangéliste* d'Attiret ; les deux autres grandes statues venues de Saint-Etienne, le *Saint Etienne* et le *Saint Médard* de Dubois, ont été placées dans le transept du Sud. Par respect pour les lignes de l'architecture, dix des bustes en marbre des apôtres, provenant aussi de Saint-Etienne,

---

1. A. Arnoul, *loc. cit.*

ont seuls trouvé place aux piliers. Nous citerons parmi les peintures une *Descente de*

(*Fig. 119.*) Statues de la base de la flèche de Saint-Bénigne.

Croix de Jouvenet, et deux tableaux du Dijonnais Nicolas Quantin, mort en 1646, *Saint Thomas écrivant sous la dictée de saint Pierre et de saint Paul* et *Saint Antoine et le jardinier*.

XII. — CATHÉDRALE DE BOURGES (1).

Sans remonter jusque dans la nuit des temps, rappelons que l'évêque Rodolphe de Turenne, 46ᵉ archevêque de Bourges, conçut au IXᵉ siècle le projet de rebâtir sa cathédrale ; on lui attribue la construction des cryptes, du moins de celle du rond-point. En réalité ces cryptes ne paraissent guère antérieures au XIIᵉ siècle.

Les travaux qu'il commença furent poursuivis avec entrain par Gauslin, (+1039,) frère du roi Robert le Pieux, mais l'édifice actuel est une reconstruction postérieure. La voûte du chœur a été achevée sous l'évêque Jean de Sully, mort en 1280.

L'église fut consacrée en 1324 par l'archevêque Guillaume de Brosse, mais le vaisseau ne fut achevé qu'au XVIᵉ siècle. D'après les Capitulaires de Charlemagne, les archevêques de Bourges avaient le droit de sacrer et de couronner, dans leurs cathédrales, les rois d'Aquitaine.

M. Ch. J. Deville considère Saint-Etienne de Bourges « comme la plus noble basilique de France à l'égard de l'architecture » (2) ; sans aller jusque-là, on peut dire que cet édifice prend place à côté des chefs-d'œuvre d'Amiens, de Reims, de Paris et de Chartres ; malgré des défauts de détail, et la sculpture à part, elle peut être égalée à Notre-Dame de Paris. C'est, selon l'expression de M. Lambin (3) « la cathédrale de toutes les clartés ». — « Faut-il regretter l'absence du transept dans ce monument superbe, colosse aux formes élégantes ? Peut-être ce transept aurait-il diminué l'unité et brisé fâcheusement les grandes lignes horizontales. » On a dit que Bourges était pauvre en décor ; c'est qu'on n'a pas étudié, comme M. Lambin, les quatre-vingt-quatre chapiteaux de ses cinq nefs, sans compter ceux des colonnettes. Les premiers, subdivisés en chacun huit, donnent deux cent quatre-vingt-quatre motifs différents. Il faut encore compter les merveilleux rinceaux du portail et les chapiteaux de la crypte, la plus claire et la plus vaste de France.

---

1. A. de Girardot et H. Durand. — *La cathédrale de Bourges*, 1849.
Barrau. — *Description de la cathédrale et des vitraux de Bourges*, 1885.
A. Buhot de Kersers. — *Histoire et statistique monumentale du département du Cher*, 1875.
V. Cahier de Martin. — *Monographie de la cathédrale de Bourges ; vitraux peints*.
V. des Méloizes. — *Les vitraux de Bourges* (suite). Lille, Desclée, De Brouwer.
Clément (l'Abbé). — *En Berry*. — *La cathédrale de Bourges ; ses richesses artistiques*. In-8°. Saint-Amand imp. Saint-Joseph.

2. *La France au XIXᵉ siècle illustrée par ses monuments*, p. 22.
3. *Les églises des environs de Paris*. Paris, Selmed, 1825.

XII. — CATHÉDRALE DE BOURGES.

Majestueusement dressée sur une éminence qui domine de vastes plaines, c'est une des constructions les plus surprenantes qui existent, par l'étendue, la majesté des proportions, la régularité du plan, l'ordonnance pittoresque des travées. Elle se distingue par une austérité particulière, par la sobriété du décor : c'est la noble fierté d'une reine que l'éclat de la souveraineté dispense de futiles atours. La crypte fameuse, la plus vaste de France, de 80 mètres de circonférence, et les chapelles absidales remontent au XIIe siècle. L'auteur de l'*Art gothique* fait observer que l'église souterraine de Bourges est de beaucoup la partie la mieux bâtie de l'édifice : « Rien n'y a été épargné, ni la taille, ni la qualité des matériaux, ni le luxe de la sculpture. »

A Chartres, dit M. Gonse, lieu de pèlerinages et d'imposantes cérémonies liturgiques, c'est le chœur qui déborde et se développe au détriment de la nef; à Bourges, ville de large constitution civile et de libertés bourgeoises, point de jonction des artères commerciales de la France, la cathédrale sans transept, avec cinq longues et vastes nefs se prolongeant dans le sanctuaire, prend la physionomie d'une immense salle destinée à recevoir des assemblées nombreuses.

L'extérieur de la cathédrale de Bourges ne répond pas à la magnificence de l'intérieur. Des additions postérieures ont çà et là gâté son unité. Cependant elle offre même au dehors des morceaux remarquables. La façade principale, large de 55 mètres et couronnée de deux tours, est majes-

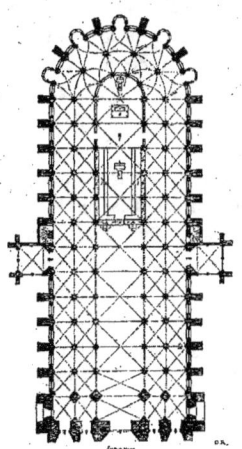

(*Fig. 120*) PLAN DE LA CATHÉDRALE DE BOURGES.

tueuse, avec ses cinq portes au fond de profondes voussures surmontées de gables, sans avoir à beaucoup près la beauté magistrale et tout à fait supérieure des façades des cathédrales de Paris, d'Amiens, de Reims et de Cologne. Les iconoclastes calvinistes ont malheureusement saccagé en 1562 les nombreuses statues qui formaient sa vivante parure, y compris le beau Christ bénissant du meneau central du portail. Le portail occidental est couvert de sculptures : statues, statuettes, bas-reliefs, feuillages et rinceaux décorent les parois, les tympans, les voussures des cinq portes qui s'ouvrent sur les cinq nefs. La porte centrale raconte la Genèse et le Jugement dernier, en fines sculptures de la fin du XIVe siècle. Le personnel de la cour céleste assiste au Jugement, rangé en cercle dans les six cordons concentriques des voussures. Cette belle page iconographique a malheureusement été cruellement malmenée sous prétexte de restauration. Didron raconte que trente-huit statues furent autrefois entièrement refaites par un artiste inhabile. En 1845 on s'aperçut qu'elles étaient intolérables, et l'on chargea le sculpteur Caudron de les ramener à une forme moins offensante ; son prédécesseur avait si bien nourri et étoffé les figures, que Caudron put tailler en plein drap ; il fit des statues maigres avec les personnages gros de son prédécesseur. Or ces statues neuves ainsi faites et refaites ont été en partie substituées à d'anciennes, encore relativement bien conservées. Au stylobate la Genèse se poursuit par le meurtre d'Abel, la mort de Caïn et le déluge ; aux tympans se déroulent en trois étages les légendes de saint Etienne et de saint Ursin ; aux voussures sont rangés des anges et des évêques. Aux baies latérales se voient les évêques et les saints de la région. Les deux autres portes, qui n'ont pas moins souffert de la main de maladroits restaurateurs, sont consacrées l'une à saint Etienne, patron de la cathédrale, l'autre à saint Ursin, premier évêque de Bourges. Heureusement on n'a pas touché à la statuaire des portails latéraux du Nord et du Midi, dont l'architecture a été l'objet de fâcheux remaniements, comme celle des contreforts des longues façades et des balustrades, exécutés à l'image de membres analogues de la cathédrale d'Orléans. On a là un style « que les archéologues nomment *troubadour*, et qui n'est plus en honneur même chez les fabricants de pendules (1). »

Quant aux façades latérales, elles sont peu brillantes, surtout fort gâtées par d'ineptes restaurations ; leurs portails sont élégants et originaux, celui du Midi surtout, qui s'ouvre par une double arcade trilobée, surmontée d'une belle rose en quintefeuille qui repose sur un pilier, le tout encadré dans un arc plein-cintre.

Les deux tours carrées, malheureusement découronnées, sont de style différent. Celle du Sud, élevée en 1530 par Guillaume Bellevoisin, a pris comme l'une des tours de la cathédrale de Rouen le nom significatif de *tour de Beurre* ; nous expliquerons le sens de ce nom en décrivant la grande église normande. On gravit, pour l'escalader, les 396 degrés du colimaçon hexagonal qui la flanque. L'ancienne tour qu'elle remplaça s'écroula en 1506, comme l'atteste cette inscription gravée sur la nouvelle :

Ce fut l'an mil cinq cent et six
De décembre le dernier jour
Que par des fondements mal pris
De Saint-Etienne chut la tour.

---

1. *Rapport de Didron sur les travaux exécutés de 1829 à 1848 à la cathédrale de Bourges*, publié par M. O. Roze à Bourges, Tardy-Pigelet, 1889.
V. P. Cahier. — *Mélanges archéologiques*, t. I.

La sculpture n'a pas, nous l'avons dit, prodigué dans cet édifice la richesse qu'elle a déployée dans d'autres monuments; il en résulte un caractère solennel et sévère qui ne fait peut-être qu'augmenter, du moins à l'intérieur, la majesté de l'ensemble. Notons, avec M. Lambin, que la feuille du figuier y a été rendue avec un art particulier.

La quintuple nef, sans transept, rappelle comme plan Notre-Dame de Paris et

— (*Fig. 121.*) Martyre de saint Pierre et de saint Paul. —
(D'après un vitrail de la cathédrale de Bourges.)

comme élévation le chœur du Mans, avec ses arcades très hautes. Nous rencontrons même ici une disposition très caractéristique. Le premier collatéral, dépourvu de tribunes, est beaucoup plus élevé que le second, créé pour mieux soutenir ce vaisseau hardi, à la place occupée par les chapelles des bas-côtés dans les autres cathédrales. La hauteur extraordinaire des arches qui séparent ce collatéral extrême du premier collatéral, donne au vaisseau une élégance et une hardiesse peu communes, et constitue une admirable conception. Les cinq nefs ainsi étagées reçoivent abondamment la lumière et étalent le beau spectacle de leurs doubles galeries du triforium. La plus élevée offre des groupes de six arceaux, inégaux de taille, groupés sous un arc de

(F. 122.) Vitrail de la cathédrale de Bourges.

décharge, ordonnance qui ne manque pas d'originalité; malheureusement, par le bas, le triforium serre de trop près les maîtresses arcades des nefs.

La superstructure offre aussi de curieuses particularités. Les voûtes sont portées par un système de 60 piliers, alternant, dans la grande nef, plus gros et plus minces.

Les croisées des nervures sont jetées avec audace sur de doubles travées carrées et recoupées par un doubleau intermédiaire, de manière à donner un formeret à chaque entrecolonnement, procédé emprunté, nous l'avons vu, à l'art septentrional. Cependant

(Fig. 123.) Vitrail de la cathédrale de Bourges.

les arcs-boutants sont tous pareils, ce qui constitue le même manque de logique absolu et plus accentué encore, que celui qu'on rencontre à Paris, à Laon, à Soissons, à Sens. Les voûtes, sur plan carré, ne reportent, par leurs nervures, leurs charges principale que de deux à deux piles.

D'un autre côté, grâce à la présence du second collatéral, les piliers butants sont rejetés hors des limites de l'église, au lieu de former des refends dans les collatéraux, et ils contrebutent les voûtes hautes par des arcs-boutants à double travée et à double étage.

Dans son ensemble l'intérieur du vaisseau est d'une éblouissante beauté. L'élancement des colonnes à faisceaux, l'élégance du double triforium, la sveltesse des voûtes, la forme gracieuse des fenêtres hautes, aux triples lancettes surmontées de belles roses, concourent à produire un effet grandiose et harmonieux. Les chapelles collatérales étendent largement le spacieux vaisseau, et font ressortir ses lignes puissantes par leurs profondeurs ombrées. Le chœur, l'abside et les cinq nefs se déploient avec majesté, divisées par une forêt de piliers ramifiés. L'ensemble ne peut se comparer qu'à la perspective fameuse de Notre-Dame d'Amiens, dont le style, toutefois, est bien plus pur et plus noble.

Une des gloires de Bourges réside dans les vitraux célèbres qui ornent un grand nombre de ses fenêtres, et dont la monographie s'achève sous la direction de M. des Méloizes (1).

Parmi ces vitraux il en est qui remontent au XIIIe siècle. Celui qu'ont donné les Bouchers contient le magistral développement d'un beau thème iconographique : les concordances entre les faits figuratifs de l'Ancien Testament et les faits accomplis sous la loi nouvelle. Sur les vingt-cinq verrières du chœur, vingt-deux, à sujets légendaires, datent également du XIIIe siècle. De la même époque sont les grandes figures qui décorent les baies des étages intermédiaire et supérieur autour du chœur, ainsi que les 45 roses. Au XVe siècle appartient la grande verrière de saint Etienne : gigantesque ensemble de 150 mètres carrés de surface, où l'on voit, outre la figure colossale de saint Guillain, saint Jacques, l'ange Gabriel, la Vierge Marie, saint Etienne, saint Ursin. Plus riche encore et plus brillante est la rose qui s'ouvre au-dessus de cette baie, ainsi que les vitraux des nefs et des chapelles, qui leur sont contemporains. Parmi ceux-ci, les plus beaux de beaucoup sont ceux de la chapelle Jacques Cœur, qui représentent l'Annonciation (vers 1450).

Ces vitraux ont été réparés de nos jours, mais il s'en faut qu'ils aient été traités suivant toutes les règles de l'iconographie et de l'archéologie. De même on a peu respecté les importants vestiges de peintures murales qui ont persisté sous le badigeon idiot qui a sévi au siècle dernier. D'autres pertes sont à déplorer. Vers le milieu du XVIIIe siècle le chœur subit une regrettable transformation. Le mobilier gothique

---

1. *Monographie des vitraux de Bourges.* — Société Saint-Augustin, Lille. Cet ouvrage fait suite à la monographie des RR. PP. Cahier et Martin.

qui le décorait fut mis au rancard comme « *vieilleries* ». En 1757 on démolit l'antique jubé, pour édifier à la même place une clôture nouvelle, détruite elle-même en 1791. L'ancienne remontait à la fin du XIIIe siècle ; on a retrouvé les fragments mutilés des superbes bas-reliefs qui la décoraient, employés, face retournée, comme de vulgaires moëllons, dans la reconstruction du chancel. On peut les admirer aujourd'hui dans la crypte (1).

XIII. — ÉGLISE SAINTE-ÉLISABETH DE MARBOURG.

L'église Sainte-Elisabeth de Marbourg, dit M. Jules Helbig, est une des plus intéressantes de l'Allemagne ; avec l'église de Notre-Dame de Trèves, elle compte au nombre des premiers monuments du style gothique qui ont été construits et l'on retrouve, dans l'ordonnance générale du plan et dans l'exécution des détails, l'expression du style dans toute sa pureté. Mais elle offre encore un intérêt tout particulier en rappelant, d'une manière singulièrement vivante, cette Sainte vénérée et populaire qui est morte à vingt-quatre ans, après avoir épuisé la coupe de toutes les douleurs et laissé au monde l'exemple d'incomparables vertus.

La plupart de nos lecteurs connaissent le beau livre que le comte de Montalembert a consacré à la princesse de Thuringe, et qui a répandu, sur le sanctuaire consacré à cette sainte, tant de charme poétique.

(*Fig. 124.*) AUTEL PRIMITIF DE SAINTE-ÉLISABETH DE MARBOURG.

On a retrouvé les substructions de la chapelle de l'hôpital Saint-François, fondé par le sainte, et où elle fut inhumée ; elles se trouvaient en grande partie sous le transept Nord de la nouvelle église, érigée par les soins et les ressources des chevaliers de l'Ordre Teutonique.

L'auteur que nous venons de citer parle en ces termes de cette belle église, d'après le Docteur Bickell (2) :

1. V. O. Roger, *L'ancien jubé de la cathédrale de Bourges* Bourges, 1892.
2. V. *Revue de l'Art chrétien*, novembre 1892, J. Helbig.

« On n'a malheureusement aucun renseignement sur l'architecte de l'église de Marbourg, mais il est très probable qu'il a connu et étudié les églises du Nord de la France. Toutefois c'est dans les églises du Rhin et de la Westphalie qu'il convient de chercher surtout le type dont il s'est inspiré en ce qui concerne les dispositions générales.

» En effet, la triple abside qui en caractérise si nettement le chevet, se retrouve très clairement développée dans les églises romanes de Cologne : Sainte-Marie du Capitole, les Saints-Apôtres et Saint-Martin ; secondement les églises dont les trois nefs s'élèvent à la même hauteur, les « Hallenkirchen » allemandes dont Sainte-Elisabeth offre un si bel exemple, se rencontrent, à la vérité isolément, dans le Poitou ; mais on en voit surtout des types appartenant à la dernière période romane, particulièrement remarquables, en Westphalie ; les églises du Munster à Herford et le dôme de Paderborn en offrent des exemples. Les moines de l'Ordre de Cîteaux qui, en 1227, ont bâti la basilique de Marienstadt, non loin de Marbourg, paraissent avoir, quant au style, exercé une influence décisive sur le maître de l'œuvre de Marbourg.

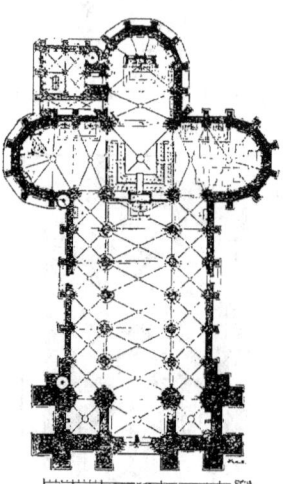

(*Fig. 125.*) PLAN DE L'ÉGLISE SAINTE-ÉLISABETH A MARBOURG.

» L'Ordre Teutonique commença la construction de l'église le 27 mai 1233, *avant* la canonisation de la Sainte, et le 30 du même mois, le pape Grégoire IX accordait des indulgences à tous ceux qui, soit par des aumônes, soit autrement, donneraient leur concours à la construction. Les prodiges qui s'accomplissaient auprès du tombeau de la Sainte, morte le 19 novembre 1231, et l'affluence des pèlerins qui déjà venaient le visiter, rendaient la canonisation certaine. La solennité de la pose de la première pierre eut lieu le 14 août 1235 ; c'est seulement un an plus tard, sur les démarches du Landgraf Conrad de Thuringe et du P. Conrad de Marbourg, confesseur de la duchesse, que le pape Grégoire procéda à la canonisation de la duchesse Elisabeth. C'est alors qu'eut lieu l'élévation de son corps. Plus tard, les reliques de la Sainte furent placées par Henri, duc de Brabant, au-dessus de l'autel majeur, remplacé depuis lors par le somptueux autel que l'on y voit aujourd'hui. »

L'autel primitif est conservé dans le transept ; nous le reproduisons avec son important *ciborium (fig. 124)*. Il marque la place de la première sépulture. C'est devant cet ancien autel que le comte de Montalembert a vu cette « marche profondément creusée, trace des pèlerinages innombrables qui étaient venus s'y agenouiller autrefois, mais qui depuis trois siècles n'y viennent plus. »

La belle châsse de sainte Elisabeth, contenant les restes de ses reliques, est conservée dans la sacristie de Marbourg ; c'est un des plus précieux joyaux de la belle orfèvrerie du XIIIe siècle ; elle rappelle singulièrement celles de Cologne, d'Aix-la-Chapelle, d'Huy et de Tournai.

Chapitre Douzième.
ÉGLISES GOTHIQUES EN ITALIE.

I. — BASILIQUES DE Sᵀ-FRANÇOIS ET Sᵀᴱ-MARIE DES ANGES A ASSISE.

Nous avons visité les cathédrales françaises : c'est dire que désormais l'architecture proprement dite ne nous offrira plus aucun spectacle qui puisse nous faire concevoir un degré plus élevé de beauté. Pour ne pas décourager notre soif du beau, il faudra tourner les yeux vers le radieux ciel de l'Italie, où des peintres angéliques ont habillé d'une robe céleste les murs austères de monuments moins admirables en eux-mêmes. Nous devrons revenir quelque peu sur nos pas dans l'ordre chronologique, pour ne pas descendre trop rapidement des hauteurs où nous planions, et ne pas sortir encore de la belle période de l'art chrétien, véritable azur.

C'est sur les traces du Père séraphique saint François que nous dirigerons, si vous le voulez bien, lecteur, nos pas recueillis. Allons faire un pèlerinage à Assise, à la double église qu'on proclame la perle de l'Italie chrétienne, le chef-d'œuvre de l'Ecole ombrienne, et le véritable sanctuaire de l'art catholique (1).

La basilique, premier monument de l'art gothique en Italie, dominant le Sacré Couvent, se dresse sur un roc escarpé et déclive. Elle respire le symbolisme profond des églises du Nord. En plan elle offre la forme mystérieuse du Tau imprimé sur le front de saint François ; elle se compose en réalité de trois sanctuaires superposés : la crypte, tombeau du Père séraphique, l'église basse, image de sa vie terrestre, et l'église haute, symbole de son apothéose dans le ciel. La crypte forme une véritable église souterraine, qu'on mura après y avoir déposé le corps de saint François et que l'on appelait l'*église invisible*. Les restes du saint, heureusement retrouvés en 1818 dans l'anfractuosité d'un rocher et renfermés dans un vase précieux, sont conservés dans la crypte. Celle-ci n'est plus la primitive, laquelle a fait place à une autre toute moderne d'aspect, décorée de marbres de toutes couleurs ; un autel est

---

1. Mgr Gaume, *Les trois Rome*, t. III, p. 201.

placé au-dessus de la châsse ; des bas-reliefs en terre cuite ornent les parois des murs ; deux statues en marbre blanc représentent Pie VII et Pie IX.

La crypte est donc surmontée, comme à Saint-Michel-du-Mont en France, de deux églises superposées. C'est d'abord une église inférieure, basse, sombre, respirant la tristesse, la pauvreté, la pénitence, véritable image de saint François sur la terre. Ses voûtes en plein-cintre reposent sur des piliers massifs, et sont soutenues au dehors par la base des arcs-boutants des voûtes légères de l'église haute, laquelle

(Fig. 126.) ASSISE. — LE CLOITRE ET L'ÉGLISE SAINT-FRANÇOIS.

est, par un beau contraste, semblable à la Jérusalem céleste, au séjour bienheureux de l'héroïque Apôtre de la pauvreté.

Quand on pénètre dans l'église basse, dit un visiteur, on est gagné par une sorte de mélancolie qu'inspire la poésie des ombres. Le jour, qui pénètre par la seule ouverture de l'entrée, s'accroche aux reliefs de quelques tombeaux. Plus loin la nef est noyée dans un demi-jour habilement ménagé dans une teinte mystérieuse, qui n'est pas sans un charme pieux. A l'Orient s'ouvre le chœur, illuminé d'un jour éclatant. C'est une sorte de magie de lumière artistement graduée, que le peintre Granet a su rendre avec toutes les ressources du clair-obscur, dans un tableau que l'on peut voir au Louvre.

L'église supérieure, aujourd'hui abandonnée par le culte, offre un svelte vaisseau d'une seule nef couvert en croisées d'ogives et éclairé de fenêtresé lancées. Il rappelle par sa nef unique et ses contreforts cylindriques Sainte-Cécile d'Albi et l'architecture provençale, et plus encore la Bourgogne, par l'ordonnance de son portail et par sa galerie intérieure passant sous les appuis des fenêtres, en traversant les piliers ornés de faisceaux de colonnettes (1). La lumière y abonde ; brillante, lumineuse, légère, image des splendeurs divines, glorification du saint patriarche devenu l'habitant du ciel, elle offre un curieux contraste avec l'église inférieure. La façade est ornée de marbres et de sculptures ; la porte s'encadre de voussures retombant sur des colonnettes ; une rose au riche fenestrage s'ouvre au-dessus. A l'intérieur s'élancent des faisceaux de colonnes légères, qui sont peintes de bas en haut, et portent des nervures de voûtes elles-mêmes richement décorées.

Mais, nous l'avons dit, ce ne sont pas les mérites de l'architecture qui doivent retenir notre attention ; c'est le poème superbe écrit avec le pinceau et consacré par le patriarche de la peinture italienne au patriarche de la sainte pauvreté. Celui-ci y est glorifié par des chefs-d'œuvre inestimables de la peinture, qui font d'Assise un centre de pèlerinage autant pour les artistes que pour les dévots : nous assistons ici aux origines de la grande école ombrienne.

Au milieu du XIIIe siècle, Cimabuë, le père de l'école florentine, était occupé à peindre les grandes figures hiératiques à allure byzantine qui ornent l'église haute d'une manière si grandiose, lorsque, se rendant de Florence à Vespignano, il rencontra sur son chemin un petit pâtre de dix ans, occupé à dessiner sur une pierre plate une brebis de son troupeau. Etonné de la manière remarquable dont le jeune artiste, sans le savoir, dessinait son modèle, Cimabuë lui dit : « Voudrais-tu venir avec moi ? — J'irais volontiers, dit l'enfant, si mon père y consentait. » Le père, simple laboureur nommé Bondone, donna son consentement, et Cimabuë amena Giotto à Florence, lui enseigna son art, si bien que l'élève surpassa bientôt son maître ; il était destiné à devenir le roi de la peinture chrétienne.

Dans la plénitude de son inimitable talent, il a peint, dit Mgr Gaume, les grandes figures devant lesquelles six siècles sont restés muets d'admiration. « De son côté, Giottino, supérieur peut-être à Giotto pour la forme, l'harmonie et le sentiment, a déposé le tribut de son génie dans l'*Histoire de N.-S. et de la Très Sainte Vierge*, qui décore la travée droite de l'église inférieure. Stefano Fierontino, Puccio Copanna, Buannamico, Buffulmaco et bien d'autres, sont venus écrire quelques lignes de ce grand poème. » On sait que l'un d'eux exprimait ainsi la pensée de tous : « Nous

---

1. C. Enlart, *Revue de l'Art chrétien*, 1894, p. 115.

autres, peintres, en travaillant dans ce sanctuaire des beaux-arts, nous ne nous occupons d'autre chose que de faire des saints et des saintes sur les murs et sur les autels, afin que par ce moyen les hommes, au grand dépit des démons, soient plus portés à la vertu et à la piété. » C'était tracer le véritable et éternel programme de l'art chrétien.

Dans la magnifique fresque de l'église inférieure, Giotto a voulu représenter les trois vertus monastiques. Voici comment Red les décrit : « La *Chasteté* est figurée par une femme voilée, qui prie dans une forteresse gardée par deux anges ; c'est à peine si les yeux peuvent l'apercevoir à travers une étroite fenêtre ; on voit seulement qu'elle repousse les couronnes et les palmes que des tentateurs viennent lui offrir. De l'autre côté on voit l'*Obéissance*, vêtue d'un humble sac, posant la main gauche sur le livre de la Règle, et l'index de la main droite sur sa bouche pour signifier le silence, tandis qu'un moine s'incline devant elle pour se laisser mettre un joug sur le cou. Enfin la *Pauvreté*, dont on voit que Giotto avait peur tout en célébrant sa grandeur, paraît sous la forme repoussante d'une femme en haillons, en chevelure négligée, dont les flancs sont ceints d'une corde grossière ; l'épine et la chienne maigre qui vient aboyer contre elle, sont les emblèmes des épreuves et des mépris qui l'attendent dans le rude sentier de la vie. »

Dans l'église supérieure, Cimabuë a peint les quatre Docteurs de l'Eglise latine : saint Ambroise, saint Augustin, saint Grégoire et saint Jérôme, et de grandes fresques représentant des scènes de l'Ancien et du Nouveau Testament. On attribue à Margariton les gigantesques figures qui ornent les côtés d'une fenêtre. Aluigi d'Assise, surnommé l'*Ingegno*, a orné la voûte de la chapelle de Saint-Louis, les quatre sibylles et les quatre grands prophètes. Le long des nervures des voûtes de la nef est peint un large cadre formé de feuillages et de rinceaux composés avec beaucoup de goût, qui renferme des sujets sacrés se détachant sur fond d'azur étoilé d'or. Les arcs doubleaux contiennent des figures à mi-corps de saints et saintes, contenues dans des médaillons.

Une impression de tristesse saisit le voyageur chrétien qui visite le *Sacro Convento* à Assise. « Il dresse toujours sur son énorme base de maçonnerie ses deux églises superposées, mais il n'appartient plus à l'Ordre du saint, en sorte que, malgré leurs admirables peintures, les chapelles donnent une sensation invincible de ruine et d'abandon... »

« Les constructions sont bien les mêmes et la figure visible ; mais les églises vont se délabrant, le dôme s'écroulant ; les pèlerins ont été remplacés par des mendiants qui attendent les voyageurs, et, de ces voyageurs eux-mêmes, combien savent ce que fut vraiment le héros d'amour divin qui naquit et mourut sur cette colline, où du moins la dureté des temps n'a pas pu toucher au visage du sol, ce visage, comme dit tendrement un ancien, qui ne change pas si vite que le cœur d'un homme (1) ! »

La vaste basilique supérieure, que les écrivains franciscains ont comparée à la Jérusalem nouvelle descendant du Ciel, et ornée comme une épouse prête à recevoir

(*Fig. 127.*) ASSISE. — St-MARIE DES ANGES.

son époux, est vide. On n'y célèbre plus la messe. Sur l'autel manquent même le crucifix et les candélabres.

Les murs seuls sont restés debout avec leurs admirables fresques. Le *Sacro Convento* est transformé en collège national, et un seul corridor est réservé aux Franciscains conventuels, qui seront mis à la porte le jour où la mort les aura réduits au nombre de trois.

Plus heureuse que la basilique de Saint-François, la basilique de Sainte-Marie des Anges, ce lieu de prédilection de saint François, est desservie par les Francis-

1. P. Bourget, *Sensations d'Italie*, 1891.

cains de l'Observance, qui, suivant les recommandations du saint Fondateur, n'ont jamais quitté ce lieu. « Faites bien attention, mes chers enfants, dit François à ses disciples, de ne jamais abandonner ce lieu. Si l'on vous chasse d'un côté, rentrez de l'autre, car ce lieu est vraiment saint, c'est la demeure de Dieu. » C'est sous le dôme de Sainte-Marie qu'on retrouve la *Portioncule* du Père Séraphique, encore parfumée de sa présence (1).

La grandiose église actuelle et le vaste monastère sont conçus dans le style classique, et rappellent les Bramante et les Vignole.

L'église offre trois nefs, dont la forme en croix latine est dissimulée sous un comble unique et déprimé. Des fenêtres étroites et rares suffisent à éclairer les nefs, grâce à l'éclat du soleil italien ; le principal éclairage provient de la lanterne, qui, seule aussi, avec la coupole qui la surmonte, anime au loin la silhouette de l'édifice. C'est vers ce dôme, connu de toute l'Italie et aimé de ses pieuses populations, qu'accourent chaque année des milliers de pèlerins au jour des grandes indulgences. Ce jour-là le couvent est transformé en une sorte d'immense caravansérail.

II. — LE DOME DE SIENNE.

Ainsi que l'a récemment démontré M. C. Enlart (2), l'honneur d'avoir fait connaître l'art gothique à l'Italie revient aux moines Cisterciens. Le premier monument gothique de la Péninsule fut l'abbatiale de Fossanova, près de Terracine, élevée de 1187 à 1208. En Toscane, San Galgano et la cathédrale de Sienne font école à la même époque. Dans toute l'Italie, les Dominicains, puis les Franciscains imitèrent, en la simplifiant, l'architecture de Cîteaux (3). L'art ogival eut d'ailleurs à Sienne un essor étonnant ; il y est caractérisé par l'arc brisé combiné avec l'arc surbaissé, elliptique, constituant ce que l'on appelle l'arc siennois.

C'est un noble édifice, que celui dans lequel s'incarne le style gothique de cette région. La République de Sienne, « qui attachait plus de prix à l'acquisition d'un chef-d'œuvre qu'au gain d'une victoire (4), » voulut travailler incessamment à son dôme, rendant chaque jour hommage à la Reine du Ciel, sous le vocable de *Santa Maria assunta*.

---

1. V. G. Gaume, *Les trois Rome*, t. III, p. 198.
2. C. Enlart, *Revue de l'Art chrétien*, 1894, p. 41. — Comte de Waziers, *ibid.*, 1878, t. II, p. 240.
3. Milani, *Encyclopédie d'architecture*, t. V, p. 254.
4. G. Rohault de Fleury, *Notes historiques sur le dôme de Sienne*, Paris, 1877.

Fondée au XIe siècle, consacrée en 1184, la cathédrale de Sienne est agrandie déjà en 1187. En 1259, commence un nouvel ensemble de travaux ; l'édifice est voûté ; ensuite il est meublé, et Nicolas de Pise y pose son chef-d'œuvre, en érigeant le *Pulpito*. Le même artiste commence la construction de la façade, et Duccio y place enfin la fameuse madone comme le couronnement final. Tout semble terminé, lorsque soudain les Siennois démolissent l'abside du dôme pour l'agrandir et le surélever (1391). Enfin ils jettent les fondements du « dôme neuf. » — « Ils enfouissent leurs trésors, dit M. le Comte de Waziers (1), dans ces murs gigantesques qui refusent, à peine élevés, de porter les voûtes qu'on leur impose. Le désespoir fait place à la confiance aveugle ; l'auteur des vastes arcs de la Loge des séances est appelé à Sienne, comme les médecins célèbres aux heures de la mort ; il prononce la fatale sentence et l'immense projet est abandonné (1391). »

Impuissants à réaliser leur rêve de grandeur, les Siennois se dédommagent par des prodiges de richesse. « Ils ornent la façade, ils terminent le campanile chancelant, ils parent de ses blancs vêtements de marbre la façade de Saint-Jean, ils tapissent les murs et les voûtes des fresques gracieuses de leurs peintres, ils couvrent le sol lui-même de tableaux, visions étranges qui semblent sortir des tombeaux pour raconter l'histoire des morts ; ils font, changent, recommencent, détruisent pour rétablir encore les stalles du chœur. Ils parviennent à rassembler dans les murs privilégiés les plus grands génies qui aient illlustré le XVe siècle, depuis Giacomo della Quercia jusqu'à Michel-Ange, depuis Spinello jusqu'à Ghirlandaïo et Raphaël ; enfin, devant la pourpre pontificale qui recouvre un de leurs compatriotes, leurs rêves de grandeur se raniment une dernière fois, et nous voyons réapparaître inopinément au jour le colossal projet du XIVe siècle (2). »

La cathédrale de Sienne offre un chevet plat comme les églises de l'Ordre de Cîteaux ; elle est surmontée d'une coupole irrégulière, hexagonale, terminée en 1264. La longueur de l'église est de 89 m., sa largeur, de 24 m. à la nef, de 51 au transept. Vers 1300, devant le vaisseau déjà construit, fut élevée la façade (3) luxueuse et ouvragée, criblée d'ornements, éblouissante de richesses. Trois portails aux voussures cintrées surmontées de gables forment le premier étage ; au-dessus s'ouvre une rose, et le tout est couronné par trois frontons que séparent des pinacles ; entre les lignes de la membrure, pas un pied carré de pavement qui ne soit couvert d'ornements.

A l'intérieur, « ses murs incrustés de marbre blanc et noir, sa coupole, ses sculp-

---

1. Comte de Waziers, *Revue de l'Art chrétien*, 1878, t. II, p. 210.
2. V. Gaetano Milanesi, *Documenti por lo storia delli arte Senesa*, Sienne, Poni, 1854, t. I.
3. V. Rohault de Fleury, ouvrage cité.

tures sur bois, son pavé en mosaïques, le plus admirable qu'on connaisse, sa voûte

(Fig. 128.) CATHÉDRALE DE SIENNE.

bleue parsemée d'étoiles d'or, ses superbes vitraux du XVIe siècle, ses bustes pontificaux (étendant leur série depuis saint Pierre jusqu'à Alexandre III), ses magnifiques livres de chœur tout brillants de vignettes d'or et d'azur, ont de quoi satisfaire l'intelligente curiosité de l'artiste (1). »

La polychromie naturelle intense, qui rehausse ce monument, fait d'abord sur l'habitant du Nord une impression étrange, effacée ensuite par l'intérêt qu'excite tout ce brillant décor. Le pavé est couvert de *graffiti*, de marbres uniques en leur genre, représentant des scènes de l'Ancien Testament et autres sujets. La chaire, en marbre blanc, de forme octogonale, est supportée par dix colonnes, en partie supportées par des lions ; sa cuve est ornée de bas-reliefs remarquables, dus à Nicolas Pisano et à ses disciples.

1. V. Mgr Gaume, *Les trois Romes*, t. I, p. 122.

Chapitre Treizième.

LE STYLE RAYONNANT.

ous connaissons maintenant le style gothique du XIIIe siècle dans sa beauté sévère, dans son élégante pureté, dans sa richesse contenue et majestueuse.

Dans les grandes églises de cette époque, la voûte en arcs d'orgives, romane d'origine, développe plus librement sa puissante ossature ; des points d'appui, invisibles de l'intérieur, se jouent en apparence des lois de la pesanteur, et reportent leurs poussées sur les murs extérieurs à l'aide de hardis arcs-boutants. Des colonnettes greffées aux piliers reportent jusqu'au sol les lignes des nervures (*fig. 129*). Les fenêtres s'ouvrent largement et offrent des jours en lancettes à de splendides vitraux.

Mais le temps marche, et les architectes gothiques ne restent pas plus stationnaires que lui. Ils sont engagés dans un système ; ils le développeront jusqu'à la perfection, puis encore jusqu'à l'excès et à l'abus. L'apogée du système fut atteint par l'architecture du XIVe siècle.

Le moment est venu d'expliquer le caractère de cette nouvelle phase de l'architecture gothique.

Les voûtes gothiques avaient donné le moyen de reporter les poussées sur des points isolés des murs, puis même en dehors des hauts murs, sur les murs bas et extérieurs, à l'aide des arcs-boutants. Bientôt l'édifice se réduit à un squelette de pierre. Les supports deviennent étroits jusqu'à la plus grande hardiesse ; les pleins des murs font place à de véritables cloisons ajourées. Les fenêtres occupent toutes les surfaces disponibles entre les contreforts ; leurs baies immenses se remplissent de montants en pierre qui se relient dans le haut et s'entre-croisent suivant des tracés d'une élégance

(*Fig. 129.*)

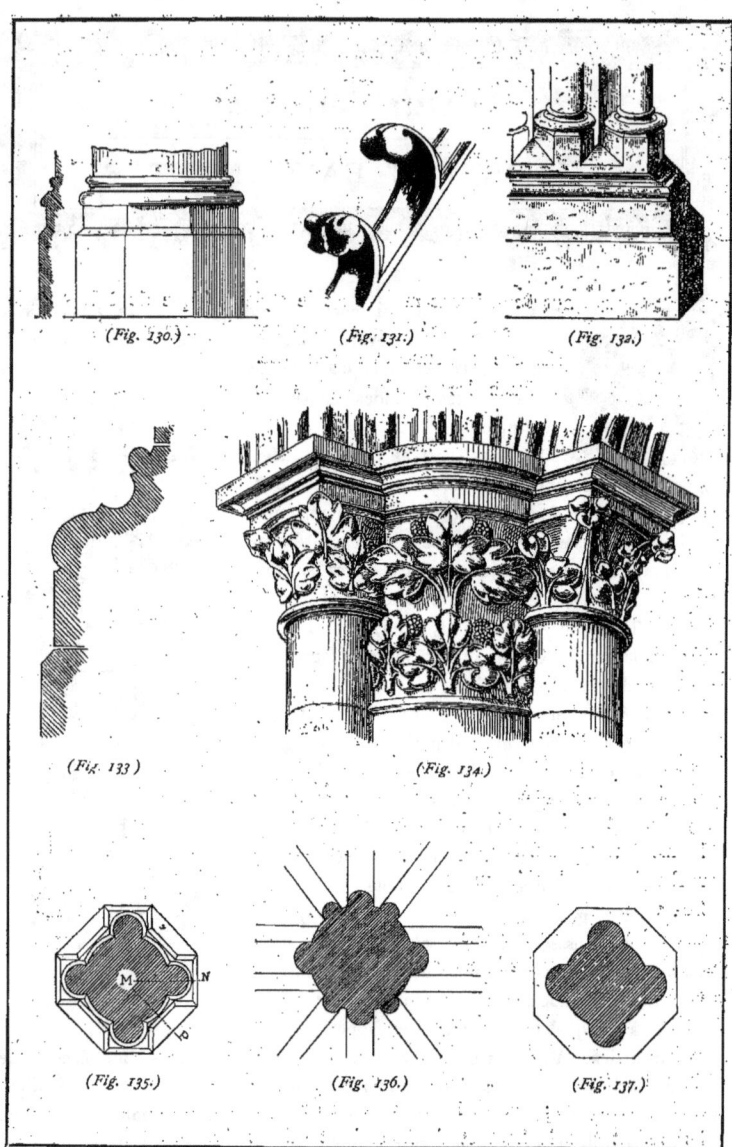

(Fig. 130.) (Fig. 131.) (Fig. 132.)

(Fig. 133.) (Fig. 134.)

(Fig. 135.) (Fig. 136.) (Fig. 137.)

extrême *(fig. 139).* Les roses deviennent colossales et se remplissent d'une résille de pierre de la dernière richesse *(fig. 138).* Ces dessins sont tracés au compas ; ils se développent en rosaces, en quatrefeuilles, en combinaisons de courbes, qui donnent leur nom à cette période d'architecture.

En même temps les supports des nefs perdent définitivement l'apparence de colonnes et deviennent de simples faisceaux de colonnettes, qui s'envolent du pavement vers la voûte *(fig. 129, 135, 136 et 137).* Les chapiteaux perdent leur

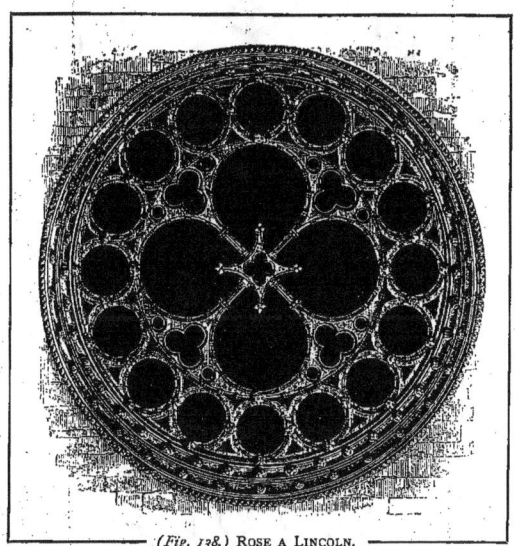

(Fig. 138.) ROSE A LINCOLN.

sévérité, mais pas encore leur élégance. Cette phase du style gothique répond à ce que les archéologues appellent le *style gothique rayonnant.* On en trouve des exemples, et des plus beaux, dans les parties les plus récentes de l'œuvre de Notre-Dame de Paris, que nous avons déjà décrite. Nous en chercherons ailleurs et nous nous y arrêterons davantage.

Les progrès nouveaux s'impriment dans le pilier gothique, qui, sous la voûte, constitue l'âme du système de la construction méridionale.

234   CHAPITRE TREIZIÈME. — LE STYLE RAYONNANT.

L'ensemble des membres de la voûte se compliquant, leur retombée sur le chapiteau forme une réunion de nervures qui demande une assiette large et bien combinée. Dès lors le chapiteau doit être surmonté d'un puissant abaque, et la colonne elle-même est soulagée par des colonnettes engagées aux angles. La colonne tend dès lors à se tranformer en un pilier à faisceau de mouloures *(fig. 129 et 134)*.

(*Fig. 139.*) La Sainte-Chapelle a Paris.
Fenêtre avec gable.

La base subit l'influence de cette transformation. Les puissantes moulures qui caractérisent la belle base du gothique primaire *(fig. 130 et 133)*, s'amincissent à mesure que la grosse colonne ronde fait place à un groupe de colonnettes *(fig. 132)* ; perdant l'importance de leur rôle, les bases multiples passent en quelque sorte à l'état de mouloures accessoires, avec lesquelles celles de la plinthe luttent d'importance.

comment les fidèles osèrent s'aventurer sous ces voûtes aériennes, qui menaçaient de les ensevelir sous leurs ruines. Les maîtres d'œuvres d'alors avaient entrepris avec la matière une lutte sans merci ; ils avaient poussé l'audace jusqu'à la témérité. Les voûtes à peine construites, avec une intrépide légèreté, s'écroulent et sont relevées ; en 1272 on les bénit en grande pompe et allégresse, mais l'épouvantable catastrophe de 1284 démontre l'impossibilité de maintenir un tracé plus que hardi. Cette catastrophe se produisit, sans faire de victimes, douze ans après la construction. Il était donc établi que les ingénieurs du XIIIe siècle avaient atteint les limites précises de la résistance de la matière ou l'avaient à peine dépassée ; la construction pouvait tenir debout ; il lui manquait seulement la surabondance de force nécessaire pour durer (1).

En 1338, maître Enguerrand reprit l'œuvre abandonnée ; les piliers furent renforcés et les voûtes refaites (2). Plus tard, sous François Ier, Martin Cambiche, François Maréchal et Jean Vast, aussi insensés que Milon de Nanteuil, voulurent élever sur la croisée une tour qui égalât en hauteur la coupole de Saint-Pierre de Rome ; ils voulurent démontrer que le style gothique pouvait élever ses flèches aussi haut que le classique, ses colonnades. L'élégante pyramide qu'ils édifièrent à la croisée comptait un pied de moins seulement de hauteur que le dôme de Michel-Ange. Cette flèche aérienne, tout ajouré, d'un effet magique, formait une lanterne garnie de vitraux de couleur ; aux nuits solennelles une lampe y brillait, et la faisait apparaître au loin comme un phare céleste. Cette merveille, qu'on a nommée une prodigieuse folie, se dressait depuis cinq ans dans les airs, à 150 mètres de hauteur, quand elle s'effondra en 1573 ; par une permission de Dieu les fidèles venaient de sortir de l'église en procession.

Le fier vaisseau de Beauvais n'offre qu'un chœur allongé précédé de son transept et dénué de nefs. Sa longueur n'est que de 63 mètres, sa largeur au transept en atteint 58 et sa hauteur sous clef, 48 ; c'est un cube artistique et monumental.

Saint-Pierre de Beauvais, resté comme un défi des temps passés aux constructeurs modernes, offre des beautés de premier ordre ; mais le moyen âge, ici, n'a pas fini son œuvre, et notre siècle n'en posera pas le couronnement ; il n'aura pas la fortune de la cathédrale de Cologne, à laquelle il a servi de modèle en même temps que Notre-Dame d'Amiens.

---

1. E. J. Woillez, *Description de la cathédrale de Beauvais*, Paris, Derache, 1888. — *Arch. des mon. religieux de l'ancien Beauvaisis pendant la métamorphose romane*, Paris, 1839-49.
G. Desjardin, *Histoire de la cath. de Beauvais*, 1865.
L. Pihan, *Beauvais, sa cathédrale, ses principaux monuments*, 1885. — V. *Magas. pittoresque*, 1835, p. 225.
Abbé Barraud, *Descript. des vitraux des hautes fenêtres du chœur de la cath. de Beauvais*, brochure.

2. V. Bernonville, *Constructions modernes*, 1894, p. 321 ; 1895, p. 311.

Un escalier de 287 degrés conduit aux combles ; de là le visiteur jouit d'une vue admirable. L'œil plonge, d'un côté, dans cette forêt de pinacles et de clochetons, dans ce dédale et ce fouillis de pierres accumulées par les hardis constructeurs ; de l'autre, il s'égare jusqu'aux extrêmes limites de ce qui fut le comté de Beauvais.

A l'intérieur, il faut remarquer les vitraux des fenêtres hautes du chœur et de quelques chapelles de l'abside, et surtout les nombreuses tapisseries, beauvaisines pour la plupart, datant du XVe au XVIIe siècle. Les plus anciennes, don de Mgr G. de Hollande et de plusieurs chanoines, qui racontent les origines de la nation française, attribuées jadis à « Francus, fils d'Hector », offrent un grand intérêt par les coutumes et par les vues des villes et des monuments qu'elles représentent ; une autre série considérable, exécutée également à Beauvais, reproduit les cartons de Raphaël conservés à Hamptoncourt et consacrés aux vies de saint René et de saint Paul. Les deux portails sont ornés de sculptures en bois remarquables, et dues à Jean-le-Plot ; malheureusement celles de la porte du Midi ont été fort maltraitées lors de la Révolution. La cathédrale de Beauvais garde enfin une ancienne et curieuse horloge récemment rétablie (1).

 ## II. — CATHÉDRALE DE STRASBOURG.

Mais voici la fière cathédrale de Strasbourg, dont la flèche pyramidale, haute de 142 mètres et populaire en Europe, fut longtemps seule à le disputer en hauteur à la pyramide de Chéops ; sa sveltesse a souvent été opposée à la lourdeur massive du colosse égyptien. On doit gravir 635 degrés pour parvenir à son sommet. Hélas ! la nef ne répond guère à la magnificence du portail. La croisée et le chœur, d'époque plus ancienne, s'en éloignent encore davantage. La science trouve du moins son profit à étudier ici les variations de styles. La première pierre du portail fut posée en 1277. Les noms des architectes, Erwin de Steinbach, son fils Jean, et Jean Hültz, qui termina la flèche en 1439, sont du petit nombre de ceux qui ont échappé au naufrage des temps. La fille d'Erwin, l'habile Sabine, sculpta plusieurs des statues du portail méridional. Les vitraux anciens comptent parmi les plus précieux qu'on conserve.

Nos lecteurs aimeront à relire ici la poétique légende d'Erwin, dont la ville de Baden-Baden célébrait, le 31 août 1895, le cinquantenaire du monument (2). Le

---
1. V. *L'Ami des monuments*, t. 8, p. 68.
2. Il paraît toutefois que les Badois revendiquent à tort le célèbre artiste pour un des leurs. Du moins il paraît que son nom originaire est *Hervé de Pierrepont*.

grand Erwin, que le génie avait touché de son aile, était un vieillard quand il fut désigné pour ce grand œuvre ; il était aidé de Jean, son fils, qui était sa force, et de la belle Sabine, sa fille, qui était toute son âme.

Pendant dix années, le vieux père et ses vaillants enfants travaillèrent au grand œuvre ; les pierres s'empilaient comme par enchantement, et déjà on pouvait apercevoir le commencement des flèches prêtes à lancer dans les airs leurs pointes altières et festonnées, quand Dieu rappela vers lui l'âme d'Erwin. Il fit jurer à Sabine que les siens termineraient l'œuvre glorieusement commencée.

Mais les plans manquaient : un concurrent en produisit de superbes ; nul doute qu'ils ne soient accueillis. Sabine, désolée, s'efforce de traduire au trait sur le parchemin la conception paternelle ; exténuée, le sommeil la surprend sans qu'elle ait pu esquisser cette œuvre géniale. A son réveil, apparaît à ses yeux émerveillés un admirable tracé qu'une main mystérieuse y a dessiné à sa place.

« C'est l'œuvre du Diable, » prétendaient ses ennemis. Mais Sabine a foi dans l'inspiration divine. Son dessin est accepté, et les travaux reprennent sous sa direction ; la cathédrale s'élève si haut « que le dernier coup d'ailes des cigognes l'effleurait à peine et qu'elle dominait de plusieurs pieds le grand vol des hirondelles. »

Mais à mesure que montaient les tours, une main invisible détruisait chaque nuit l'œuvre du jour écoulé. Un soir, Bernard de Sunder, le fiancé de Sabine, faisant sa ronde sur les échafaudages, vit une double apparition. Au sommet de l'œuvre, Sabine, les yeux ouverts, mais la bouche muette, travaillait d'une manière inconsciente sous l'impulsion directe de Dieu, et plus bas, Polydore de Boulogne, le traître évincé du concours, martelait les fleurons, les roses et les statues, ciselés avec tant d'amour par Sabine et ses collaborateurs. Tout à coup, la blanche ouvrière aperçoit le noir destructeur de son œuvre ; elle avertit Bernard : une lutte suprême s'engage ; un corps tomba, ce n'était pas celui du fiancé de Sabine. La tour fut terminée, et les noms d'Erwin et de Sabine en sont inséparables.

Des bruits ont couru, qui ont fait concevoir des craintes sur la solidité de ce magnifique monument. Le mal n'est pas si grand qu'on l'a dit (1) ; l'admirable édifice ne court, en réalité, aucun danger. Les fondations, construites il y a neuf cents ans, et auxquelles — selon une légende — plus de cent mille ouvriers pieux ont volontairement travaillé, sont si robustes, qu'elles lui permettront longtemps encore de braver les violences et les profanations. L'air, la foudre, la pluie, les lichens rongeurs, l'ont plus dégradée que les hommes. L'usure des siècles y a marqué son empreinte plus profondément que n'ont pu le faire les projectiles de guerre ; mais les

1. M. E. Juny, *Journal de Genève*.

(Fig. 142.) INTÉRIEUR DE LA CATHÉDRALE DE STRASBOURG

II. — CATHÉDRALE DE STRASBOURG.

« Depuis le jour où l'horloge astronomique, sortie des ateliers de M. Schwilgué, le célèbre mécanicien strasbourgeois, a été installée dans la cathédrale, des millions de curieux sont venus visiter et admirer le chef-d'œuvre de ce praticien. Moins nombreux sont ceux auxquels il a été permis de voir fonctionner l'ingénieux mécanisme dans la nuit de la Saint-Sylvestre. L'intérieur de l'église n'étant accessible qu'à quelques privilégiés pendant cette nuit qui sépare deux années, nous croyons intéresser nos lecteurs en leur énumérant les changements que fait subir le moteur central aux différents mécanismes de l'horloge, sur le coup de minuit.

» Ces changements se rapportent au millésime, au cycle solaire, au nombre d'or, à l'indiction romaine, aux épactes, à la lettre dominicale et aux fêtes mobiles. A minuit, le comput ecclésiastique se trouve dégagé par l'horloge pour se mettre en mouvement et déterminer toutes les indications des cycles relatifs

(Fig. 143.) LA MORT DE LA SAINTE VIERGE.
(Tympan d'un portail de la cathédrale de Strasbourg.)

à la nouvelle année. Ces indications règlent d'elles-mêmes le mécanisme principal du comput, de manière à fixer le jour de Pâques pour cette même année. »

» Cette fête, au lieu d'être représentée sur le comput, est immédiatement transmise au calendrier perpétuel qui se trouve derrière la sphère céleste placée devant l'horloge.

» Au coup de minuit, toutes les indications relatives à l'année qui finit disparaissent et sont remplacées par celles de l'année qui commence, et, par un mécanisme des plus ingénieux, les fêtes mobiles se placent d'elles-mêmes aux jours auxquels elles correspondent dans la nouvelle année ; ainsi fixées, elles conservent leur position jusqu'à l'arrivée de l'année suivante. »

La façade de l'église a cinq étages. Le premier comprend le triple portail ; il est couvert de sculptures et couronné de quatre statues équestres représentant Clovis, Dagobert, Rodolphe de Habsbourg et Louis XIV ; les trois premières remontent à

1291. Le second étage est percé d'une grande rose et de deux galeries, ajourant les faces des tours ; au-dessus de la rose règne une rangée de niches, qui ont contenu jadis les statues du CHRIST, de la Vierge et des Apôtres. Les corniches de la galerie de droite sont décorées d'une foule de monstres, véritable *sabbat* diabolique ; à gauche, on voit une statue d'Hercule, ancienne idole trouvée, dit-on, dans les matériaux du temple antique sur l'emplacement duquel la cathédrale est bâtie. Le troisième étage est percé d'élégantes baies surmontées de gables. Plus haut se dressent les deux étages de la seule tour qui ait été achevée, offrant un prisme octogonal et une pyramide hérissée de pinacles et de clochetons. Cette tour, haute de 142 mètres, n'a été dépassée encore que par les tours de Cologne et la flèche de Rouen ; longtemps elle fut le plus haut sommet du globe après les pyramides de Gizeh, véritable merveille de légèreté et d'élégance; elle est percée à jour de haut en bas et soutenue par la seule maçonnerie de ses angles. A la cime se trouve la lanterne, surmontée de la couronne sommée elle-même de la rose ; au-dessus se dresse la croix terminée par une pierre octogone qu'on nomme le *bouton*, d'un pied de haut sur 15 pouces de diamètre. Pour monter sur ce bouton, il faut, après avoir atteint la couronne, grimper au-dehors sur une armature de fer. On a vu des touristes boire à la prospérité de Strasbourg du haut de ce piédestal infime et aérien. Pour parvenir à cette altitude suprême, on escalade 635 degrés d'escalier. Dans toute la hauteur de son dernier étage, la tour est flanquée de quatre tourelles ajourées renfermant des escaliers en escargot ; la pyramide octogone qui constitue la flèche, contient encore huit colimaçons. On est effrayé, rien qu'à suivre du regard le curieux qui se risque à cette laborieuse et hardie ascension. On raconte qu'au commencement du XVIIIe siècle, un Anglais, qui avait parié de faire trois fois le tour de la plateforme monté sur la balustrade qui la borde, perdit pied au troisième tour, et vint s'abîmer sur le sol ; on ajoute que son chien, le voyant balancer et perdre l'équilibre, se jeta après lui et tomba mort à côté de son maître (1).

La cathédrale fut ornée aux XIIe et XIIIe siècles de vitraux qui étaient renommés, et que détruisit en grande partie l'incendie de 1298. Ce fut, dit-on, Jean de Kircheim qui les rétablit au commencement du XIVe siècle, prenant pour point de départ ce qui restait de l'ancienne vitrerie, faisant même entrer dans son œuvre des fragments qui avaient échappé aux ravages du feu et peut-être aux atteintes des hommes (2). Ces vitraux sont d'un grand charme, et d'une qualité supérieure. Leur vaste ensemble comprend trois séries principales : celle des martyrs, des papes

---

1. V. J. Neuwirth, *Les trois gentilshommes de Prague et la flèche de la cathédrale de Strasbourg*, dans *Zeitschrift für bildende Kunst*, janvier 1896.
2. Abbé Guerber, *Essai sur les vitraux de la cathédrale de Strasbourg*.

compositions retracent, en quatre fenêtres, des scènes de la vie de la Vierge et de la vie du CHRIST. Au bas de la nef, est le Jugement dernier avec les œuvres de Miséricorde. Malheureusement, tous ces précieux vitraux ont été endommagés par le bombardement de 1870.

III. — CATHÉDRALE DE METZ.

La cathédrale de Metz, qui n'est devenue française que par adoption, et qui a cessé de l'être par annexion, se dresse fièrement sur son antique forteresse ; c'est un noble édifice, qui offre un beau spécimen du style rayonnant, greffé sur l'église antérieure.

Par une exception assez rare, on connaît le nom du maître de cette œuvre superbe ; il avait nom Pierre Perrat ; il l'enfanta dans la dernière année du XIVe siècle ; son œuvre ne fut terminée qu'en 1546.

Reconnaissons tout d'abord que cette cathédrale a un regrettable défaut : le transept est fâcheusement rapproché du chœur. Mais la grande nef peut être comptée au nombre des plus célèbres vaisseaux de France, avec ses sveltes verrières, comprenant 4000 mètres carrés de vitraux, qui abritent leurs triples lancettes sous des gables élégants garnis de rosaces. Nulle part le flamboiement des verrières ne remplit de plus vastes espaces ; ce sont, selon l'expression de M. Augé de Lassus, « comme des murailles scintillantes, fleuries, où le soleil aurait immobilisé ses rayons. » Dans peu de sanctuaires les colonnettes se groupent en faisceaux plus puissants et plus hardis : « Amiens et Beauvais à peu près seuls dépassent l'envolée de ces ogives aériennes parties à la conquête des cieux » (1).

Le sol du chœur a été exhaussé au siècle dernier sur huit malheureux degrés semi-circulaires ; ses vitraux datent de 1530.

Le portail du Sud est surmonté d'une rose d'une délicatesse achevée et d'une dimension remarquable, garnie de magnifiques vitraux peints du XIVe siècle. Le portail formait l'entrée principale de Notre-Dame la Ronde, église du XIIIe siècle, comprise dans le plan général de la cathédrale.

Au flanc de la nef, vers le Sud, se dresse une haute tour, dont la flèche est percée à jours, et qui renferme une cloche puissante.

Blondel le second (le neveu de l'auteur de la Porte Saint-Denis) a masqué la façade principale par un portique néo-dorique élevé en 1795, dont l'Empereur d'Allemagne

---

1. Augé de Lassus, *Journal de l'Art*, 10 août 1895.

(*Fig. 145.*) INTÉRIEUR DE LA CATHÉDRALE DE METZ.

vient d'ordonner la démolition, et ce portail était un présent royal, bien fâcheux d'ailleurs, et jurant avec le gothique du vieux Pierre Perrat. En 1744, l'Alsace était envahie, la France menacée ; Louis XV, jeune encore, accourt du fond de la Flandre ; un mal subit l'arrête et le terrasse à Metz. Aussitôt toute la France est en larmes et en prières ; l'année suivante le Roi gagnait la bataille de Fontenoy. Pour mériter du Ciel cette faveur, le Roi avait fait plusieurs promesses, plus graves les unes que

(*Fig. 146.*) METZ. — Le pont des Grilles et la cathédrale.

les autres ; il eut du moins à cœur d'en tenir une, et ce portail qu'on va démolir fut le fastueux monument de son repentir. L'ancien portail sera restauré d'après le plan dressé par M. l'architecte Cormont. Au préalable toutes les parties de la cathédrale seront reproduites par la photographie.

On conserve à la cathédrale de Metz des fonts antiques, en forme de margelle de puits, en porphyre rouge ; la chaire de saint Clément en marbre cipolin, taillée dans le fût d'une colonne antique ; de belle crosses et la chape d'été de Charlemagne.

Chapitre Quatorzième.

CATHÉDRALES ANGLAISES.

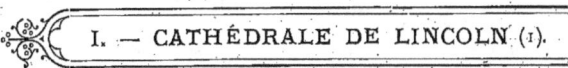

I. — CATHÉDRALE DE LINCOLN (1).

Il faut gravir des rues escarpées pour gagner la vieille cité qui se groupe à l'ombre de la cathédrale de Lincoln, sur le sommet qu'elle domine. Les vieilles demeures des chanoines sont bâties autour de la cathédrale, clôturant le cimetière. Un visiteur distingué (2) nous décrit en ces termes ce remarquable type des enclos, qui figurent parmi les hautes curiosités de quelques cathédrales anglaises, déjà signalées plus haut (3).

« Les vieilles portes qui clôturaient le quartier réservé aux clercs, sont encore debout et permettent de reconstituer par la pensée, ce que devait être ce séjour de paix et de prière. Du côté Sud, sur l'un des flancs de la colline, étaient situées les ravissantes demeures des vicaires choraux, groupées, au nombre de treize, dans un enclos qui ressemble à un petit béguinage, où les fenêtres ogivales et les toits pointus émergent partout de flots de verdure et de fleurs. A côté de ces modestes demeures, se trouve l'ancien palais épiscopal, dont les ruines, pleines d'austère poésie et de grandeur, remplissent le jardin du palais épiscopal actuel. Tout cela a non seulement un aspect pittoresque et artistique, mais est imprégné de foi catholique et reporte invinciblement l'observateur vers les siècles qui virent éclore ces ravissantes constructions... »

La majestueuse cathédrale est comme le cœur et le centre de tout cet ensemble. On l'aperçoit de partout, des jardins comme des chambres du palais épiscopal, comme de la plus humble demeure d'employé de l'église.

Vue de la pelouse qui s'étend devant le chevet, avec la longue façade du Sud et la majestueuse salle capitulaire, elle est réellement féerique. « Partout les lignes

---

1. R. Garland, ouvrage cité.
2. Voir *Bulletin de la Gilde de Saint-Thomas et de Saint-Luc*, XVIIᵉ exemplaire, 2ᵉ fascicule.
3. Voir la Préface.

architecturales puissantes, les silhouettes, les formes gracieuses et énergiques du XIIIe siècle, les baies largement ouvertes, les contreforts admirablement combinés, les grands toits aigus de cette belle époque ; et, pour couronner cet ensemble, la grandiose tour centrale, majestueuse et sobre, qui forme réellement le centre et le sommet de l'édifice. »

Après avoir puisé ses premiers éléments en Normandie, l'architecture anglaise s'est parfois retrempée encore dans la suite à la source française ; le chœur de Cantorbéry est purement français. Mais plus tard, le génie britannique reprit tout son empire et développa tous ses caractères.

L'art français est élégant et simple, l'art anglais se montre surtout riche et compliqué. Les fenestrages des verrières se développent surtout dans le sens vertical ; les cintres des fenêtres s'aplatissent en arc *Tudor*. Les divisions horizontales, prépondérantes dans le style anglo-normand, disparaissent, et les lignes verticales dominent. Les façades se couvrent à profusion de moulures et d'ornements. Tel est le *decorated style*, en honneur sous Edouard II, Edouard III et Richard II (1307-1377), auquel succède le *perpendicular style*, qui a duré depuis Henri IV jusqu'à Henri VIII (1399-1547).

L'immense et superbe cathédrale de Lincoln appartient au premier genre, mais dans une donnée relativement sobre et comparable, comme pureté de lignes, aux cathédrales françaises. Le chœur est du XIVe siècle, les parties principales, du commencement du XIIIe. Elle mesure à l'intérieur 481 pieds de longueur, et couvre 57.000 pieds carrés.

La cathédrale de Lincoln, en même temps qu'une des plus belles de l'Angleterre, est celle peut-être qui montre le mieux la filiation entre les églises gothiques françaises et plusieurs monuments anglais. Elle est un remarquable sujet d'étude comparative, et présente dans son architecture un mélange de caractères anglais et français. « Elle met en présence, dit M. Corroyer, l'architecture anglaise avec sa structure massive ornée de détails, formée par des lignes verticales, rigides, sèches et dures comme le fer, et l'architecture française, gracieuse et ferme à la fois, souple et forte comme l'or, plus solide et plus résistante que le fer sous l'apparence d'un art plus parfait. Si la façade et les tours de l'Ouest sont anglaises, le chœur et l'abside sont français comme composition et très probablement comme exécution, de même que la salle capitulaire, dont les dispositions et les détails rappellent ceux des façades latérales de Bourges. »

« Quel superbe monument, écrit M. Soil, élancé, richement décoré, couronné par trois tours élevées, où on ne s'aperçoit presque pas de l'absence de flèches, et qui serait si beau sans le malencontreux porche accolé à la façade, et qui

I. — CATHÉDRALE DE LINCOLN.

fait l'effet d'un vaste écran derrière lequel on a voulu cacher ce bijou de cathédrale (1) ! »

L'immense cathédrale, fondée au XIe siècle (1092), fut renversée en 1185 par un tremblement de terre. Sa reconstruction fut entreprise par saint Hughes de Lincoln, ancien évêque de Grenoble, entre 1186 et 1200, selon les idées françaises. Le chœur, le transept, et les bas-côtés Est du grand transept datent de ce temps, de même que la partie centrale de la façade Ouest. Les autres parties, datant de diverses époques, appartiennent cependant toutes au gothique primaire et furent élevées en partie par l'évêque Grossetête, Anglais, mais élevé en France, de 1203 à 1253, à l'exception du presbytère, ou *chœur des anges*, qui ne fut achevé qu'en 1282.

On connaît le nom de l'architecte employé par saint Hughes : c'est *Geoffroy de Noiers*, Anglais d'origine, et qui a conçu une œuvre bien originale et nettement anglaise, si toutefois on doit s'en rapporter à l'opinion de Viollet-le-Duc, qui, consulté à ce sujet, a déclaré qu'après l'examen le plus soigneux, « il ne peut trouver dans
» aucune partie de la cathédrale de Lincoln, ni dans le plan général, ni dans aucune
» partie du système d'architecture adopté, ni dans les détails des ornements, aucune
» trace de l'école française du XIIe siècle, si nettement caractéristique des
» cathédrales de Paris, Noyon, Senlis, Chartres, Sens et même Rouen. » D'autres, toutefois, écrivent *Geoffroy de Noyon ;* et, selon eux, cet architecte, qui avait travaillé à Troyes, aurait imprimé à l'église de Lincoln quelque allure normande (2).

Le *plan* général de la cathédrale est celui de la croix latine, avec cette particularité que le bras supérieur, comprenant le chœur et le presbytérium, est aussi long que le bras inférieur, et qu'il est coupé par un second transept figurant le titulus de la croix ; enfin le bas de la partie inférieure s'élargit singulièrement par l'adjonction de chapelles importantes accolées au porche Ouest.

La sculpture, rare ailleurs, abonde ici et offre des spécimens de tout premier ordre.

La *façade principale*, ou *porche Ouest*, se compose de deux parties bien distinctes, présentant toutes deux un grand intérêt, mais dont la réunion donne un ensemble bizarre et même choquant. Fût-il d'ailleurs homogène, ce porche haut et large, aux lignes droites et sans relief, est un véritable hors-d'œuvre, qui semble plutôt destiné à masquer l'église qu'à en décorer l'entrée. *La partie centrale*, normande, présente trois grandes baies, qui devaient s'élever jusqu'au faîte de la nef primitive. Chacune d'elles renferme une porte aux archivoltes en retraite reposant sur cinq rangs de colonnettes. Cet ensemble est entouré et encadré par le vaste écran gothique

---
1. Le texte qui suit est un résumé d'une description du même auteur.
2. V. Planat, *Encyclopédie d'architecture*, p. 38.

signalé plus haut, qui date de 1209 à 1235. Au centre, s'élève un fronton triangulaire aigu ; aux angles, deux tourelles octogones avec flèches. Le tout est couvert d'arcatures légères, autrefois garnies de statues (il en reste quelques-unes) ; le pignon lui-même est revêtu d'un treillis sculpté, et toutes ces sculptures sont d'une finesse excessive.

Des façades latérales, celle du Sud est celle qui se voit le mieux et qui présente le plus d'intérêt. On remarque, à l'angle Sud-Ouest du transept, le *Galilée*, porche dont le plan est cruciforme, et sous lequel le Chapitre jugeait autrefois certains cas. Plus loin, sur le bas-côté du chœur, un gracieux *porche* donnant accès au presbytérium, dans un style qui rappelle fort l'architecture française. Il conserve dans ses arcatures, très riches, très finement sculptées, quelques restes fort mutilés d'excellentes statuettes, dont l'ensemble représentait autrefois le Jugement dernier. Un peu plus loin, ornant un contrefort, deux statues de roi et de reine, Edouard Ier et Eléonore (XIIIe siècle), du meilleur style. Enfin, le chevet est moins riche que ceux d'Ely et de Peterborough, mais très imposant encore ; près du chevet s'élève la *salle du Chapitre*.

La cathédrale est dominée par trois tours dont celle du centre, à plusieurs étages de fenêtres, appartenant au gothique secondaire ou décoré, est surtout belle et frappante, vue de l'enclos des vicaires.

A l'intérieur, la plus grande richesse distingue les piliers, formés de faisceaux de colonnettes, les moulures nombreuses et profondes et le triforium, le plus riche peut-être de la chrétienté, ainsi que toutes les autres parties de l'édifice.

« Ce qui est particulièrement remarquable, c'est qu'aux caractères généraux, faciles à reconnaître, qui accusent le XIIIe siècle dans l'église de Lincoln, et qui se retrouvent dans toute l'Angleterre, comme aussi en France, en Angleterre et en Belgique, se joignent des caractères propres à la Grande-Bretagne, qui permettent d'affirmer que la cathédrale de Lincoln a été érigée par des artistes anglais et non par des étrangers. » Ces caractères sont notamment les arcatures aveugles aux ogives très aiguës, et une sculpture florale très riche, comparativement à celle des monuments français.

La grande nef date de 1209 à 1235. On est frappé, au premier aspect, par son ampleur, sa riche décoration et la beauté de ses piliers, formés de faisceaux de colonnettes un peu grêles, annelées, régulièrement groupées et ornées de chapiteaux admirablement sculptés. Cependant, les voûtes de la nef et du chœur sont basses, et l'ensemble de leurs nervures, peu élégant. Toute l'église offre une poly-

I. — CATHÉDRALE DE LINCOLN.

chromie naturelle résultant de l'emploi de marbres et de pierres de couleurs différentes, en particulier une pierre jaunâtre et un granit vert foncé.

Chaque travée du triforium compte deux arcades géminées, portées sur de gracieux groupes de colonnettes ; les baies du *cléristory* sont triples et un peu étouffées par les voûtes. Les bas-côtés des nefs (sans chapelles) sont décorés d'arcatures à arcs trilobés. Celles du côté Nord continuent sans interruption, passant derrière les faisceaux de colonnettes qui supportent les voûtes des basses-nefs ; celles du Sud sont au nombre de quatre par travée comprises entre deux piliers. Elles sont supportées par un soubassement formant siège.

La tour centrale, voûtée en lanterne, est d'un grand effet. Cette lanterne, s'étant écroulée en 1235, fut reconstruite par l'évêque Grossetête vers 1240. « Elle rappelle, dit M. Corroyer (1), par sa forme générale et ses détails, la grande tour-lanterne de Coutances en Normandie, qui semble également avoir servi de modèle à celle de Saint-Ouen de Rouen, au XIVe siècle.

Un jubé du type de celui d'York clôt le chœur, des écrans en pierre ferment les chapelles Est du transept.

La richesse de la sculpture est merveilleuse en certains endroits du transept.

Deux grandes *roses* éclairent les deux chevets des croisillons : « ecclesiae duo sunt oculi. » L'une est dénommée l'*Œil du Doyen*, l'autre l'*Œil de l'Évêque*. La première est l'œuvre d'un seul maître, la seconde est une mosaïque de fragments. Celle du Nord, encore presque normande, renferme le plus curieux vitrail du XIIIe siècle conservé en Angleterre. Tout autre, mais très remarquable aussi, est la rose Sud, qui appartient au gothique décoré et date de 1350 ; son réseau très serré forme une véritable dentelle.

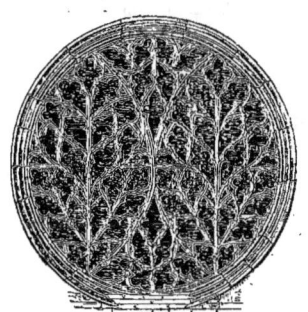

(*Fig. 147.*) Rosace flamboyante a la cathédrale de Lincoln.

Le chœur et son transept appartiennent à l'œuvre primitive de Saint-Hughes. Ils sont plus riches en sculpture ornementale que le reste de la cathédrale. Le triforium en particulier est d'une richesse de décoration inouïe ; chaque travée comprend deux arcs qui se subdivisent en deux baies au sommet trilobé, l'espace resté libre entre ces dernières et le grand arc étant rempli par un quadrilobe. Les montants, entre les colonnettes, sont garnis de crochets. La grande fenêtre du chevet, disproportionnée,

---

1. *L'Architecture gothique*, p. 88.

est garnie de vitraux modernes. Le *presbyterium*, appelé le *chœur des anges*, offre toute l'ampleur et la richesse de décoration de la fin du XIIIe siècle. On y accède par un portail, curieux et unique spécimen du genre qu'on rencontre en Angleterre. Le chevet plat du chœur est moins élégant que les absides polygonales du continent, mais le triple pignon qui termine le *minster*, le chevet percé d'une baie immense et étagé de puissants contreforts, ont bien aussi leur grandeur et leur majesté.

Les stalles du chœur, en gothique perpendiculaire, sont très finement travaillées.

La cathédrale de Lincoln a conservé son cloître, en gothique décoré de la première période (1280-1300), avec sa voûte à nervures en bois.

La salle du Chapitre, dont l'entrée donne dans le cloître, est un très élégant édifice décagone du XIIIe siècle. Les voûtes reposent sur dix faisceaux de colonnettes supportés par des culs-de-lampe, et sur un pilier central cantonné également de dix colonnettes.

Il ne faut pas s'étonner que le *minster* de Lincoln ait toujours été un objet de fierté pour le peuple anglais. « Les bonnes gens du moyen âge, dit M. le baron Jos. Béthune, songeant que toute œuvre de l'homme déplaît d'autant plus à Satan, qu'elle est un hommage plus grand rendu à Dieu, ces bonnes gens avaient coutume de dire, lorsqu'ils parlaient d'une personne cholérique : « Elle se fâche comme le diable à la vue de Lincoln. »

II. — CATHÉDRALE D'YORK (1).

CE monument superbe, bien qu'un peu froid, l'un des plus imposants qui aient été construits dans le style gothique sans mélange, mais à différentes époques, qui vont de 1220 à 1518, est aussi l'un des plus grands qui existent, puisqu'il ne mesure pas moins de 524 pieds ou 171 mètres 80 c. de longueur, à l'extérieur, sur 250 pieds ou 81 mètres 90 c. de largeur au transept et 139 pieds ou 45 mètres 50 c. aux nefs. Il dépasse en dimensions et en splendeur bon nombre de cathédrales du continent. Il possède deux transepts, une majestueuse tour centrale, deux superbes tours de façade et une crypte normande. Autour de lui, les maisons de la cité sont comme des pygmées près d'un colosse ; et ce colosse est un poème de pierre.

---

1. Nous empruntons ce chapitre presque entier à M. E. Soil, qui a décrit *de visu*, dans la *Revue de l'Art chrétien*, une série de monuments anglais. Nous lui avons fait déjà quelques emprunts pour décrire les cathédrales de Peterborough et d'Ély.

II. — CATHÉDRALE D'YORK.

Isolé de toutes parts, entouré de vertes pelouses d'un côté et d'une large avenue de l'autre, il n'a comme voisinage immédiat que les restes des bâtiments claustraux,

(Fig. 148.) YORK. — FAÇADE OUEST DE LA CATHÉDRALE.

des locaux affectés à l'usage du Chapitre, ou des asiles. La façade Ouest est incontestablement la plus belle partie de tout l'édifice, bien qu'elle appartienne au gothique décoré et perpendiculaire. Elle offre un haut pignon triangulaire flanqué de deux tours carrées, sans flèches. C'est le type ordinaire des façades anglaises.

Au centre s'ouvre la porte principale, encadrée de plusieurs rangs d'archivoltes en retraite et divisée en deux arcades par une colonne centrale ; au-dessus une énorme fenêtre, spécimen superbe du style décoré, aux riches meneaux, surmontée d'un gable aigu. Les plats sont garnis de panneaux en forme de niches ; une riche balustrade crénelée surmonte la façade ; derrière se dresse le pignon triangulaire de la nef, également couronné d'une balustrade crénelée et ajourée.

Les tours, du XVe siècle, offrent chacune une porte, surmontée de trois étages de larges fenêtres, et sont terminées par une balustrade crénelée et huit clochetons. Ce qui ajoute beaucoup de richesse à la façade et lui donne un relief étonnant, ce sont les contreforts d'une rare élégance, tout couverts de niches avec piédestaux et baldaquins (veuves de leurs statues, malheureusement) et d'arcatures multiples.

Les façades latérales sont d'un aspect froid et dépourvues de toute décoration, surtout au-delà des transepts. Ceux-ci sont simples, sévères même ; tous deux sont du XIIIe siècle, celui du Sud un peu plus ancien que l'autre. Le chevet du chœur est plat, percé d'une énorme fenêtre ; il date du XVe siècle (gothique perpendiculaire).

Au centre de l'église s'élève une tour carrée, couronnée d'une simple balustrade crénelée : elle date du XVe siècle. Enfin au côté Nord-Est du chœur se trouve la salle du Chapitre, de forme octogonale, à toiture conique, monument sobre et correct du XIVe siècle (gothique décoré).

La nef, dont l'aspect général est un peu froid, compte huit travées, séparées par sept faisceaux de colonnes dont les chapiteaux sont décorés de feuillage. Les fenêtres du cleristory sont largement ouvertes ; la voûte en bois est à nervures, dont les intersections sont ornées de sculptures.

La grande fenêtre Ouest contient un fort beau vitrail du milieu du XIVe siècle, et les fenêtres des bas-côtés, des restes de vitraux peints très intéressants.

La voûte en forme de coupole de la tour centrale est élevée de 180 pieds, ou 60 mètres environ, au-dessus du sol.

Quant aux transepts, ils sont à coup sûr la partie la plus intéressante de l'intérieur du temple. Le transept Sud, décoré d'une rangée de fenêtres et d'une superbe rose, renferme la plus belle tombe de la cathédrale, celle de l'archevêque Walter de Grey, qui construisit cette partie de l'édifice (1220). Celui du Nord est de la même époque. A mi-hauteur, cinq fenêtres à lancettes appelées *les cinq Sœurs* et qu'on dit avoir été données par autant de religieuses (leurs vitraux du moins) ; au-dessus, cinq autres fenêtres, en groupe pyramidal, et au-dessous, dix arcatures trilobées, occupent toute la largeur du chevet. On remarque la tombe de l'archevêque Greenfield, mort en 1315, dont la pierre tombale est incrustée de cuivre gravé.

Le jubé, érigé de 1478 à 1516 et qui appartient au style perpendiculaire de la dernière époque, est lourd et surchargé de sculptures. Il est surmonté d'un buffet d'orgues modernes énorme, mais élégant.

Le chœur, de grande allure, appartient au style perpendiculaire. Il est traversé par un transept peu accusé dans le plan de l'édifice, où il rappelle le titulus de la croix, et qui est éclairé par de curieuses fenêtres montant du sol à la voûte, et garnies de verrières du XVe siècle.

La grande fenêtre du chevet, merveilleux spécimen du style perpendiculaire de la première époque, est encore garnie de son vitrail de 1408.

Sous le chœur existe une *crypte*, à laquelle on accède par deux escaliers, et qui renferme des parties normandes et même saxonnes (1). L'archevêque Gray repose dans le transept qu'il rebâtit, sous un remarquable monument; le prélat y est représenté revêtu de ses ornements sacerdotaux, bénissant de la main droite et tenant de la main gauche la crosse, dont l'extrémité perce le dragon qu'il foule aux pieds. Sa figure est abritée par un baldaquin (1306-1315).

L'archevêque Grunfell repose sous un bel arcosolium; le cénotaphe est recouvert d'une dalle, sur laquelle est gravée l'effigie du défunt.

De nombreux tombeaux d'archevêques et de dignitaires de la cathédrale se voient encore dans le presbyterium, dans la chapelle de la Vierge et dans les bas-côtés, mais ils sont plus récents.

Terminons par ces réflexions d'un visiteur ému (2) ; « Quel acte de foi persistant à travers les siècles, que la construction et la décoration de ce merveilleux ensemble ! Quel témoignage irrécusable de la puissance et de la vitalité de la vraie Eglise ! Car la cathédrale d'York, dans laquelle les protestants se sont violemment installés sous Henri VIII, est depuis sa première jusqu'à sa dernière pierre, l'œuvre de l'Eglise catholique. Elle rappelle par chacune de ses pierres, par chacun de ses vitraux, par ses vieux monuments, par ses objets d'art, par sa disposition même, le culte catholique et ses fondateurs catholiques, en même temps qu'elle glorifie leur foi ardente, leur espérance et leur charité. »

---

1. Entr'autres des colonnes normandes dont le fût est tout couvert de sculptures. On y voit aussi des parties de mur maçonnées en arêtes de poisson, qu'on attribue au VIIIe et même, d'après certains auteurs, au VIIe siècle.
2. *Bull. de la Gilde de Saint-Thomas et de Saint-Luc*, XXVIIe exemplaire, 2e fascicule.

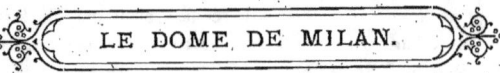

Chapitre Quinzième.

STYLE GOTHIQUE ITALIEN (SUITE).

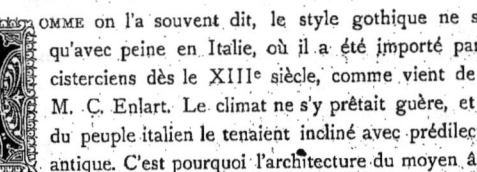

LE DOME DE MILAN.

OMME on l'a souvent dit, le style gothique ne s'est acclimaté qu'avec peine en Italie, où il a été importé par les religieux cisterciens dès le XIIIe siècle, comme vient de le démontrer M. C. Enlart. Le climat ne s'y prêtait guère, et les traditions du peuple italien le tenaient incliné avec prédilection vers l'art antique. C'est pourquoi l'architecture du moyen âge y a disparu avant d'avoir atteint son dernier développement. En Italie on commençait à bâtir la plus grande église gothique, le dôme de Milan, en 1386, lorsque déjà à Florence les formes classiques avaient commencé à se montrer aux galeries des tribunes de Sainte-Marie-des-Fleurs (1367). Une réaction précoce se produisit en faveur de l'art païen. Une seule province resta gothique, le Piémont, demeuré en contact avec la France et avec le Valais. Les églises gothiques d'Italie ont des voûtes à *plan carré*, non point barlongues comme dans le Nord. Jamais on n'y rencontre d'absides à chapelles rayonnantes, sinon dans les églises d'origine française : les absides sont toujours polygonales. La tradition nationale modifie profondément dans ses divers membres le gothique français.

En somme le dôme de Milan (1) n'a guère de gothique que la multitude inouïe de ses clochetons, de date relativement récente. « Son style, dit M. A. Milani (2) dans son étrange originalité, a une place à part dans l'histoire de l'architecture. »

C'est à Jean Galéas Visconti, premier duc de Milan, que la ville est redevable de sa cathédrale majestueuse ; il la fit ériger, selon les uns, pour expier le meurtre de son oncle et beau-père Barnabo Visconti et des trois fils de ce dernier ; selon d'autres, en acquit d'un vœu fait pour obtenir un héritier de sa seconde épouse, fille de Barnabo, après la mort des trois fils qu'il avait eus de sa première femme.

---
1. Malland, *Monographie de la cathédrale de Milan*.
2. V. *Encyclopédie d'architecture*, t. V, p. 250. — V. *Églises principales de l'Europe*, Milan, Ferd. Artoria, 1824.

On a cru que le dôme avait été élevé par un architecte suédois, Henri Arler, de Gmünden ; on sait maintenant qu'il le fut par des *ingénieurs* italiens, puis par un Français, Nicolas de Bonaventure (1389). Henri Arler n'intervint qu'à partir de 1394; après lui les travaux furent confiés à Ulrick d'Ensinger et à Jean Mignot, Français. Plus tard Brunelleschi, Bramante, Léonard de Vinci, Jules Romain y travaillèrent passagèrement. Saint Charles Borromée demanda, à Pellegrini, le projet de la façade, dont l'exécution fut commencée et reprise à la fin du

(*Fig. 149.*) MILAN. — LE DOME.

XVIIe siècle, sous la direction de J.-C. Sthorer ; cette façade fut démolie en 1790 Napoléon eut l'ambition de reprendre le grand œuvre, qui ne devait être achevé que de nos jours.

Le monument n'est pas encore terminé dans ses détails. Le vaisseau, partagé en cinq nefs, a 449 pieds de longueur, 275 de largeur au transept, 238 de hauteur sous la coupole et 147 à la nef centrale. La coupole avec son couronnement atteint 370 pieds.

Sans être un chef-d'œuvre au point de vue du style, la cathédrale de Milan n'en est pas moins un monument d'un effet magique, avec sa profusion de ciselures et de dentelles de marbre courant le long des toits, sa forêt de tourelles, de clochetons au nombre de cent-douze et d'aiguilles. Au pourtour intérieur de cette montagne de marbre blanc, taillée, ciselée, ouvrée, s'entasse un fouillis de sculptures, de statues et de bas-reliefs représentant des scènes de l'Ancien Testament.

Le toit, déprimé, est formé de grandes dalles de pierre ; il est bordé d'un peuple de saints en marbre, dont le nombre atteint presque 7.000 ; Napoléon y figure en compagnie d'Ève !

La grande aiguille aiguë qui se dresse au centre de la basilique porte haut dans les airs la statue en bronze doré de la Sainte Vierge.

En pénétrant dans le vaste édifice, le visiteur est d'abord émerveillé par l'ornementation de la voûte, qui paraît sculptée avec une richesse remarquable ; en regardant avec soin, il s'aperçoit qu'il a été la dupe d'un de ces trompe-l'œil si chers aux Italiens ; en effet, cette étonnante ornementation sculpturale n'est en réalité qu'un simple décor peint sur la voûte avec une perfection que trahit seulement le crépi tombé çà et là (1). L'intérieur, de même que la façade, n'offre pas de style uniforme ; mais il produit un effet considérable par ses dimensions colossales. Cinquante-deux colonnes de marbre de 84 pieds d'élévation sur 24 de circonférence soutiennent les voûtes. « Les deux monolithes en granit rouge qui ornent intérieurement la porte principale sont peut-être les plus hauts qui aient jamais été employés dans une construction. Un peuple de statues de marbre, placé dans une longue ceinture de niches, anime l'intérieur et forme le cortège du Dieu qui repose sur l'autel. Le baptistère est formé d'un grand bassin de porphyre, qui passe pour avoir appartenu aux thermes de Maximien Hercule. »

« Le chœur, fermé par une superbe grille, s'élève de plusieurs degrés au-dessus de la nef. Il est entouré de stalles dont les sculptures représentent la vie de saint Ambroise et d'autres archevêques de Milan ; elles sont regardées comme un chef-d'œuvre. Au-dessus du Maître-Autel brille le riche tabernacle où l'on conserve le *santo chrodo*, clou de la vraie croix, porté en procession par saint Charles pendant la terrible peste de 1576. »

Milan se prépare à donner à sa cathédrale un portail digne d'elle.

---

1. Baron de Witte, *Rome sous Léon XIII*.

Chapitre Seizième.

LE STYLE FLAMBOYANT.
DÉCADENCE DU STYLE GOTHIQUE.

Nous avons promené nos lecteurs à travers une série de cathédrales françaises de cette belle époque de l'art, qu'on a appelée l'époque des cathédrales, et qui est certes la plus brillante et la plus glorieuse que l'humanité ait jamais connue.

La puissance réunie des rois et des évêques, la prospérité de la nation, le génie de l'art répandu dans le peuple chrétien et surtout la foi enthousiaste des fidèles, tout se réunissait pour enfanter des prodiges. On voyait alors un peuple entier s'atteler volontairement à l'œuvre d'une cathédrale ; riches et pauvres, seigneurs et vilains, se faisaient gloire d'apporter chacun leur pierre et de subir des corvées volontaires. C'est ce même spectacle qui s'est vu encore de nos jours dans la jeune république de l'Equateur ; les journaux nous dépeignaient naguère l'édifiant tableau des différentes paroisses de la république américaine venant, en procession et musique en tête, s'acquitter tour à tour de leur corvée pour l'œuvre de la basilique du Sacré-Cœur.

Mais des calamités survinrent. Une ère d'anarchie, de troubles et de désastres, s'ouvre sous les Capétiens-Valois, et la guerre de Cent Ans arrête l'essor prodigieux de l'art gothique. Cependant cet art n'était pas mort, et il eut encore des moments d'éclat à la fin du règne de Charles VII et surtout pendant le règne de Louis XI. Alors apparaît un nouveau style, que semble animer un souffle réaliste venu de Flandre : on l'appela le *style flamboyant*.

Quand vos regards s'arrêtent sur des monuments gothiques, et spécialement sur ces riches réseaux de pierre qui garnissent leurs vastes fenêtres, il vous est aisé de distinguer deux genres bien différents dans le tracé de ces sortes de dentelles de pierre :

Ou bien tous ces fenestrages sont formés de roses, de trèfles, de quatre-feuilles et de combinaisons, variées à l'infini, de lignes inscrites dans des cercles ;

Quelquefois, au contraire, vous rencontrez des dessins beaucoup plus libres d'allure, offrant des contre-courbures, des sinuosités et surtout une grande abondance de ces ovales dégénérant en pointe, qui rappellent la forme d'une flamme et qui caractérisent le style flamboyant. Cette forme est un des traits essentiels du gothique du XVe siècle.

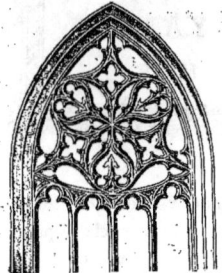

(Fig. 150.)
FENÊTRE FLAMBOYANTE.

Ce qui le caractérise peut-être encore davantage, c'est la profusion des ornements, dérivant d'ailleurs du même système, qui sont répandus sur tous les édifices, tapissant les murs de fausses arcatures, de niches, de baldaquins, ajourant les balustrades, les pignons et les flèches, dentelant les arcades, pénétrant toutes les masses. Les portes se surchargent d'ornements fleuris. Les moulures deviennent grêles, sveltes, anguleuses. Les nervures des voûtes se ramifient et se résolvent en clés monumentales suspendues dans l'espace par une force magique comme des épés de Damoclès. La sculpture devient moins naïve, moins sympathique ; elle frise parfois la caricature ; elle reproduit de préférence des plantes déchiquetées, comme la chicorée et le chardon.

En même temps on voit l'arc en lancette ou en tiers-point faire place à des arcs surbaissés, et souvent même à des arcs à contrecourbes, dits en *accolade*, car ils ont précisément la même inflexion, au milieu, que les traits en accolade dont nous nous servons pour grouper sous un signe d'union plusieurs signes d'écriture.

Au XVe siècle le pilier est formé plutôt d'un faisceau de moulures prismatiques que d'un assemblage de colonnes engagées *(fig. 151.)* Il en résulte que le chapiteau tend à disparaître, et les nervures se prolongent dans le pilier pour descendre jusqu'au sol. Les bases, de plus en plus multipliées, menacent de devenir insignifiantes. Aussi l'architecte use-t-il d'un curieux artifice. De la base proprement dite A *(fig. 153)* et de la moulure C du socle, il ne fait plus qu'un seul membre, si bien que la base, qui se développait primitivement dans le sens horizontal, s'étend tout en hauteur. Mais tant de bases minuscules finissent par être indistinctes ; on recourt à un nouvel expédient, qui est de les faire ressauter l'une sur l'autre en les posant à des niveaux différents.

(Fig. 151.) COUPE D'UN PILIER.

Ce style a été justement qualifié de style de décadence ; toutefois il ne faut pas méconnaître les qualités de grâce et de richesse que déploie cette brillante éclosion architecturale. « Le style flamboyant, remarque M. Gonse, a produit des œuvres d'un caractère vivace et original, et je n'y découvre pas, pour ma part, les symptômes de fatigue et de découragement que les détracteurs de l'idée gothique se sont plu à y reconnaître. »

Le jour était venu où les formes aussi pures qu'élégantes du gothique à son apogée fatiguaient les yeux, et où les ingénieuses combinaisons des fenestrages rayonnants parurent monotones. Un appareilleur de pierre imagina sans doute, à la fin du XIVe siècle, de tracer deux demi-cercles en sens opposés sur les deux moitiés

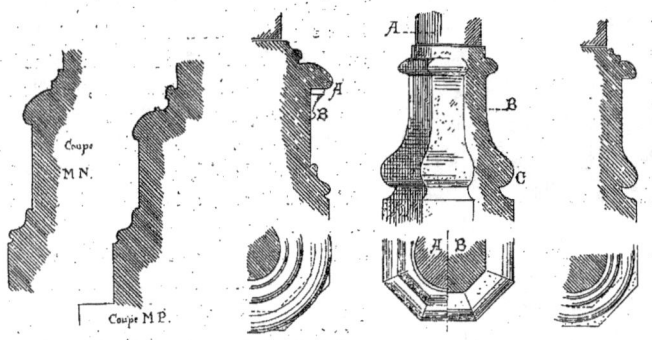

(Fig. 152.)
BASES DE L'ÉPOQUE RAYONNANTE.

(Fig. 153.)
BASES DE L'ÉPOQUE FLAMBOYANTE.

du diamètre d'une circonférence. Si le lecteur veut essayer cet exercice très simple de géométrie, il comprendra que, dès lors, était découverte la *flamme*, c'est-à-dire cet élément essentiel du style tertiaire, cette figure géométrique, désormais le point de départ de tout fenestrage, ajouré ou aveugle. Supposez deux montants verticaux ou meneaux réunis au-dessus par une arcature ; rapprochez le pied des montants, et substituez aux lignes droites des lignes ondulantes : vous aurez la même flamme, cette figure géométrique qui porte en elle un élément funeste, un germe de mort, à savoir le principe de la *contre-courbure*, principe contre nature dans les tracés d'arceaux.

Or, l'élément flamboyant va désormais tout absorber ; il va dessiner sa capricieuse sinuosité dans les vastes tympans des fenêtres et sur les larges ouvertures des roses;

mais il va en outre se déployer dans ces fenestrages aveugles qui tapisseront désormais tous les pleins des murs ; car l'on ne supportera plus, à l'avenir, de voir un pan de muraille lisse, dépourvu de moulures.

La flamme, en tant que courbe sinueuse, engendre *l'accolade*, qui déformera le cintre des larmiers et même des arcades. Partout les lignes vont serpenter, danser, flageoler, et à l'architecture sévère et sage du XIVe siècle, succédera le style léger et confus du XVe. Le poison s'infiltrera de toutes parts. Les nervures des voûtes deviendront prismatiques et sèches, maigres et compliquées ; leurs membres multiples deviendront de simples moulures se profilant à travers les piliers jusqu'au sol en faisant disparaître les chapiteaux. Les bases, réduites à de sèches moulures, pour ne pas rester inaperçues, ressauteront tapageusement l'une sur l'autre. Les contreforts se tapisseront de dentelles, de niches, de pinacles. Les belles sculptures d'antan, qui interprétaient si magistralement la nature, vont se dessécher ; elles deviendront banales, et reproduiront à l'infini des feuilles purement conventionnelles et déchiquetées, surtout le chou frisé.

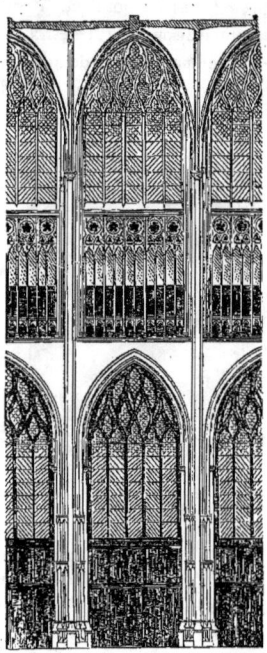

(*Fig. 154.*) ÉGLISE St-OUEN A ROUEN.
(Claire-voie continuant les fenêtres supérieures.)

Tels sont les signes de la décadence incontestable et irrémédiable qu'amène le XVe siècle. Néanmoins, à côté de ces défauts, l'architecture garde encore bien des beautés, et, dans les monuments qui en sont plus ou moins affectés, nous pouvons encore admirer une ordonnance superbe, de sublimes envolées vers le ciel, des prodiges de légèreté, des tours de force d'équilibre, de merveilleuses richesses. Sous Louis XI, elle montre un renouveau de vitalité, un retour de sève, une abondance de productions remarquables, qui jettent un dernier éclat sur un style qui va mourir.

Avec le règne de Charles VII, commence cette architecture flamboyante. On en voit le premier exemple dans la façade de Saint-Germain-l'Auxerrois, construite par

Jean Gaussel (1435-1439), dans le portail de la chapelle d'Amboise, et aussi dans la somptueuse façade de la cathédrale de Tours.

C'est à la dynastie des Chambiges, dit M. Gonse, architectes renommés de l'époque, et à leur école, qui s'est prolongée jusqu'au seizième siècle, que le gothique flamboyant, dans l'Ile-de-France, doit sa forme la plus délicate, la plus savoureuse.

A cette époque, l'art fatigué tombe dans le système, dans le raffinement, dans la subtilité et la sécheresse. L'architecture se surcharge d'ornements superflus peu rationnels. On voit abonder les formes de structure fictive. Les lignes horizontales font place presque partout aux lignes verticales ; les membres ascendants pénètrent à travers tous les obstacles jusqu'au sommet, en formes généralement prismatiques. L'ensemble s'efface devant le détail, développé d'une manière systématique, et sous la profusion des ornements qui se répandent sur l'édifice, tapissant les murs de fausses arcatures, — de niches, de baldaquins, ajourant les balustrades, les pignons et les flèches, dentelant les arcades, pénétrant toutes les masses.

(Fig. 155.)   (Fig. 156.)   (Fig. 157.)
ARCS FLAMBOYANTS EN ACCOLADE ET SURBAISSÉS.

Le plan reste à peu près le même. On voit apparaître, exceptionnellement, dans l'église, deux nefs, chez les Ordres mendiants (exemple : les Jacobins de Toulouse).

Les contreforts perdent leur aspect massif ; leurs sections, aux étages successifs, sont des carrés inscrits l'un dans l'autre, de manière à laisser à découvert des espaces triangulaires, amortis par des gables minuscules et de petits pinacles ; les arêtes alternent aux faces d'un étage à l'autre : les faces sont ornées de fenestrages aveugles. Les arcs-boutants sont séparés de l'aqueduc qu'ils portent, par une partie ajourée.

— Le triforium est ajouré et se confond avec la claire-voie.

Les arcs offrent des cintres à plusieurs centres ; ils sont surbaissés, parfois en accolade *(fig. 155, 156, 157.)*

Les fenêtres, les roses, les balustrades et toute la partie ajourée, offrent des résilles flamboyantes. Les meneaux n'offrent plus de colonnettes, mais seulement des *moulures prismatiques*, plus ou moins compliquées comme profil.

264 CHAPITRE SEIZIÈME. — LE STYLE FLAMBOYANT.

Les colonnes et colonnettes tendent à faire place à des faisceaux de moulures prismatiques nombreuses, à profils maigres et secs, qui montent sans interruption jusqu'à la clef des archivoltes et jusqu'au sommet des voûtes, ne faisant qu'un avec les arceaux ; aucun chapiteau ne vient interrompre leur jet.

Parfois cependant les architectes reprennent l'ancienne colonne monocylindrique dans laquelle descendent et se noient les nervures.

Les nervures elle-mêmes, ramifiées, prismatiques et peu saillantes, affectent les tracés les plus complexes. C'est au XVe siècle que règnent les voûtes à *liernes et tiercerons*, à compartiments triangulaires formant des réseaux complexes, les voûtes aux travées carrées et chevauchantes, croisées comme celles de la grande nef de Saint-Bavon à Gand, les voûtes en étoile, à clefs multiples, les voûtes en éventail des Anglais, etc.

Les clefs deviennent importantes, elles s'allongent démesurément, elles deviennent pendantes et prennent la forme de stalactites suspendues à l'aide d'artifices de construction, menaçant de tomber sur la tête des fidèles, comme à la cathédrale d'Albi. Le profil de ces moulures s'amaigrit ; les tores cylindriques font place à des moulures anguleuses et prismatiques. Les arcs et même les nervures se garnissent parfois de *festons*, formés d'une série de redents fleuronnés, suspendus à leurs intrados.

 CATHÉDRALE DE ROUEN.

C'EST dans la belle ville de Rouen que nous irons chercher des exemples de l'art gothique à son déclin. Les raffinements du style flamboyant le plus caractérisé se montrent à la cathédrale (1), bâtie en grande partie entre 1462 et 1496. Ils se

---

1. Dom Pommeraye, *Histoire de l'église cathédrale de Rouen, métropolitaine et primatiale de Normandie*.
A. P. M. Gilbert, *Descript. hist. de N.-D. de Rouen*, 1816, 1887, in-8°.
F. T. de Jolimont, *Monuments les plus remarquables de la ville de Rouen*, 1822.
Le même, *Les principaux édifices de la ville de Rouen*, 1845.
H. Langlois, *Notice sur l'incendie de la cathédrale de Rouen*, 1823.
A. Deville, *Revue des architectes ; la cathédrale de Rouen*, 1848.
L. Pallue, *Histoire du diocèse de Rouen*.
J. Loth, *La cathédrale de Rouen*, 1879.
Abbé Sauvage, *Dans la Normandie monumentale*, 1893.
V. *Bulletin mensuel*, 1888, p. 445. — *Magasin pittoresque*, 1833, p. 12, 1837, p. 137.
Le dernier travail paru sur ce monument est la notice de M. le Dr Coutan : *Coup d'œil sur la cathédrale de Rouen*, dans le n° 2, année 1896, du *Bulletin monumental*.
La Cathédrale de Rouen. — L'Abbatiale de Saint-Ouen, par l'abbé Sauvage. Grand in-4° de luxe avec deux superbes phototypies. Le Havre, Lemale et Cie.

révèlent notamment dans l'immense et richissime façade, vraie guipure de pierre tendue entre les deux tours, et dans la belle chapelle du chevet, consacrée à la Vierge,

(Fig. 158.)

CATHÉDRALE DE

ROUEN.

FAÇADE

MÉRIDIONALE.

selon l'usage que nous avons déjà fait remarquer dans les autres cathédrales. Ordéric Vital rapporte que l'archevêque Robert d'Évreux (989-1037) rebâtit l'église métropolitaine sur des fondations nouvelles et l'acheva en grande partie. Elle fut consacrée en 1063 par Maurille, en présence de Guillaume le conquérant (1).

D'après Viollet-le-Duc, la fin du XIIe siècle a vu s'élever la tour de Saint-Romain du portail occidental, les deux chapelles de l'abside, celles du transept, et les deux portes latérales de la façade. Avant l'incendie de 1200, la cathédrale avait donc déjà l'étendue actuelle.

A partir de 1200, l'histoire reprend ses droits ; on peut faire la part des différents maîtres de l'œuvre qui se sont succédé du XIIIe au XVIe siècle, à partir d'Enguerrand (le maître de l'abbaye du Bec) et de Jean d'Andely (1216), découverts par M. de Beaurepaire, et dont l'origine justifie le caractère français des portions les plus anciennes de la cathédrale. Grâce à M. le conseiller Legay, nous savons depuis peu que Jean d'Andely vivait vers 1207 et qu'il est le prédécesseur d'Enguerrand, cité seulement vers 1214 ; M. Coutan le considère comme l'auteur du plan de la cathédrale. L'influence normande reparaît avec Gautier de Saint-Hilaire (1251) et Jehan Davi (1278). Jehan de Periers, Jehan de Bayeux, Janson, puis Salvart, Jehan Roussel, Geoffroi Richier, Guille Pontife et Jacques le Roux se succèdent aux XIVe et XVe siècles.

Ces quelques lignes résument sèchement les plus émouvantes péripéties. Sur le clocher de pierre qu'ayait élevé l'archevêque Maurille, la foudre s'abat un jour de l'année 1110, l'incendie gagne les charpentes, tout est détruit. Les portails latéraux témoignent de la beauté du monument qui fut réédifié après cette catastrophe. Le grand œuvre terminé, Rouen pense n'avoir plus qu'à se reposer. Hélas ! la première année du XIIIe siècle, d'inouïs tourbillons de flammes changent la ville entière en un brasier ; une fois de plus l'église est par terre. Maître Andely (2), requis de dessiner des plans neufs et d'en diriger l'exécution, jette les bases d'un édifice superbe, purement gothique et très puissant de conception, qu'il appartiendra au seul avenir d'achever. A la mort de Philippe-Auguste, le gros œuvre était terminé ; mais quand on vit s'élever les superbes églises de Chartres, d'Amiens, de Reims, de Bourges et de Beauvais, on voulut s'en rapprocher par les détails, ne pouvant plus lutter par les proportions ; de là les additions décoratives et les surcharges qui fleurissent sur le gros œuvre, de la fin du XIIIe siècle au commencement du XVIe.

La cathédrale, que nous voyons mutilée, privée d'unité, et pourtant très imposante, tient encore la place de cinq ou six cathédrales antérieures. Les siècles suivants ne

---

1. Les travaux entrepris en 1886 pour l'établissement d'un calorifère ont permis de se faire une idée de la cathédrale romane de Maurille. (V. Dr Coutan, ouv. cité.)
2. V. *La France monumentale et artistique*, t. II, p. 52. — M. de Fourcaud, dans cet article, cite encore « Enguelram » comme l'auteur des plans.

voient qu'une succession d'ajoutes et de remaniements, suivis plus tard de navrantes dévastations.

Notre-Dame de Rouen, dit le Dr Coutan, occupe un rang à part parmi les cathédrales françaises. Sa situation géographique a été pour elle une cause d'infériorité ; elle était loin du foyer de l'école normande, placée plus à l'ouest de Caen ; il résulte que la métropole de la Normandie est la moins normande des cathédrales de la province. D'un autre côté la Seine a propagé jusqu'aux murs l'influence purement française. Par contre, aucun édifice de la province ne peut rivaliser avec elle pour l'ampleur des proportions, le nombre et l'importance des tours, la grandeur de l'ensemble.

La longueur de la primatiale de Normandie, depuis le grand portail jusqu'au fond de la chapelle de la Vierge, est de 135 mètres, la largeur de la nef sans les collatéraux est de 27 mètres (54 en tout), sa hauteur de 28 ; le transept, du portail des *Libraires* à celui de la Calende, mesure 64 mètres. L'église est portée par trente-quatre piliers, sans compter les quatre maîtresses piles qui soutiennent la lanterne centrale, composées de faisceaux de trente colonnettes qui mesurent 38 pieds de tour. Le vaisseau est éclairé par cent trente verrières. Ce plan superbe est particulier par la disposition du chevet : l'abside en hémicycle est pourtournée par un bas-côté, d'où rayonnent seulement trois absidioles, séparées par une travée intermédiaire, ainsi qu'à Lisieux et primitivement à Meaux. Il faut noter aussi les chapelles s'ouvrant sur le transept.

Si dans l'ensemble l'aspect de la métropole normande offre une certaine unité, les détails montrent des reprises nombreuses, et gardent les traces d'une succession de travaux. Le grand portail, curieusement dissymétrique, avec ses deux baies latérales admirablement appareillées, son gable efflanqué et son éblouissant décor, fourmille de détails. La belle tour du Nord, ou de Saint-Romain, fière de sa masse et parente du Clocher-Vieux de Chartres, ainsi que des tours de Vendôme et d'Étampes, présente cependant un couronnement assez malheureux ; romane à sa base, de transition dans sa partie moyenne, elle a un couronnement gothique ; achevée de 1465 à 1477, elle porte la pointe de sa flèche à 75 mètres de hauteur (1). Comme le donjon normand, elle est épaulée de douze contreforts. Sur le flanc oriental s'élève la tourelle à colimaçon, « superbe réplique du géant qu'elle escorte, » dit le Dr Coutan. Sa flèche est le modèle réduit de la flèche projetée d'abord au-dessus de la grande tour. Cette tour est éclipsée par la superbe *Tour de Beurre ;* celle-ci jouit d'une popularité trois fois séculaire ; commencée en 1487 par Guillaume Pontife, et terminée en 1507 à la hauteur de sa jumelle par Jacques le Roux,

---

1. Viollet-le-Duc, *Dictionnaire d'archit.*, vol. III, p. 369.

elle fut élevée pour contenir la monstrueuse cloche appelée *Georges-d'Amboise*, que seize hommes mettaient en branle, et qui pesait 35.000 livres, selon l'astronome Lalande. Elle fut fondue en 1501 ; elle était la seconde de l'Europe ; celle de Moscou, la plus grande, ne fut jamais levée de terre ; fêlée en 1786, lors de l'entrée de Louis XVI à Rouen, la *Georges-d'Amboise* fut convertie en monnaie à la Révolution. On sait que la *Tour de Beurre* fut construite au moyen du produit des dispenses accordées aux fidèles pour l'usage du beurre en Carême. Son style reproduit parfaitement le type usité dans la Haute-Normandie au XVe siècle : il consiste en un corps carré très élevé, percé sur chaque face de deux grandes baies à meneaux, auquel se relie par des arcs-boutants à jours un étage plus court, léger et pyramidal (1).

Entre ces deux belles tours, la façade occidentale, fort mutilée et restaurée tant bien que mal, laisse une impression pénible. M. Deville attribue la grande rose à Jehan de Periers, « qui travaillait à l'O en 1370 (2). »

Les deux portes latérales et leurs arcatures sont seules du XIIIe siècle ; le reste a été exécuté de 1507 à 1530 par Jacques et Roland Leroux. Au tympan de la porte de gauche sont trois scènes de la vie de saint Jean-Baptiste : Salomé devant Hérode; Salomé recevant la tête de Jean ; la décollation. Au-dessus figurait probablement la Résurrection. Au tympan de la baie de droite, le Christ glorieux et le martyre de saint Etienne. Les deux portes gardent des vantaux du XIIIe siècle.

Les transepts, élevés de 1200 à 1230, sont d'une construction hardie; ils devaient être flanqués de clochers élancés ; ils offrent chacun une rose, des portails à gables et statues.

Parmi les nombreuses sculptures qui décorent le portail de la *Calende*, on voit figurée l'histoire de *Joseph*, qui a donné lieu à la fameuse légende de l'usurier du *Port Moront*. Le portail des *Libraires*, ainsi nommé de la petite case qui le précède, et sur laquelle donnaient la boutique du libraire et la bibliothèque canoniale au Nord, fait voir combien les Rouennais ont excellé à découper la pierre. « Des nuées d'anges mouvementent ses voussures, ses murs pleurent leurs statues tombées sous le marteau de la Terreur (3).

Le Jugement dernier de son tympan a beaucoup souffert. La décoration du portail se complète en retour d'équerre sur les bâtiments latéraux des XIIIe et XVe siècles. Viollet-le-Duc signale les deux portails comme des chefs-d'œuvre de premier ordre.

---

1. J. C. *Livret-guide de l'excursion en Normandie, faite par la Gilde de Saint-Thomas et Saint-Luc en 1895*.
2. M. Sauvage hésite à reconnaître dans l'O une rose de façade. Nul doute à cet égard ; les exemples de l'emploi de ce terme dans la même acception abondent dans les manuscrits du temps.
3. De Fourcaud, *loc. cit.*

La fière aiguille de la tour centrale, montée sur une lanterne à trois étages, refaite en bois en 1545 par Robert Becquet, disparut, on le sait, en quelques heures, à la suite du coup de foudre de 1822 ; l'architecte Alavoine l'a remplacée depuis par la flèche de fonte qui, à défaut de la pureté de style, a le mérite de s'élancer à une hauteur

(Fig. 159.) Intérieur de la cathédrale de Rouen.

de 151 mètres. Elle est une œuvre d'ingénieur plutôt que d'artiste, « une manière de tour Eiffel religieuse (1). » Comme œuvre métallurgique, elle a été entreprise quelques années trop tôt, car aujourd'hui on serait amené par le progrès à l'exécuter en acier, ce qui serait la perfection dans le genre. La noire silhouette de cette flèche en fonte fait toujours une partie intégrante du panorama de Rouen, et, de son

1. J. C. *Livret-guide*, cité.

belvédère culminant, on jouit d'une des plus belles vues de France. Elle fut quelque temps le plus haut monument du monde ; à cette nouvelle les restaurateurs du *Dom* de Cologne se hâtèrent de surélever leur double pyramide, encore inachevée, pour retrouver le premier rang, détrôner du même coup Rouen et Anvers : ce devrait être maintenant la tour de Malines ; à quand l'achèvement du clocher de Saint-Rombaut ? Toutes ces tours, il est vrai, sont dépassées par la tour Eiffel.

Il y a beau contraste entre l'extérieur et l'intérieur de l'édifice. « Ces grandes cathédrales, observe M. de Fourcaud, d'extérieur fourmillant, semblent, dès qu'on met le pied sous leurs voûtes, simples et presque nues. Leur ampleur sévère est pleine de paix. Elles ne sont point faites pour les délibérations des assemblées mondaines, les passions s'y éteignent ; on y parle naturellement à voix basse ; on se sent dans un air saturé de prières et de générations... ; le silence y règne dans la lumière tamisée des vitraux. » Cette impression de contraste est vive à Notre-Dame de Rouen, trop vive même, d'autant plus que le décor pictural intérieur ne fait pas équilibre au décor sculptural de l'extérieur.

Ce qu'il faut admirer surtout, c'est la noblesse du plan, dû, sans doute, à Enguerrand : onze travées à la nef, trois à chaque croisillon, six au chœur, y compris le rond-point, ce vaste collatéral pourtournant l'édifice entier, comme à Paris ; deux grandes chapelles flanquaient le transept comme à Sens ; deux grandes chapelles latérales à l'abside et une, terminale, très profonde, au chevet.

Vue de l'intérieur, la lanterne, hardie entre toutes, pose sur quatre piles énormes, de 13 mètres de largeur, et légères à l'œil, tant les 31 colonnettes qui en découpent les faces s'effilent avec légèreté. Deux étages de galeries voient le jour sous une voûte dont la clef plane à 30 mètres. Le chœur et le transept sont de beaux vaisseaux élancés et percés à jour, type du gothique tertiaire ; il en est de même des nefs, qui offrent toutefois de curieuses particularités, notamment les fausses tribunes contre-voûtant les arcades de la grande nef (disposition imitée à Eu et à Meaux), et le triforium abrité sous des décharges bandées d'une pile à l'autre. Le vaisseau lui-même regagne, par la richesse et le pittoresque de ses détails, ce qui manque aux qualités de son ensemble. Il n'offre qu'une simple nef très allongée et un transept flanqué de deux absidioles. Le chœur est entouré d'un déambulatoire sur lequel s'ouvrent trois chapelles. C'est le plan spécial des églises normandes. Partout, d'ailleurs, s'accusent l'extrême acuité des arcs, chère à la Normandie, l'abondance des formes grêles, la richesse de l'ajourement et l'élancement quand même. En approchant du XVIe siècle, tout tourne au raffinement, à l'encontre de la robustesse qu'affirment, en un piquant contraste, les parties de la construction primitive.

Les dimensions du monument sont énormes en tous sens. La longueur de l'église

Notre-Dame est de 136 mètres ; sa largeur aux nefs, de 32 mètres ; sa hauteur sous la voûte, de 28 mètres. La clef de la lanterne plane à 58 mètres.

Le beau jubé du moyen-âge a fait place à un jubé de style classique. On dirait qu'une colonie païenne a passé par là et a élevé un monument à ses dieux olympiens.

Parmi les vitraux on distingue le vitrail orné de la légende de saint Julien l'Hospitalier. Les roses des trois pignons sont remarquables, quoiqu'elles le cèdent à celles de Saint-Ouen.

On attribue à Jean Davi (1302 à 1320) la chapelle de la Vierge, véritable église prolongeant la basilique, et offrant toute la gracieuse élégance du XIVe siècle. Elle renferme le tombeau des cardinaux d'Amboise. Roland Leroux travailla dix années au plan de ce magnifique monument, que sculpta, en 1520, le Rouennais Pierre Desaubeaulx avec l'aide de Therouyn et d'André le Flament ; il est considéré comme un des bijoux les plus accomplis de l'écrin monumental de la France. Il fait face au mausolée de Pierre de Brézé (1488-1492), et au célèbre tombeau de Louis de Brézé, sénéchal de Normandie, élevé de 1535 à 1544, par sa peu vertueuse veuve, et attribué à Jean Goujon. C'est l'une des plus brillantes productions de la Renaissance. L'église Notre-Dame contient encore les tombes de Rollon, premier duc de Normandie (+ 927), de Guillaume Longue-Epée, son fils (+ 943), de Richard Cœur de Lion (+ 1199), de Henri Court Mantel, son frère.

Les cent trente fenêtres qui versent le jour dans l'église sont, pour la plupart, garnies de vitraux, ainsi que les trois belles roses qui percent le pignon Ouest et ceux du transept. Celle de l'Ouest n'a pas de rivale pour l'éclat des couleurs ; on y voit le Père Éternel entouré de la milice angélique. Les deux autres ont donné lieu à un événement tragique ; c'était en 1439 : l'une des roses fut exécutée par Alexandre de Berneval, l'autre par son apprenti. Celle de l'apprenti fut jugée plus belle que celle du maître, et celui-ci en conçut tant de dépit et de jalousie qu'il tua son élève. Les collatéraux contiennent de belles verrières du XIIIe siècle.

Chapitre Dix-septième.

STYLE GOTHIQUE BRABANÇON.

I. — CATHÉDRALE DE MALINES.

AINT-ROMBAUT de Malines, Saint-Jean de Bois-le-Duc et Notre-Dame d'Anvers résument le gothique brabançon dans une trilogie superbe.

On ne connaît, dit M. le chanoine Van Caster (1), rien de fort précis sur l'origine et les commencements de la cathédrale de Malines. La destruction de ses archives, qui eut lieu pendant les troubles du XVIe siècle, a rendu toute investigation impossible. Les nefs et les transepts sont les parties les plus anciennes ; leur construction remonte au XIIIe siècle. On y ajouta peu après les trois premières travées du chœur, et la consécration du monument eut lieu le 31 mars 1312. L'incendie du 29 mai 1342, qui détruisit, paraît-il, plus de la moitié de la ville, n'épargna pas l'église, dont la toiture fut entièrement consumée par les flammes. Les dégâts étaient grands et la restauration ne se fit que lentement. Dans l'entretemps les chanoines célébrèrent leurs offices à Sainte-Catherine, et ce ne fut qu'en 1366 qu'ils purent les reprendre à leur collégiale.

Après avoir restauré l'église, on travailla à son achèvement. La quatrième travée du chœur, ainsi que la partie absidale avec son pourtour et ses chapelles, furent terminées dans la première moitié du XVe siècle. Au commencement du siècle suivant on construisit les chapelles qui longent la nef latérale Nord. La dernière d'entre elles, la plus voisine du transept, est beaucoup plus ancienne, et date de 1380 environ.

Isolée au milieu d'une grande place et de l'ancien cimetière planté de grands arbres, la cathédrale offre un aspect particulièrement imposant. Des arcs-boutants hardis s'élancent vers les combles, bordés d'une balustrade ornée de quatrefeuilles encadrés, à la nef centrale, et d'arceaux, au chœur ; de superbes fenêtres aux meneaux

---

1. *Guides belges.* — *Malines*, par l'abbé Van Caster, Soc. Saint-Augustin.

rayonnants percent les murs, notamment les pignons des transepts, où elles ont cinq lumières (1). Le chevet offre les traits les plus caractéristiques du style propre au Brabant, notamment les gables repercés de lancettes aveugles, qui surmontent chaque travée des bas-côtés. Sa vue extérieure est, dans son ensemble, d'un effet saisissant.

La tour grandiose qui est plantée fièrement au pied de la nef centrale, percée

(*Fig. 160.*) Cathédrale de Malines.

d'un beau porche, a été commencée en 1452 (2) et élevée à sa hauteur actuelle de 97 m. 30 au commencement du XVIe siècle ; elle abrite un vestibule de 100 pieds

1. Ces fenêtres sont ornées de beaux vitraux peints. Le placement de ces verrières, qui date de la fin du XVe siècle, a amené une modification assez sensible dans le dessin des meneaux, qui sont aujourd'hui en partie flamboyants.
2. Ghyseler-Thys, *Coup d'œil sur la métropole de Malines en 1836*, p. 1.
La voûte qui recouvre ce vestibule porte le distique suivant :

Gesloten was ick tot elcx aensien
Doen men screef mvcxiij.

Vitraux. V. *Messager des sciences* de Gand, année 1877, p. 1.
Tour. V. *ibid.*, p. 246.

Les grandes Cathédrales. 18

d'élévation, lequel est, comme à Saint-Gommaire de Léau, réuni à la nef. Elle devait se terminer par une flèche en pierre découpée à jours, qui aurait atteint près de 600 pieds de Malines. Cette grosse tour inachevée, qui a empêché de dormir les bâtisseurs de Sainte-Waudru de Mons et de maintes autres églises, a le droit d'être jalouse à son tour de ses sœurs de Cologne, qui ont trouvé leur *Domsbauverein* et ont pu lancer dans les airs leurs pyramides altières. Elle a été commencée en 1452. Cette tour colossale, évidée sur toute la hauteur de la grande nef, qu'elle allonge encore de 16 mètres, n'a pas moins de 16 mètres de largeur, sans compter le contrefort qui s'avance de chaque côté de 4 m. 50 environ. La flèche octogone, qu'elle est destinée à recevoir, se serait élevée à 166 mètres de hauteur, dépassant tous les monuments du globe. Cette flèche, qui avait l'ambition de dépasser toutes ses rivales, est restée à construire ; c'est une tâche réservée à nos héritiers, s'ils ont encore assez de sang chrétien dans les veines. Autour de la statue de Marguerite de Parme, élevée sur la Grand'Place, on voit un grand cercle tracé par les constructeurs de la cathédrale lorsqu'il s'est agi de placer le cadran qui orne la tour. Ce cercle reproduit exactement les dimensions du cadran de cette horloge colossale. Les chiffres sont taillés dans la pierre. Les cadrans de l'horloge ont 13 m. 50 de diamètre ; la longueur des chiffres est de 2 mètres.

A l'intérieur le monument n'est pas moins remarquable. Le rond-point du chœur, qui est le morceau suprême de l'œuvre entière, est malheureusement masqué par l'autel-portique colossal qu'y érigea Luc Faidherbe. La grande nef nous offre les claires-voies festonnées du style fleuri, posées d'une manière abrupte sur des arceaux du style primaire aux chapiteaux travestis à l'aide de feuilles frisées, subtituées après coup à d'élégants crochets.

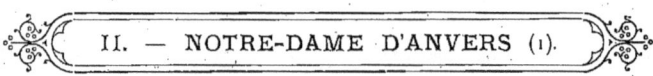

II. — NOTRE-DAME D'ANVERS (1).

L'ANCIENNE cathédrale d'Anvers est un des monuments les plus importants que l'art gothique ait élevés dans le Nord.

Voulant remplacer le modeste oratoire primitivement dédié à Notre-Dame par une

---

1. V. *Anvers et ses faubourgs*, par L. Kintschot, Soc. St-Augustin (collection du *Guide belge*). — V. Schayes, *Hist. de l'Arch. en Belg.* — V. Genard, *Notice sur l'église N.-D. d'Anvers*. — V. Serrure, *Tour de N.-D. d'Anvers*, 1836. — V. Gilde de St-Thomas et St-Luc, 26ᵉ session. — V. t. I du *Recueil des inscriptions funéraires et monumentales de la province d'Anvers*. — V. *Mag. pitt.* 1833, p. 65.

de ces audacieuses constructions « faites de foi et d'amour, » comme ils en voyaient surgir de tous côtés autour d'eux, les chanoines d'Anvers posèrent en 1352 la première pierre du chœur actuel, qui était terminé en 1387. On ne connaît pas l'architecte de génie qui conçut le projet d'ensemble. On attribue à Amelius de Cologne, surnommé

(Fig. 161.) Notre-Dame d'Anvers.

Pierre Appelmans, fils de Jean, *maître des tailleurs de pierre*, disent les comptes de l'œuvre, le plan des tours colossales qui furent élevées sous sa direction à partir de 1422 jusqu'à sa mort (1434). Me Jean Tac lui succéda jusqu'en 1449, puis Me Everaerd jusqu'en 1473. Herman Waghemaker travailla 28 ans (jusqu'en 1500) aux nefs du Nord, entre le chœur et la grande tour. Son fils Dominique, assisté dans les derniers temps par Rombaut Kelderman, eut l'honneur d'achever le vaste monument, et le restaura après le terrible incendie de 1533. C'est lui aussi qui éleva la flèche de pierre qui couronne si fièrement la tour, et qui est admirée par le monde entier comme un chef-d'œuvre de hardiesse ; elle est la troisième parmi les plus hautes du monde, avec 136 mètres de hauteur. Waghemaker l'orna d'une sculpture florale importante (1).

L'église Notre-Dame fut érigée en cathédrale par le pape Paul IV en suite du concordat de 1559. Les calvinistes la ravagèrent en 1566, et quinze années après elle servit pour quelque temps de temple aux hérétiques. Les Anversois, au prix d'efforts héroïques, lui avaient rendu une nouvelle et somptueuse parure, quand les Jacobins français la dépouillèrent à leur tour ; heureusement le temps manqua aux sans-culotte pour abattre l'église et sa belle tour.

Le vaisseau de Notre-Dame d'Anvers présente de vastes dimensions dans un style qui manque de pureté. Il étonne par l'étendue de ses sept nefs et par l'élancement des piliers divisés en faisceaux de nervures légères, élancement encore accru par l'absence de chapiteaux. Les travées de la grande nef sont excessivement larges, et par suite les arcs doubleaux et les voûtes des bas-côtés sont fort écrasés. Le plan primitif ne comportait que cinq nefs. Néanmoins l'impression que produit la sextuple rangée de piliers qui supportent ses nefs est saisissante. A l'intérieur les murs sont tapissés d'arcatures aveugles trilobées et surmontées de quatrefeuilles. Les voûtes sont à croisées d'arêtes.

Le centre du transept est couvert d'une coupole dont l'étage inférieur date de Charles-Quint et les deux autres étages, des XVIe et XVIIe siècles ; elle est couverte par un toit bulbeux, pyriforme, des plus fantaisistes. L'architecte primitif a sans doute eu l'intention d'élever là une tour lanterne comme à Bois-le-Duc.

L'honneur de Notre-Dame d'Anvers est surtout sa flèche altière, en pyramide

---

1. *Geschiedenis van Antwerpen*, III, 80 et 92.

On lit dans la première galerie de la tour l'inscription suivante : *Appelmans fecit*.

Jean Appelmans mourut en 1434, comme le portait son épitaphe, que l'on voyait autrefois dans l'église paroissiale de Sainte-Walburge, aujourd'hui démolie.

Voir le magnifique plan de cette tour en huit grandes feuilles, publié avec une notice fort intéressante par feu M. l'architecte Serrure. Ce plan a été reproduit exactement, mais sur une moindre échelle, dans l'*Histoire flamande d'Anvers*, tome III.

Suivant un annaliste anversois, le P. Papebrock, l'architecte Amelius avait conçu le projet d'orner l'église de Notre-Dame de trois autres tours qui auraient occupé le centre et les extrémités des transepts.

hérissée de clochetons, qui est le chef-d'œuvre du couronnement en pyramide. C'est en ces tours effilées qu'ont excellé les constructeurs brabançons. Celle-ci est la plus hardie ; le beffroi de Bruxelles est la plus gracieuse. Saint-Waudru de Mons avait médité de monter sur ses traces ; mais cette tour, lourdement commencée, doit être considérée comme avortée.

On admire dans la cathédrale d'Anvers des chefs-d'œuvre de Rubens.

III. — CATHÉDRALE DE SAINT-JEAN A BOIS-LE-DUC (1497-1520) (1).

L'ÉGLISE principale de Bois-le-Duc, dédiée à saint Jean l'Évangéliste, fut élevée au rang de cathédrale à la suite de la création de nombreux évêchés par Philippe II. Jusqu'à la tourmente révolutionnaire de la fin du siècle dernier, l'évêché de Bois-le-Duc releva de l'archevêché de Malines, jusqu'à ce que la persécution religieuse amena la suppression du siège épiscopal de Bois-le-Duc.

L'église de Saint-Jean fut fondée vers 1150 (2). De ce premier édifice il ne reste plus que les deux étages inférieurs de la tour occidentale ; ils ont été soi-disant restaurés, c'est-à-dire habillés d'une chemise de briques ; il est heureux que l'intervention directe de la régence municipale, en matière artistique, se soit bornée à s'exercer sur la tour. Sous celle-ci on retrouve encore les restes d'un narthex.

Une église gothique, commencée en 1280, était couverte en 1312. Détruite par l'incendie que le feu du ciel avait allumé, elle fut reconstruite aussitôt, malgré la ruine qui avait frappé un grand nombre d'habitants de la ville à la suite de l'incendie. De 1419 à 1458 le chœur fut achevé, apparemment par Régnier, dit le Brabançon, auquel succédèrent alors Duhamel, de Louvain, Jean Heyns et Jean Van Poppel. Ce dernier acheva l'édifice de 1523 à 1529, et le couronna de la superbe tour du transept, dont la flèche brûla en 1584.

La cathédrale de Bois-le-Duc est le chef-d'œuvre de l'art brabançon, et le type accompli du style gothique tertiaire dans les Pays-Bas. Par son plan magistral, cette église fait songer aux plus belles églises du XIIIe siècle et du XIVe. Didron la comparait à ce point de vue à la cathédrale de Reims.

1. V. *Le style ogival des églises du royaume des Pays-Bas*, Utrecht, 1863. — V. *Le Bull. de la Gilde de Saint-Thomas et de Saint-Luc*, année 1891, p. 214.
2. Hezemnau, *De Sint Janskerk, te S' Hertogenbond en hare geschicolines* (Bois-le-Duc, G. Hormans, 1866).

278   CHAPITRE DIX-SEPTIÈME. — STYLE GOTHIQUE BRABANÇON.

En entrant dans cette église, une des plus belles du Nord, on est subjugué devant l'ampleur du vaisseau, la sveltesse des supports, la hardiesse des voûtes, l'unité de l'ensemble. Dans ce temple immense, il manque un repos à l'œil, depuis qu'on a enlevé l'ancien jubé pour le vendre au *South Rensington Museum* de Londres ; la déception produite par cette faute est aussi grande qu'à Anvers. Le vaisseau est admirablement terminé par un ample et gracieux chevet. Il est formé d'une nef centrale de 30 mètres de hauteur et de quatre nefs latérales. Il forme une croix latine de 90 mètres de long. A la croisée s'élève une belle coupole ayant à chaque angle un escalier à jour.

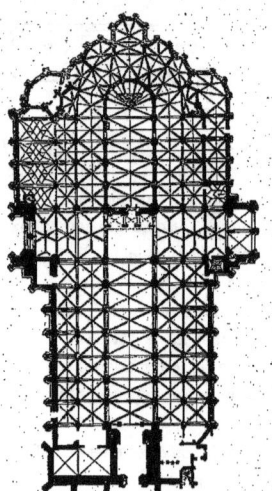

(Fig. 162.)

La membrure nerveuse, les ajours légers, les formes prismatiques y sont développés avec une richesse extrême et un goût des plus heureux. Tous les membres verticaux s'effilent avec une graduation bien conçue, et leur transition se fait en montant par une série de combinaisons ingénieuses, qui sont le triomphe de l'amortissement. La sculpture monumentale est d'une variété extrême et d'une grande valeur.

Cette église se rapproche beaucoup de Notre-Dame d'Anvers, mais elle n'a que cinq nefs au lieu de sept. Elle offre à la croisée une lanterne très ajourée, plus monumentale.

Elle est la seule église de Hollande offrant deux étages d'arcs-boutants ; ils sont à une seule travée. Le pilier butant occupe toute la profondeur du deuxième collatéral, mais ne se réunit pas au contrefort extérieur, qui est indépendant ; c'est en vue de l'aspect et non par nécessité de construction qu'on a raccordé ceux-ci aux piliers butants par un petit arc en demi-voûte, sous lequel règne le cheneau. Les rampants des arcs-boutants sont garnis d'une rangée de bonshommes à califourchon sur un dos d'âne, figurant entr'autres sujets des gens de métier et le maître de l'œuvre. *(V. fig. 163.)*

III. — CATHÉDRALE DE SAINT-JEAN A BOIS-LE-DUC. 279

A l'intérieur, les piliers sont tout en nervures prismatiques, sans trace de

(Fig. 163.) Église Saint-Jean a Bois-le-Duc. — Les arcs-boutants.

chapiteaux. Tout le plat des murs est couvert de résilles aveugles, qui envahissent non seulement les tympans des arcades et le triforium, mais encore les parois

(Fig. 164.) Église Saint-Jean a Bois-le-Duc.

des murs intérieurs et le tympan des gables extérieurs.

Les traits que nous venons de mettre en relief et qui sont propres aux églises brabançonnes, se retrouvent en grande partie à la cathédrale d'Anvers ; notons surtout les arcatures aveugles envahissant le tympan des arcades des nefs, les gables des pignons des bas-côtés, la lanterne de la croisée. A Anvers, aussi, l'abus du développement systématique des nervures a fait disparaître les chapiteaux et supprimé en quelque sorte les colonnes.

(Fig. 165.) Terminaison d'une joûée des stalles de Bois-le-Duc.

La cathédrale de Bois-le-Duc a été l'objet d'une intelligente restauration, due à MM. L. Veneman et Hezenmans.

La statue miraculeuse de N.-D. de Bois-le-Duc est reléguée dans la première chapelle de gauche.

Les fonts baptismaux en bronze sont admirables et dignes d'être comparés à ceux de Hal ; ils datent de 1492 ; ils sont dominés par l'image du Père Eternel. Leur auteur est Arnold Van Tricht, le célèbre fondeur de Maëstricht. Les groupes qui l'ornent ont été mutilés en 1640 par l'autorité communale, parce qu'ils blessaient les convictions religieuses de ses membres. Les vitraux sont d'une tonalité moderne et faible. Un très beau lustre en cuivre du XVe siècle pend dans la chapelle du Saint-Sacrement. La cathédrale possède de remarquables statues historiées et une chaire de vérité de la Renaissance.

Saint-Jean possède un buffet d'orgues de la Renaissance très remarquable.

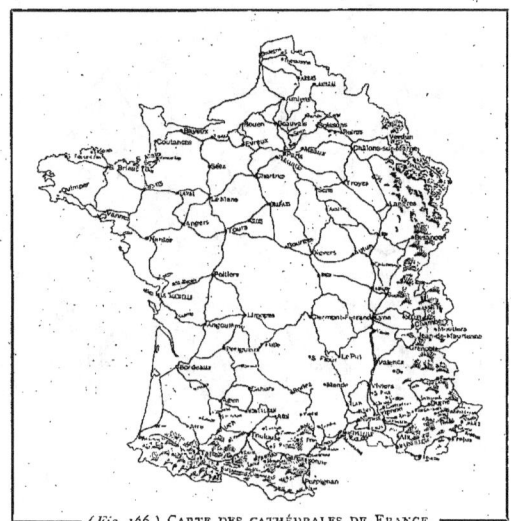

(*Fig. 166.*) Carte des cathédrales de France.

Chapitre Dix-huitième.
CATHÉDRALES FRANÇAISES (SUITE).

PRÈS avoir consacré une courte description aux grandes cathédrales françaises et étrangères, jetons un rapide coup d'œil sur tant d'autres églises moins importantes, et pourtant souverainement intéressantes, dont la France a couvert son sol aux beaux siècles, ou qui ont été élevées dans les pays voisins à son exemple. Pour ce qui concerne la France, la petite carte monumentale ci-contre, empruntée à un archéologue américain, M. Barr Ferrée [1], montre comment celles de France se répartissent dans les diverses régions, où elles forment de si intéressants groupements d'écoles.

I. — CATHÉDRALE DE SENS [2].

DEPUIS vingt ans saint Savinien et saint Potentien, deux des soixante-douze disciples du CHRIST, travaillaient à la conversion de Sens, lorsque les apôtres saint Pierre et saint Paul furent mis à mort sur l'ordre de Néron. Or, selon la légende, la nuit qui suivit leur martyre, ils apparurent à saint Savinien et, sur leur ordre, celui-ci érigea, au fourbourg du Vif, la première église qui ait été élevée au Prince des apôtres; elle devint célèbre en Gaule sous le nom de Saint-Pierre-le-Vif. Savinien bâtit ensuite trois églises au centre de la ville; il consacra la première à la Mère de DIEU, la seconde au Précurseur, la troisième à saint Étienne, premier martyr. Mais ces églises se touchaient, et il arriva que la dernière, qui était au milieu, absorba les deux autres et devint l'église cathédrale. Elle fut rebâtie plusieurs fois, notamment vers 977, par saint Anastase. Incendiée en 1184, Philippe-Auguste l'agrandit et la dota de la tour du Sud, nommée plus tard *la tour de plomb*. Longtemps après, Pierre de Charny entreprit de la relever de nouvelles ruines, et l'archevêque Salazar éleva la *tour de pierre*, celle du Nord, jusqu'à la lanterne.

1. De l'*Architecturial record*, Baltimore.
2. V. *Constructions modernes*, n° du 23 nov. 1895.

Elle s'écroula en 1267 et ne fut couronnée de sa lanterne qu'en 1537, sous le cardinal Duprat. Elle mesure 73 mètres de hauteur, et possède encore deux cloches qui y furent placées vers la même époque, et se nomment *Savinienne* et *Potentienne*. La tour *de plomb* a été découronnée en 1844 de sa flèche, qui menaçait ruine. Ces deux tours, et la façade proprement dite qui les sépare, forment trois zones verticales équivalentes, toutes trois ordonnées différemment, et qui cependant font un ensemble presqu'harmonieux.

Dom Martène a exagéré le mérite de la cathédrale de Sens, en disant qu'elle peut passer pour une des plus belles du royaume ; cependant elle est d'une grandeur imposante et d'un grand intérêt.

La partie principale de l'édifice actuel a été commencée en 1140 (1) en même temps que Saint-Denis, l'église gothique-type de Suger, mais élevée moins vite que celle-ci. L'église de Sens est considérée comme la première en date des cathédrales de style gothique. Elle n'est malheureusement pas d'une unité irréprochable.

Le plan offre une amplification améliorée de la collégiale de Poissy (2) : des croisillons de transepts munis d'absidioles, une chapelle terminale en fer à cheval et un déambulatoire à travées très évasées, tels sont les traits saillants et insolites de ce curieux monument. Le plein-cintre normand y lutte encore avec l'arc brisé et lui cède le terrain. La disparité des styles s'accuse dès l'entrée. Le roman de transition apparaît dans les nefs et dans le chœur ; les bas-côtés du sanctuaire sont du XVe siècle, les transepts, du Xe, une grande partie des nefs, du commencement du XIIIe, une portion de la nef centrale est de la Renaissance. Dix chapelles entourent les nefs, dix autres rayonnent au chevet. Nous avons vu plus haut que cette cathédrale est la mère de celle de Cantorbéry dans sa région absidale. La façade a subi l'influence de Saint-Denis. Le transept fut agrandi à la fin du XVe siècle. La voûte de la grande nef est encore établie sur plan carré, avec doubleaux de recoupement et doubles formerets, ce qui n'empêche pas les arcs-boutants de se reproduire identiques à chaque petite travée. Ici se produit la suppression de la claire-voie haute des collatéraux. On voit à tous ces traits combien l'édifice est curieux à étudier au point de vue de la genèse du style ogival.

A l'extérieur il exprime plutôt la solidité que l'élégance : fenêtres étroites, contreforts lourds, murailles massives. De sa riche statuaire gothique, on garde la belle statue de saint Étienne, adossée au trumeau central du portail du milieu. Mentionnons le campanile octogone de l'angle Sud-Ouest ; le portail latéral du Sud

---

1. V. Anthyme Saint-Paul, *Viollet-le-Duc et son système archéologique*, etc., p. 146.
2. Viollet-le-Duc, *Dictionnaire raisonné d'architecture*, t. II, p. 347. — Lefebvre-Pontalis, *L'Architecture religieuse dans l'ancien diocèse de Soissons*, p. 84.

CATHÉDRALE DE SENS.

avec sa grande verrière représentant la Résurrection et le Jugement dernier ; et le portail Nord, ce riche morceau de sculpture du XVIe siècle, surmonté d'une belle rose. Les dimensions principales sont 111 mètres de long et 24 de haut.

En ce qui concerne les détails, le roman fleuri domine dans les nefs et le chœur, le gothique déjà décadent, au transept ; ce mélange fâcheux d'éléments d'architecture divers est rehaussé par des vitraux du XIIIe et du XVIe siècle (quelques-uns attribués à Jean Cousin), par des sculptures exquises, surtout celles de la façade principale, et par les grandes roses du portail d'Abraham et du portail Saint-Etienne. Le Florentin Servandoni a élevé et surmonté le maître-autel, en 1742, d'un baldaquin en marbre aux formes classiques.

Malheureusement le Chapitre a fait disparaître, dès 1768, le labyrinthe qui ornait le pavé des nefs, et qui était devenu, au lieu d'un moyen de gagner des indulgences, un sujet d'amusement pour les enfants, une sorte de jeu de *marelle*. Il était formé, chose particulière, par des dessus de plomb incrustés dans la pierre blanche. Il avait trente pas de diamètre et pour le parcourir entièrement il fallait deux mille pas, trajet que l'on accomplissait en une heure.

D'importants travaux de restauration ont été récemment exécutés à la métropole de Sens sous la direction de M. Louzier. La chapelle absidale, dédiée à Saint-Savinien, a été l'objet d'une intéressante restauration (1).

On a respecté d'intéressants fragments de fresques exécutées par Gilles de Barville.

Des treize chapelles dont le XIVe siècle avait doté la cathédrale de Sens, quatre seulement subsistent encore. « Il y a quarante ans, dit la *Semaine religieuse de Sens*, malgré d'énergiques protestations, toutes les chapelles des bas-côtés de la nef furent impitoyablement démolies pour être remplacées par les étranges constructions que l'on sait. Des sommes considérables furent consacrées à cette déplorable opération. Les droits sacrés de l'unité de style le voulaient ainsi, dit-on. Quoi qu'il en soit, l'expérience a sans doute paru suffisante, puisque, de nos jours, au lieu de donner suite au plan de M. Lance, on consolide et on restaure ce qu'il démolissait. » D'après les projets de M. Bérard, architecte diocésain, on procède actuellement à la réfec-

1. Construite au XIIIe siècle, en 1475, le Chapitre y faisait faire une clôture de bois pour y enfermer la *librairie* de l'église. En 1522, Gilles de Barville, archidiacre de Melun, « fit réparer de ses deniers cette chapelle, l'orna de peintures, de lambris et de sièges tout autour ». Il fit remplacer la clôture en bois par une balustrade de pierre, et dota les quatrefeuilles qui couronnent les fenêtres, de belles verrières à ses armes. (Ils ont été transportés depuis quelques années dans les fenêtres de la chapelle voisine, dédiée à sainte Colombe.)

En 1774, les élégantes arcatures et les délicates ciselures gothiques furent brutalement martelées pour être recouvertes par le froid et laid placage qui vient de disparaître. Ce travail avait coûté 7000 livres. Il n'en est resté que l'autel en marbre d'un bon style, ainsi que le groupe qui le surmonte et qui représente le martyre de saint Savinien.

tion des voûtes, dont les claveaux de craie sont remplacés par de la pierre, au grattage complet des murailles et à la restauration des parties mutilées.

Ajoutons que de superbes verrières du XIVe siècle, provenant des chapelles démolies en 1858, vont être restaurées par M. F. Gaudin ; elles prendront place dans les vastes fenêtres de ces chapelles et seront ainsi restituées à la cathédrale, qui n'aurait jamais dû en être dépossédée. Dans les rosaces de ces verrières sont représentés la Résurrection des morts et le Jugement. Des personnages, de grandeur naturelle, occupent les baies, dont la partie inférieure porte les armoiries du prélat donateur, Etienne Béquart, mort en 1310.

Le trésor de Sens est un des plus riches de France. On connaît le monument du XVe siècle, aux ciselures si habilement fouillées, qui, adossé au troisième pilier, côté de l'Évangile, de la cathédrale de Sens, porte le nom d'*autel de Salazar* (1). C'est ce qui reste d'un mausolée, en partie détruit, dû à la piété filiale de l'archevêque Tristan de Salazar.

C'est dans la chapelle de Saint-Martial qu'est placé le monument du cardinal Bernadou, dont l'inauguration a eu lieu dans le cours de l'année 1896.

 ## II. — CATHÉDRALE DE SOISSONS.

L'AGE de l'église de Saint-Gervais de Soissons est gravé sur une de ses pierres. *« En 1212 les chanoines commencèrent à entrer dans ce chœur. »*

Cet édifice, diminutif de Notre-Dame d'Amiens et la première des cathédrales de second ordre, est d'une pureté de lignes admirable ; il marque la transition romano-ogivale, l'éclosion de la voûte nervée avec certaines complications dont elle devait bientôt se débarrasser. Le plan de cette basilique offre une particularité remarquable dans l'hémicycle si élégant, muni de bas-côtés, de galeries et d'un triforium, qui termine un des bras de son transept, et la rattache, avec Noyon, à l'école romane, dont Tournai semble avoir été le centre. Ce plan est très riche, avec ses treize chapelles absidales. Nulle part le style gothique n'a rien produit de plus gracieux. A l'intérieur la largeur des travées des nefs, la membrure nerveuse et affinée, tendant à la perfection dès le début du style nouveau, lui donnent un caractère particulier. Les proportions du chœur sont hardies. Au chevet rayonnent cinq grandes chapelles

---

1. V. *L'autel de Salazar dans l'église primatiale et métropolitaine de Sens*, brochure par l'abbé E. Chartraine, 32 pages et 1 planche. Sens, Deutemen, 1894. (*Extr. du Bulletin de la Soc. arch. de Sens.*) M. l'abbé Chartraine en fait l'historique et fait connaître l'ensemble du monument primitif par la reproduction en héliotypie d'un dessin de Gaignières.

polygonales, et huit chapelles carrées, éclairées par de vastes verrières, s'ouvrent aux

(*Fig. 167.*) Intérieur de la cathédrale de Soissons.

flancs du chœur. Le vaisseau est éclairé par des vitraux en grisaille du XIIIe siècle, des plus intéressants ; une rose est percée dans le croisillon Nord.

Les arcs-boutants à double volée sont d'un très beau tracé, quoiqu'ils figurent parmi les premiers qui aient été franchement introduits dans le système gothique (1).

« La structure de cet édifice, remarque un auteur que nous aimons à citer (2), d'aspect un peu froid, est très savamment combinée : le jeu des poussées est traité de main de maître et le dessin des arcs-boutants à double volée, excellent. Les proportions du chœur sont hardies et monumentales... A l'intérieur, le signe distinctif de cette belle construction, c'est l'élancement des travées et la largeur des nefs. » Il y a peu d'églises où la lumière se répande plus librement et plus abondamment.

Après avoir esquissé les traits généraux de cet édifice, reprenons-en le détail.

Le transept offre un des beaux spécimens de la transition. Commencé en 1175, ses cinq travées sont pourvues de bas-côtés ; il est terminé par la remarquable abside que nous avons déjà signalée, et accosté, dans l'ange Sud-Est, d'une chapelle polygonale en hors-d'œuvre, chapelle d'une construction remarquable, d'une ornementation ravissante. Elle est surmontée d'un étage, qui servait anciennement de trésor. Au-dessus des bas-côtés règne une élégante galerie, surmontée d'un triforium et d'une belle claire-voie.

Le sanctuaire, pentagonal, est entouré d'un déambulatoire flanqué de chambrières et de cinq chapelles absidales. Les nefs reproduisent l'ordonnance du chœur. Le transept, remanié au XIVe siècle, offre, dans certaines parties, les caractères élégants mais parfois exubérants du style gothique fleuri. La paroi Nord est couverte par une résille à meneaux qui semblent la diviser en quatre baies ; une magnifique rose à douze pétales couronne le vaste fenestrage.

Vue du côté du chevet, la cathédrale offre un coup d'œil imposant, avec ses contreforts à double ressaut et ses arcs-boutants superposés. Les fenêtres du clair-étage sont encadrées d'un cordon larmier rehaussé de rosettes, et posant sur des modillons à masques humains. La corniche est garnie de volutes végétales.

Dans la sculpture domine l'arum avec la vigne et la fougère.

Le portail qui s'ouvre à l'Est du transept Nord, surmonté d'une frise fleuragée et d'une rose à six lobes accompagnée de quatrefeuilles, encadré de colonnettes et de voussures, est un des morceaux délicats de l'édifice.

La cathédrale est accompagnée, vers le Nord-Ouest, de l'ancien cloître canonial sur lequel s'ouvre la vaste salle du Chapitre, divisée en deux nefs. Cette partie des

---

1. V. E. Corroyer, *L'Architecture gothique*, p. 47.
2. L. Gonse, *L'Art gothique*.

II. — CATHÉDRALE DE SOISSONS.

bâtiments capitulaires, restaurée de nos jours, est un des monuments les plus parfaits de ce genre que l'on puisse voir.

(*Fig. 168.*) Transept de la cathédrale de Soissons.

La belle église de Soissons, qui réclame une importante restauration, mériterait d'être traitée avec de grands égards, et d'intéresser vivement les pouvoirs publics.

III. — CATHÉDRALE DE SÉEZ.

La cathédrale de Séez, dont M. l'abbé L. V. Dumaine vient d'écrire l'histoire (1), apparaît au loin, selon l'expression de M. E. Bergounioux, au milieu d'une vaste plaine, comme un navire à l'ancre sur une mer doucement agitée, avec ses clochers en flèches, de loin pareils à une mâture dégréée (2).

La cathédrale de Séez fut incendiée en 1049, lors du siège que dut entreprendre l'évêque Yves de Bellesme pour rentrer dans sa ville épiscopale, où s'étaient installés de vive force des aventuriers, les trois frères Sorenge. Commencée en 1053, la reconstruction dura jusqu'en 1126, bientôt suivie d'une nouvelle destruction (3). Elle fut reconstruite, enfin définitivement, au commencement du XIIIe siècle, par Jean de Bernières, figuré dans le vitrail du chevet entre saint Gervais et saint Protais, patrons de l'église, qui semblent remercier l'évêque d'avoir rebâti leur temple. Le chœur fut repris à la fin du XIIIe siècle.

Le plan présente la plus grande analogie avec celui de l'église abbatiale de Saint-Pierre-sur-Dives. Ce plan est régulier et intact : belle croix latine, nimbée d'une couronne de cinq chapelles absidales rayonnantes et profondes ; triple nef sans chapelles, dont les collatéraux contournent le chœur ; transept accentué dont l'un des bras, celui du Nord, est accompagné de chapelles, tel est l'ensemble ; une lanterne couvrait jadis la croisée du transept. En tête un triple et riche portail, dont l'ouverture centrale offre un abri très saillant entre de vigoureuses piles épaulant les tours. La façade occidentale, fort encombrée par ces grosses piles, est d'une grande originalité avec ses deux étages de quintuples baies. Le grand portail a perdu ses voussures et ses statues latérales ; l'entrée de gauche a été faite au XVIe siècle d'une façon mesquine. Les tours, en partie reconstruites, se terminent par des flèches ajourées d'une rare élégance, refaites en style du XIVe siècle ; nous comprenons qu'on n'ait pas encore osé installer les cloches dans leur loge aérienne.

Les pignons du transept, aveugles et massifs dans le bas, sont, plus haut, percés à jour comme une dentelle, par une vaste rose superposée à une galerie.

La nef et le portail portent les caractères du style du commencement du XIIIe

---

1. *La cathédrale de Séez, coup d'œil sur son histoire et ses beautés*, par l'abbé L. V. Dumaine. Séez, Montauzé, 1892. — In-8°, 75 p., 2 pl.

2. L. de la Sicotière et A. Paulet Malassis, *Le département de l'Orne, archéologique et pittoresque*, 1845. — V. H. Marais et H. Baudouin, *Essai hist. sur la cath. et le Chapitre de Séez*, 1878. — V. Ruprich Robert, *La cathédrale de Séez*.

3. V. L. Régnier, *La cathédrale de Séez*, Caen, 1890. — Abbé H. Marais et H. Baudouin, *Essai historique sur la cathédrale et le Chapitre de Séez*.

siècle, tel qu'on le retrouve à Saint-Pierre-sur-Dives, à la collégiale de Morlaix, au chœur de Bayeux, à la façade de Lisieux, à la croisée de Rouen, aux caroles du Mans. La nef offre un type accompli du gothique normand, tandis que le transept accuse une inspiration toute française. Le portail méridional rappelle celui qu'éleva Jean de Chelles au croisillon Sud de N.-D. de Paris. M.L. Régnier a fait remarquer, que le transept semble avoir été ajouté après coup comme à Sens, à Senlis, à Meaux, à Paris (1).

En pénétrant dans cette église, on est frappé de la légèreté de l'ensemble ; la perspective du chevet est admirable ; les voûtes de la nef, fort bien tracées, rappellent Poitiers et Angers ; les chapelles absidales se font remarquer par leur profondeur comme au Mans.

Tel est ce bijou monumental que les outrages conjurés des événements et des hommes ont éprouvé cruellement.

Peu d'églises gothiques ont inspiré tant d'inquiétude sur leur avenir. En 1870 on redoutait encore son écroulement. Dix ans après, le chœur a été démoli pour être refait de toutes pièces (2). Dès l'année 1516, la multitude assemblée autour de l'autel dressé sous le grand portail était prise d'une panique meurtrière : on s'imaginait voir les flèches trembler sur leur base, ces flèches dont les pierres étaient, chose curieuse, scellées par des goujons en os de moutons.

Ce monument précieux et caduc fut l'objet d'un des premiers travaux de restauration qu'a inaugurés notre siècle. Dès 1807, Napoléon subsidiait une entreprise confiée à Alavoine, que remplaça Dedaux. C'est en 1848 que Ruprich-Robert père fut chargé des travaux, qui comportaient la consolidation des substructions mêmes de l'édifice ; il eut pour successeur M. Petitgrand.

Malgré les reconstructions considérables accomplies depuis soixante ans, une réédification complète est reconnue indispensable. Si elle s'accomplit, la cathédrale de Séez ne sera plus, dit M. Régnier, un monument précieux à étudier pour les archéologues, mais elle restera ce qu'elle est actuellement, une des plus belles églises de Normandie.

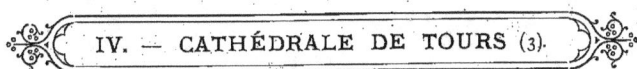

IV. — CATHÉDRALE DE TOURS (3).

SI Amiens est la conception d'un architecte de génie, Saint-Gratien de Tours est l'œuvre d'un constructeur accompli. Ce gracieux monument, qui est un chef-

---

1. V. L. Régnier, ouvrage cité.
2. V. *Revue de l'Art chrétien*, p. 613.
3. V. *Bulletin monumental*, 1891, p. 92 ; 1892, p. 386.

d'œuvre, rivalise avec Reims, Amiens, Bourges et Paris, sinon par l'étendue, du moins par la pureté de son style et par sa légèreté presque sans exemple. Sa

(*Fig. 169.*) Cathédrale de Tours.

grande façade, ornée d'un portail qui abrite 36 statuettes, percée à jour du sol au faîte, ouverte par une rose flamboyante garnie de vitraux du XVe siècle, se dresse comme un immense réseau de dentelle ; ses deux tours, hautes de

70 mètres, sont considérées comme des joyaux rappelant l'orfèvrerie par la finesse de leur travail, et ses vitraux peints étincellent à travers ses vastes fenêtres, surtout

(*Fig. 170.*) MORT DE SAINT MARTIN.
(Partie supérieure d'un vitrail de la cathédrale de Tours.)

ceux de la rose et ceux du chœur. Son abside est admirablement développée. Construite de 1170 à 1547, elle embrasse par son style les diverses époques du style gothique, mais le plan général est du XIIIe siècle.

La tour du Nord renferme l'*escalier royal*, bâti sur la clef d'une voûte dont les nervures seules subsistent.

Saint-Gratien renferme le mausolée des enfants de Charles VIII, œuvre de la Renaissance, restaurée en 1825, et les tombeaux de trois archevêques.

On y admire deux verrières du XIIIe siècle : sur un fond de grisaille se détachent en deux rangées les évêques de Tours et « les prêtres de Lochs » ; et, dans les baies inférieures et hautes du chœur, quinze vitraux légendaires, exécutés de 1250 à 1297 et bien conservés : ensemble rare et imposant, d'une coloration harmonieuse et puissante, où domine le rouge.

Les cloîtres, qui remontent au XVe siècle, contiennent de beaux morceaux de sculpture (1).

1. S. Bellenger, *La Touraine*, 1845. — J.-J. Bourrassé, *La Touraine, histoire et monuments*, 1855. — Ch. de Grandmaison, *Tours archéologiques, histoire et monuments*, 1879.

Chapitre Dix-neuvième.
QUELQUES CATHÉDRALES DE SECOND ORDRE.

athédrale de Meaux (1). Par son aspect intérieur, cette église peut rivaliser avec les plus belles. Ses dimensions sont modestes : longueur, 84 mètres ; largeur au transept, 35 ; hauteur des clefs au chœur, 29. Le plan est régulier. L'ensemble offre une grande harmonie, les proportions, beaucoup de hardiesse, et les formes, une parfaite correction ; malheureusement la grande nef n'a pas reçu tout son développement. Le chœur est tout à fait remarquable, avec ses arceaux légers portés sur des colonnes élancées, hautes de plus de treize mètres, d'où se détache une grêle colonnette qui s'élance vers la voûte pour recevoir sa retombée. « Il est impossible, dit l'abbé Bourrassé, de rien concevoir de plus saisissant que l'ordonnance de cette enceinte du chœur. Le sentiment des connaisseurs est unanime : les absides de Beauvais, du Mans, de Reims, sont plus majestueuses, plus solennelles que celle de Meaux ; mais elles ne l'emportent ni en noble simplicité ni en hardiesse. »

Les chapelles absidales sont une réfection moderne. Vu de l'extérieur, le monument offre une nudité austère, dont la monotonie est augmentée par la dégradation des matériaux ; il a été restauré en 1854.

La tour mesure 67 mètres de hauteur. L'intérieur, long de 84, large de 41, haut de 31, comprend une nef centrale, deux bas-côtés, un transept et un chœur dont nous avons dit l'élégance.

Signalons la rose du portail principal, la grande verrière du transept Sud, formée de fragments de vitraux anciens, les orgues, qui datent de 1637, les chapelles garnies de nombreuses pierres sépulcrales.

Au milieu de la troisième travée a été érigée en 1822 la statue de Bossuet. La chaire a été refaite avec les panneaux de celle dans laquelle prêcha le grand évêque ; ses restes reposent dans un caveau sur le côté droit du chœur.

Le portail principal offre trois baies, à voussures profondes, inégales, abritées, deux sous des gables triangulaires, celle de gauche sous une simple accolade ; au-dessus, il

---

1. V. *Bulletin monumental*, 1890, p. 522.

est percé d'une belle rose. La grande verrière du portail méridional a été recomposée en partie avec des fragments d'anciens vitraux. L'église contient de nombreux monuments funéraires plus ou moins remarquables (1).

L'église *Saint-Etienne de Limoges* (2), avec sa jolie couronne de chapelles absidales pareilles à celles de Narbonne et de Clermont, fut consacrée en 1273 sous l'inspiration de l'œuvre d'Amiens. Continuée jusqu'au XVIe siècle, elle est restée inachevée. C'est un édifice de grand mérite, mais de peu d'unité ; il a des détails délicieux.

Le pignon du transept septentrional se distingue par la sveltesse de ses membres verticaux, et le luxe de son décor, sculpté avec une grande perfection.

Sa nef n'a été construite que de nos jours. Le clocher, en style de transition, isolé de l'église et formé de sept étages, atteint 62 mètres de hauteur.

Il reste des vitraux du XIVe et du XVIe siècle, des statues du XIVe. Sous le chœur s'étend une crypte romane, dont les peintures murales sont peut-être les plus anciennes de France.

A l'intérieur se voient un riche jubé de la Renaissance et des tombeaux d'évêques ; celui de Jean de Langeac se distingue par ses sculptures.

Saint-Etienne de Châlons-sur-Marne offre une nef majestueuse en partie ornée encore de ses belles verrières primitives. Le pavé est presqu'entièrement composé de pierres tombales de toute beauté.

Cet édifice, qui a été la proie des flammes en 1138 et en 1230, et qui a été gâté par des additions faites sous Louis XIV, reste une belle église de style gothique primaire, avec chapelle latérale, un chœur et des nefs en style secondaire. Elle possède deux clochers, l'un roman, l'autre ogival. Le portail principal est un portique classique du XVIIe siècle à l'instar de celui de Metz ; celui du Sud est moderne (1850) (3).

Saint-Pierre de Troyes (4), remarquable par l'ampleur de ses proportions, la

---

1. Aufauvre et Fichot, *Les monuments de Seine-et-Marne*, 1858. — A. Carrau, *Histoire de Meaux et du pays meldois*, 1863.— N. Allou, *Notice hist. et descrip. sur la cathédrale de Meaux*, 1871.—Abbé Balthazar, *Revue de l'Art chrétien*, année 1865.
2. Arbellot, *Cathédrale de Limoges*, 1883.
3. E. de Barthélemy, *Diocèse ancien de Châlons-sur-Marne, histoire et monuments*, 1861. — L. Grignon, *Eglise cathédrale de Châlons*, 1885.
4. A. F. Arnaud, *Voyage archéologique et pittoresque dans le département de l'Aube et dans l'ancien diocèse de Troyes*, 1837. — D'Arbois de Jubainville, *Répertoire archéologique du département de l'Aube*, 1861. — Same, *Documents relatifs à la construction de la cathédrale de Troyes*, 1862. — L. Pigeotte, *Etude sur les travaux d'achèvement de la cathédrale de Troyes*, 1870.

CATHÉDRALE DE TROYES.

largeur de ses nefs, couvre de son ombre imposante les monuments chétifs que l'on a entassés à ses pieds.

Les parties principales datent du commencement du XIIIe siècle. Hervée, soixantième évêque de Troyes, passe généralement pour en être le fondateur. Lui-même en aurait dressé le plan et aurait présidé aux premières constructions. Jean Léguisé en fit la consécration en 1430.

Ses dimensions sont gigantesques. La tour s'élève à 73 mètres ; la longueur intérieure est de 117 mètres, la largeur de 51, ce qui est considérable. Cent quatre-vingt-deux verrières versent à l'intérieur un jour irisé par les vitraux. Cet édifice, où toutes les périodes du style ogival sont représentées, est une église à cinq nefs avec transept saillant et ambulacre. On remarque ses proportions élancées, l'étendue de ses fenêtres aux vitraux éclatants du XIVe siècle, notamment ceux des fenêtres hautes de l'abside ; la richesse de ses rosaces, l'exubérante décoration du jubé de l'église de la Madeleine qu'on y rencontre, son chevet surtout, un des plus beaux de France, avec sa couronne de chapelles rayonnantes dont la centrale, plus profonde, est consacrée à la Vierge. Les nefs, un peu sombres, sont éclairées par des vitraux anciens ; elles accusent la décadence des formes, aux XVe et XVIe siècles. L'extérieur est pittoresque, mais inférieur ; toutefois la façade est couverte de dentelles, de festons délicats, où la décoration du XVe siècle a épuisé ses trésors (1).

Les trois baies du portail occidental sont séparées par des contreforts en tourelles, dont la grande masse est dissimulée sous un revêtement de délicates moulures, et sous un ensemble de niches, de pinacles et de moulures prismatiques. Au-dessus de chacune des baies d'entrée, le tympan surhaussé, veuf de son imagerie, est abrité par un arceau gigantesque, que recouvre un gable très aigu, finement ajouré. Le cintre lui-même est bordé par-dessous de redents curieux, qui rappellent des stalactites. Plus haut, pousse une rose flamboyante, entre deux massifs ornés d'un fouillis de moulures et de fleurages. Ce sont les bases des deux tours, dont une seule se dégage de l'ensemble de la façade, et atteint une hauteur double, mais perd, en montant, la richesse de son décor. Martin Cambige entreprit sa construction en 1506. En 1511, Jean de Soissons se chargea de monter la seconde tour ; son contrat portait que, *hors le cas de mort*, il n'abandonnerait pas l'ouvrage sans l'avoir achevé. Il faut croire que le cas prévu se produisit, car cette seconde tour ne fut jamais terminée.

La construction du cloître de Saint-Pierre fut entreprise en 1413, par Jean de Nantes. Les travaux furent interrompus par l'arrivée des Anglais. Mais Jeanne d'Arc les chassa de la Champagne, s'agenouilla dans la cathédrale, et, rapporte la légende, dit en sortant : « *Faites votre clocher, ils n'y reviendront plus.* » Le

---

1. V. *Annales archéologiques de Didron*, t. 20.

20 mars 1430, un beau coq doré, juché au sommet, apprit aux Troyens l'achèvement d'une des plus magnifiques flèches qu'on eût dressées dans les airs. La foudre la frappa en 1700; elle fut brûlée et les cloches fondues; le coq tomba dans le brasier. On raconte que, par la suite, des ouvriers, prenant leur repos dans la cathédrale, raillèrent la statue colossale de saint Michel, qui, dressée sur le pignon de l'église, avait laissé, d'un œil indifférent, brûler le beau clocher; mais soudain la statue tomba sur les impies, les écrasa et les enterra du même coup, si bien que, pour retrouver leurs cadavres, il fallut creuser le sol.

On raconte une autre légende au sujet de la rose dont nous parlons plus haut. L'artiste qui l'exécuta avait une fille d'une grande beauté; un jeune ouvrier sollicita sa main. « Je te l'accorde, lui dit le père, à une condition : prouve ton talent; j'ai fait ma rosace, à ton tour, fais la tienne. » Quand il eut fini, le maître sourit, la jeune fille rougit. « Il y a une faute, dit le premier, tu as été trop pressé; mais après tout, tu as du talent, et je te donne ma fille ! Tu feras mieux plus tard; pour cette fois, je te pardonne. » — « Point de pitié, repartit le jeune orgueilleux; je suis vaincu, je n'ai pas droit à la récompense promise, » et il se jeta du haut de l'échafaudage. Sa mort frappa au cœur sa fiancée. La rosace manquait de solidité; on fut obligé de la démolir; elle est aujourd'hui, hélas ! remplacée par une rosace en fonte, bien pire encore que la précédente, mais dont l'auteur, sans doute, est resté satisfait de lui-même.

Notre-Dame de Clermont (1) est l'édifice ogival le plus grand et le plus remarquable de l'Auvergne, où le style gothique eut peine à se naturaliser. Elle eut pour architecte Jean des Champs. Commencée en 1248, sur le plan d'une église à cinq nefs très élancées, avec transept et chapelles rayonnantes, dans le style ogival du Nord, elle devait avoir six tours au moins. Elle est restée inachevée. Le chœur seul fut achevé au XIIIe siècle; le transept et quatre tours avec une partie de la nef furent exécutés au siècle suivant. Elle a été restaurée par Viollet-le-Duc. Les deux élégantes tours, achevées récemment, élèvent leurs fines flèches à 108 mètres de haut. La façade Nord est ornée de belles sculptures et d'une balustrade ajourée. Le transept septentrional est percé d'une rose, flanqué de deux tourelles et orné de niches contenant cinq statues. Le portail Sud, à voussures, est surmonté d'une rose rayonnante, encadrée d'un triple rang de petits quatrefeuilles; il est accosté d'une svelte tourelle, orné de statues abritées sous d'élégants tabernacles. A l'intérieur, on remarque des voûtes portées sur de sveltes faisceaux de colonnettes, un beau triforium à nervures croisées. On y voit des vitraux du XIIIe siècle au chœur, du

1. V. D. L. *Description historique et archéologique de la cathédrale de Clermond-Ferrand*, 1865.

XIVᵉ dans les rosaces et dans la nef. Le pignon septentrional est percé d'élégantes roses. Au faîte du chevet plane la statue de *Notre-Dame du Retour*, exécutée en cuivre repoussé par Zœgger, d'après le dessin de Viollet-le-Duc, l'auteur des restaurations. Le maître-autel, aussi en cuivre repoussé, a été exécuté par Bachelet sur les plans du même maître.

Sous le chœur, s'étend une crypte romane partiellement déblayée.

L'église fut couverte de plomb en 1507 par l'évêque Jacques d'Amboise. Elle mesure 80 mètres de longueur pour l'œuvre et 41 de largeur ; les voûtes, portées sur cinquante-six faisceaux de colonnes, ont 29 mètres de hauteur. En 1704, sa démolition fut décrétée ; elle fut sauvée grâce à M. Verdier-Latour, ancien Bénédictin de Saint-Alyre, et à M. Deval, architecte. On voit dans les chapelles de beaux sarcophages du VIIᵉ siècle, et des fresques du XIVᵉ et du XVᵉ.

La belle tour de *Notre-Dame de Rodez* (1) suffirait à rendre cette église illustre. Cette merveille du Midi est pour les Rodésiens un sujet de légitime orgueil. Elle rehausse un vaisseau fort disparate, qui n'est ni sans mérites ni sans défauts.

L'église offre des parties de diverses époques, depuis le XIIIᵉ jusqu'au XVIᵉ siècle. La façade Ouest, dépourvue de portail, est d'un caractère singulièrement sévère, et quasi militaire, tempéré néanmoins par la rose flamboyante qui s'ouvre au haut du massif central, flanquée de deux pyramides gothiques et d'une sorte de fronton Renaissance. Deux tours carrées, inachevées, s'y rattachent par des arcs-boutants. Au flanc Nord du chœur, se dresse le très élégant clocher dont nous parlions plus haut, qui est un des plus savoureux ouvrages gothiques de tout le Midi. Carré au premier étage, octogonal au second, rond au sommet, il porte à 80 mètres de hauteur une statue colossale de la Vierge, qui paraît minuscule d'en bas. Les tourelles des quatre angles sont surmontées des statues des Evangélistes.

A chaque bras du transept, s'ouvre une belle porte du XVᵉ siècle. A l'intérieur, on remarque des vitraux anciens, œuvre de Philandrie, des stalles richement sculptées de la fin du XVᵉ siècle, un jubé de 1501, des tombes du XVᵉ siècle, etc.

Saint-André de Bordeaux (2). — Au milieu des monuments du Midi de la France (3), Saint-André de Bordeaux, avec ses portiques ornés, ses tours imposantes aux flèches aiguës, peut prétendre à une juste suprématie. Elle fut consacrée en 1096, rebâtie à plusieurs époques et restaurée de nos jours. Elle mesure 126

---

1. L. Bion de Marlavagne, *Histoire de la cathédrale de Rodez*, 1870.
2. V. *Mag. pitt.* 1844, p. 305.
3. V. Ch. Marionneau, *Saint-André de Bordeaux*.

mètres de longueur ; la nef, longue de 60 mètres, large de 18, est haute de 25 mètres. Cette nef unique et très longue, dépourvue de bas-côtés, date du XIIIe siècle ; elle est terminée par un chœur en style gothique fleuri et par une belle et

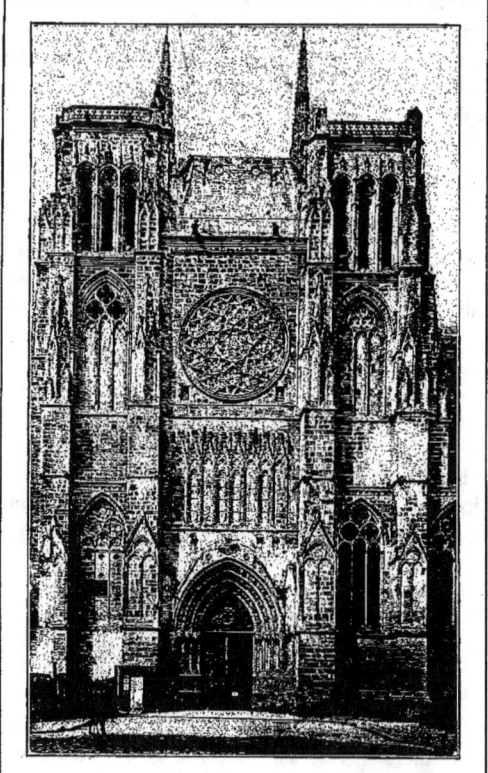

(Fig. 171.) BORDEAUX. — Portail de l'église St-André.

colossale abside avec déambulatoire. Cette nef, d'un aspect tout particulier et insolite, offre deux étages d'arcades romanes ornées de dents de scie formant galeries. La partie orientale s'agrémente de détails rayonnants.

L'édifice fut achevé au XIVe siècle par l'archevêque Béchanel de Got, le futur pape Clément V. Deux belles tours, qui faillirent être démolies en 1824 par les terribles novateurs que notre siècle a eu le malheur de posséder, élèvent heureu-

(*Fig. 172.*) La Cathédrale et la tour Pey-Berland.

sement encore à 85 mètres de hauteur leurs flèches altières, et flanquent majestueusement le portail Nord. Saint-André n'a pas de portail à sa façade principale. Des piles isolées reçoivent les arcs-boutants, dont l'un se trouve dirigé sur l'angle, suivant la diagonale. Le portail Nord est remarquable par ses sculptures. A proximité du chevet s'élève le clocher *Pey-Berland*, surmonté d'une statue colossale de la Vierge, en cuivre repoussé.

Le chœur, long de 32 mètres, large de 13, et entouré d'un collatéral, est de style gothique fleuri, ainsi que la rose du Nord et la flèche.

La grande rose occidentale est ornée de vitraux du XIVe siècle, ainsi que les baies qui règnent au-dessous, où leur auteur, maître Herman, verrier à Munster, a figuré les apôtres et quatre prophètes. Le cloître date du XIVe siècle.

Notre-Dame de Grenoble. — L'architecture de cet édifice, dont l'évêque Isam jeta les fondements, offre des constructions de toutes les périodes des styles roman et gothique, et un mélange qui trahit la discontinuité dans le travail de son édification. Il n'y a pas même unité dans les matériaux, la brique avoisinant la pierre sans se marier avec elle. La plus grande partie de l'édifice est toutefois construite en briques, à l'exception du portail et du premier étage qui le surmonte. Les portions les plus anciennes sont du XIe siècle. La façade de l'Ouest est en néo-roman moderne quelque peu rhénan. Signalons, à l'intérieur, le *ciborium* en pierre sculptée, œuvre remarquable du milieu du XVe siècle ; le tombeau de l'évêque Aimon Chissay et des fonts du XVe siècle.

Saint-Pierre de Vannes, reconstruit au XIIIe siècle et au XVe, ne fut terminé qu'au siècle dernier. La tour et le portail (1514) sont les parties les plus remarquables de cet édifice. La chapelle circulaire du *Saint-Sacrement* ou du *Pardon*, élevée dans l'angle du transept Nord et de la nef, est un curieux et gracieux morceau de la Renaissance, avec ses deux arches ioniques superposées et sa puissante corniche à modillons. La grande nef de cette église appartient au style ogival flamboyant et décadent, et le chœur, du XVIIe siècle, attriste l'œil par la pauvreté de son architecture. Même dans sa forme la moins pure, le style gothique écrase ici le style classique de toute sa supériorité. La tour et le portail du Nord sont des plus remarquables. Le portail occidental a été récemment reconstruit. Saint-Pierre renferme le tombeau de saint Vincent Ferrier, les sépultures de plusieurs évêques, et quantité de sculptures.

L'ancienne cathédrale de *Toul* (1), sous le vocable de saint Etienne, est un des

---

1. V. Prudhomme, *Histoire de Grenoble*, 1888.
Grille de Beuzelin, *Statistique monumentale, Nancy, Toul*, 1837.
Guillaume L., *La cathédrale de Toul*, 1863.
V. *Mag. pitt.*, 1838, p. 297.

beaux édifices religieux de France, un chef-d'œuvre de légèreté. Elle fut achevée en 1496, par sa belle façade occidentale, œuvre de Jacquemin de Commercy. Sa rose centrale s'encadre dans un gable très élancé abrite un monumental crucifix ;

(Fig. 173.) CATHÉDRALE D'ORLÉANS (V. p. 304.)

les formes du XIVe siècle s'épanouissent du sol au sommet des deux élégantes tours qui enserrent sa porte centrale surmontée, comme les portes latérales plus petites, d'un gable en accolade, et montent à 76 mètres environ, sans leurs flèches restées à faire. Quoiqu'accusant fortement la décadence dans les détails, cette façade, dont les deux belles tours font partie intégrante, constitue un brillant morceau d'architecture ogivale. Le chœur et le transept remontent au XIIIe siècle, la nef est du XIVe. On admire la tourelle de l'*Horloge* et les vitraux de la rose. Les vitraux du XIVe siècle qui garnissent la verrière ont été fort endommagés pendant le siège de 1870. Citons la chaire dite de saint Gérard, du XIIIe siècle, et le beau cloître de style primaire.

Cathédrale d'Orléans. — Parmi les cathédrales de second rang, brille Sainte-Croix d'Orléans, à la façade riche, originale, aux cinq nefs vastes, élégantes et régulières, à la luxuriante décoration extérieure. Elle fut commencée en 1287 par l'évêque Gilles de Patay. Ravagée par les calvinistes le 24 mars 1567, elle garda peu de chose de ce qu'en avait fait le XIIIe siècle, Henri IV posa la première pierre du nouveau transept le 18 avril 1601 ; l'architecte Gabriel reconstruisit les tours en 1726 ; le portail ne fut terminé qu'en 1766. Le frontispice ne date que du commencement du XVIIe siècle. Les architectes classiques ont gâté l'un des portails, alliage malheureux du gothique et du grec. L'intérieur est peu marquant, mais vaste (1) ; le vaisseau mesure 148 mètres ; la flèche, reconstruite en 1859, en style du XIIIe siècle, dépasse de 15 mètres les tours de la façade, haute de 87 mètres.

Saint-Étienne de Toulouse (2) pâlit à côté de Saint-Sernin, malgré la vaste ambition de ses fondateurs, qui avaient prétendu engager la lutte avec Amiens. Elle fut entreprise en 1272. Elle se compose de deux édifices juxtaposés sur deux axes différents (3), savoir : une nef unique des XIIe et XIIIe siècles et un chœur magnifique des XVe et XVIe, qui offre, lui, trois nefs, un déambulatoire et une chapelle absidale. La façade est du XVe siècle, sauf la rose ; au flanc du vaisseau se dresse un énorme clocher terminé seulement en 1531. L'église contient quelques anciens vitraux.

Saint-Pierre de Nantes (4) a des proportions peu heureuses ; mais elle est ornée de deux jolies tours aux flèches pyramidales en pierre. Cette église, commencée en 1434 et encore inachevée, n'a que quarante mètres de longueur ; elle doit en avoir cent deux quand elle sera finie ; le chœur roman est destiné à disparaître. On y admire le tombeau de François II, chef-d'œuvre de Michel Colomb.

1. V. de Monteyremar, *Notice historique sur le Chapitre et l'église Sainte-Croix d'Orléans*, 1865.
T. Cochard, *La cathédrale de Sainte-Croix d'Orléans*, 1890.
2. J. de Lahondès, *L'église Saint-Étienne, cathédrale de Toulouse*, 1890.
3. L. Drouyn, *Variétés périgourdines*, 1878-85.
4. Benoist, *Nantes et la Loire-Inférieure*, 1850.

Sainte-Marie d'Auch (1), récemment dégagée, offre un vaisseau imposant et harmonieux. La grande nef est vaste ; le chœur, orné de stalles prodigieusement sculptées et brillamment illuminé par des vitraux de la Renaissance, est un des plus beaux de France. La façade principale est flanquée de deux tours.

Cette église possède une crypte, le sarcophage mérovingien de saint Léotade, un buffet d'orgues remarquable, œuvre de Poyerle, des stalles richement sculptées et des vitraux (1513) d'Armand de Moles, très remarquables.

Notre-Dame de Bayonne (2), commencée en 1213, portée sur deux rangs de piliers carrés et n'offrant qu'un pseudo-transept, est l'œuvre de plusieurs siècles : œuvre remarquable, mais un peu lourde et froide. Les bas-côtés sont très larges, surtout au chevet, qui est en hémicycle. Commencée au début du XIIIe siècle, elle fut terminée seulement au XIVe. Cet édifice a été restauré par M. Boeswilwald, que la mort vient enlever à ses remarquables travaux (1896). La porte du transept Nord est précédée d'un narthex d'une exécution délicate. La porte Sud seule garde ses sculptures intactes. Le clocher a été construit de 1500 à 1665. Le dallage du sanctuaire est un beau travail de mosaïques modernes. Les verrières anciennes, qui datent des diverses époques depuis le XVe siècle jusqu'au XVIIe, sont fort mutilées. Le beau clocher du XIIIe siècle a été en partie démoli.

La *cathédrale de Narbonne* (3), dédiée à saint Just, reste inachevée pour toujours. Après que fut élevé (en 1272) son beau chœur, haut de 40 mètres, la mer se retira de son port, emportant sans retour la richesse de ses murs. Il reste un énorme morceau de cathédrale, admirable comme plan et comme structure, malheureusement peu décoré, sec et nu. La cathédrale était l'annexe du palais-forteresse des archevêques. Le chœur est un chef-d'œuvre de statique. Il est garni à l'extérieur d'une double ceinture de créneaux et d'arcs-boutants d'une merveilleuse beauté. L'architecte a eu l'idée géniale (ainsi que nous le faisait naguère remarquer M. H. Chabeuf) de relier les piles entre elles par d'amples arcs qui partent du chemin de ronde. A l'intérieur, on remarque la disposition originale des chapelles du chœur, laissant entr'elles et le collatéral un bas-côté qui produit le plus grand effet. Des tombeaux d'évêques forment les entre-colonnements.

L'église possède un riche mobilier, des orgues de 1741 avec boiseries sculptées, des tapisseries, des tableaux, un trésor riche en ivoire, des objets d'orfèvrerie, deux manuscrits enluminés, etc.

---

1. Caneto, *Monographie de Sainte-Marie d'Auch*, 1850.
2. E. Dauré, *Bayonne historique et pittoresque*, 1893.
3. Paul Laurens, *Documents inédits sur la cathédrale de Saint-Justin de Narbonne*, 1887.

Chapitre Vingtième.
ÉGLISES DE NORMANDIE (SUITE).

A Normandie, où nous allons nous transporter un instant, a possédé une école d'architecture aussi remarquable et aussi caractérisée que l'école rhénane, et qui ne le cède en importance qu'à celle de l'Ile-de-France. Cette école adopta tardivement la fameuse nervure gothique, et garda l'arc en plein cintre à l'époque ogivale. Il résulta de ce compromis une voûte spéciale, un peu bâtarde, que l'on a appelée *sexpartite*, que l'on peut voir à La Trinité et à Saint-Etienne de Caen, et que nous retrouvons dans le Nord de la France, notamment à Laon et à Soissons. Les tribunes ou étages des petites nefs, qui caractérisent, nous l'avons vu, le style roman de Normandie, se maintiennent à Saint-Étienne de Caen et à La Trinité de Fécamp, ou font place, ailleurs, à de fausses tribunes.

Malgré leurs dimensions médiocres, les églises normandes paraissent très vastes à cause de la multiplication des membres de l'architecture ; le diamètre de la colonne varie peu d'une petite à une grande église. Les meneaux sont tracés avec la même ouverture de compas pour les arcs d'encadrement comme pour les arcs bifurqués secondaires, ce qui donne aux premiers une acuité excessive. Les embrasures des fenêtres sont profondes ; les nervures sont multipliées comme à plaisir. Les Normands accusent fortement les lignes horizontales ; ils affectionnent les rangées d'arcatures sur colonnettes, et ils aiment à en combiner deux rangées chevauchant l'une sur l'autre ; les balustrades abondent à l'intérieur. Pour éviter la sécheresse que pourrait produire la multiplication des lignes horizontales et verticales, on a eu l'heureuse idée d'arrondir les tailloirs et de les orner de moulures toriques.

Les clochers furent, au XIIIe siècle, la gloire des architectes de Normandie ; leur étage principal prend une grande hauteur ; les grandes ouïes, efflanquées, géminées, sont divisées par une traverse horizontale. Une puissante balustrade accuse la base des flèches. C'est dans ce pays qu'on inaugura ces flèches en pierre si élégamment parées d'ajours, dont Bayeux montre des exemples incomparables.

La reine des églises de Normandie, par son importance, est la cathédrale de Rouen ; nous l'avons décrite plus haut comme le type des édifices religieux du XVe siècle. Nous avons vu toutefois qu'elle n'offre pas à un haut degré les caractères de l'art normand.

I. — CATHÉDRALE DE BAYEUX.

Bayeux, ancienne capitale du Bessin, n'est plus qu'une petite ville de 8,000 habitants, mais sa cathédrale, dédiée à Notre-Dame (1), rajeunie par de récentes restaurations, tient une place distinguée parmi les plus beaux monuments de la Normandie. Plan gigantesque, ordonnance majestueuse, style austère et pur. Aujourd'hui, l'office canonial est chanté dans ce vaste vaisseau par un seul chanoine. Le Gouvernement procède par extinctions successives à la suppression du Chapitre, et le budget ne rétribue plus que les dignitaires vivant au jour de la suppression de la prébende.

L'édifice, du XIIIe siècle, est enté sur une église du XIe siècle, consacrée en 1077 ; les arcades de la grande nef et les deux tours remontent à l'époque romane (XIIe siècle). Une vaste crypte antique et longtemps oubliée, naguère retrouvée, s'étend sous le chœur ; on l'attribue au XIe siècle.

Deux tours entièrement fermées et couronnées au XIIIe siècle de flèches ardoisées, hautes de 75 mètres, encadrent une façade qui n'est qu'un placage de la fin du XIIIe siècle, et surmontent le triple gable, aux sculptures malheureusement mutilées, du portail occidental. La porte de droite offre dans son tympan une scène du Jugement dernier ; celle de gauche, des scènes de la vie du Christ. La décoration des porches latéraux est la plus curieuse ; on voit au tympan Sud l'enfer avec une originale figuration de Cerbère ; au-dessus, les tombes s'ouvrent, livrant passage aux élus, qui entrent dans la Cité céleste ; en haut, trône le Christ au milieu des anges et des saints. Le tympan Nord montre la Passion du Sauveur.

La masse des tours repose sur des murs pleins à la manière normande. La tour centrale a été habilement reprise en sous-œuvre en 1857, par l'ingénieur Flachet et le comte de Dion, pour permettre l'achèvement de la lanterne (2). Celle-ci est composée d'une souche carrée à arcatures datant de 1425, d'un étage octogonal construit en 1477 et d'un couronnement moderne cupoliforme.

L'extérieur est imposant autant qu'harmonieux. A distance, l'édifice offre une perspective enchantée. L'abside, demi-ronde, est flanquée à sa naissance de quatre gracieuses tourelles carrées, qui accusent le caractère normand. Les chapelles du colla-

---

1. *Revue de l'Art chrétien.* — Abbé Tapin, *Les traditions de la cathédrale de Bayeux*, 1863, p. 483. — V. *Libretto de la Gilde de Saint-Thomas et de Saint-Luc.* Excursion en Normandie, 1895.

2. V. E. Flachet, *Cathédrale de Bayeux. Reprise en sous-œuvre de sa tour centrale.* — *Description des travaux* par H. de Dion et L. Lasviges. Paris, 1861.

téral Sud présentent une suite de pignons; le portail de ce côté est d'une architecture déjà fleurie. La grande fenêtre et la galerie de cinq niches, avec leurs pignons à fleurs de lis et à crochets et leurs gargouilles grimaçantes, sont fort belles. Au tympan se voient des scènes de la vie de saint Thomas de Cantorbéry : sa venue en France en vue d'une réconciliation avec le roi d'Angleterre, son retour à Cantorbéry, son martyre et son apothéose.

Passons à l'intérieur. Le plan est celui des grandes cathédrales gothiques, mais au XVIIe siècle le chœur canonial a été porté jusqu'en avant du transept. La nef est un des plus beaux vaisseaux qui existent. Ses arcades romanes, d'ouvertures variées, aux archivoltes décorées de billettes, de chevrons, de zigzags, sont d'un puissant effet. Les arcades, qui remontent au XIIe siècle, reposent sur de beaux piliers cruciformes à colonnes engagées et sont ornées de riches moulures ; au-dessus règne, en guise de triforium, une galerie continue ; il n'y a de vrai triforium qu'au chœur.

Le transept ne remonte qu'au XIVe siècle ; son portail Sud a gardé son huisserie primitive.

Le chœur est d'une architecture plus délicate que la nef ; il se compose de quatre travées et d'une abside percée de cinq lumières. Le triforium est d'une élégance remarquable. On est ébloui de la beauté de l'abside, bordée de cette galerie élégante qui est le chef-d'œuvre du genre. Entre ses arcatures s'élancent des colonnettes qui vont, à la naissance du *cleristory* (on nomme ainsi l'étage de fenêtres hautes), recevoir les retombées de la voûte. Ailleurs, des colonnettes triples

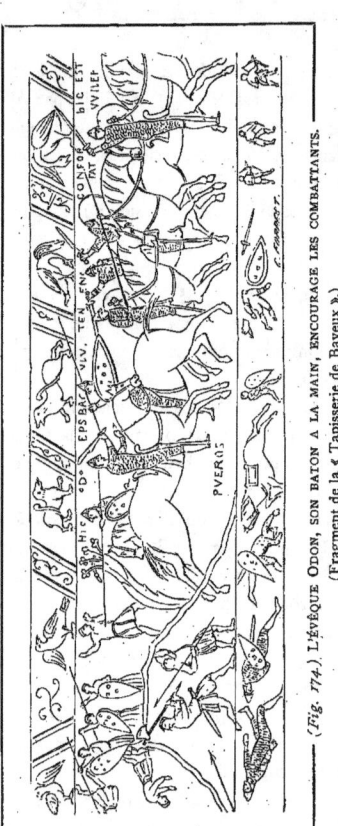

(Fig. 174.) L'ÉVÊQUE ODON, SON BATON A LA MAIN, ENCOURAGE LES COMBATTANTS.
(Fragment de la « Tapisserie de Bayeux ».)

partent du sol et s'élancent jusqu'en haut de l'édifice. Les murs sont ornés de rosaces sculptées retraçant des scènes de la Bible, l'histoire de saint Loup et de saint Vigor. A la voûte sont peints les noms des vingt-et-un premiers évêques de Bayeux et les bustes de plusieurs. Des stalles en chêne sculpté, dues à l'huchier Jacques Lefebvre, au nombre de cent quatre, ont été placées au XIVe siècle ; malheureusement, cinquante-deux ont été supprimées.

Le déambulatoire n'est interrompu que par une chapelle de chevet ; il offre des fresques anciennes.

Nous avons parlé du remaniement de 1857. On démolit le jubé et la tour du *Sanctus* avec le dôme central, que ne pouvaient plus porter les piliers du transept. Alors fut raccourci le chœur des chanoines, qui envahissait le transept, et fut mutilé l'ensemble des stalles. Une cloche ancienne fut refondue. On restaura enfin la chapelle du chevet, garnie de lambris Louis XIII.

L'église garde une verrière du XVe siècle et de curieuses peintures murales des XVe et XVIe siècles, ainsi qu'une partie des pierres tumulaires qui formaient naguère son pavement. Elle possède la chasuble de saint Thomas de Cantorbéry, et un curieux fauteuil pliant du XIIIe siècle. L'ancienne armoire du Chartrier, du XIIIe siècle, polychromée, qu'on voit dans la sacristie, est très célèbre. Citons encore le carrelage émaillé de la salle capitulaire, fort remarquable mais malheureusement très usé, et un beau retable en pierre conservé dans une chapelle latérale. Tout le monde connaît la fameuse tapisserie ou plutôt la célèbre broderie qui est le principal joyau

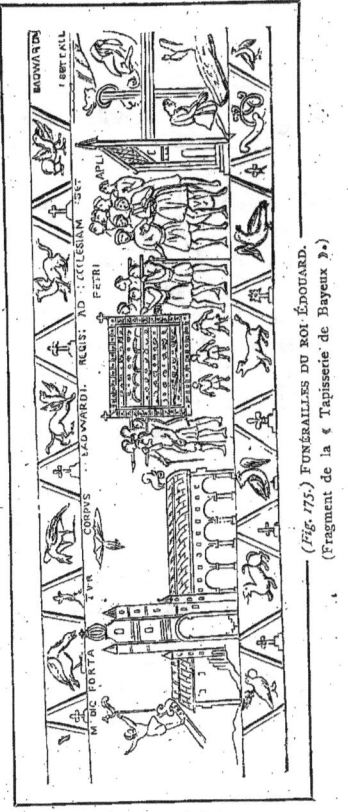

(*Fig. 175.*) FUNÉRAILLES DU ROI ÉDOUARD. (Fragment de la « Tapisserie de Bayeux ».)

archéologique de cette église. On l'appelle la « Tapisserie de la reine Mathilde. ». Elle aurait été confectionnée par les soins de Mathilde de Flandre, épouse de Guillaume de Normandie. L'ouvrage paraît remonter au XIe siècle, et offre un intérêt considérable pour l'histoire de l'art et même pour l'histoire de la conquête.

 ## II. — CATHÉDRALE DE COUTANCES.

La *Cathédrale de Notre-Dame de Coutances* (1) est un des plus grands et des plus nobles édifices de France en même temps qu'un type accompli du style normand. Elle a les qualités des monuments de premier ordre : étendue des dimensions (95 m. de longueur, 34 de largeur), beauté du plan, unité de l'œuvre, distinction des formes. La magnificence du dôme central et l'élancement des flèches qui se dressent en tête la placent au rang des merveilles de l'art. On a beaucoup discuté sur son âge. On a prétendu qu'elle remontait au XIe siècle. De Caumont, Vitet et Viollet-le-Duc ont montré qu'elle ne garde que peu de traces de la construction romane de Geoffroy de Montbray (2). Il est certain que tout entière elle a été reconstruite au XIIIe siècle et même en partie au XIVe. Les tours romanes ont été recouvertes alors de l'enveloppe qui les revêt aujourd'hui, par une transformation d'une habileté surprenante et presque sans exemple (3).

Longue de 95 mètres, haute de 28, elle offre un plan régulier en croix latine, avec transepts, déambulatoire et chapelles absidales peu développées, munies d'autels antiques et fort sommaires. L'architecte du XIIIe siècle, qui entreprit de mettre la nef en harmonie avec le chœur nouvellement construit sous Philippe-Auguste, fut forcé de respecter le plan de la nef et du transept romans. Il dut élever travée par travée, ne détruisant un pilier de l'ancienne construction qu'au moment de le remplacer par un autre, en se servant des fondations primitives.

Le chœur, avec ses chapelles rayonnantes qui rappellent celles de Chartres, paraît avoir été fondé sous Philippe-Auguste ; il offre un rond-point porté par de doubles colonnes d'un effet remarquable. Le collatéral, très haut, est d'une

---

1. Delanne, *Essai sur la véritable origine et sur les vicissitudes de la cathédrale de Coutances*, 1841.
2. Cotman, plus tard Delamare (1842), et récemment M. Didier, soutenaient le système consistant à attribuer l'église actuelle au XIe siècle. — V. Ch. Pigeon, *Histoire de la cathédrale de Coutances*, Coutances, Impr. des Salettes.
3. Dion, *Tours romanes de la cathédrale de Coutances*. (*Bulletin monumental*, 1884, p. 620.)

ordonnance superbe. Le dispositif ingénieux des voûtes de cette partie se rattache

(*Fig. 176.*) Cathédrale de Coutances.

au système architectonique du Nord, mais la façade est normande aussi bien par l'ensemble que par les détails de la composition, qu'on retrouve en Angleterre (1).

Les tours occidentales, très élancées, sont couvertes de belles flèches octogonales en charpente. Elles sont plantées en arrière de la façade, laquelle présente au-dessus de son triple portail un avant-corps très élégant, réuni par deux ponts légers à deux tourelles carrées aux lignes élancées, dont l'une contient un escalier très important.

La porte latérale du Sud, qui sert usuellement d'entrée, fut restaurée au XVIe siècle par Claude Aubry, qui fut chantre à la Sainte-Chapelle de Paris avant de monter sur le siège épiscopal de Coutances. On sait que ce prélat n'est autre que celui dont Boileau a fait le héros de sa satire le *Lutrin*.

Les chapelles de la nef présentent une belle et rare ordonnance. Elles communiquent par des cloisons ajourées de trois mètres de hauteur, sorte de fenestrages sans vitraux, coupant transversalement l'étendue du collatéral.

Les transepts furent élevés probablement sur les fondations du XIe siècle, et les énormes piliers de la croisée enveloppent sans doute, comme à Bayeux, un noyau de construction romane.

Les supports des nefs sont groupés avec art, mais les transepts et la croisée sont mal dégagés ; les fenêtres sont lancéolées et élancées ; les voûtes sont belles et bien construites. Une galerie continue, avec remplage en quatrefeuilles, court devant les arceaux des tribunes qui couvrent les bas-côtés ; ces arceaux sont géminés ; une belle arcade les encadre, abritant dans le tympan une rose travaillée comme de l'orfèvrerie ; plus haut, à la base de la claire-voie, court une autre galerie continue, à petites arcatures. Les retombées de voûtes sont reçues par de triples colonnettes montant du fond.

A la croisée, établie sur des sortes de trompes, se dresse une merveilleuse lanterne, flanquée, sur les quatre faces diagonales, de tourelles à escaliers, et appelée vulgairement *le Plomb*. Cette tour centrale, qui devait être couronnée par une flèche, est restée inachevée. On retrouve à Coutances, en avant des chapelles absidales, deux tourelles carrées normandes qui séparent l'abside du chœur, comme à Bayeux, contiennent des escaliers et séparent très heureusement l'abside du chœur proprement dit.

Les deux portails latéraux du Nord et du Sud sont surmontés de deux tourelles couronnées de hautes flèches octogonales.

La chapelle et la nef sont du XIVe siècle.

---

1. E. Corroyen, *L'Architecture gothique*, p. 79.

II. — CATHÉDRALE DE COUTANCES.

La cathédrale de Coutances possède des vitraux bien conservés des XIVe, XVe et XVIe siècles.

La belle chapelle de la Vierge abrite depuis 1862 le tombeau de Mgr Daniel.

(*Fig. 177.*) COUTANCES. — La cathédrale.

L'école normande n'a guère possédé de statuaires au moyen-âge ; aussi ne rencontrons-nous ici que peu de statues et de bas-reliefs ; la sculpture purement décorative fait presque seule les frais de l'ornement.

III. — CATHÉDRALE DE LISIEUX.

La cathédrale de Lisieux est un des premiers édifices de l'époque gothique, et l'un des mieux conservés malgré d'importantes réparations.

« M. Millet, qui a fait le principal de cette restauration, et après lui MM. Naples et Saint-Anne Louzier, se sont montrés artistes et hommes de goût. » Ainsi s'exprime M. E. Lambin (1), à qui nous allons faire de larges emprunts pour décrire cet édifice :

« Saint-Pierre de Lisieux se compose d'une nef à huit travées, précédée d'un porche intérieur et accompagnée de deux collatéraux avec chapelles ; d'un transept au milieu duquel s'élève une tour quadrangulaire ou lanterne percée de fenêtres, et d'un chœur, dont la partie droite a quatre travées et la partie circulaire ou abside en a sept. Ce chœur a un pourtour avec trois chapelles absidales. Le transept, dans sa partie orientale, est flanqué d'un collatéral. La longueur totale de l'édifice, y compris la chapelle de la Vierge, est de 110 mètres. Les voûtes principales ont 28 mètres d'élévation. La nef, le transept et les deux premières travées du chœur sont du milieu du XIIe siècle ; les deux dernières travées de ce chœur, c'est-à-dire de la partie droite, et celles de l'abside, sont du commencement du XIIIe, époque à laquelle on a refait la plus grande partie du chœur primitif. La chapelle de la Vierge est du XVe siècle ; les deux autres chapelles absidales, du XIIIe, comme l'abside, et enfin celles des collatéraux de la nef, du XIVe. Certaines ressemblances qui existent entre Saint-Pierre de Lisieux et les cathédrales de Sens et de Cantorbéry, construites vers la même époque par Guillaume de Sens, permettent de penser que cet architecte a pu donner le plan de la cathédrale normande. C'est sous l'épiscopat d'Arnould, qui fut évêque de Lisieux de 1141 à 1182, que l'on jeta les fondements de l'édifice, et M. Anthyme Saint-Paul daterait volontiers de 1160 à 1165 le commencement des travaux, vu le style déjà avancé de ses arcs et de ses moulures. »

Les piliers de la nef sont monocylindriques. Les grands arcs sont d'un beau dessin ; mais, suivant une disposition particulière aux édifices normands, ils sont encadrés d'une large archivolte, qui enlève à l'arc brisé beaucoup de sa hardiesse et de sa grâce. Un triforium, actuellement fermé, règne au-dessus ; il éclairait primitivement une tribune qui n'a jamais été voûtée. Le transept s'harmonise avec la nef, et le collatéral qui existe dans sa partie orientale, lui donne de l'ampleur, de même que

---

1. *Revue de l'Art chrétien*, 1896.

la lanterne qui sépare ses deux bras semble encore ajouter à sa hauteur. Les huit fenêtres de sa lanterne, et les vingt-six lumières de diverses formes percées dans les murs de face et de côté, lui donnent beaucoup de jour.

Le chœur offre, comme la nef, un triforium. Quinze fenêtres éclairent ce chœur dont l'ensemble est remarquable. La chapelle du chevet, dédiée à la Vierge, fut construite par Pierre Cauchon qui, passé de l'évêché de Beauvais à celui de Lisieux, voulut expier par cette œuvre la sentence inique rendue contre Jeanne d'Arc.

La flore ornementale de Saint-Pierre de Lisieux, dit M. Lambin, est celle des XIIe et XIIIe siècles pour la nef, le transept, le chœur et les deux chapelles absidales bâties en même temps que ce chœur; celle des XIIIe et XIVe siècles, pour les chapelles des collatéraux de la nef; celle du XVe, pour la chapelle de la Vierge. On y voit se développer le nénuphar, la vigne et la fougère, et l'arum au porche, au chœur et aux nefs; au chœur, les mêmes plantes élégantes avec l'arum.

Dans les chapelles latérales de la nef, on trouve de la chélidoine, de la renoncule, du liseron, du rosier sauvage, du lierre, du chêne et de la vigne. Ces feuillages ne sont pas plissés, ondulés, nervés en creux, comme ceux du milieu du XIVe siècle. C'est touffu, simple et charmant.

Enfin, dans la chapelle de la Vierge, s'étale la flore du XVe siècle : le houblon, la citrouille, le chou frisé et d'autres plantes. Avec ces plantes on retrouve la renoncule, le chêne et la vigne, mais largement découpés, déchiquetés, selon la manière des artistes de cette période.

Jetons maintenant un regard sur l'extérieur de la cathédrale.

Le grand portail, auquel on parvient par un large perron, date dans son ensemble de la fin du XIIe siècle ou du commencement du XIIIe. Il y a trois portes correspondant à la nef et aux bas-côtés. La porte centrale devait être richement ornée, mais aujourd'hui toute ornementation a disparu. Les portes latérales présentent dans leurs ébrasements un système d'arcatures d'une très grande élégance. Dans les voussures courent des rinceaux de vigne découpés à jour et du plus charmant effet.

Au-dessus de la porte principale est percée une immense fenêtre, dont le grand arc retombe sur des colonnettes séparées dans toute leur longueur par des rinceaux de vigne. Les meneaux qui séparent ces trois verrières sont plats et couverts de vigne. Puis viennent une galerie fort simple et le fronton, sur lequel se tient un ange qui sonne de la trompette pour annoncer le Jugement dernier.

« Au-dessus de chacune des portes latérales, sont appliquées de hautes arcatures très simples, mais d'une imposante majesté. La tour de gauche n'est pas terminée. Elle porte sur une sorte de socle imbriqué, et présente deux étroites fenêtres à jour, d'une hauteur surprenante, faisant suite aux arcatures de sa base. Toute cette partie de portail est vraiment admirable. Malheureusement la flèche de la tour gauche n'a pas été faite ; elle est remplacée par un toit en charpente à quatre pans, recouvert de tuiles. La tour droite est du XVIe siècle et porte aussi sur un socle imbriqué. Chacune de ses faces correspondant à ses angles est garnie d'un lourd clocheton. De loin cette tour ne manque pas de grandeur, mais de près on reconnaît qu'elle est d'un travail imparfait. »

Le transept Nord n'a pas de portail. Le transept Sud en a un, de la fin du XIIe siècle ; l'ordonnance en est simple et sévère. La lanterne qui s'élève sur la croisée a perdu depuis fort longtemps sa flèche en charpente revêtue de plomb.

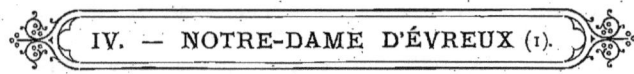

IV. — NOTRE-DAME D'ÉVREUX (1).

Au moment où nous écrivons, s'achève la restauration, commencée depuis dix ans, de la cathédrale d'Évreux. Disons quelques mots de son antique histoire.

Saint Taurin dédia à Notre-Dame la première église d'Evreux. Détruite par les Normands, elle fut reconstruite au XIe siècle et consacrée en 1072 par Lanfranc. Au siège de 1119, le roi Henri Ier d'Angleterre avait, avec le consentement de l'évêque Audin accouru dans son camp, livré aux flammes, au moyen de ses machines, la cathédrale romane, où s'étaient retranchés les défenseurs de la ville. Le monarque la reconstruisit alors à ses frais. Le feu la détruisit encore en 1356, puis en 1379, et enfin en 1516 ; chaque fois elle fut relevée de ses ruines. Aussi reste-t-elle empreinte des vicissitudes orageuses de son sort, en même temps que des modifications de l'architecture aux différentes époques de ses reconstructions. Il reste de l'édifice consacré par Lanfranc les arcades des dernières travées de la nef ; les autres furent élevées par Henri Ier jusqu'au triforium. Celui-ci est du commencement du XIIIe siècle. Vers 1240, on éleva l'étage supérieur de la nef, dont les fenêtres à quatre lumières rappellent celles de la Sainte-Chapelle de Paris ; de 1247 à la fin du XIIIe siècle furent construites toutes les chapelles latérales de la

---

1. Lebeurrier, *Notes sur la cathédrale d'Evreux*, 1874. — Ch. Cablet, *Notre-Dame d'Evreux*. *Revue de l'Art chrétien*, 1863, p. 402. — Abbé Fossey, *Histoire de la cathédrale d'Evreux* (sous presse en 1895). — V. *Libretto de la Gilde de Saint-Thomas et de Saint-Luc, excursion en Normandie*, 1895.

nef. En 1275, on commença la reconstruction du chœur, plus large que la nef, ce qui donne une allure évasée à la travée qui suit le transept. La chapelle absidale et la tour centrale sont du XVe siècle, et le portail occidental fut élevé au XVIe dans le goût italien. Sa construction disparate exprime la longévité de la pensée qui a soutenu cette construction, et dont quinze générations ont respecté la conception première.

Les deux tours, étrangement couronnées, sont d'inégale hauteur ; ce sont des conceptions gothiques exprimées en phrases classiques. L'une se termine par une coupole et l'autre par une pyramide. Elles ont été refaites sous Henri II et Louis XIII. La tour de la croisée est des premières années du XVIe siècle.

Les arcs-boutants de la grande nef étaient doubles ; malgré les réclamations des archéologues, ils ont fait place à des arcs simples, peut-être pour quelque motif plausible que nous ignorons.

Le portail de Saint-Nicolas offre un riche spécimen de style flamboyant. L'évêché est rattaché à la cathédrale par un cloître de même style. De belles roses entr'ouvrent les pignons du transept. Le riche portail qui est percé du côté du Midi est surmonté d'un gable colossal, et flanqué de deux tourelles toutes tapissées d'ornements fleuris. Au-dessus s'ouvre une belle rose dont la résille, formée d'arcs de cercles entrecroisés, rappelle les jeux de dessins que montrent certaines roses mouvantes de la lanterne magique. La lanterne d'Évreux est admirable ; c'est comme une nouvelle édition, plus prudente, de celle de Beauvais, de sinistre mémoire. La pyramide qui la surmonte semble laisser voltiger au souffle des vents les légères dentelles qui là couronnent jusqu'à la tête ; elle contraste avec le beffroi classique qui se dresse en tête de la grande nef.

« Carrée, percée sur ses quatre faces de fenêtres ogivales, entourée d'une galerie découpée d'où jaillissent à chaque angle d'énormes gargouilles, la tour, dit M. H. Chartraine (1), est surmontée d'une pyramide à charpente découpée à jour et couverte de plomb. » Le métal, primitivement étamé, avait un tel éclat, que le peuple avait donné à la tour le nom de *Clocher d'argent*. Elle date du règne de Louis XI (le fameux cardinal La Balue était alors évêque d'Évreux). « Chose merveilleuse » dit le *Mémorial du comté d'Evreux*, que de tant d'historiens qui ont écrit la vie de » Louis XIe, roy de France, pas un seul n'aict faict mention du zèle de ce grand » prince envers l'église Cathédrale de Nostre Dame d'Evreux, qu'il a réparée, et » faict bastir la Lanterne du petit clocher, œuvre admirable, portée sur quatre » pilliers, et attachée à la croix de la nef, revestue de vuistres, où les armes de » France et de Charlotte de Savoie sont dépeinctes (2). »

---

1. *Journal des Arts*, 1887.
2. *Mémorial historique des évêques, ville et comté d'Evreux*. Manuscrit du 17e siècle, de Lebatelier, d'Aviron.

Le chœur, les chapelles latérales et l'abside furent construits à la même époque que la lanterne. Le portail Nord est un des joyaux du style flamboyant; « l'imagination des sculpteurs du XVIe siècle s'est donné libre carrière dans cet artistique fouillis de sculptures, où se dessine une galerie à jours soutenant une magnifique rosace d'une délicatesse et d'une élégance rares. »

Les deux tours extérieures, dont l'une inachevée, offrent des ordres classiques superposés et sont reliées par un portail de la fin de la Renaissance, fort remarquable dans son genre.

Les travaux de restauration ont mis au jour en 1895 des substructions qui paraissent appartenir à un ancien déambulatoire, soit de l'église consacrée en 1072 et détruite en 1119, soit d'un chœur reconstruit au commencement du XIIIe siècle.

La cathédrale d'Evreux possède une collection remarquable de verrières du XIVe siècle ; celles de Guillaume d'Harcourt, de Charles le Mauvais et de P. de Moulins représentent respectivement trois types d'époques différentes, 1310, 1345, 1385.

La cérémonie d'inauguration du chœur et du nouveau maître-autel de la cathédrale d'Évreux a eu lieu en grande pompe en novembre 1896. Cette partie de la cathédrale, fermée au culte depuis neuf ans, a été l'objet d'importantes restaurations.

Chapitre Vingt-et-unième.
ÉGLISES GOTHIQUES ALLEMANDES.

ES besoins de la prédication firent rechercher par les Ordres prédicants des dispositions spéciales propres à l'audition, en diminuant l'importance des supports intérieurs, et en adoptant des dispositions originales dans le plan. Les Franciscains et les Dominicains, qui furent des agents actifs de l'expansion des formes gothiques en Allemagne, contribuèrent à y faire adopter une conception assez particulière de l'église gothique : c'est l'église en forme de halle *(hallenkirche)*, caractérisée par trois nefs d'égale hauteur, ordinairement abritées sous un vaste comble unique, et éclairée seulement par les fenêtres des collatéraux. Ce type, qui se rencontre isolément en France, en Poitou, et abonde en Germanie (Herdorf, Paderborn, Mariendstadt, etc.), apparaît à l'époque romane en Westphalie ; on le rencontre au XIIIe siècle dans les nefs de Sainte-Elisabeth à Marbourg. Il prévaut pendant la première moitié du XIVe siècle.

Il s'introduit en Allemagne une tendance générale à la grande simplicité du plan, à la suppression des collatéraux, des chœurs et du transept, en même temps que s'accuse, dans le détail, l'abus du système du verticalisme dans les lignes. Les tours partent du sol isolément et montent du fond d'un jet, au lieu de se greffer comme en France sur les façades. Les grandes roses sont remplacées par des fenêtres au cintre brisé. Tels sont les caractères saillants que va nous fournir la principale église gothique ancienne de l'empire autrichien.

ÉGLISE CATHÉDRALE DE SAINT-ÉTIENNE, A VIENNE.

L'ÉGLISE métropolitaine de Saint-Etienne remonte au XIIe siècle (1144) ; mais elle a été en grande partie rebâtie en 1359 par le duc Rodolphe IV ; elle est alors devenue cathédrale. La tour a été terminée en 1400.

Sauf une réminiscence romane dans les deux tourelles accostant la façade occidentale, lesquelles sont ornées de petites arcatures sous les cordons et de frontons triangulaires à la base des flèches, c'est un monument de style gothique pur. Elle mesure 114 mètres de longueur sur 74 de largeur et 29 de hauteur.

Un comble immense abrite ses trois nefs à la façon des *hallenkirchen* allemandes, et l'ampleur excessive de ses versants, couverts de tuiles de couleurs à dessin chevronné, est atténuée par de grands gables élevés vers 1856 sur les différentes travées des nefs latérales. Le comble offre une croupe du côté occidental, de sorte que la façade de tête est dépourvue de pignon, par une particularité des plus rares. La tour altière qui se dresse, du côté méridional, sur le flanc du collatéral, au droit de sa dernière travée, s'amortit en une flèche de pierre ajourée de la manière la plus élégante; le regard est conduit du sol au pinacle par des transitions admirablement ménagées et à travers un ensemble harmonieux d'ornements délicats; c'est un des triomphes de l'art gothique que cette merveilleuse pyramide, qui mesure 145 mètres de haut. Endommagée plusieurs fois par la foudre, et, en 1809, par des boulets français, démolie en partie en 1839, reconstruite en 1842 et en 1860, elle a été restaurée en dernier lieu par Forster. Elle mesure 138 mètres de hauteur et occupe le second rang pour les plus hautes tours.

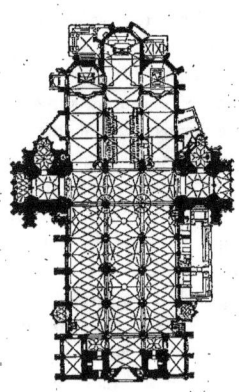

(*Fig. 178.*)
PLAN DE L'ÉGLISE CATHÉDRALE DE SAINT-ÉTIENNE A VIENNE.

La *Porte des Géants*, qui décore la façade principale et date du XVIe siècle, ne s'ouvre qu'aux grands jours; elle est ornée des statues de Rodolphe IV et de son épouse. A l'entrée de l'église on montre la *chaire de pierre* où le moine franciscain Jean Capistran prêcha en 1451 la croisade contre les Turcs.

Avant de pénétrer à l'intérieur de l'édifice, considérons ses formes en plan, ses trois nefs presque égales, dépourvues de transept, accostées de deux spacieux portails, destinés tous deux à porter des tours, dont une seule a été exécutée; et le chœur à trois nefs, terminé par des absides rangées polygonales. Plan singulier et simple, tout allemand, et qui contraste avec le plan en croix latine à transept des églises françaises. Toute la construction est d'une légèreté vraiment idéale.

L'intérieur de la cathédrale est d'un effet aérien saisissant; les piliers sont formés de faisceaux de légères colonnettes, qui s'élancent d'un jet pour former les nervures de la voûte, encore allégées par des niches greffées sur leur fût; ces nervures

ÉGLISE CATHÉDRALE DE SAINT-ÉTIENNE A VIENNE.

s'entrecroisent en compartiments compliqués et soutiennent des voutains formés de dalles ; l'ensemble de l'intrados affecte l'allure d'un berceau à cintre brisé, relativement

(Fig. 179.) VIENNE. — LA CATHÉDRALE DE St-ÉTIENNE.

aigu ; les trois nefs, à peu près égales de hauteur et de largeur, sont élevées, élancées, et vraiment prestigieuses. Il leur manque par contre la majesté des formes, la noblesse des proportions, et la pureté de lignes des belles églises du XIIIe siècle.

On y remarque une des plus anciennes chaires de vérité connues, sculptée par maître Pilgram, et dans le chœur, des stalles du XVe siècle. La chambre *des reliques* contient des trésors considérables. L'église renferme plusieurs tombeaux princiers anciens, et la sépulture d'une vingtaine de princes et princesses de la maison d'Autriche, contenue dans des catacombes en forme de galeries à trois étages. La sonnerie se compose de 6 cloches, dont la plus grosse pèse 80 quintaux ; le grand bourdon, nommé *Pummerin*, logé dans la tour principale, a été fondu en 1711 du métal des canons enlevés aux Turcs, et pèse 354 quintaux.

Saint-Etienne fut épargné lors du siège de Vienne par les Turcs, en 1529, par Soliman IV le Magnifique, le digne contemporain de Léon X. En reconnaissance de sa générosité, un croissant et une étoile furent gravés sur la dernière assise de la tour jusqu'au siège de 1683 ; alors Cara-Mustapha n'eut pas les mêmes égards, et les armes de l'empire ottoman furent effacées. On a célébré longtemps à Saint-Etienne la délivrance de la ville par Sobieski. La famille impériale, accompagnée de la noblesse, se rendait en procession solennelle à la cathédrale pour y entendre une messe d'actions de grâces.

Chapitre Vingt-deuxième.
ÉGLISES GOTHIQUES ESPAGNOLES.

I. — CATHÉDRALE DE TOLÈDE (1).

N fait remonter la fondation de la cathédrale de Tolède, cette église primatiale de toutes les Espagnes, à saint Eugène, martyrisé en 286. Une version plus probable attribue la première église au roi visigoth Récarède, qui l'aurait commencée en 587. Elle fut continuée par Receswinthe, de 649 à 672 (2). Plus tard elle fut convertie en mosquée par les Maures.

Le roi saint Ferdinand fit démolir l'antique basilique en 1227 et jeta les bases d'une nouvelle cathédrale de style gothique, qui ne fut terminée qu'à la fin du XVe siècle. On conserve les noms de tous les maîtres des œuvres de cet édifice vénérable, depuis Pedro Perez (d'autres disent Petrus Petri) (3), qui en traça les plans au XIIIe siècle, jusqu'à Ignacio Haan, qui achevait à la fin du XVIIIe ses dernières ajoutes. A vrai dire, l'œuvre était complète au XVIe siècle. Le premier de ces architectes a son épitaphe dans l'église ; M. Enlart se demande s'il ne faudrait peut-être pas l'identifier avec Pierre de Corbie, le collaborateur de Villard d'Honnecourt ; le fait est, que l'on retrouve à la cathédrale de Tolède des chapelles carrées alternant avec des absidioles rondes autour du déambulatoire, comme au chevet de Vaucelles, dont Villard nous a laissé le plan (4).

L'édifice se ressent des vicissitudes de l'art à travers les six siècles qu'a duré son édification (5), mais l'art espagnol s'est surpassé dans ce vaisseau grandiose, où se

---

1. Street, *Gothi architecti in Spani.*
2. V. *Magas. pittoresque*, t. XXX, d'après Assas, *Album artistico de Toledo.*
3. V. Bermudez, *Noticia de los arquitectos y arquitectura de Espana.* — Ch. Lucas, dans la *Revue de l'Art chrétien*, t. XX, 1875, p. 425, indique comme premier architecte Petrus Perez, mort en 1290, après avoir dirigé les travaux pendant 60 ans.
4. *Bibliothèque de l'Ecole des Chartes*, t. LVI, 1895. (*Villard d'Honnecourt et les Cisterciens.*)
5. De Ramon Perro, *Descripcion historica artistica de la magnifica cathedrale y de los demos celebres monumentos*. Tolède, 1857.

déploient d'éblouissantes richesses de sculpture, et qui compte dans son ensemble 750 fenêtres et 80 piliers géants.

Son vaisseau, en croix latine, est remarquable par la hauteur de ses arches portées sur d'énormes piliers à faisceaux de colonnettes. Le prestige de l'aspect intérieur est encore augmenté par le jour doucement mystérieux qui descend de fenêtres ornées de vitraux splendides. Construite tout en pierre blanche, la cathédrale a cinq nefs entourées de chapelles. Elle mesure 113 mètres de longueur, juste la moitié de largeur et 45 mètres de hauteur.

La façade occidentale, élevée au XVe siècle, richement décorée de statues, étale aux regards ses trois portes du *Jugement*, de l'*Enfer* et du *Pardon*, dont l'iconographie résume le drame suprême du genre humain. La tour de droite, œuvre d'Alorès Gomez (1425), mesure 90 mètres de hauteur répartis entre sa base carrée, son étage octogonal et sa flèche pyramidale ; elle abrite une cloche de 17.800 kilogr., qui fait entendre, assure-t-on, sa voix jusqu'à Madrid, à 20 lieues de distance. C'est le Bruxellois Jean Van der Eycken qui a élevé la superbe porte « aux Lions » du transept méridional, un des chefs-d'œuvre de l'architecture ogivale.

La Renaissance a apporté son large contingent à l'œuvre du moyen-âge ; un élève de Michel-Ange, le célèbre Béruguète, et son digne émule Philippe de Bourgogne, ont puissamment contribué à l'enrichir. D'admirables stalles s'élèvent dans le *coro* fouillé par leur ciseau.

Notre-Dame de l'Assomption (c'est le titre de l'église) compte de nombreuses et riches chapelles. Parmi les plus remarquables, avec la chapelle mozarabe, est celle des *Reges nuevos*, où l'on voit les mausolées séparés du connétable Alvaro de Luna et de son épouse, veufs de leurs statues automates de bronze, qu'un mystérieux ressort mettait en mouvement quand chaque office commençait, et plaçait dans l'attitude agenouillée de la prière. La chapelle dite du *Sagrario* est des plus riches, et renferme elle-même celle de l'*Octavo*, de forme octogonale, dans laquelle on admire les œuvres d'art et les reliques les plus précieuses.

La *custode* de la cathédrale de Tolède, œuvre de l'Allemand Arfe, est une œuvre remarquable d'orfèvrerie de quatre mètres de hauteur, en argent doré, contenant 200 kil. de métal, enrichie de diamants et d'émaux précieux ; elle offre la forme d'une pyramide à trois étages ; sa membrure complexe est assemblée à l'aide de 80.000 viroles ; il y a tout un livre de prescriptions à suivre pour la démonter et la remonter lors des processions de la Fête-Dieu.

II. — CATHÉDRALE DE BURGOS.

La cathédrale de Burgos fut fondée par Ferdinand II vers le milieu du XVe siècle et construite avec un soin curieux dans toutes ses parties. Ce monument et les augustes souvenirs qu'il rappelle font aujourd'hui la principale richesse de cette ville déchue d'une rare splendeur.

La façade principale s'annonce par deux puissantes tours carrées, qui portent des flèches aiguës et ajourées, hérissées de clochetons aux angles et toutes dentelées de crosses végétales ; elles portent à leur front ces mots, formés par les ajours : d'une part, *Agnus Dei*, d'autre part, *Pax vobis* ; la balustrade qui couronne la façade découpe sur l'azur du ciel l'inscription suivante : *Tota pulchra es et decora*. A l'étage supérieur de la façade s'ouvrent deux larges fenêtres, abritant sous ses lancettes inférieures huit statues de rois ; plus bas, sous un arc puissant s'ouvre une belle rose, et au-dessous, un portail défiguré par le vandalisme moderne.

Une belle tour lanterne octogonale *(el crucera)*, terminée en plate-forme, chef-d'œuvre de Philippe de Bourgogne, se dresse à l'intersection d'une croix latine Deux rangées de fenêtres l'éclairent et des huit angles se détachent huit petites tours, toutes découpées, peuplées de saints et terminées par de fines aiguilles. Derrière l'église, la coupole de la *chapelle du Connétable*, moins élevée, mais toujours octogone, reproduit la même décoration.

La petite porte de la *Pellegeria* offre un décor en style Renaissance ; au portail du Sud, un art plus ancien a figuré le CHRIST Docteur, entouré des animaux évangélistiques. Le portail septentrional, auquel mène la *calle alta*, est orné des Apôtres, présidés par le CHRIST. Le chevet résume toutes les élégances des façades. L'ensemble offre un exemple remarquable de la prodigieuse richesse d'ornementation à laquelle le style gothique parvint à la fin du XVe siècle.

Si nous pénétrons à l'intérieur, « l'édifice, qui, à l'extérieur, semblait un joyau, devient un monde (1). » La nef principale, encastrée de deux collatéraux, se divise en neuf travées, trois pour le vestibule, trois pour le chœur, trois pour le sanctuaire.

L'aspect général est d'une majesté lourde malgré toutes les grâces flamboyantes du détail. La haute nef a grande allure, avec ses voûtes à nombreuses nervures entrecoupées et son faux triforium aux larges baies fenestragées, dont les meneaux

---

1. F. Ozanam, *Œuvres choisies*, p. 64.

sont ornés de pinacles. Suivant l'usage du pays, qui rappelle l'ordonnance des basiliques primitives, à la quatrième travée commence le chœur, que bordent deux rangées de stalles ornées de sculptures historiées. Le *coro*, planté dans les entrecolonnements de la nef, avec ses lourdes constructions et sa grille massive, a le grave inconvénient d'interrompre la perspective et de nuire à la solennité des cérémonies du culte. On retrouve dans toutes les cathédrales d'Espagne cette disposition, par laquelle les occupants ont fait bon marché de la destination spéciale des diverses parties de l'église, telle que l'ont conçue les architectes chrétiens.

Ici le chœur est éclairé non seulement par la lumière qui passe à travers les fenêtres du transept, mais encore par celle qui tombe en torrents du dôme ou *crucero*. Quatre piles rondes soutiennent des arches puissantes qui s'élancent pour soutenir ce dôme avec l'aide de trompes ; son tambour, tout ajouré, allégé d'un décor *mujédar* et abrité par une voûte étoilée, donne l'expression d'une masse relativement légère.

Cette lanterne présente, selon l'expression de Th. Gautier, « un gouffre de sculptures, d'arabesques, de statues, de colonnes, de nervures, de lancettes, de pendentifs, à donner le vertige. C'est touffu comme un chou, fenestré comme une truelle à poisson ; c'est gigantesque comme une pyramide et délicat comme une boucle d'oreille de femme, et l'on a peine à comprendre, qu'une pareille filigrane puisse se soutenir en l'air depuis des siècles. »

Cette impression chez un homme de haut goût prouve d'une manière bien évidente que l'on perd son temps à développer à l'excès la richesse du décor dans les œuvres monumentales. A vrai dire, l'intérieur de ce remarquable vaisseau ne manque pas du tout d'une très réelle stabilité, aussi apparente que réelle. Même nous trouvons que la puissance de la membrure est accentuée, précisément au transept, non sans habileté, par les grands arcs à voussures en retraite retombant sur des piliers trop larges, il est vrai, et semblables à des tours, et par les curieuses trompes d'angle au vigoureux décor.

« Le sanctuaire, dit Ozanam, dégagé de boiseries, ouvre aux cérémonies sacrées un espace lumineux et magnifique. Six grands candélabres d'argent décorent les marches de l'autel. Derrière l'autel, le retable ferme la perspective et monte jusqu'à la voûte. Les deux sculpteurs flamands qui menèrent à fin cet ouvrage, voulurent y figurer le triomphe de Notre-Dame, patronne de Burgos. Onze bas-reliefs en bois retracent l'histoire de la Vierge. »

On accède au cloître par un portail orné de statues et d'un bas-relief qui représente le Baptême du Sauveur. L'huisserie elle-même est ornée d'autres bas-reliefs où se voient l'entrée de Jésus à Jérusalem et la descente aux Limbes. Le cloître est habité de morts illustres et silencieux, tels que saint Ferdinand et son épouse Béatrix, escortés d'une longue suite de saints, d'évêques, de jurisconsultes.

On peut encore citer l'oratoire de Saint-Grégoire, qui conserve la châsse de sainte Casilde, celui du Crucifix, et surtout la chapelle du Connétable, qu'on cite, pour l'intérieur, comme le type de la Renaissance espagnole, de même que la Renaissance anglaise a le sien dans la chapelle d'Henri VIII à Westminster. La hardiesse du gothique s'allie à la grâce de la Renaissance sous son dôme lumineux, éclairant de merveilleuses sculptures, notamment les belles figures des fondateurs, le connétable Hermandez Valesco (+ 1487) et son épouse.

III. — CATHÉDRALE DE SÉVILLE.

En commençant en 1401 leur cathédrale sur l'emplacement d'un temple mauresque, qui datait de 1171, les chanoines de Séville voulaient la faire si belle et si riche, qu'elle n'eût point d'égale dans la chrétienté. De fait elle est le plus bel édifice chrétien de la péninsule et il est impossible d'amasser plus de trésors que ceux qui la remplissent. Les nombreuses chapelles, ornées de somptueuses sculptures, furent garnies d'une quantité de tableaux précieux, dont un grand nombre est allé orner les palais étrangers.

Quant au monument lui même, son achèvement demanda plus d'un siècle ; il fut terminé en 1519. « Le *cimborium*, ou coupole de la *capilla major*, qui s'était écroulé en 1511, demeura trois siècles avant d'être achevé ; on n'y mit la dernière main qu'en 1842 ; on pressentait qu'il s'effondrerait un jour : cette catastrophe s'est malheureusement réalisée dans l'été de 1888 ; elle a été terrible : boiseries, grilles, retables, tableaux, sculptures, orgues, etc., ne sont plus qu'un souvenir.

Tout le monument et ses dépendances sont exhaussés sur des degrés et entourés de tronçons de colonnes antiques de marbre vert ou de granit provenant de l'antique Hispalis, qui servent à présent de bornes, réunies entre elles par des chaînes.

Cette église, la plus régulière de toutes celles d'Espagne, en forme de croix latine, est d'un aspect imposant. Elle a 102 m. de longueur ; la nef du milieu a 39 mètres d'élévation et 15 mètres de largeur. Chacune de ses quatre nefs collatérales mesure 29 m. de hauteur et 10 1|2 de largeur ; le magnifique vaisseau est si élancé, que l'on dit que « Notre-Dame de Paris pourrait se promener la tête haute dans la nef du milieu », ce qui est à peu près exact. Les piliers, très élancés et formés de faisseaux de colonnettes, sont comme des tours ; ils ont 50 pieds de hauteur. Les quatre nefs latérales dépassent en hauteur plus d'une cathédrale. Cette église possède 80 autels, où se disent chaque jour 500 Messes. Les fenêtres s'ouvrant dans les voûtes sont au nombre de quatre-vingt-dix ; leurs vitraux, dont les meilleurs ont été peints par Arnault de Flandre, en 1640, ont coûté 1,000 ducats chacun et sont d'un fini admirable.

Ils laissent la nef dans une demi-obscurité ; quand on y pénètre, on commence par ne pas voir à se conduire ; ce n'est qu'à la longue qu'on peut se rendre compte des merveilles que contient le temple.

C'est au milieu de la grande nef, à la hauteur de la seconde des cinq travées, qu'on voit dans le sol la grande dalle qui couvre les restes du fils de Christophe Colomb.

Dans le transept de droite est peint à fresque un saint Christophe colossal, œuvre de Mateo Perez de Alesio (1584) ; ce géant, bien à sa place dans cette église géante, mesure 10 m. 60 de hauteur.

La capilla de los Reges contient l'immense urne d'argent, d'or et de cristal où sont enfermés les restes du roi saint Ferdinand, ainsi que le tombeau d'Alphonse X le Sage († 1284) et de sa mère la reine Béatrix ; dans la chapelle sépulcrale on peut encore voir la petite image de la Vierge que saint Ferdinand portait sur sa selle.

A l'autel de la chapelle des fonts on admire le célèbre tableau de Murillo : l'*Enfant Jésus apparaissant à saint Antoine de Padoue*.

Les 125 stalles du chœur sont d'un travail superbe, qui confond l'imagination.

La façade occidentale est percée de trois portes ; celle du milieu, au cintre brisé, de proportion énorme, est veuve de ses statues ; les deux autres, beaucoup plus petites, gardent encore les images en terre cuite dont les a ornées Lopez Marin, imitateur d'Albert Dürer. Plusieurs autres portes sont ornées de statues en bas-relief.

L'abside de la cathédrale, qui date du XVIe siècle, est décorée de pilastres classiques, d'une frise à rinceaux et d'une balustrade surmontée de quilles.

Presque tous les styles sont ici représentés : le gothique, celui de la Renaissance, le plateresque, le gréco-romain, etc.

Nous l'avons dit, les chapelles sont remplies d'ornements remarquables ; mais c'est dans la *sacrista major*, construction de style ultrarococo *(chirriguerresque)*, qu'on admire surtout des richesses incalculables, notamment une merveilleuse châsse due à Jean d'Urfi (1589), le Benvenuto Cellini de l'Espagne, et le célèbre chandelier pascal triangulaire *(tenebrario)* en bronze, qui pèse 200 livres et fait penser à la colonne Vendôme ; une urne en argent massif rehaussée de pierres précieuses, provenant du roi Alphonse le Sage ; les tables d'or et d'argent données par le même

souverain, etc. Il y a là des quintaux d'argent et d'or, des boisseaux de pierreries.
On a un peu exagéré, en disant que deux hommes à cheval peuvent gravir de front la rampe de la *Giralda*. Cette tour n'en est pas moins une merveille. Mahomet Geber, qui l'entreprit, l'éleva jusqu'à 172 pieds ; depuis, l'architecte Herman Ruys de Burgos lui en a donné 258. Elle offre trois étages, qui sont, vus du dehors, comme trois tours superposées ; ils vont diminuant insensiblement de largeur. Le tremblement de terre de 1755 renversa tout ce qui était au-dessus de la première galerie, mais ce désastre

(*Fig. 180.*) Cathédrale de Séville.

a été réparé. Lors d'un ouragan antérieur, en 1604, on avait vu les deux sœurs, sainte Justa et sainte Rufina, soutenir la Giralda, ou du moins l'image de la Foi qui la décore, et que cette fois l'orage respecta. La tour et même la ville sont placées sous leur patronage ; on les représente souvent soutenant cette statue, devenue le Palladium de la ville.

La tour est en briques, admirablement construite ; les arêtes en sont aussi vives qu'au premier jour. « A la base les murs ont trois mètres d'épaisseur ; ils sont percés de baies géminées, aveugles, à arcs trilobés, nommés *ajimeces*. Vers le haut règnent des entrelacs mauresques. Une rampe à pente douce, pavée en briques, interrompue par dix-huit paliers, mène à la plate-forme où s'arrête l'œuvre des Arabes. La partie supérieure forme un élégant beffroi, à trois étages pyramidaux ; au second, chaque fenêtre contient une cloche ; le dernier est surmonté de la fameuse statue à laquelle la tour entière doit son nom de *Giralda* ; la girouette est une statue en bronze doré de la Foi, fondue par Barthélemy Morel en 1570. Elle pèse 1400 k.; elle est placée sur la pointe du pied dans un équilibre tel que, grâce au voile qu'elle tient déployé, elle tourne au moindre vent (1).

---

1. V. E. Breton, *Revue de l'Art chrétien*, 1874, II, p. 287.

Chapitre Vingt-troisième.
LES ÉGLISES DE LA RENAISSANCE.

LA Renaissance il se produit un immense recul dans l'évolution si rationnelle du temple chrétien. On en revient brusquement à l'origine, à l'enfance de l'art, au type primitif de la basilique, à la structure sommaire des ordres classiques. Les colonnades des nefs sont les copies des portiques gréco-romains ; les entablements des temples païens reprennent la place des arcades ; les absides se réduisent à des hémicycles, les chapelles à de vastes niches. Les voûtes nervées du moyen-âge, si organiques, si souples, si géniales, sont remplacées par de lourds berceaux. La coupole devient le morceau de résistance et la partie vraiment monumentale de l'église, sans en redevenir le vrai centre comme dans le style byzantin. Mais elle est le couronnement presque obligé de toute grande église, grâce à son aspect monumental et prestigieux.

On dit que ce sont les Assyriens qui ont fait l'invention de cette forme de voûte. La plus fameuse qui subsiste de l'antiquité est la coupole du Panthéon romain.

La construction de la coupole persiste à travers les âges. Les Byzantins la reprennent aux Romains ; celle de Sainte-Sophie à Constantinople, que nous avons décrite, est la plus belle qu'ils aient élevée. Elle reparaît à longs intervalles au cours du moyen-âge. Celle que Buschetto a construite au transept de la cathédrale de Pise remonte au XIe siècle. Elle a été le prélude de celle de Rome ; celle de la cathédrale de Florence, exécutée par Brunelleschi au XVe siècle, en a été la démonstration en grand ; le dôme de Michel-Ange à Saint-Pierre fut le triomphe et l'apogée de ce genre d'ouvrage. Dans la suite elle a été imitée de toutes parts en Italie, à des échelles plus modestes, et en France, dans des monuments considérables comme le Val-de-Grâce, les Invalides, le Panthéon de Paris, et Saint-Paul de Londres.

I. — S^{TE}-MARIE DES FLEURS A FLORENCE.

La première pierre de ce merveilleux monument, dans lequel s'incarne le génie italien, fut posée le 8 septembre 1298, jour de la Nativité de Celle qui apparut au monde comme la *Fleur de Jessé*; il s'éleva à la place de l'église de la vierge-martyre *Santa Reparata*, patronne de Florence. Les guerres déchaînées entre cette ville et ses voisines ralentirent les travaux, qui durèrent près de deux siècles, et ne furent abandonnés qu'en 1360; la coupole destinée à couronner l'œuvre devait attendre encore longtemps l'homme assez habile pour l'édifier, et la façade principale devait rester inachevée jusqu'à nos jours.

Le premier plan de la cathédrale est dû à Arnolfo di Cambio ou di Colle di Val d'Elsa (1240-1301), et il fut respecté par Giotto, Tommaso Gaddi, André Orcagna, et tant d'autres maîtres célèbres, qui ont mis sur l'édifice la marque de leur passage. La construction fut fondée en 1296 par Arnolfo; on dit qu'il laissa un plan de la façade. Giotto lui succéda en 1334, après une suspension des travaux, jusqu'en 1337. Plus tard, en 1350, François Talenti reprend les travaux, et Jean di Lapo Ghini le remplace, suivi d'autres maîtres d'œuvre encore.

Le gothique bâtard de Sainte-Marie des Fleurs a un caractère particulier, basé sur un système de polychromie naturelle propre à la Toscane, et sur une tendance prononcée aux ordonnances horizontales. On y retrouve une prédilection pour l'emploi des fenêtres « à tabernacles », et des œils de bœuf apparaissent aux murs de la nef et de la rotonde. Cela n'est déjà plus guère du gothique. La Renaissance, qui n'y développe pas encore ses colonnades, ni ses pilastres, ni ses profils spéciaux, y est déjà par son esprit, ses aspirations, quelques-unes de ses formes et ses proportions colossales.

Nous avons rapporté plus haut (1) dans quelle noble et grande pensée les magistrats florentins avaient décidé de reprendre l'œuvre inachevée de la cathédrale, et d'élever à la croisée du transept la coupole dont Arnolfo di Lapo avait déjà préparé la place en combinant le tambour octogonal. Un concours fut ouvert, et Brunellesco critiqua si bien les plans de tous les concurrents, qu'il n'en subsista plus rien. Pressé d'exposer ses idées, il prétendit dresser audacieusement, au-dessus de la base dont il vient d'être parlé, la coupole du Panthéon d'Agrippa.

1. V. *Introduction*, p. 13.

I. — SAINTE-MARIE DES FLEURS A FLORENCE

A cette proposition on se récrie, et l'on éconduit le téméraire architecte ; un modèle en relief qu'il présente ne convainc qu'à moitié ses juges. C'est sous la tutelle de Ghiberti, son rival, qu'il est admis à commencer les travaux. Alors, Brunellesco, feignant d'être malade, abandonne celui qu'on lui a donné pour chef, à son inexpérience. Celle-ci est mise dans tout son jour. Brunellesco est rappelé avec honneur, et, sans aucun cintrage, il élève, en quelques années, cette coupole qu'admira Michel-Ange, qui fut la première œuvre architecturale de la Renaissance, aussi bien par ordre

(Fig. 181.) Sainte-Marie des Fleurs.

de mérite que par ordre chronologique, et qui est un peu plus vaste et beaucoup plus solide que celle de Saint-Pierre de Rome. Il inaugurait le fameux système des *coupoles doubles*, qui devait être celui des dômes modernes.

Si l'on considère de plus la forme de l'édifice, on remarque que le dôme embrasse en plan la largeur des trois nefs de la basilique, tandis que jusqu'alors les coupoles avaient seulement couvert la croisée du transept. Désormais, la préoccupation d'élever un dôme colossal absorbe les artistes, et l'harmonie, le caractère rationnel du plan d'ensemble sont absolument sacrifiés. Qu'on ne cherche plus dans la distribution des massives églises de l'époque qui nous occupe cette admirable et harmonieuse ordonnance qui, au moyen-âge, en faisait un organisme si admirablement pondéré. Il s'agira, durant la Renaissance, avant tout, d'élever dans les airs un monument majestueux et central, autour duquel les autres parties du vaisseau se grouperont tant bien que mal, de façon à l'épauler. La croix latine est déjà entièrement déformée à Florence ; bientôt elle fera place à la croix grecque.

Tandis que les nefs, d'une simplicité extrême, paraissent tristes et sombres, l'extérieur de Sainte-Marie des Fleurs a l'aspect riche et joyeux, comme les plus belles fleurs de ce jardin fleuri *(Fierensa)*, qu'est la ville de Florence. La richesse chatoyante des marbres qui revêtent ses murs au dehors contraste curieusement avec cet intérieur presque nu, rehaussé toutefois d'un riche pavé de marbres multicolores, semblable également à un parterre émaillé de fleurs.

Il était réservé à notre siècle de compléter l'œuvre des six siècles précédents, et de doter l'église florentine d'une façade proportionnée à la magnificence du monument. A cet effet un concours fut ouvert en 1864, où fut couronné le projet de E. de Fabris ; toutefois, son dessin fut modifié en exécution, de manière à donner à la façade la forme basilicale, tout en lui conservant son style gothique, conforme à celui du campanile. Sainte-Marie des Fleurs apparaît maintenant avec ce somptueux habit de marbres polychromes, ouvré comme une mosaïque, qui contraste si vivement avec l'aspect extérieur des majestueux mais sombres monuments du Nord, et caractérise les tendances les plus particulières et les plus extrêmes du goût italien.

La partie sculpturale et iconographique de cette façade est importante. Tracée par le prof. A. Conti, son programme est consacré à divers ensembles de sujets, savoir : 1º l'Ancien Testament; 2º le Nouveau Testament ; 3º l'Église catholique; 4º la Civilisation chrétienne ; 5º la Littérature ; 6º les Beaux-Arts ; 7º les Arts utiles ; 8º les Sciences ; 9º l'Italie et Florence. Tout cet ensemble de statues et bas-reliefs symboliques constitue un grandiose hommage rendu à la Reine des créatures et à son divin Fils.

Ce fut un jour de grande fête publique et nationale que celui où la nouvelle façade fut inaugurée, en mai 1887. Sa construction avait coûté à peu près un million. On attend maintenant le Ghiberti moderne, qui puisse exécuter les trois portes de bronze historiques dont Mr L. Del Moro a créé le dessin.

On remarque à l'intérieur du monument les tombeaux de Brunellesco et de Giotto, le monument de Pierre Farnèse, la châsse en bronze de sainte Zénobie ornée des reliefs de Ghiberti. Au chœur, de nombreux bas-reliefs et une *Pietà*, dernier ouvrage de Michel-Ange.

I. — SAINTE MARIE DES FLEURS A FLORENCE.

Le baptistère, dont le Dante a parlé *(il miobel san Giovanni)*, est célèbre à cause des portes de bronze, que Michel-Ange déclarait dignes des Portes du Paradis. Au

(*Fig. 182.*) Façade de Sainte-Marie des Fleurs.

concours ouvert pour la confection de ces portes, par lesquelles on voulait éclipser celles que Giotto avait dessinées et André Pisano exécutées, Brunellesco et Donatello figuraient parmi les concurrents. La palme échut à un jeune homme de vingt-trois ans qui devait devenir illustre et s'appelait Laurenzo Ghiberti.

336 CHAPITRE VINGT-TROISIÈME. — LES ÉGLISES DE LA RENAISSANCE.

On entre dans le baptistère par trois grandes portes, l'une d'Arnolfo di Lapo, l'autre d'André Pisano, la troisième, la plus belle, de Laurenzo Ghiberti. Les plus belles sculptures couvrent les murs de l'édifice.

Les premières basiliques chrétiennes n'étaient pas munies de cloches, l'art campanaire étant encore inconnu ; elles n'ont pu être par conséquent surmontées de clochers. Les tours destinées plus tard à recevoir le beffroi des cloches furent par suite élevées après coup à côté des églises et en restèrent complètement isolées, même dans les églises ultérieures ; tandis que les cathédrales d'Occident ont leur clocher greffé sur la construction du vaisseau et ordinairement doublé, par raison de symétrie, de manière à flanquer de part et d'autre les portails, si remarquables en France. L'Italie, au contraire, continua à considérer le campanile comme un monument distinct.

Entre tous les campaniles de la péninsule, le plus remarquable, sous tous les rapports, est celui de Florence, dont la grosse cloche, soit dit en passant pour l'édification du lecteur pieux, s'ébranle tous les vendredis à trois heures, pour rappeler aux fidèles de Florence le souvenir de l'heure où le Christ expira sur la croix. Sa hauteur est de 81 mètres, la largeur de ses faces, de 14 mètres. Giotto en jeta les fondements (1) ; le reste doit être attribué à André Pisano (1331-1348) et à François Talenti. Il est de style gothique avancé, empreint de délicatesse et de grâce. Tout son revêtement extérieur est composé de marbres blancs, rouges et noirs, selon le goût toscan. Très haut et élancé, il apparaît comme une merveille de légèreté et de grâce. Il a une telle apparence de richesse et d'élégance par sa brillante parure de marbres précieux aux couleurs variées, que Charles-Quint disait, qu'il aurait voulu le mettre sous verre, pour le préserver de toute souillure, estimant que c'était péché de le laisser voir tous les jours et à tout venant.

 II. — LA BASILIQUE DE St-PIERRE A ROME.

La basilique triomphale de Saint-Pierre, qui est comme la reine des églises chrétiennes, proclame à la face du monde la victoire du christianisme sur le paganisme, à peu près à la manière d'un chef d'armée qui couche sur le champ de

---

1. Milanesi. — *Documenti por li storia delli arte.* Florence, Poni, 1854.

II. — LA BASILIQUE DE SAINT-PIERRE A ROME.

la victoire. Elle s'élève en effet sur l'arène des martyrs, sur l'emplacement du cirque de Néron.

Tacite raconte un trait qui fait frémir, au sujet des cruautés dont son emplacement fut le théâtre. « On insultait, dit-il, comme pour s'en amuser, à ceux qui allaient mourir. On les couvrait de peaux de bêtes pour les faire déchirer par des chiens, on les attachait sur des croix, quelquefois même on les allumait en guise de torches pour éclairer la nuit. »

Pie V traversait un jour la place qui précède l'église Saint-Pierre, accompagné de l'ambassadeur de Pologne. Tout à coup il se baisse, et, prenant dans sa main une poignée de poussière : « Tenez, dit-il, acceptez cette poussière, formée de la cendre des saints et imprégnée du sang des martyrs. » De retour dans son palais, l'ambassadeur, raconte dom Guéranger, retirant, d'une main indifférente peut-être, le linge qui contenait cette étrange relique, fut tout surpris de le trouver ensanglanté : la poussière avait disparu.

C'est parmi les sépultures de ces martyrs immolés par Néron que furent déposés les restes du premier des Apôtres, du premier de tous les Pontifes suprêmes ; c'est là que son successeur saint Anaclet érigea un

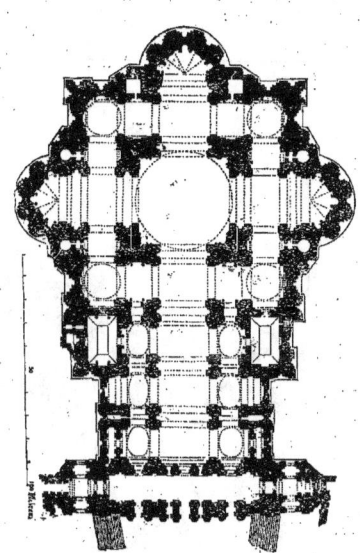

(*Fig. 183.*) PLAN ACTUEL DE L'ÉGLISE SAINT-PIERRE.

premier et modeste oratoire en son honneur... A l'aurore de la paix, Constantin le remplaça par un temple digne de s'élever sur le berceau du christianisme. L'empereur, déposant le diadème et la pourpre, voulut lui-même en creuser les fondations, et en extraire douze paniers de terre en l'honneur des douze Apôtres. Le corps de saint Pierre, relevé de sa tombe, fut placé dans une châsse double d'argent et de bronze doré, ornée d'une croix d'or du poids de 150 livres. Cette basilique fut consacrée par saint Sylvestre en 324. Après bien des restaurations, des agrandissements et même une reconstruction complète, il est devenu, par le zèle des Souverains-Pontifes ce qu'il est aujourd'hui, une des merveilles du monde par ses dimensions colossales et sa célébrité.

Nous ne raconterons pas ici les péripéties curieuses que subit la construction, si lente, de Saint-Pierre. La conception originelle de Bramante comportait un plan en croix grecque, qui aurait donné à l'édifice un aspect autrement heureux que les formes qui ont prévalu plus tard. Ce plan fut plusieurs fois modifié ; à la croix grecque, Raphaël voulut substituer la croix latine ; Peruzzi revint à l'idée géniale de

(*Fig. 184.*) Basilique de Saint-Pierre.

Bramante, et Michel-Ange lui-même ne s'en écarta pas dans ses plus grandes lignes. Le malheur fut, que des accidents de construction obligèrent à renforcer après coup, en obstruant l'espace de la croisée, les grands piliers destinés à porter la coupole. On voulut plus tard se dédommager de l'espace ainsi perdu, et Maderna reçut l'ordre de prolonger la grande nef, en abandonnant définitivement le type de la conception originelle. La conception de Bramante était à jamais dénaturée.

La façade de Saint-Pierre est précédée d'une colonnade elliptique surmontée de

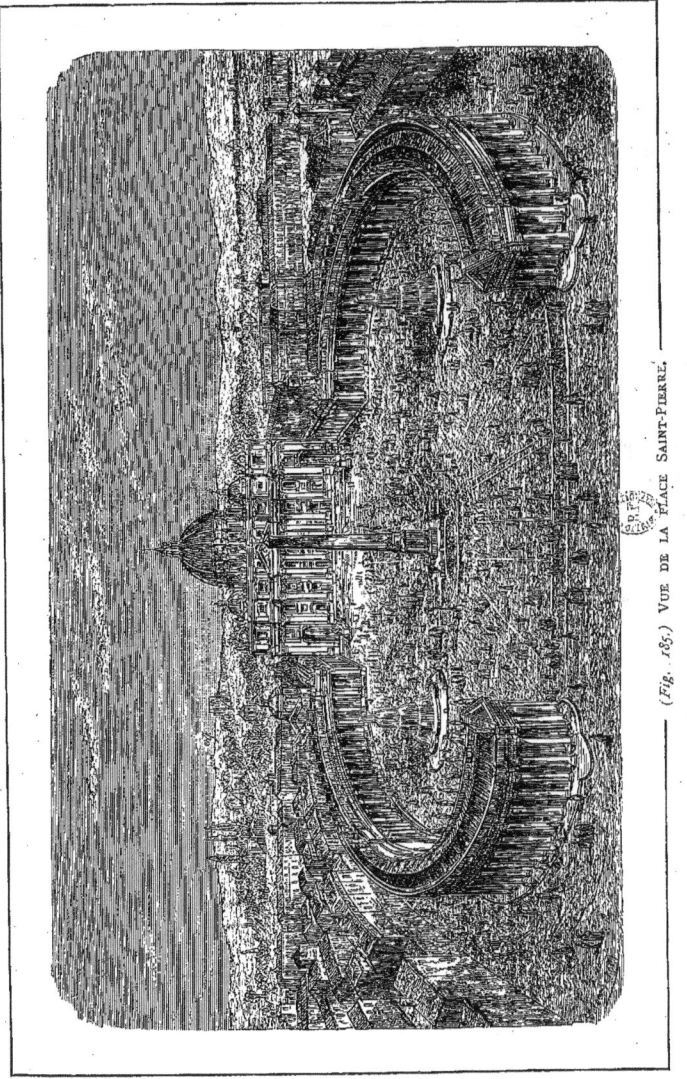

(Fig. 185.) VUE DE LA PLACE SAINT-PIERRE.

cent quarante statues ; elle enveloppe un vaste parvis au milieu duquel s'élève l'obélisque d'Héliopolis ; deux galeries droites terminent le portique du Bernin en formant une seconde place, qui précède l'entrée.

Après avoir traversé cette place immense, qu'on a appelée *le forum du monde*, et dont l'aire, mesurant cinq hectares, n'a jamais été comblée par le flot de la multitude ; après avoir dépassé l'obélisque de Sixte-Quint, qui fait planer dans les airs la Croix triomphante, on arrive au fameux parvis et au portique gigantesque qu'on a appelé *le portique du Paradis* et que précèdent les marches du temple.

Ces marches, on ne peut les franchir pour la première fois sans une poignante émotion. Sachant que l'on va contempler le plus grandiose des ouvrages des chrétiens, on redoute d'avoir à se dire en sortant, selon l'expression d'un visiteur (1): « *Est-ce là tout ce que peut l'homme ?* » C'est au moins tout ce qu'il a pu à une époque déterminée. Le temps et la matière ne lui ont pas manqué alors. Trente Pontifes ont livré aux artistes leurs trésors grossis des offrandes des rois et des peuples ; des maîtres qu'on a considérés comme les plus grands génies, ont consacré leur vie à tracer ces lignes et à dresser ces marbres. Dans quelle mesure ont-ils réussi, nous le verrons bientôt.

Franchissons ce portique gandiose formé de huit colonnes d'une trentaine de mètres de hauteur ; elles portent un entablement que couronnent treize statues représentant le Sauveur et les douze Apôtres. Au fond du portique cinq portes s'ouvrent sur les cinq nefs. En face de la porte du milieu, à la clôture de bronze qui ne s'ouvre que devant le Pape, est la célèbre mosaïque appelée la *Navicella*, ouvrage du XIIIe siècle, qui représente saint Pierre conduisant sa barque agitée par les vents ; la première porte à droite, une porte jubilaire, ordinairement murée, ne s'ouvre que tous les vingt-cinq ans. Le vestibule prépare aux merveilles de l'intérieur. Aux deux extrémités, les statues de Constantin et de Charlemagne sur leurs chevaux de bronze gardent l'entrée du temple. Nous donnons une vue générale de la façade, qui est de Charles Maderna ; on lui reproche d'être dénuée du caractère religieux ; elle conviendrait, en effet, mieux à un palais qu'à une église.

Pénétrons à l'intérieur. Notre embarras sera de savoir par où commencer l'examen de tant de merveilles ; le mien, cher lecteur, serait surtout de les décrire dignement, si vous ne me permettiez de passer la plume à un savant prélat, Mgr Gaume, dont je vous recommande le beau livre : *Les Trois Rome*, quand vous aurez à préparer un voyage en Italie.

---

1. *Magasin pittoresque*, année 1884, p. 292.

(Fig. 186.) Les Jardins du Vatican

« Des monuments de tout genre, des chefs-d'œuvre de peinture et de sculpture se disputent l'attention. Si on attaque l'auguste basilique par le côté droit, vous avez d'abord la chapelle de la Pitié, où le ciseau de Michel-Ange se révèle dans l'immortelle statue de la Sainte Vierge tenant son Fils mort sur ses genoux. La colonne entourée de fer qui s'élève près de l'autel, est, suivant la tradition, une des douze colonnes du temple de Jérusalem que Constantin fit placer autour de la Confession de Saint-Pierre. L'antique inscription qui l'accompagne célèbre les nombreux miracles accordés à la foi des pèlerins en face de ce monument sanctifié par la puissance et peut-être par l'attouchement de l'Homme-Dieu. En montant, se présente la chapelle de Saint-Sébastien, remarquable par les deux tombeaux du Pape Innocent XII et de la comtesse Mathilde de Mantoue. Plus loin, la magnifique chapelle du Saint-Sacrement offre à votre admiration les tombeaux de Sixte IV et de Grégoire XIII, son riche tabernacle et sa communion de Saint-Jérôme en mosaïque. C'est ici que le Jeudi-Saint le Souverain-Pontife, dépouillé des ornements de sa dignité, lave les pieds des douze Apôtres. Vient ensuite la chapelle de la Sainte Vierge, construite sur les dessins de Michel-Ange, avec son autel tout brillant d'albâtre, d'améthystes et d'autres pierres précieuses ; Benoît XIV y repose entre la *Science* et la *Charité*. Admirez encore l'autel de la *Nacelle*, dont le tableau en mosaïque représente la barque de Pierre près de se submerger et le Sauveur venant calmer les flots ; puis le magnifique mausolée de Clément XIII, immortel ouvrage de Canova. Les deux lions couchés sur les deux grands socles sont les deux plus beaux lions modernes que l'on connaisse. Il est à regretter que, dans les autres figures, le célèbre artiste ait trop sacrifié l'esprit à la forme. La dernière chapelle à droite est dédiée à sainte Pétronille, et le tableau qui représente la sainte au moment de son exhumation passe pour la plus belle mosaïque de Saint-Pierre.

» Au chevet de l'église apparaît, à une grande hauteur, la chaire de saint Pierre que l'on voit aujourd'hui, et qui ne coûta pas moins de cent mille écus romains. Un autel majestueux en marbre rare et une chaire en bronze doré, dans laquelle est conservée la chaire en bois dont se servit l'Apôtre, telles sont les deux parties qui composent ce bel ouvrage. La partie supérieure est soutenue par quatre figures colossales en bronze, qui représentent les quatre grands Docteurs de l'Eglise, deux de l'Orient et deux de l'Occident. Comme accompagnement, s'élèvent de chaque côté les superbes tombeaux de Paul III et d'Urbain VIII. C'est au-dessous de cette chaire deux fois monumentale que le Saint-Père est assis lorsqu'il pontifie. »

Quelle jouissance pour un catholique de reposer sa vue sur un aussi vénérable monument ! Voilà donc cette chaire mille fois plus respectable que les chaises curules des sénateurs romains et que tous les trônes des rois et des empereurs ; cette chaire sur laquelle Pierre s'assit tant de fois dans les souterrains du Vatican ; de laquelle il ordonna les premiers Pontifes ; de laquelle il prêchait et administrait les sacrements à ces chers néophytes dont la robe, blanchie la veille dans les eaux du baptême, devait, le lendemain, s'empourprer dans le sang du martyre. Longtemps conservée près du corps de l'Apôtre dans la catacombe vaticane, elle fut le premier trône sur

(*Fig. 187.*) La Chaire de saint Pierre.

lequel ses successeurs venaient s'asseoir après leur élection. Enfin Alexandre XII la fit placer dans le magnifique monument.

« En descendant l'église par le côté gauche, on arrive à l'autel des saints Apôtres Simon et Jude, décoré de deux grosses colonnes de granit noir égyptien, entre lesquelles brille un tableau en mosaïque représentant saint Pierre guérissant le boiteux. Arrêtons-nous devant la chapelle de Saint-Léon le Grand, pour admirer ses deux colonnes de granit rouge et le magnifique bas-relief d'Algardi, représentant le Pontife qui fait reculer Attila. Voici maintenant le tombeau d'Alexandre VII, dernier ouvrage du Bernin. L'autel est remarquable par ses quatre colonnes, dont deux d'albâtre et deux de granit noir; Pie VII, d'immortelle mémoire, assis entre la *Force* et la *Sagesse*, repose dans la chapelle Clémentine, sous un mausolée dû au ciseau de Thorwaldsen et à la générosité du fidèle cardinal Consalvi. A ces monuments succède la magnifique chapelle du Chapitre de Saint-Pierre. Fermée par une grille de fer ornée de bronze doré, elle présente, surtout pendant les offices, un superbe coup d'œil. Au-dessus de la porte voisine est déposé provisoirement le corps du dernier Pape régnant : comme à Saint-Denis, le mort ne descend dans la tombe qu'au décès de son successeur. Parmi les chefs-d'œuvre consacrés à la gloire immortelle des Saints et des Pontifes, brillent de royales infortunes ; les monuments des Stuarts, ouvrage de Canova, ornent la chapelle de la *Présentation*. La chapelle des *Fonts baptismaux* termine cette couronne de sanctuaires plus splendides les uns que les autres. Tout ce que peuvent les arts pour réveiller la foi dans la grandeur du sacrement qui, du fils de la poussière, fait un enfant de Dieu et un frère des anges, brille dans le lieu sacré. Les peintures de la coupole sont d'une exécution parfaite ; une urne de porphyre, en forme de nacelle, de douze pieds de long sur six de large, contient l'eau baptismale. Cette urne, trouvée dans le Forum, servait autrefois de couvercle au sarcophage de l'empereur Othon II, mort à Rome en 974. Elle est aujourd'hui fermée par une sorte de pyramide en bronze doré, ornée d'arabesques et rehaussée par quatre anges de bronze. »

Revenus à notre point de départ, commençons un nouveau voyage par la grande nef. A droite et à gauche, on est dominé par les statues colossales de tous les fondateurs d'Ordres religieux. Ces puissants génies, envoyés de siècle en siècle au secours de l'Eglise, ces illustres généraux dont les phalanges défendirent avec tant de gloire la vérité, la vertu, la civilisation, forment une longue galerie et comme une double chaîne qui, se prolongeant jusqu'au rond-point de l'église, va se rattacher à la chaire de saint Pierre, centre unique de l'unité et foyer toujours ardent de la lumière et de la charité catholiques. En s'abaissant, les regards rencontrent la statue de saint Pierre assis sur son trône. Quoi qu'en dise certain *Voyage en Italie*, c'est le bronze de la statue de Jupiter Capitolin qui a fourni la matière pour cette statue de saint Pierre, monument de la reconnaissance de saint Léon-le-Grand. L'illustre Pontife la fit fondre en l'honneur du glorieux Apôtre qui, plus puissant pour protéger Rome chrétienne que Jupiter ne l'avait été pour défendre Rome païenne, venait de sauver la ville des fureurs d'Attila. Pénétré de ce grand souvenir, le pèlerin catholique a coutume de baiser le pied de cette statue et de la toucher du front; double usage qui traduit bien les deux dispositions de tout enfant de l'Eglise : l'amour et la soumission. Le cœur même s'attendrit lorsqu'en accomplissant ce pieux devoir, on se souvient que chaque jour, pendant trente ans, le père de l'histoire

(*Fig. 188.*) Intérieur de l'église Saint-Pierre.

ecclésiastique, l'immortel Baronius, toucha de son noble front le pied de cette statue et le couvrit de ses baisers. En même temps s'échappait de sa grande âme ce mot d'une simplicité enfantine : *Pax et obedientia ; credo Unam, Sanctam et Apostolicam Romanam Ecclesiam:* « Paix et obéissance ; je crois l'Église Une, Sainte, Apostolique et Romaine. »

« Plus on avance vers la Confession de Saint-Pierre, plus le respect augmente. Pour l'accroître encore, un décret de la Congrégation des Rites du 10 octobre 1594 ordonne à tous ceux qui en approchent de mettre le genou en terre, sans excepter

(*Fig. 189.*) Statue de saint Pierre.

personne, ni l'empereur, ni le Pape lui-même ; et une sentence d'excommunication menace le clerc de service qui oserait nettoyer ou parer l'autel papal sans être revêtu de la *cotta*. Cet autel, où le Souverain-Pontife seul a le droit de célébrer la messe, s'élève sur sept gradins en marbre blanc ; il est isolé et tourné suivant l'usage ordinaire vers l'Orient. Quatre colonnes torses en bronze doré soutiennent le baldaquin. Fondues en 1635, par ordre d'Urbain VIII, ces colonnes n'ont pas moins de 34 pieds de hauteur. Elles sont faites avec le bronze des portes du Panthéon et remplies, nous fut-il assuré, d'ossements de martyrs. Aux angles de l'entablement brillent quatre anges debout, tournés aux quatre points du ciel. De leurs pieds

(Fig. 190.) Le Moïse de Michel-Ange.

partent quatre colonnes renversées qui, à leur point de jonction, supportent un globe doré surmonté d'une croix. Tout cela paraît d'une moyenne élévation, et le plus haut palais de Rome, le palais Farnèse, n'atteint pas la hauteur de ce magnifique monument. Du sol occupé par la statue de Pie VI à la cime de la croix, il mesure plus de 86 pieds. »

« La Confession de Saint-Pierre me semble résumer complètement l'histoire de l'Eglise militante. Fondée par les Apôtres, soutenue par les Martyrs, s'élevant sur les débris du paganisme vaincu, appelant les élus de Dieu dispersés aux quatre vents, dominant le monde par la Croix et portant sa tête auguste jusqu'aux portes du Ciel : telle se montre l'Eglise pendant son pèlerinage. Mais ce n'est ici que la première partie de son existence, ou plutôt la moitié d'elle-même. Comme son divin Fondateur, l'auguste Société règne au Ciel et sur la terre : un temple vraiment catholique doit la représenter dans ce double état. Et voilà qu'en bâtissant Saint-Pierre de Rome, le génie de Michel-Ange est traversé par une de ces illuminations soudaines qui enfantent les chefs-d'œuvre. Trop longtemps esclave de l'art païen, l'immortel ouvrier relève noblement la tête, et tout à coup, inspiré par la foi, il lance dans les airs la sublime coupole. Dans cette création, la plus hardie qu'on connaisse, l'art chrétien aura l'espace nécessaire pour développer dans toute sa magnificence l'idée de l'Eglise catholique. Sur ces vastes parois de cent trente pieds de diamètre et de trois cents d'élévation, la mosaïque, la peinture immortelle, représentera sous les plus brillantes couleurs l'Eglise triomphante avec ses glorieuses hiérarchies : les saints ; puis la Reine des saints et des anges ; puis l'auguste Trinité ; puis l'infini ; puis la Croix dominant l'éternité et l'immensité, comme elle domine le temps et l'espace. Toutefois ce n'est pas seulement en peinture que l'Eglise du Ciel est présente à Saint-Pierre de Rome : elle y vit dans les innombrables reliques de ses saints et de ses martyrs. »

Pour rester dans la vérité, il nous sera permis de ne pas partager entièrement le lyrisme de l'auguste écrivain à l'endroit de la coupole de Saint-Pierre. Bramante et Michel-Ange resteront grands dans l'histoire de l'art pour avoir osé concevoir et édifier l'œuvre la plus colossale que le christianisme ait connue encore ; mais au point de vue absolu du beau et de l'idéal chrétien, on doit reconnaître que le Panthéon païen était une conception plus parfaite comme esthétique, et que la coupole de Sainte-Sophie était une plus belle expression de l'art chrétien. A cet égard nous osons être de l'avis de M. L. Palustre, l'éminent historien de la Renaissance en France. Il estime que Raphaël et Michel-Ange ont été des artistes de génie, mais de médiocres architectes.

Le fameux architecte Bramante, appelé à ce grand œuvre, conçut donc le projet hardi de placer, selon sa fière expression, le Panthéon romain sur les voûtes du temple

II. — LA BASILIQUE DE SAINT-PIERRE A ROME.

de la Paix. La fameuse coupole du Panthéon, admirablement conservée encore et qui mesure 40 mètres de diamètre, est posée sur une salle ronde de hauteur telle, que si

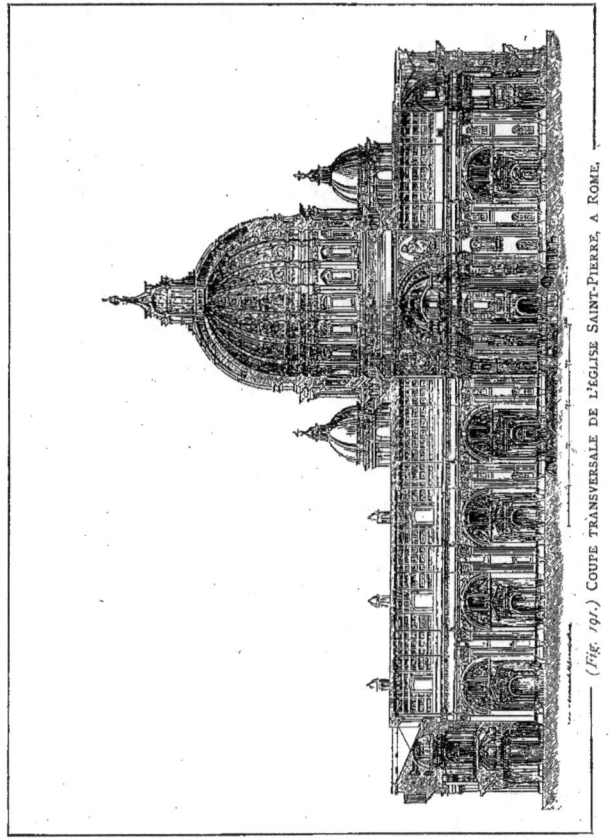

(*Fig. 191.*) Coupe transversale de l'église Saint-Pierre, a Rome.

on prolongeait par-dessous la surface sphérique de sa voûte, elle viendrait toucher le sol. Bramante eut l'idée hardie d'élever une coupole aussi gigantesque, dont la naissance fût à une hauteur trois fois plus grande, de manière que, hormis la grande pyramide d'Egypte, les plus grands monuments du monde pussent être abrités au-dessous.

Bramante commença les travaux sous le règne de Jules II, mais il n'en vit que le début, et sa mort les interrompit pour longtemps. Les architectes qui lui succédèrent ne firent que dénaturer son projet, sans beaucoup avancer l'édifice, jusqu'à ce que Paul III eût choisi Michel-Ange comme architecte souverain. A la mort de ce prince de l'art, en 1564, les hémicycles étant achevés, le tambour du dôme étant construit, la coupole ne tarda pas à être ajoutée comme Michel-Ange l'avait tracée.

Cette fameuse coupole est restée la plus célèbre du monde entier. C'est la reine parmi les dômes fameux que les peuples divers ont voulu élever d'âge en âge.

Malheureusement, à cause de la longueur exagérée de la nef, cette coupole gigantesque qui, extérieurement, domine la ville de Rome, n'apparaît que comme une partie d'un ensemble. On ne la voit que quand on approche du transept. Encore, exhaussée sur un tambour, placée à une hauteur énorme, comme le montre notre gravure *(fig. 191)* représentant la coupe dans l'axe du monument, on ne peut en jouir que par un effort du regard. Cette circonstance s'ajoute à l'exagération des dimensions des détails, qui sont véritablement colossaux, et à l'absence de l'échelle humaine, pour détruire l'impression de grandeur. A première vue Saint-Pierre paraît un monument ordinaire, ainsi qu'en témoignent tous les voyageurs. On dirait que l'architecte s'est ingénié à dissimuler l'effet monumental. Ce n'est qu'à la longue, en se rendant compte des proportions réelles, qu'on en vient graduellement à avoir une idée des proportions effrayantes de cet édifice gigantesque. A ce point de vue, Saint-Pierre constitue ce qu'en langage familier on serait tenté d'appeler un colossal fiasco. On nous reprochera peut-être cette expression irrévérencieuse. Alors nous la retirerons, à condition qu'on nous permette de citer Mgr Gaume, qui émet le même avis sans en avoir l'air :

« Entré dans la basilique, le voyageur cherche en vain les colossales proportions dont il a entendu parler : hauteur, largeur, longueur, tout lui paraît ordinaire, et pourtant Saint-Pierre surpasse en magnificence et en grandeur les plus vastes et les plus splendides édifices de l'Orient et de l'Occident : Sainte-Sophie de Constantinople, la cathédrale de Milan et Saint-Paul de Londres... Les bénitiers augmentent d'abord l'illusion, mais bientôt ils la dissipent ; s'en approcher est le premier moyen de connaître la grandeur de Saint-Pierre. On nous avait dit : « Les anges qui les soutiennent ont six pieds... », et nous avions répondu : « Exagération de voyageurs enthousiastes ! » Eh bien, on avait raison, et nous avions tort. Nous mesurâmes ces anges, qui, au premier coup d'œil, ressemblent à de jeunes enfants, et qui sont bien en réalité des colosses de six pieds... C'est en tenant compte de la valeur de pareils détails, multipliés partout, qu'on arrive avec effort... à être étonné, effrayé, des proportions du monument. »

Le contraire arrive par exemple à Sainte-Sophie de Constantinople, qui paraît plus grande que la basilique romaine, quoique considérablement plus petite à tous égards.

(Fig. 192.) Église du Gésu.
(D'après une ancienne gravure.)

III. — LE GÉSU A ROME.

A L'ÉPOQUE de la première Renaissance, l'architecture italienne avait emprunté à l'antiquité un caractère calme et majestueux, qu'elle perdit au XVIIe siècle, pour adopter le style plantureux, tourmenté, décoratif à l'excès, que les RR. PP. Jésuites ont adopté, sous l'influence du goût régnant, et que, sous l'empire des habitudes systématiques naturelles à un Ordre puissant comme le leur, ils ont, une fois adapté à leurs convenances et à leur règles, reproduit ne *varietur* et répandu partout, du Nord au Midi, notamment en Italie, en Espagne et en Belgique.

Le prototype de ces nombreuses et grandioses églises, dont celle de Saint-Charles Borromée, élevée à Anvers avec le concours de Rubens, fut un autre spécimen remarquable, est l'église du Gésu à Rome. Construite par Vignole et Giacomo della Porta, elle excita en Italie une admiration enthousiaste, à laquelle

(*Fig. 193.*) Façade du Gésu.

les autres pays firent écho en imitant à l'envi cette application grandiose du style baroque.

On peut élever beaucoup de graves critiques contre ce monument, où triomphe certes le plus détestable des styles qui aient été en honneur en Europe. Mais elle a du moins pour elle une somptuosité digne d'un des plus nobles monuments de la chré-

III. — LE GÉSU A ROME. 353

tienté. Tout y rivalise de grandeur et de richesse : proportions colossales, matériaux précieux, marbres à profusion, festons et astragales multipliés à l'infini. Mais l'autel de Saint-Ignace dépasse tout en magnificence en tant que matière et grandeur. « Là s'élève, entre des colonnes en lapis-lazuli et en bronze doré, la statue colossale

— *(Fig. 194)* ANVERS. — L'ÉGLISE SAINT-CHARLES. —

en argent du saint fondateur, au-dessus de laquelle plane le Père Eternel tenant dans ses mains le globe terrestre, représenté par un énorme bloc de lapis-lazuli, le plus gros que l'on connaisse.

IV. — SAINT-PAUL DE LONDRES (1).

Nous avons d'avance, dans la préface, justifié l'exclusion à laquelle nous avons condamné les temples protestants, de notre série d'églises chrétiennes. Laissons à nos frères séparés le soin de faire valoir la manière, tout autre que la nôtre,

(*Fig. 195.*) LONDRES. — Saint-Paul.

de concevoir l'art chrétien. Pour nous, nous voyons dans leurs temples beaucoup moins un sanctuaire, un lieu d'adoration, qu'un lieu d'assemblée de fidèles, d'un pieux auditoire, d'où la Divinité incarnée est absente, et dont la chaire est le centre bien plus que l'autel. Aussi les cathédrales gothiques dont ils se sont emparés, veuves de leur mobilier liturgique, froides et dénudées, produisent-elles une impression navrante. Là où persiste la tradition catholique, comme en Angleterre, le contraste est moins marqué ; mais c'est avec un serrement de cœur que l'on voit, en Hollande par exemple, ces sanctuaires vides et déserts, convertis en réduits, tandis que l'assistance, concentrée dans les nefs, serre ses bancs, rangés en cercle, autour de la tribune.

---

1. R. Garland, *ouv. cité.* — *Mag. pitt.*, 1840, p. 195.

ÉGLISE SAINT-PAUL A LONDRES.

IV. — SAINT-PAUL DE LONDRES.

Nous voulons toutefois décrire un type d'église protestante, et nous choisirons celui qui nous paraît le mieux répondre, par son style sinon par sa distribution, au caractère de la Réforme, qui a tant de connexité avec la Renaissance.

Chose remarquable, Saint-Paul de Londres est la seule cathédrale anglaise qui n'ait pas été construite dans le style du moyen-âge ; ce style ne pouvait être la formule ni du culte luthérien auquel l'édifice est consacré, ni du siècle qui l'a élevé, où l'on était devenu romain partout, même en Angleterre, en art seulement bien entendu.

C'est en 1669, trois ans après le grand incendie de Londres, que ce temple s'éleva sur les ruines de l'ancienne église de Saint-Paul. Il fut l'œuvre maîtresse du fameux architecte Christophe Wren. L'édifice fut commencé en 1675 et terminé seulement en 1710 ; il coûta près de 19 millions de francs.

On ne peut pas dire que les proportions de Saint-Paul soient heureuses. La grande nef et le chœur réunis, mesurant ensemble 500 pieds anglais, auraient une longueur propre à produire un grand effet, mais malheureusement ces deux parties sont séparées, au détriment de l'effet monumental, par le dôme, qui lui-même perd son prestige par le voisinage des nefs : ici la faute est plus grave qu'à Saint-Pierre de Rome, où du moins le dôme se greffe sur une ordonnance générale en croix grecque, à laquelle il correspond mieux.

Le transept, percé de deux entrées, mesure près de 300 pieds, et les nefs ont une centaine de pieds de largeur. Le dôme qui couronne la croisée est surmonté d'une lanterne ; la croix qui couronne le tout plane à 356 pieds dans les airs.

Deux tours se dressent aux flancs de la façade occidentale ; cette façade est froide, mais imposante ; elle est formée de deux portiques superposés, l'un corinthien, l'autre composite ; l'insuffisance de dimensions des pierres fournies par les carrières anglaises a empêché Wren d'imiter Maderna et d'élever une œuvre colossale ici comme à Saint-Pierre. L'ensemble, bien isolé, développe, non sans une magistrale unité, ses lignes horizontales, froides et austères, et ses murs noircis par les fumées de Londres. Le dôme colossal émerge sans transition, avec son tambour garni d'une colonnade circulaire, et surmonté d'une plate-forme qui forme chemin de ronde autour de la coupole relativement étroite et au gable surhaussé.

L'intérieur est froid et nu ; sa monotonie glaciale est atténuée par une quarantaine de monuments funéraires qui font de Saint-Paul une succursale de l'abbaye de Westminster, mais qui malheureusement ne sont pas des chefs-d'œuvre ; l'art protestant souffre cruellement du dédain de cette religion pour le culte des saints. Les nefs sont séparées par des piliers massifs. Dans le plan primitif le vaisseau devait être d'une seule envergure. On dit que Wren pleura amèrement, lorsqu'à l'instigation de Jacques II, alors duc d'York, il fut forcé de rétrécir la nef et de ménager des bas-côtés, comme étant inséparables d'une église (1).

Le dôme est décoré de peintures exécutées par James Thornhill, et représentant des scènes de la vie de saint Paul. On raconte qu'un jour Thornhill, voulant juger de l'effet de son ouvrage, se mit à marcher à reculons sur l'échafaud ; un pas encore, il allait tomber et s'écraser sur le pavé du temple. Un ami le voit à un pas de l'abîme : crier, c'était l'étourdir et le perdre ; l'ami saisit le pinceau et barbouille la peinture. Thornhill indigné s'élance, il est sauvé.

L'architecte Wren est enterré dans la crypte de Saint-Paul. Le visiteur qui cherche son cénotaphe découvre à l'entrée du chœur cette inscription : « Lecteur, si tu cherches le monument de Christophe Wren, regarde autour de toi. » Ces simples paroles font du temple même le mausolée de l'artiste.

---

1. *Magasin pittoresque*, 1840, p. 196.

Chapitre Vingt-quatrième.

LA BASILIQUE DE NOTRE-DAME DE LA TREILLE, A LILLE.

Il y a plus de vingt ans que les malheurs des temps ont fait suspendre la grande œuvre de Notre-Dame de la Treille, la future cathédrale de Lille (1). Le peuple français, qui jadis faisait sortir de terre par douzaines de colossales églises, ne sera pas parvenu à mettre debout au cours du XIXe siècle la seule de ses basiliques qui puisse rivaliser dans une certaine mesure avec les cathédrales du XIIIe siècle.

Cependant, depuis, le temps n'a pas été entièrement perdu : les terrains, dont on n'avait que la location, ont été acquis. C'est l'avenir assuré.

Mais il y a mieux : les chantiers, depuis si longtemps déserts, vont se repeupler ; les travaux sont repris pour l'achèvement de la chapelle absidale. Puis on continuera la crypte sous le transept, et il dépendra uniquement de la générosité des fidèles que l'œuvre, vaillamment reprise, se poursuive jusqu'à l'achèvement complet.

Toutes les cathédrales françaises du XIIIe et du XIVe siècle gravitent autour d'un idéal, d'un type de perfection, dont celles de Reims, de Chartres, d'Amiens s'approchent par des côtés divers. L'archéologie a pu fixer et préciser l'archétype de la basilique chrétienne ; c'est Notre-Dame d'Amiens qui, dans l'ensemble, y est le plus conforme. Mais dans aucun des monuments anciens cet idéal n'a été réalisé d'une manière complète ; dans les plus admirables le manque d'unité dans l'exécution, des adjonctions, des remaniements, des lacunes originelles ou des mutilations troublent l'harmonie du chef-d'œuvre, ou en déforment l'ensemble. Notre-Dame de la Treille est appelée à réaliser ce rêve ; tel fut du moins l'espoir de ses promoteurs ; ils ont voulu qu'elle fût ce monument sans pareil, « qui sera national comme la cathédrale de Reims, beau comme celle d'Amiens, solide comme celle de Chartres », selon l'expression de Didron (2).

---

1. Cependant les travaux de sculpture n'ont jamais été interrompus complètement. On a préparé de longue main les chapiteaux de presque toutes les colonnes de l'église. Il n'y en a point deux semblables, et la taille, même sur le dessus des feuilles, est d'une finesse qu'on ne peut s'empêcher de trouver exagérée.
2. *Annales archéologiques*, t. XVI, page 384.

Nous ne sommes plus, pour le malheur de l'art, dans un de ces siècles bénis où l'architecture, imprégnée d'une sève généreuse, marche sans cesse et poursuit une évolution progressive. Nous ne savons plus qu'analyser et imiter les œuvres de l'âge d'or de l'art chrétien ; nous savons du moins les pénétrer, et les meilleurs architectes-archéologues du XIXe siècle ont pu faire des cathédrales du moyen âge, du moins au point de vue architectonique, une synthèse intégrale ; on s'est attaché à réaliser cette synthèse dans le projet de Notre-Dame de la Treille. En ce temps malheureux, où l'art chrétien n'a guère marché qu'à tâtons, on aura pu du moins fixer la formule générale du beau monumental et religieux, et la génération qui grandit aura sans doute le loisir de le réaliser dans une cathédrale nouvelle, d'ériger dans son unité parfaite, grâce à l'arrêt même du progrès artistique, une grande église gothique, qui sera non pas certainement plus belle, ni aussi géniale, mais aussi correcte et plus complète peut-être que toutes ses aînées.

Ce résultat relativement grand, le plus beau qu'on pouvait du moins espérer dans l'état actuel de notre art religieux, on le devra à l'énergie d'un esthète, à la foi artistique du créateur des « *Annales archéologiques* ». Nous avons nommé Didron, l'auteur de l'idée première de la fameuse joute internationale de 1856, qui donna naissance aux plans de Notre-Dame de la Treille. Grâce à lui, le style prescrit aux concurrents fut celui du XIIIe siècle dans toute sa pureté. En dépit d'un revirement momentané de l'opinion publique, le jury resta inflexible. L'événement lui donna raison. Le cercle dans lequel étaient enfermés les architectes entrés en lice, a pu paraître à quelques-uns trop étroit ; une quarantaine de concurrents, aidés d'un grand nombre d'artistes de premier ordre, n'en ont pas moins pu s'y remuer à l'aise. Le style chrétien et catholique par excellence, « le plus beau que l'homme ait créé dans aucun pays et dans aucune langue (1), » n'est-il pas d'ailleurs celui dont le Souverain-Pontife vient de consacrer, dans un document solennel, le mérite supérieur ? Par anticipation et sous l'heureuse inspiration du directeur des *Annales archéologiques*, les catholiques du Nord ont suivi la voie que S. S. Léon XIII vient d'indiquer récemment aux édificateurs de temples chrétiens. Quelle satisfaction pour les hommes qui ont présidé à l'enfantement et pour ceux qui poursuivent l'œuvre d'édification de l'église de Notre-Dame de Lille, que de lire ces paroles tombées récemment des lèvres du Père de la chrétienté et adressées à leurs frères de Bologne : « Nous prédisons, d'une façon certaine, que les autres arts produiront des fruits excellents, pourvu qu'ils recherchent et apprécient les modèles de cette même époque (du XIIIe siècle). Plus en effet notre art se rapprochera du modèle de la sagesse divine, ce à quoi on visait alors avec une grande religion, plus il aura d'éclat et de puissance, surtout lorsqu'il

---

1. Didron, *Annales archéologiques*, t. XVI.

s'agit de la construction des édifices sacrés, qui « sont la figure des choses célestes ».

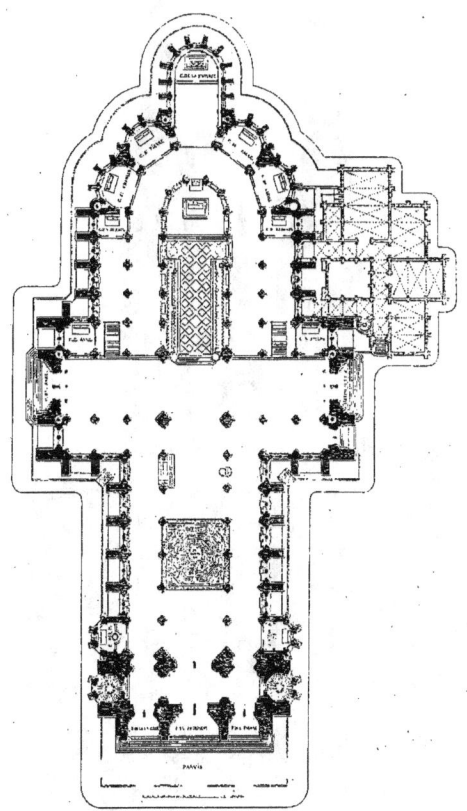

(*Fig. 196.*) Plan d'ensemble de la basilique de Notre-Dame de la Treille.

Puissent ces augustes conseils, qui s'appliquent d'une manière si honorable au Comité de l'œuvre de Lille, encourager ses membres, et leur inspirer cette sainte énergie qui surmonte les plus redoutables obstacles !

(Fig. 197.) Notre-Dame de la Treille.
Façade principale.

On n'a pas oublié le célèbre concours dont nous venons de rappeler le souvenir, auquel participaient, nous l'avons dit, une quarantaine de concurrents ; concours glorieux pour l'Angleterre, qui y eut huit artistes couronnés sur quinze entrés en lice ; elle battait sur son terrain la France, dont les quinze champions n'enlevèrent

(Fig. 198.) Notre-Dame de la Treille, Patronne de Lille.

que quatre palmes. Le projet couronné fut celui de Henri Clutton et William Burges ; S. E. Street arrivait second ; en troisième ligne venait le beau projet de Lassus, moins approfondi dans les détails, moins savant peut-être, mais plus inspiré et plus français. On peut regretter aujourd'hui que le projet de Lassus n'ait pas prévalu. Nous ne nous consolerons pas de ce qu'on ait sacrifié avec ce projet l'heureuse conception des transepts arrondis ; elle reproduisait une disposition d'une incomparable majesté, propre aux cathédrales de Noyon, Valenciennes, Soissons, Tournai, Cambrai, à toutes les grandes églises de la contrée dont Lille occupe le centre ; à ce point de vue elle aurait donné à l'édifice un cachet non seulement national, mais régional. Les études de Lassus n'ont d'ailleurs pas été absolument stériles ; plusieurs emprunts lui ont été faits quand on dressa les plans d'exécution, confiés à l'un des concurrents, M. Leroy, qui avait emporté la quatrième médaille d'argent.

Le style adopté par les lauréats anglais s'inspirait également, quoique peut-être moins complètement que celui de Lassus, des monuments français. Leur projet rappelle la cathédrale de Reims par les embrasures des portes, Notre-Dame de Châlons par la rose occidentale, la cathédrale de Chartres par la chapelle absidale, la cathédrale de St-Omer par le dallage historié, et celle de Reims par sa splendide iconographie. Leurs plans sont souverainement remarquables, ils sont merveilleux au point de vue de la décoration sculptée et peinte, de l'ameublement ; jamais on ne vit dessins plus généreusement fouillés dans leurs riches et somptueux détails. Il faut, pour s'en faire une idée, relire les belles pages que Didron a consacrées à analyser cette partie de l'œuvre de MM. Clutton et Burges (1).

La cathédrale de Lille offre un tracé qui semble être le dernier mot de la conception liturgique. Nous allons l'esquisser à grands traits d'après les rendus de feu. Ch. Leroy, qui a laissé de son œuvre non seulement des plans admirablement dessinés, mais encore une *maquette* présentement exposée dans la basilique et que reproduisent nos planches. Malheureusement on n'a pu la sortir de sa cage de fer, et on en a fait une photographie d'après laquelle nos planches ont été exécutées, ce qui explique la présence des barres qui viennent fâcheusement traverser le dessin. M. Leroy a été secondé dans son œuvre par le R. P. Martin, de la Compagnie de Jésus (pour les plans de la grande chapelle absidale). Il est juste que le nom de Charles Leroy reste attaché pour toujours à ce grand œuvre. Il a fait de la basilique de Notre-Dame de la Treille le but suprême de sa vie, il s'y est donné tout entier, il y a travaillé sans cesse à réaliser son idéal.

Le tracé général est celui de la croix latine, avec transept saillant qui traverse le vaisseau vers son milieu. Les triples nefs, de 5 travées, sont dépourvues de ces chapelles latérales qui ont déformé le plan primordial de la plupart des cathédrales anciennes. Au-dessus des grandes arcades règne un faux *triforium* au lieu des tribunes qui, dans les édifices de l'époque de transition, trahissent les timidités des constructeurs. Le collatéral fait retour sur les bras du transept en donnant à celui-ci l'ampleur qu'il offre dans les principales cathédrales du monde. Il se prolonge aux

1. *Annales archéologiques*, t. XVI, pages 207 et suiv.

flancs du sanctuaire, doublé d'un second bas-côté. Au rond-point se développent cinq

(*Fig. 199.*) Intérieur de la chapelle de la Vierge
au chevet de la basilique.

chapelles absidales ; celle du chevet, dédiée à Notre-Dame, suivant la tradition séculaire, prend ici une importance exceptionnelle.

Il serait difficile de reprocher quelque chose à ce plan, qui réalise la formule intégrale de la cathédrale complète, par la combinaison des plans des plus belles cathédrales gothiques. La seule innovation consiste dans l'extension considérable donnée à la chapelle de la Vierge, au chevet du chœur.

Nous n'y ferons qu'une légère critique. Au pied des nefs on a ménagé deux chapelles en hors d'œuvre. Elles sont destinées à être, l'une la chapelle des Fonts, l'autre la chapelle des Morts. Si la première a bien là sa place, la seconde n'y figure cependant que par une préoccupation toute moderne de symétrie ; par là même, elle prive l'autre de son expression et rend moins évidente la signification liturgique de son emplacement. Au reste, il est déjà question de la déplacer et de la transporter au transept.

La crypte, qui s'étendra sous l'église entière, sera la plus vaste du monde. Elle formera un temple souterrain, d'un caractère singulièrement imposant. En la creusant sous toute l'étendue du vaisseau, l'on a voulu mieux assurer la conservation du monument. Elle sera consacrée à la mémoire des défunts et formera ainsi une sorte de catacombe monumentale. Tous les patrons des paroisses du Vieux Lille y auront leur autel.

Des dalles gravées et historiées sur le modèle des anciennes pierres tombales, tapisseront les murs de la crypte et représenteront les faits de la vie des patrons des diverses paroisses des défunts donataires, dont elles rappellent le souvenir. Nous donnons un spécimen de celles qui ont été placées déjà. Ces lames funéraires, posées debout, constituent une transposition assez fâcheuse des dalles qui couvraient les sépultures du moyen âge ; les gravures qui les couvrent laissent à désirer comme style, les figures et leur encadrement architectural manquent de vigueur et de caractère ; les textes, tout en offrant de belles onciales gothiques, sont froids et modernes comme allure et disposition.

L'intérieur de la future cathédrale de Lille sera sans aucun doute des plus imposants. Comme pureté de style elle n'aura pas sa pareille, puisque toutes ses rivales du moyen âge ont perdu l'unité de leur ensemble, et qu'aucune des principales n'a eu la bonne fortune de parvenir à son complet achèvement. Comme étendue et comme proportions, elle prendra rang parmi les grandes cathédrales anciennes. Elle ne couvrira que 5000 mètres carrés de superficie, tandis que celle d'Amiens, la plus vaste de celles de France, en occupe 8000 ; mais, grâce à l'extension de la chapelle du chevet, elle atteindra sensiblement la longueur de cette dernière. Du chevet au porche, elle mesurera 132 m. ; elle aura 54^m·80 de largeur au transept, 24^m·40 à la nef et 38^m·80 dans le pourtour du chœur.

Rien de remarquable comme l'évolution qui, sous l'empire de la logique, a transformé le pilier au moyen âge. De la colonne monocylindrique, dernier terme de la

(*Fig. 200.*) PIERRE TOMBALE DE LA CRYPTE.

pile romane, on en est venu au pilier gothique, à colonnes engagées et à chapiteaux distincts et saillants, cet archétype complet de l'organe le plus essentiel, après la voûte, de la construction gothique. C'est cet idéal de perfection, encore exempt de toute trace de décadence, non encore dégénéré en un faisceau de nervures, qu'on a adopté pour les supports des nefs. Quarante-six de ces colonnes, cantonnées de huit colonnettes aux bases pattées, étalant leurs boudins aplatis sur de larges socles, supportent par des corbeilles aux luxuriants crochets les larges abaques qui reçoivent les grandes arcades. De ces chapiteaux s'élancent, en lignes simples, des faisceaux de colonnettes pour recevoir les nervures croisées des voûtes barlongues. Celles-ci soutiennent leurs clefs à 32 m. de hauteur. L'ossature des églises du XIIIe siècle est reproduite ici avec la simplicité de formes des grandes époques, avec la vigueur, alliée à l'élégance, qui caractérise les organismes purs de toute dégénérescence. Nulle part cette forêt de colonnes et de nervures, qui donne tant de prestige à l'architecture gothique, n'aura atteint un effet plus saisissant que dans cette triple nef à six travées, dans ce vaste transept à double collatéral et dans ce large déambulatoire qui contournera le chœur.

Le triforium est également d'un grand caractère. Il offre à chaque travée deux arcades occupées par une double baie, que partage une élégante colonnette et que surmonte un *oculus* à six redents. Au-dessus le mur s'amincit et, derrière un garde-corps percé de quatre-feuilles, règne un chemin de ronde qui passe derrière les colonnes et dosserets portant les voûtes, auxquelles ce passage donne une allure plus svelte.

Une disposition plus hardie, et savante tout à la fois, se rencontre dans la vaste chapelle du chevet, dont les voûtes, bien tracées, portent sur des colonnettes isolées du mur sur plus de la moitié de leur hauteur. Nos planches feront saisir tout le parti tiré par l'architecte de cette disposition, aussi propre à bien répartir les poussées qu'à alléger l'aspect de l'édifice. Elle contribue avec les baies à lancettes, avec les puissantes nervures se ramifiant autour de la clef du chevet, et avec les arcatures aveugles du stylobate, à faire de cette chapelle une conception digne de l'âge d'or de l'architecture.

La façade principale est d'une grande magnificence. Imposante par sa masse, décorée de cent grandes statues et de nombreux bas-reliefs, elle se distinguera par son grand caractère d'unité, par sa grande pureté de lignes et par la richesse contenue de sa décoration.

Elle rappellera celle de Reims et surtout celle d'Amiens, par son triple et somptueux portail aux profondes voussures abritées sous des gables ; celle de Paris et surtout celle de Reims, par l'ordonnance plus simple de la rose et de la galerie triomphale. Large de 37 mètres y compris les contreforts, elle se dresse sur un perron de douze degrés. Des statues rangées sous leurs dais ornent les embrasures profondes des porches et une nuée d'anges plane dans les voussures. Au-dessus des baies géminées des portes, que divise une statue, règnent des tympans à trois étages de bas-reliefs. Chaque pignon, meublé d'un trilobe historié, a pour antéfixe un ange debout.

(Fig. 201.) MAQUETTE DES PORTAILS DE LA FAÇADE PRINCIPALE

Au premier étage s'ouvre une rose de 8^m.50 de diamètre ; sa délicate résille offre une couronne de roses rattachée à l'*oculus* central par des arceaux dédoublés ; elle est inscrite dans un cintre, qu'escortent de part et d'autre des fenêtres géminées.

Au-dessus règne une galerie analogue à la galerie des Rois et des Prophètes des grandes cathédrales françaises. Le choix des personnages à placer dans ses niches n'est pas arrêté (1). Sera-ce, comme à Paris, la série des rois de France, comme à Amiens, celle des rois de Juda, comme à Reims, celle des Prophètes ; ou bien y verra-t-on la suite des comtes de Flandre résumant l'histoire locale ? Cette hypothèse n'est pas la moins admissible. Au-dessus de cette monumentale galerie émerge, d'une

— (*Fig. 202.*) Chevet de la chapelle de la Vierge. —
(Maquette de C. Leroy)

manière peut-être un peu mesquine, la pointe du gable par lequel s'accusent les versants du grand comble. Puis se dégagent, élancées, presque téméraires, les deux grandes flèches qui doivent couronner cette noble façade.

Ces tours seront, si elles voient le jour, les plus audacieuses dont l'art gothique aura lancé dans les airs un couple achevé. Elles dépasseront de huit mètres le *Clocher vieux* de Chartres, le plus imposant qui existe. Elles n'ont pas, il est vrai, le jet puissant de celui-ci, avec son admirable gradation dans les amortissements successifs qui le

1. Feu C. Leroy a fait sur cette question d'iconographie une étude qui n'a malheureusement pas vu le jour.

(Fig. 203.) Pourtour du chœur.
(Maquette de C. Leroy.)

font pyramider si bien de la base à la pointe de la flèche. Confondues d'abord dans l'ordonnance générale de l'édifice comme à Reims et à Amiens, les tours de Lille dégagent peut-être trop brusquement de la façade leurs derniers étages, fortement ajourés par des lancettes. Carrées au premier étage, elles deviennent octogones au second, grâce à des niches imitées des tours de Laon, mais avec un étage au lieu de deux, et les fameux bœufs en moins ainsi que les pyramidons d'angle. On se demande si l'étage supérieur, qui devrait contenir un beffroi, pourra jamais résister aux vibrations d'un puissant bourdon : on est effrayé de la sveltesse de ces tours ajourées par les baies géminées de l'étage carré et par les deux lancettes du dernier, que couronnent huit gables aigus se serrant à la base des flèches. Celles-ci, pointues comme des aiguilles, domineront fièrement les plaines du Nord, et répondront, aperçues par les fidèles, aux plus sublimes de leurs aspirations.

Le pourtour de l'église est de grande allure. Les contreforts et piliers-butants sont hardis et sobrement ornés de glacis imbriqués et de pinacles en forme de niches, abritant des anges et des saints comme à Reims. Les arcs-boutants à deux étages ont des formes austères et une belle envolée ; leur tête rendue libre pose sur des colonnettes réalisant le mode le plus parfait de la construction gothique. Le clair-étage accuse le style de la première époque ogivale par ses vastes fenêtres à deux lancettes simples, dénuées même de redents et de trilobes ; elles sont encadrées dans une puissante décharge au larmier sculpté dont le tympan est percé de roses à six lobes. La corniche supporte, à la base du comble, une balustrade ajourée. Les grands pignons du transept s'ouvrent à leur base par de triples portails presqu'aussi riches que ceux de la façade occidentale, comme à la cathédrale de Chartres ; au-dessus, de belles roses ajourent les murs, terminés par des pignons garnis de fleurons en forme de crosses.

A la croisée une flèche en charpente porte à 82^m de hauteur la croix triomphante. Elle rappelle par son élégance et sa richesse celle de la Sainte-Chapelle. Son aiguille, hérissée de crochets, naît d'une souche légère, contrebutée par des sortes de contre-forts en chêne habillés de plomb et historiés de statuettes, à l'instar des flèches flamandes et bourguignonnes. Les huit arcades qui ajourent cette souche sont surmontées de gables légers formant une couronne toute fleuronnée d'épis à la base de l'aiguille octogone.

Les gargouilles, les corbeaux, les balustrades bordant les petits et les grands combles ; les chemins de ronde, les crêtes, les épis, les aigrettes et les croix en fer forgé agrémentent noblement la superstructure, tandis que le gros œuvre, projeté, pour la masse intérieure, en pierre blanche demi-roche et banc royal de l'Oise, pour l'extérieur et pour les colonnes et nervures en belle pierre de Soignies, sera d'une belle allure. Les moulures sont sobres, le décor est contenu, et la masse de même que les détails sont tenus dans le majestueux équilibre que l'art avait désappris depuis le XIII⁰ siècle.

Telle est, — pardon! — telle doit être la future cathédrale de Lille. Dans quelle mesure, avec quel degré de perfection ce beau rêve sera-t-il réalisé? On peut avoir foi sans doute dans la vaillance des catholiques du Nord, et s'attendre à voir debout l'œuvre si bien conçue, arrêtée dans ses moindres lignes par le talent des plus illustres architectes du siècle. Mais il ne faut pas méconnaître que la saveur, le charme expressif, la poésie, la beauté supérieure de pareil édifice doit dépendre beaucoup de l'appoint que doit lui apporter la sculpture monumentale. Cet art, dont nos aïeux possédaient le secret, nous l'avons malheureusement désappris. Il est temps que l'on élève une génération de tailleurs d'images, si l'on veut que la future cathédrale de Lille ne reste pas froide et muette. Ils sont encore à naître, ou du moins à former, les sculpteurs gothiques appelés à faire fleurir cette plante vigoureuse, à revêtir de sa parure sculpturale ce monument, à couronner dignement ce grand œuvre (1)!

1. La chapelle absidale, la plus belle partie de l'édifice, sera achevée prochainement.
Les fenêtres de cette chapelle sont au nombre de onze. Les vitraux sont commandés à M. Didron. Chaque fenêtre est divisée en six panneaux comprenant chacun un sujet. Ces vitraux représenteront, à partir de l'entrée de la chapelle, la vie de la Sainte Vierge, puis l'histoire de N.-D. de la Treille. La vie de la Vierge comprendra quatre fenêtres, soit dix-huit sujets depuis l'Immaculée-Conception jusqu'au Couronnement dans le Ciel.
L'histoire de N.-D. de la Treille prendra les sept autres fenêtres : deux, le culte de la Sainte Vierge à Lille dans divers sanctuaires et dévotions dans le cours des siècles ; deux, les miracles de N.-D. de la Treille aux XIII⁰, XVI⁰ et XVII⁰ siècles ; deux, les faits historiques du culte de N.-D. de la Treille depuis le XVIII⁰ siècle jusqu'à nos jours; une, celle derrière l'autel, la glorification de N.-D. de la Treille.

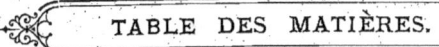
TABLE DES MATIÈRES.

PRÉFACE. 7

Chapitre Premier.

BASILIQUES LATINES 17
   I. — Basilique de Saint-Clément. . 19
   II. — Basilique de Saint-Paul. . . 21
   III. — Basilique de Sainte-Marie Majeure 24

Chapitre Deuxième.

L'ÉGLISE BYZANTINE 31
   I. — Sainte-Sophie de Constantinople. 32
   II. — Saint-Vital à Ravenne . . 41
   III. — Dôme d'Aix-la-Chapelle. . . 44
   IV. — Église Saint-Marc à Venise. . 51

Chapitre Troisième

LES ÉGLISES RONDES 58
   I. — Église du Saint-Sépulcre à Jérusalem 58
   II. — Églises rondes d'Occident . 64

Chapitre Quatrième.

LA BASILIQUE LOMBARDE 66
   I — Saint-Ambroise de Milan . . 67
   II. — Cathédrale de Pise. . . . 71
   III — Cathédrale de Ferrare. . . 74

Chapitre Cinquième.

LES VOUTES ROMANES. 77
   I. — Cathédrale de Saint-Remi à Reims 79

   II. — Notre-Dame-la-Grande de Poitiers 83

Chapitre Sixième.

QUELQUES CATHÉDRALES ROMANES SECONDAIRES. 88
   La primatiale de Saint-Jean à Lyon. 88
   Saint-Étienne de Cahors. . . 90
   Saint-Maurice d'Angers. . . 90
   La cathédrale d'Angoulême . 91
   Notre-Dame du Puy. . . . 91
   Saint-Apollinaire de Valence. 92
   Notre-Dame de Verdun. . . 92
   Saint-Lazare d'Autun . . . 93
   Saint-Cyr de Nevers. . . . 93
   Cathédrale de Châlons-sur-Marne 94

Chapitre Septième.

CATHÉDRALES ROMANES (suite). . 96
   La cathédrale de Tournai. . 96

Chapitre Huitième.

ÉLISES ANGLO-NORMANDES . . . 104
   I — Cathédrale de Péterborough. 105
   II — Cathédrale d'Ely. . . . 107
   III. — Cathédrale de Cantorbéry . 110

Chapitre Neuvième.

ÉCOLE ALLEMANDE. 114
   I. — Cathédrale de Worms. . . 115
   II. — Cathédrale de Spire. . . 116
   III. — Cathédrale de Bonn . . . 118

Chapitre Dixième.

STYLE MAURESQUE 121
    Cathédrale de Cordoue. . . 121

Chapitre Onzième.

LA VOUTE GOTHIQUE. 125
    I. — Cathédrale de Chartres . . . 128
    II. — Notre-Dame de Laon. . . . 145
    III. — Cathédrale de Paris. . . . 151
    IV. — Cathédrale d'Amiens . . . 159
    V. — Cathédrale de Reims . . . 169
    VI. — Cathédrale d'Albi . . . 188
    VII. — Notre-Dame de Noyon . . . 192
    VIII. — Église Notre-Dame de Senlis . 194
    IX. — Cathédrale du Mans . . . 196
    X. — Cathédrale de Cologne . . . 200
    XI. — Saint-Bénigne de Dijon . . 206
    XII. — Cathédrale de Bourges. . . . 212
    XIII. — Église Sainte - Élisabeth de Marbourg 219

Chapitre Douzième.

ÉGLISES GOTHIQUES EN ITALIE. . . . 222
    I. — Basiliques de Saint-François et Sainte-Marie des Anges à Assise 222
    II. — Le dôme de Sienne. 227

Chapitre Treizième.

LE STYLE RAYONNANT. 231
    I. — Cathédrale de Beauvais . . . 235
    II. — Cathédrale de Strasbourg . . 237
    III. — Cathédrale de Metz. 244

Chapitre Quatorzième.

CATHÉDRALES ANGLAISES. 247
    I. — Cathédrale de Lincoln . . . 247
    II. — Cathédrale d'York 252

Chapitre Quinzième.

STYLE GOTHIQUE ITALIEN (suite) . . 256
    Le dôme de Milan. 256

Chapitre Seizième.

LE STYLE FLAMBOYANT. — DÉCADENCE DU STYLE GOTHIQUE. . . 259
    Cathédrale de Rouen. . . 264

Chapitre Dix-septième.

STYLE GOTHIQUE BRABANÇON. . . . 272
    I. — Cathédrale de Malines . . . 272
    II — Notre-Dame d'Anvers. . . . 274
    III. — Cathédrale de Saint-Jean à Bois-le-Duc (1497-1520). . 277

Chapitre Dix-huitième.

CATHÉDRALES FRANÇAISES (suite). . 283
    I. — Cathédrale de Sens. 283
    II. — Cathédrale de Soissons . . . 286
    III — Cathédrale de Séez. . . . 290
    IV — Cathédrale de Tours . . . 291

Chapitre Dix-neuvième.

QUELQUES CATHÉDRALES DE SECOND ORDRE 295
    Cathédrale de Meaux. . . 295
    Saint-Étienne de Limoges. . 296
    Saint-Étienne de Châlons-sur-Marne 296
    Saint-Pierre de Troyes . . 296
    Notre-Dame de Clermont . . 298
    Notre-Dame de Rodez . . . 299
    Saint-André de Bordeaux . . 299
    Notre-Dame de Grenoble . . 302
    Saint-Pierre de Vannes . . 302
    Cathédrale de Toul 302
    Cathédrale d'Orléans. . . . 304
    Saint-Étienne de Toulouse. . 304

TABLE DES MATIÈRES.

	Pages.
Saint-Pierre de Nantes	304
Sainte-Marie d'Auch	305
Notre-Dame de Bayonne	305
Cathédrale de Narbonne.	305

Chapitre Vingtième.

ÉGLISES DE NORMANDIE (suite) . . 306

   I. — Cathédrale de Bayeux. . . . 307
   II. — Cathédrale de Coutances. . . 310
   III. — Cathédrale de Lisieux. . . . 314
   IV. — Notre-Dame d'Évreux. . . . 316

Chapitre Vingt-et-unième.

ÉGLISES GOTHIQUES ALLEMANDES. . . 319

   Église cathédrale de Saint-Étienne, à Vienne. . . . 319

Chapitre Vingt-deuxième.

ÉGLISES GOTHIQUES ESPAGNOLES. . . 323

   I. — Cathédrale de Tolède. . . . 323
   II. — Cathédrale de Burgos. . . . 325
   III. — Cathédrale de Séville. . . . 327

Chapitre Vingt-troisième.

LES ÉGLISES DE LA RENAISSANCE. . . 331

   I. — Sainte-Marie des Fleurs à Florence. . . . 332
   II. — La Basilique de Saint-Pierre à Rome 336
   III. — Le Gésu à Rome. . . . 351
   IV. — Saint-Paul de Londres . . . 354

Chapitre Vingt-quatrième.

LA BASILIQUE DE NOTRE-DAME DE LA TREILLE, A LILLE. . . . 357

TABLE DES GRAVURES.

		Pages
(Figure 1.)	Plan par terre de la crypte de Saint-Hermès.	18
» 2.	Plan de la basilique païenne appropriée au culte chrétien.	19
» 3.	Intérieur de Saint-Clément à Rome.	20
» 4.	Abside de Saint-Paul-hors-les-murs.	23
» 5.	Coupe de Sainte-Marie-Majeure à Rome.	25
» 6.	L'adoration des Mages. (Fresque de Sainte-Marie-Majeure.)	26
» 7.	La Présentation. (Sainte-Marie-Majeure, V° siècle.)	27
» 8.	Intérieur de Sainte-Marie-Majeure.	28
» 9.	La Madone de saint Luc.	29
» 10.	Sainte-Marie-Majeure.	30
» 11.	Coupole du Panthéon, coupe.	31
» 12.	Constantinople. — Église Sainte-Sophie.	33
» 13.	Coupe de Sainte-Sophie, à Constantinople.	35
» 14.	Plan de Sainte-Sophie.	37
» 15.	Justinien prosterné aux pieds de Notre-Seigneur. (Mosaïque du narthex de Sainte-Sophie.)	39
» 16.	Plan de Saint-Vital, à Ravenne.	41
» 17.	Intérieur de Saint-Vital, à Ravenne.	42
» 18.	Coupe longitudinale de la basilique de Saint-Vital à Ravenne, disposition des mosaïques.	43
» 19.	L'empereur Justinien et l'évêque Maximien. (D'après une mosaïque de l'église de Saint-Vital à Ravenne.)	43
» 20.	Coupe du dôme d'Aix-la-Chapelle.	45
» 21.	Mosaïque du dôme d'Aix-la-Chapelle.	47
» 22.	Buste de Charlemagne. (Fin du moyen-âge.)	48
» 23.	Châsse de Charlemagne, XII° siècle. (Conservée dans le trésor d'Aix-la-Chapelle.)	49
» 24.	Le Cor de Charlemagne.	50
» 25.	Église d'Ottmarsheim.	51
(Figure 26.)	Venise. — L'église Saint-Marc et le Campanile.	53
» 27.	Plan de Saint-Marc.	54
» 28.	Fragment de la Pala d'Oro.	55
» 29.	Venise. — Cathédrale de Saint-Marc.	56
» 30.	Sainte-Agnès-hors-les-murs. Ruines de l'ancien monastère des femmes; à gauche, le Baptistère de Sainte-Constance.	59
» 31.	Église du Saint-Sépulcre à Jérusalem.	61
» 32.	La chapelle du Saint-Sépulcre.	63
» 33.	Sections de piliers latins, lombards et romans.	66
» 34.	Voûtes d'arêtes.	66
» 35.	Plan d'une travée de Saint-Ambroise.	67
» 36.	Travée de la nef de Saint-Ambroise de Milan.	68
» 37.	Saint-Ambroise de Milan; Atrium.	69
» 38.	Milan. — Église Saint-Ambroise.	70
» 39.	Pise. — Le Baptistère. La Cathédrale. Le Campanile.	73
» 40.	Cathédrale de Ferrare.	74
» 41.	Cathédrale de Ferrare.	75
» 42.	Nefs romanes couvertes en voûtes d'arêtes.	77
» 43.	Église primitive de Saint-Étienne à Caen. (Spécimen du plan roman.)	78
» 44.	Saint-Remi de Reims. (Spécimen de la croisée d'ogives et de la colonne du gothique primitif.)	80
» 45.	Église Saint-Remi de Reims. — Portail Sud.	81
» 46.	Figure du Christ. (D'après un vitrail de Saint-Remi à Reims.)	82
» 47.	Notre-Dame-la-Grande, à Poitiers.	85
» 48.	Lyon. — Cathédrale de Saint-Jean.	89
» 49.	Façade de Notre-Dame du Puy.	92
» 50.	Vue à vol d'oiseau de la ville de Tournai.	97
» 51.	Plan actuel de Notre-Dame de Tournai.	98

TABLE DES GRAVURES.

		Pages.
(Figure 52.)	Plan primitif de Notre-Dame de Tournai	99
»	53. Coupe d'un pilier des nefs	100
»	54. Tournai. — Intérieur de la cathédrale.	101
»	55. Tour centrale de Notre-Dame de Tournai	102
»	56. Transept de Notre-Dame de Tournai	103
»	57. Chapelle du Martyre de la cathédrale de Cantorbéry	112
»	58. Chapiteau cubique	114
»	59. Plan de la cathédrale de Spire	117
»	60. Cathédrale de Bonn (Allemagne)	119
»	61. Intérieur de la cathédrale de Cordoue	123
»	62. Plan d'un pilier gothique	125
»	63. Coupe de l'église gothique, voûtée d'arêtes	126
»	64. Clef de Voûte. (Sainte-Chapelle de Paris.)	127
»	65. Fleurons gothiques. (Saint-Urbain de Troyes.)	127
»	66. Plan de la cathédrale de Chartres	129
»	67. Vue à vol d'oiseau de la cathédrale de Chartres	131
»	68. Façade de la cathédrale de Chartres	133
»	69. Portail méridional de la cathédrale de Chartres	134
»	70. La Visitation. (Groupe de la cathédrale de Chartres.)	135
»	71. Chevet du chœur de Chartres. (Vue inédite.)	135
»	72. Arcs-boutants des nefs de Chartres	137
»	73. Détails des arcs-boutants du chevet de Chartres. (Reproduction inédite.)	139
»	74. Clôture de pierre entourant le chœur de Chartres	141
»	75. Imagiers du XIIIe siècle. (D'après un vitrail de la cathédrale de Chartres.)	142
»	76. Légende de Charlemagne. (Partie supérieure d'un vitrail de la cathédrale de Chartres.)	143
»	77. Vierge Noire de Chartres. (D'après un dessin ancien conservé aux archives d'Eure-et-Loir.)	144
»	78. Plan de la cathédrale de Laon	147
»	79. Tour de la cathédrale	149
»	80. Notre-Dame de Paris	152

		Pages.
(Figure 81.)	Plan de Notre-Dame de Paris. (Spécimen de plan gothique.)	153
»	82. Portail de Notre-Dame de Paris	155
»	83. Entablement à feuilles de vignes	156
»	84. Corniche de Notre-Dame de Paris	156
»	85. Ferrures de la porte de la Vierge	157
»	86. Fleurons à Notre-Dame de Paris	158
»	87. Jésus apparaissant aux deux Marie. (Demi-relief du chancel de Notre-Dame de Paris)	158
»	88. Amiens. — La cathédrale	160
»	89. Intérieur de la cathédrale d'Amiens	161
»	90. Arc-boutant à double volée, à l'abside de la cathédrale d'Amiens	163
»	91. Cathédrale d'Amiens, coupe transversale : arcades, triforium, clairevoie	165
»	92. Le beau Dieu d'Amiens	166
»	93. Galerie des Rois. (Cathédrale d'Amiens.)	167
»	94. Façade de la cathédrale d'Amiens	168
»	95. La cathédrale de Reims avant l'incendie de 1481. (Vue d'ensemble restituée par M. Gosset.)	171
»	96. Façade de la cathédrale de Reims	173
»	97. Plan de la cathédrale de Reims	174
»	98. Vue du portail de la cathédrale de Reims	175
»	99. Gable central du portail principal	177
»	100. Statues du portail de la cathédrale de Reims	178
»	101. Statues du portail de la cathédrale de Reims	179
»	102. Statues du portail central de la cathédrale de Reims	180
»	103. Statues du portail de la cathédrale de Reims	181
»	104. Pinacle de la cathédrale	182
»	105. Le beau Dieu de Reims	183
»	106. Chapiteaux fleuris de la cathédrale de Reims	185
»	107. Vue intérieure de la cathédrale de Reims	186
»	108. Vue intérieure des piliers de la cathédrale de Reims	187
»	109. Chapelle à la cathédrale d'Albi	189
»	110. Abside de Notre-Dame de Noyon. (D'après M. le profess. J. Lange.)	193
»	111. Plan de la cathédrale du Mans	197

TABLE DES GRAVURES. 379

	Pages.
(Figure 112.) Cathédrale du Mans. (Abside entourée de chapelles et de bas-côtés doubles.)	197
» 113. La cathédrale du Mans.	198
» 114. Costumes de changeurs. (D'après un vitrail de la cathédrale du Mans, XIIIᵉ siècle.)	199
» 115. Plan de la cathédrale de Cologne.	203
» 116. L'Adoration des Mages. (D'après le retable de la cathédrale de Cologne.)	205
» 117. Vue à vol d'oiseau de Saint-Bénigne de Dijon.	207
» 118. Flèche de Saint-Bénigne.	209
» 119. Statues de la base de la flèche de Saint-Bénigne.	211
» 120. Plan de la cathédrale de Bourges.	213
» 121. Martyre de saint Pierre et de saint Paul. (D'après un vitrail de la cathédrale de Bourges.)	215
» 122. Vitrail de la cathédrale de Bourges.	216
» 123. Vitrail de la cathédrale de Bourges.	217
» 124. Autel primitif de Sainte-Élisabeth de Marbourg.	219
» 125. Plan de l'église Sainte-Élisabeth de Marbourg.	220
» 126. Assise. — Le cloître et l'église Saint-François.	223
» 127. Assise. — Sainte-Marie des Anges.	226
» 128. Cathédrale de Sienne.	229
» 129. Le style rayonnant.	231
» 130. » » »	232
» 131. » » »	232
» 132. » » »	232
» 133. » » »	232
» 134. » » »	232
» 135. » » »	232
» 136. » » »	232
» 137. » » »	232
» 138. Rose à Lincoln.	233
» 139. La Sainte-Chapelle à Paris. (Fenêtre avec gable.)	234
» 140. Cathédrale de Beauvais.	235
» 141. Cathédrale de Strasbourg.	239
» 142. Intérieur de la cathédrale de Strasbourg.	240
» 143. La mort de la Sainte Vierge. (Tympan d'un portail de la cathédrale de Strasbourg.)	241
» 144. L'Église et la Synagogue. (Statues de la cathédrale de Strasbourg.)	243

	Pages.
(Figure 145.) Intérieur de la cathédrale de Metz.	245
» 146. Metz. — Le pont des Grilles et la cathédrale.	246
» 147. Rosace flamboyante à la cathédrale de Lincoln.	251
» 148. York. — Façade Ouest de la cathédrale.	253
» 149. Milan. — Le dôme.	257
» 150. Fenêtre flamboyante.	260
» 151. Coupe d'un pilier.	260
» 152. Bases de l'époque rayonnante.	261
» 153. Bases de l'époque rayonnante.	261
» 154. Église Saint-Ouen à Rouen. (Claire-voie continuant les fenêtres supérieures.)	262
» 155. Arcs flamboyants en accolade et surbaissés.	263
» 156. » » »	263
» 157. » » »	263
» 158. Cathédrale de Rouen. — Façade méridionale.	265
» 159. Intérieur de la cathédrale de Rouen.	269
» 160. Cathédrale de Malines.	273
» 161. Notre-Dame d'Anvers.	275
» 162. Plan terrier de la cathédrale de Saint-Jean à Bois-le-Duc.	278
» 163. Église Saint-Jean à Bois-le-Duc. — Les arcs-boutants.	279
» 164. Église Saint-Jean à Bois-le-Duc.	280
» 165. Terminaison d'une jouée des stalles de Bois-le-Duc.	281
» 166. Carte des cathédrales de France.	282
» 167. Intérieur de la cathédrale de Soissons.	287
» 168. Transept de la cathédrale de Soissons.	289
» 169. Cathédrale de Tours.	292
» 170. Mort de saint Martin. (Partie supérieure d'un vitrail de la cathédrale de Tours.)	293
» 171. Bordeaux. — Portail de l'église Saint-André.	300
» 172. La cathédrale et la tour Pey-Berland.	301
» 173. Cathédrale d'Orléans.	303
» 174. L'évêque Odon, son bâton à la main, encourage les combattants. (Fragment de la « Tapisserie de Bayeux ».)	308
» 175. Funérailles du roi Édouard. (Fragment de la « Tapisserie de Bayeux ».)	309

(Figure 176.) Cathédrale de Coutances	311
» 177. Coutances. — La cathédrale	313
» 178. Plan de l'église cathédrale de Saint-Étienne à Vienne.	320
» 179. Vienne. — La cathédrale de Saint-Etienne.	321
» 180. Cathédrale de Séville.	329
» 181. Sainte-Marie des Fleurs.	333
» 182. Façade de Sainte-Marie des Fleurs.	335
» 183. Plan actuel de l'église Saint-Pierre.	337
» 184. Basilique de Saint-Pierre.	338
» 185. Vue de la place Saint-Pierre.	339
» 186. Les jardins du Vatican.	341
» 187. La Chaire de saint Pierre.	343
» 188. Intérieur de l'église Saint-Pierre.	345
» 189. Statue de saint Pierre.	346
» 190. Le Moïse de Michel-Ange.	347
» 191. Coupe transversale de l'église Saint-Pierre, à Rome.	349

(Figure 192.) Eglise du Gésu. (D'après une ancienne gravure.)	351
» 193. Façade du Gésu.	352
» 194. Anvers. — L'église Saint-Charles.	353
» 195. Londres. — Saint-Paul	354
» 196. Plan d'ensemble de la basilique de Notre-Dame de la Treille.	359
» 197. Notre-Dame de la Treille. (Façade principale.)	360
» 198. Notre-Dame de la Treille, Patronne de Lille	361
» 199. Intérieur de la chapelle de la Vierge au chevet de la basilique.	363
» 200. Pierre tombale de la crypte.	365
» 201. Maquette des portails de la façade principale	367
» 202. Chevet de la chapelle de la Vierge. (Maquette de C. Leroy.)	368
» 203. Pourtour du chœur. (Maquette de C. Leroy.)	369

TABLE DES GRAVURES HORS-TEXTE.

(Figure 1.) Octogone carolingien au Valkhof de Nimègue. (Vue intérieure.)	59
» 2. Cathédrale de Laon	145

(Figure 3.) Cathédrale de Sens.	285
» 4 Troyes. — La cathédrale	297
» 5. Londres. — L'église Saint-Paul.	355

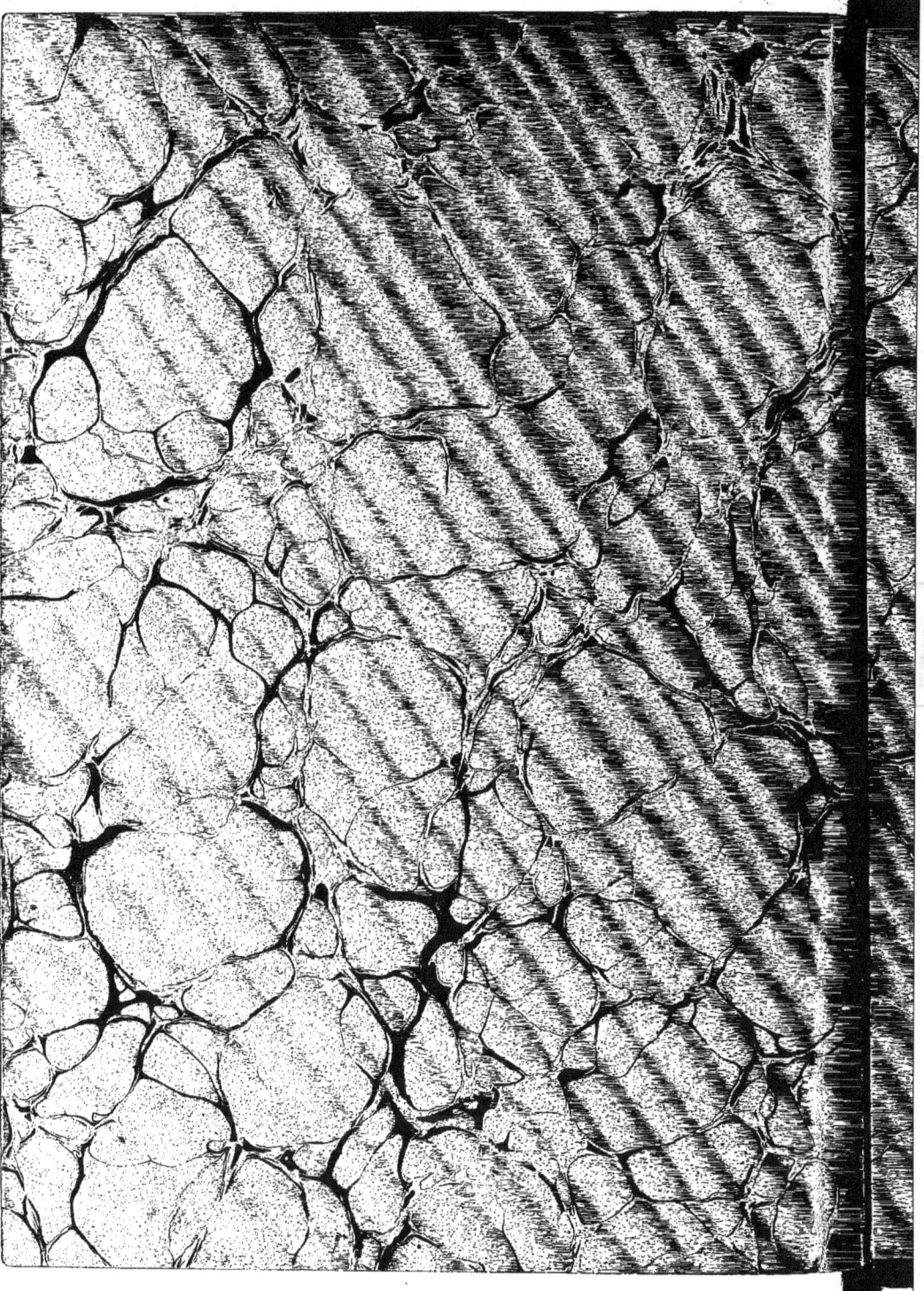

www.ingramcontent.com/pod-product-compliance
Lightning Source LLC
Chambersburg PA
CBHW052038230426
43671CB00011B/1702